Dominique Venner

Storia dei Freikorps

I combattimenti dei Freikorps
dalle rivolte spartachiste in Germania
alle battaglie nel Baltico contro l'Armata Rossa

In ultima pagina, il fregio della Eiserne Division: il motto "Und doch" (eppure, ciononostante), stava a indicare la immutata volontà di lotta dei membri del Freikorps nonostante l'Armistizio del 1918 e gli avvenimenti successivi.

ISBN: 979125589-1017 2ª Edizione: Aprile 2024
Titolo: Storia dei Freikorps di Dominique Venner (ISE-075)
Pubblicato da LUCA CRISTINI EDITORE. Cover & Art design: L. S. Cristini
Prima edizione a cura di ASSOCIAZIONE ITALIA STORICA - Genova 10-2019

Prima edizione italiana, Roma 1978 – Titolo originale: Baltikum

La Rivoluzione viene dal mare

Le onde grigio-argento corrono, familiari, a fianco del sommergibile. Dopo l'opprimente pericolo delle acque nemiche, ecco il porto di Kiel, la terra tedesca. Al di sopra dello scafo affusolato la bandiera bianca e nera della Marina imperiale garrisce nell'aria fredda. È l'8 novembre 1918.
Dalla plancia del suo *UB-128*, il Sottotenente di Vascello Wilhelm Canaris[1] fissa intensamente la rada.
Mentre la terra si avvicina, il suo sguardo diviene cupo e duro: in cima agli alberi dei possenti navigli ancorati nel porto ondeggia al vento la bandiera rossa.
Novembre 1918. La Germania è entrata nel cinquantesimo mese di guerra. Le sue bandiere sventolano ancora dal Baltico al Caucaso ed all'Ovest le sue trincee feriscono ancora con i loro solchi la terra, lontano dall'inviolato territorio del Reich. Tuttavia, affamata da un rigoroso blocco, la Germania cede dinanzi ad un nemico più numeroso e dalle risorse inesauribili. Il contingente americano in Francia, che era di 300.000 uomini nel mese di marzo, è passato a 1.200.000 durante l'estate e nel novembre raggiunge i due milioni.
Il 18 luglio 1918 il Generale Ludendorff ha giocato l'ultima carta: ma la sua grande offensiva si è esaurita a 90 chilometri da Parigi.
Lo Stato Maggiore Generale tedesco[2] non crede più alla vittoria. Il 14 settembre l'Austria avanza proposte di pace separata alle potenze dell'Intesa. Il 26 settembre, gli Alleati lanciano una offensiva generale sulle Argonne. Tre giorni dopo Ludendorff, che teme di essere sconfitto, chiede alle autorità politiche di aprire trattative per l'armistizio. La notizia esplode come una bomba nella grande sala del Reichstag e precipita il Reich nello stupore. Dopo tanti bollettini di vittoria e tante sofferenze, gli avversari del regime hanno buon gioco nello sfruttare la confessione di un imminente disastro. Il socialista "indipendente"[3] Hugo Haase esclama: *"Finalmente li abbiamo in pugno!"*
Il 3 ottobre 1918 il principe Max de Bade, pronipote di Eugenio di Beauharnais, di cui sono noti le convinzioni democratiche e il pacifismo, viene nominato cancelliere.

---

[1] Sarà capo dell'*Abwehr*, l'apparato di spionaggio tedesco sotto il Terzo Reich.
[2] *Großer Generalstab*, il comando supremo prussiano, e poi tedesco, sino al 1945.
[3] Il partito socialista indipendente o U.S.P.D. (*Unabhängige Sozialdemokratische Partei Deutschlands*), fondato il 9 aprile 1917 in seguito alla scissione della socialdemocrazia tedesca, rappresentava con il gruppo *Spartakus* l'estrema sinistra, in opposizione al partito socialista maggioritario (S.P.D.), di tendenza moderata.

Il suo nome si presta facilmente ad un giuoco di parole: "Max = Pax". Fin dall'indomani egli invia proposte di pace al presidente Wilson. L'annuncio di questa iniziativa provoca un panico impressionante. A Berlino le banche chiudono i battenti, l'approvvigionamento non è più assicurato e le razioni alimentari già scarse vengono ulteriormente ridotte. Contemporaneamente, l'abolizione della censura consente alla stampa socialista di scatenare un'ondata di odio attizzato dall'esempio della recente rivoluzione bolscevica.
Testimone involontario, il Capitano Jean des Vallières, rinchiuso nella prigione del Polizei-Präsidium di Magdeburgo per un provvedimento disciplinare, osserva con contrastanti sentimenti il crollo delle retrovie in questi primi giorni dell'ottobre 1918[4], e scrive:

Soldati, secondini, detenuti: sono tutti tesi, eccitati. Il *"Vorwärts"*[5] ed altri fogli della opposizione, che essi ricevono ogni sera a pacchi e di cui leggono ad alta voce, fra le acclamazioni, i virulenti articoli, superano tutti i limiti dell'ingiuria. Il Kaiser vi viene definito solo come *Lehmann* e tutti ripetono, fra scoppi di risa, questo grottesco soprannome. Si direbbe che, tutto preso da questa agitazione interna, il popolo dimentichi la guerra; alcuni giornali non pubblicano nemmeno più i bollettini. Questo improvviso scatenarsi di una stampa ancora ieri duramente imbavagliata e che, senza distinzione di partito, elevava dal 1914 il monumento alla Vittoria sui due colossi di bronzo Hindenburg e Ludendorff, è un grave sintomo – a causa del tono, soprattutto, di fronte al quale i peggiori eccessi delle nostre polemiche in Francia hanno l'aria di romanze... Ma più grave ancora della collera popolare è la latitanza dello Stato di fronte ad essa. Nessuna misura punitiva, nessun sequestro per questi giornali che gridano, e nemmeno nessuna risposta dalla stampa pangermanista. D'altronde, chi la leggerebbe? Non si cercano, non si sventolano con alte grida che i fogli rivoluzionari.

In quanto al fronte, esso tiene sempre. Non si ha il piacere di leggere il *"Vorwärts"*, e le grida sono riservate agli assalti.
Il primo ammutinamento della rivoluzione tedesca non scoppia fra le truppe delle linee avanzate, ma fra le unità che hanno sofferto di meno, sulle corazzate e sugli incrociatori della *Hochseeflotte,* la Flotta d'Alto Mare.
Dopo la battaglia dello Jutland, combattuta con esito incerto nel giugno 1916, i grandi bastimenti, troppo vulnerabili, sono stati chiusi nei porti del Baltico e del Mar del Nord, Kiel, Wilhelmshaven, Amburgo.

---

[4] Jean des Vallières, *Spartakus Parade,* Albin-Michel, Parigi 1932, pp. 91-92.
[5] Quotidiano del partito socialista maggioritario (moderato).

Solo le unità leggere, cacciatorpediniere e sommergibili, continuano a dare battaglia. I migliori equipaggi sono dunque stati trasferiti su questi ultimi, mentre lo scarto, fra cui un gran numero di vecchi "disciplinari" della brigata navale, è stato dislocato, inutile e ozioso, sui grandi navigli all'ancora.

Alla fine dell'ottobre 1918, quando la pace sembra ormai imminente, i marinai oziosi della Flotta d'Alto Mare apprendono che la guerra per loro non è finita. L'Alto Comando, che ha perduto l'iniziativa in terra, vuole sferrare una grande offensiva sul mare per migliorare le condizioni della pace. Il piano preparato dall'Ammiraglio Hipper prevede un attacco sul Tamigi con unità leggere per attirare la flotta inglese al largo delle isole della Frisia dove l'attenderanno mine e sommergibili, e dove giungerà la Flotta d'Alto Mare per darle il colpo di grazia:

Questo piano non era, come qualcuno ha detto, un tentativo disperato perché, appoggiati a distanza dalle unità d'alto bordo, gli incrociatori leggeri e le navi delle flottiglie avevano notevoli possibilità di infliggere seri danni al nemico prima che la Grand Fleet potesse intervenire dal suo ancoraggio di Scapa Flow.[6]

Mentre gli ufficiali ordinano di accendere le caldaie e la flotta si riunisce nella rada di Schilling, fra Wilhelmshaven ed il mare, alcuni agitatori, spalleggiati dagli sfaccendati che affollano sempre i porti, protestano contro l'invio degli equipaggi alla morte per soddisfare la follia degli ufficiali. Non si sono forse sentiti questi ultimi affermare che è "meglio una morte onorevole che una pace vergognosa"?

Nei quadrati, sui ponti, nelle sale macchine circolano le voci più folli:

gli inglesi hanno lanciato un'ultima sfida raccolta dagli ufficiali prussiani... Il vecchio Ammiraglio von Tirpitz è uscito dal suo ritiro per assistere alla gloriosa morte della flotta da lui creata...

La sera del 29 ottobre 1918 la flotta riceve l'ordine di salpare. I sommergibili sono già al largo. Ma a mezzanotte la rivolta è già scoppiata sul *Kronprinz Wilhelm,* sul *Großer Kurfürst,* sul *Markgraf,* sul *König,* sull'*Helgoland* e sul *Thüringen*[7]. I macchinisti minacciano di spegnere i fuochi se le navi salpano. Per permettere agli ufficiali di riprendere il controllo degli equipaggi l'Ammiraglio Hipper rinvia la partenza di 24 ore.

---

[6] Jacques Mordal, storico della Marina, *Versailles ou la paix impossible,* Presses de la Cité, Parigi 1970.
[7] Navi da battaglia della *Kaiserliche Marine*, NdC.

Il 30 ottobre i marinai delle corazzate *Helgoland* e *Thüringen* spengono i fuochi con le pompe e mettono fuori uso gli argani per levare le ancore. La partenza deve essere rinviata di nuovo. L'Ammiraglio Hipper impartisce le disposizioni per sedare la rivolta.
Il 31, all'alba, il sommergibile *U-135* si mette in posizione di tiro, trasversale al *Thüringen*. Tre cacciatorpediniere accostano la corazzata. Una Compagnia da sbarco sale a bordo. Ma l'*Helgoland*, ancorato a circa duecento metri, punta i suoi cannoni contro il sommergibile ed i cacciatorpediniere. Subito le torri poppiere del *Thüringen*, sorvegliate da ufficiali e marinai rimasti fedeli, ruotano verso l'*Helgoland*. Dopo qualche istante di estrema tensione, l'*Helgoland* cede alla minaccia. Cinquecento ammutinati vengono sbarcati dalle due corazzate ed internati. Per bloccare il contagio e spegnere i focolai di rivolta, l'Ammiraglio Hipper ordina alle sue navi di disperdersi nei porti vicini.
Seguendo le istruzioni ricevute, le corazzate *König, Grosse Kurfürst, Kronprinz Wilhelm* e *Markgraf* gettano l'ancora a Kiel[8] il 1° novembre. Qualche ora dopo 180 ammutinati del *Markgraf* vengono rinchiusi nel carcere della Marina.
A bordo delle altre corazzate alcuni agitatori incitano all'ammutinamento i loro compagni e tuttavia gli ufficiali permettono ai loro uomini di scendere a terra.
Sabato 2 novembre, sull'Exerzierplatz, cinquecento marinai si riuniscono, arringati da uno di loro, Karl Altelt e da Arthur Popp, massimo dirigente dei socialisti "indipendenti" di Kiel. I manifestanti decidono di riunirsi il giorno dopo, nello stesso luogo, con gli operai dell'arsenale.
Il comandante del porto, l'Ammiraglio Souchon – un uomo energico che aveva abilmente sedato gli ammutinamenti del luglio 1917 su due navi impegnate contro la flotta russa – decide di lasciar tenere la manifestazione. Ma appena la manifestazione è iniziata fa suonare il "tutti a bordo" di emergenza. I marinai che ancora sentono la disciplina salgono a bordo mentre le pattuglie formate dagli equipaggi dei cacciatorpediniere arrestano i renitenti.
Domenica 3 novembre, sotto un cielo cupo, le divise grigie della *Kriegsmarine* e i cappotti degli operai riempiono le strade di Kiel. Alle 17, 20.000 manifestanti sono riuniti sull'Exerzierplatz. In quel momento a bordo suona il richiamo di adunata. Un formidabile grido di scherno gli risponde e nessuno si muove.

---

[8] Un canale collega Kiel al maro del Nord. Nel 1918 il porto di Kiel era la base principale della Marina imperiale.

Il marinaio Karl Altelt salta su una tribuna improvvisata e prende la parola:

Il governo di *Bademax*[9] vuol fare la pace e noi lo approviamo, con la maggioranza schiacciante dei marinai, dei soldati e dei proletari tedeschi! Allora, io vi chiedo, dove sono i ribelli? Sono forse qui, fra coloro che sostengono la politica di pace del governo, o fra gli ufficiali che vogliono continuare la guerra, una guerra che non è la nostra, che non è quella del popolo tedesco?

La folla, trascinata dagli agitatori, scandisce con convinzione:

Ufficiali-ribelli, ufficiali-ribelli!...

Karl Altelt fa segno di tacere e il silenzio ritorna:

Bisogna farla finita con la follia omicida degli *Junkers*. Seguiamo l'esempio dei nostri compagni russi: hanno cacciato i loro ufficiali, hanno creato Soviet[10] di soldati e operai, hanno dato pace e pane al popolo russo. Tocca a noi, compagni! Per mettere al passo gli ufficiali, per piegare la loro superbia, per conquistare la pace, costituiamo un Soviet di marinai e di operai, il primo Soviet della Germania! Andiamo a liberare i nostri compagni ingiustamente incarcerati!

Una formidabile ovazione saluta la fine del discorso. Il blocco compatto dei manifestanti, al canto de l'*Internazionale,* si muove in direzione del Carcere della Marina a passo cadenzato, come d'abitudine.
La precoce notte di novembre circonda, complice, la colonna in marcia che ben presto sarà illuminata da torce. Le pattuglie predisposte dall'Ammiraglio Souchon svaniscono nell'oscurità. Regolando bene i suoi effetti, la morte attende più lontano, al termine della Feldstrasse, dissimulata dietro un sottile cordone di elmetti di acciaio.
La Compagnia di Fucilieri di Marina del Sottotenente di Vascello Steinhauser proviene dall'inferno delle Fiandre. Fra ogni specie di orrori, miserie e crudeltà i Fucilieri hanno appreso che "vivere è uccidere"[11]. Hanno combattuto senza odio il nemico che avevano di fronte, ma aborriscono gli imboscati che, senza aver conosciuto nulla della guerra, vogliono imporre la loro volontà a uomini che hanno appena finito di pagarne il duro prezzo.

---

[9] Soprannome del cancelliere Max de Bade.
[10] Soviet o consiglio, *Räte* in tedesco.
[11] Ernst Jünger, *La Guerre notre mère,* Albin-Michel, Parigi, 1934 (tr. it. *La battaglia come esperienza interiore*).

Il rimbombo delle migliaia di passi che risuonano sul selciato e che si avvicinano irresistibilmente, fa nascere tuttavia nei soldati l'angoscia di un pericolo ignoto, come un umore velenoso. Un breve ordine li strappa al malefizio. Una salva di avvertimento crepita verso il cielo, sovrastando per un momento il canto selvaggio che rotola verso di loro. Un nuovo ordine: le canne dei *Mauser* si levano, e questa volta in direzione della massa urlante. La luce delle torce fa rosseggiare l'acciaio degli elmetti. Gli uomini non tremano, attendono l'ordine liberatore: *Fuoco!*

Al fragore delle detonazioni succede un silenzio saturo di incertezza e di orrore. La massa si disperde in gruppi terrorizzati. Sulla Feldstrasse immensa e vuota restano i morti ed i feriti, sinistri officianti delle prime ore della guerra civile, "quella in cui si sa perché si uccide e chi si uccide"[12].

Questa brutale vittoria dell'ordine non avrà seguito. Debolezza o incertezza dei capi militari? Quando il giorno sorge, le pattuglie sono sparite. I cacciatorpediniere hanno levato le ancore, seguiti dalle corazzate manovrate dai loro ufficiali. Il porto è nelle mani degli ammutinati che saccheggiano i depositi di armi. In cala è rimasto solo il *König*, sorvegliato dai suoi ufficiali. Al di là della banchina essi vengono abbattuti uno ad uno. Sopra i cadaveri del Capitano di corvetta Heinemann e del Sottotenente di Vascello Zenker viene issata la bandiera rossa; quella che il Sottotenente di Vascello Canaris vedrà quattro giorni dopo...

Il principe Enrico di Prussia, governatore del porto, è fuggito. Gli ammutinati del *Markgraf* vengono liberati ed al loro posto, nelle celle, vengono gettati gli ufficiali sorpresi in città, dopo aver loro strappato i gradi e le decorazioni. Un grosso marinaio alticcio dirige la circolazione, una croce *Pour le Mérite*[13] al collo, pugnale di ufficiale alla cintura ed una bottiglia in mano.

I marinai Karl Altelt e Dorrenbach, installatisi alla Scuola siluristi, costituiscono il Soviet dei marinai di Kiel, il primo della rivoluzione tedesca.

L'Ammiraglio Souchon, che cerca di guadagnare tempo, li invita a venire ad esporre le loro rivendicazioni, poi telegrafa a Berlino per chiedere l'invio di un rappresentante del governo, se possibile un socialista maggioritario (moderato).

In serata l'inviato di Berlino, Gustave Noske – un ex taglialegna dive-

---

[12] Henry de Montherlant, *La Guerre civile,* Gallimard, Parigi 1965.
[13] Istituto da Federico II nel 1740, l'Ordine *Pour le Mérite* era allora la più alta decorazione militare; veniva concesso per fatti d'arme straordinari.

nuto deputato al Reichstag – arriva alla stazione di Kiel ignorando se sarà portato in trionfo o arrestato.

Incrocia senza saperlo i delegati del Soviet di Kiel, che si stanno precipitando su automobili armate di mitragliatrici e bandiere rosse sventolanti verso gli altri porti del Baltico e del Mar del Nord.

Le bandiere di sangue della rivoluzione sventoleranno su Amburgo, Wilhelmshaven, Lubecca, Cuxhaven, Rundsberg, Warnemünde, Rostock, Geestemünde e Bremerhaven. Le caserme vengono occupate e si costituiscono Soviet di marinai e di operai. La rivoluzione corre come una lingua di fuoco, senza incontrare ostacoli.

I primi distaccamenti di marinai rossi fanno la loro apparizione nei sobborghi di Berlino il 6 novembre.

Sempre il 6 novembre, a mezzogiorno, una delegazione di socialisti maggioritari guidata da Friedrich Ebert, presidente del Partito, viene ricevuta dal Generale Groener, successore di Ludendorff. Questo ufficiale è un Wurtemburghese placido e scaltro che non condivide l'avversione dei suoi camerati prussiani per la socialdemocrazia.

"Lei non ignora", comincia Ebert, "che il nostro partito ha sostenuto senza incertezze lo sforzo della guerra voluta dal Grande Stato Maggiore. E lei sa quanto ci abbia colpito la richiesta di armistizio suggerita dal suo predecessore, il Quartiermastro Generale Ludendorff. Premettiamo tutto questo per spiegarle che la nostra richiesta è dettata esclusivamente dalla preoccupazione di preservare la Germania dal disastro e dalla rivoluzione".

Ebert fa una pausa, poi d'un tratto pronuncia le parole che gli' bruciano le labbra: "Se il Kaiser non abdica, ci sarà impossibile trattenere la classe operaia".

Senza manifestare alcuna indignazione, Groener si limita a rispondere: "Non posso prendere posizione su questo punto. Voi conoscete l'attaccamento alla Corona del mio superiore, il Feld Maresciallo Hindenburg".

Ebert si fa conciliante: "Abdicazione del Kaiser non significa fine della monarchia. Si potrebbe istituire una reggenza..."

Il Generale Groener lo interrompe con un gesto: "Non mi sembra una cosa concepibile, poiché tutti i figli del Kaiser hanno giurato di non succedere al loro padre finché questi vivrà".

"A questo punto", risponde fosco Ebert, "è inutile continuare a discutere. Le nostre strade si separano qui. Ricorderemo sempre con piacere la collaborazione da lei prestata durante la guerra. Ora seguiremo strade diverse. Chissà se ci rivedremo".[14]

---

[14] Per il racconto dettagliato di questi avvenimenti, vedi: Benoist-Méchin, *Histoire de*

L'atteggiamento assunto da Ebert è il cinico ricatto di un oppositore che sente venire la sua ora oppure è l'estremo tentativo di un patriota preoccupato dalle calamità che sente incombere? Tra le due ipotesi, quella fondata è senza dubbio la seconda. Socialista convinto, Ebert non affermerà forse, qualche ora dopo, dinanzi al cancelliere Max de Bade:

L'abdicazione dell'Imperatore è il solo mezzo per impedire la rivoluzione sociale che io odio come il peccato?

Nello spazio di quarantotto ore egli sarà spinto al potere da quella stessa rivoluzione che in seguito combatterà con l'appoggio di quegli *Junker* che nutrono per lui solo disprezzo e avversione.
Friedrich Ebert era nato nell'anno in cui a Parigi veniva proclamata la Comune. Prima di divenire segretario del sindacato degli impiegati postali e deputato socialista di Elberfeld nel 1912, era stato di volta in volta sellaio, cocchiere di una birreria e gestore di un ristorante popolare. Ha la reputazione di uomo d'ordine e di capace amministratore. Tutta la vita ha lottato per migliorare la sorte delle masse operaie. Come i suoi compagni socialisti maggioritari, egli non crede che questo miglioramento nascerà da violenti capovolgimenti, ma piuttosto da una lenta e tenace evoluzione. Ritiene che l'arricchimento della Germania sarà anche quello di tutti i tedeschi, purché i tedeschi lo controllino. Non è egli stesso la prova vivente di questa tesi? Egli non mentiva quando diceva al Generale Groener che era rimasto sconvolto dalla richiesta di armistizio. Al Reichstag, i colleghi ricordano di aver visto il suo volto alterarsi. Forse pensava ai suoi due figli morti al fronte, ma anche alle conseguenze politiche di quel disastro, al nuovo destino che lo attendeva.
Il conte Kessler, le cui simpatie per la socialdemocrazia sono note, lo dipinge così:

Ebert, barba e baffi neri, il corpo tozzo e quell'aria di francese del Mezzogiorno, di ufficiale di marina di Marsiglia...[15]

Un francese del Mezzogiorno con la placidità di un abitante di Lilla. La Storia, beffarda, lo porrà sul trono vacillante dei padroni della Prussia e del Reich, signori decaduti della guerra.

---

l'Armée Allemande, tomo I, Ed. Albin-Michel; Erich Volkmann, *La Révolution Allemande,* Ed. Plon; Richard Watt, *Les dents du dragon,* Presses de la Cité.
[15] *Cahiers du comte Kessler,* Ed. Grasset, Parigi 1972.

Nella nebbiosa notte dell'8 novembre, gli avamposti francesi della 166ª Divisione vedono lampeggiare i fari di un convoglio di automobili provenienti da La Capelle. Il segnale di "cessate il fuoco" li riempie di gioia; sono i plenipotenziari tedeschi annunciati dal telegramma speciale.

Le automobili, sulle quali sventola una bandiera bianca, avanzano faticosamente sulla strada interrotta da frane e da buche di granata. Il Segretario di Stato Mathias Erzberger, fra un sobbalzo e l'altro sulla strada dissestata, trattiene il cappello gualcito e manca poco che perda il monocolo.

Giunti in territorio francese, i parlamentari tedeschi vengono fatti salire su un treno speciale. Alle 7, sfiniti, intirizziti e con la barba lunga, raggiungono il crocicchio di Rethondes dove li aspetta il maresciallo Foch nel suo vagone-salotto. La delegazione non comprende alcun membro dello Stato Maggiore Generale al quale sarà così risparmiata l'umiliazione di questi istanti.

Il maresciallo, freddamente, detta le condizioni di armistizio e accorda settantadue ore per accettarle. Le truppe tedesche dovranno evacuare entro quindici giorni i territori occupati, compresa l'Alsazia-Lorena. Gli alleati stabiliranno tre teste di ponte sul Reno, riceveranno enormi quantità di materiale militare e metteranno sotto sequestro le principali unità della Flotta militare. Queste condizioni equivalgono ad una capitolazione. Erzberger tenta di far leva sul pericolo della rivoluzione bolscevica che minaccia la Germania e che potrebbe in seguito espandersi in Francia. Sicuro di sé, Foch risponde che gli Alleati hanno i mezzi per difendersi da questo pericolo.

Se avesse conosciuto la situazione reale della Germania, il maresciallo avrebbe senza dubbio mostrato minore sicurezza.

Mentre nel settore francese del fronte si verificano questi avvenimenti, a Berlino si manifestano i segni di un irrimediabile disastro. Il re Luigi III di Baviera è dovuto fuggire da Monaco. Un "Soviet di operai e soldati", controllato da socialisti estremisti, proclama la "Repubblica socialista di Baviera". Organizzazioni analoghe si impadroniscono di Colonia, Hannover, Brunswick, Düsseldorf, Francoforte sul Meno, Stoccarda, Halle, Magdeburgo e Lipsia.

Bande armate di marinai ammutinatisi, provenienti da Kiel e dagli altri porti militari, si dirigono in treno verso Berlino. Alcuni distaccamenti sono stati intercettati e rinchiusi nella caserma di Moabit. Altri, che sono riusciti a forzare gli sbarramenti, si disperdono per le strade della capitale.

Karl Liebknecht, massimo esponente del gruppo *Spartakus*[16], speranza di Lenin in Germania, in carcere dal maggio del 1916, è stato liberato il 23 ottobre al fine di placare gli animi. Dapprima isolato per il suo estremismo, è accolto a Berlino da un'enorme folla mentre nelle città industriali imponenti manifestazioni salutano la sua liberazione. Il socialista maggioritario Scheidemann, che tanto si è dato da fare per la sua scarcerazione, confessa la propria inquietudine:

Soldati decorati con la Croce di Ferro hanno portato Liebknecht in trionfo! Chi avrebbe potuto immaginare una cosa simile appena tre settimane fa?[17]

Effettivamente questi sono sintomi che non ingannano. Quando, bruscamente, ciò che ieri era motivo di scandalo diventa oggi normale, quando il reprobo della vigilia viene salutato come un eroe, mentre i principi di ieri sono costretti a fuggire come criminali, le grandi tempeste che scatenano la furia primitiva sono vicine. Ed ora, forze che le vecchie dighe squassate non possono contenere, sono libere. Ha scritto Gustave Le Bon:

Ogni società civile si trascina fatalmente dietro un residuo di degenerati, di disadattati, di tarati di tutte le specie. Vagabondi, mendicanti, avanzi di galera, ladri, assassini, miserabili, tutti quelli che "si arrangiano", costituiscono la criminalità delle grandi città. Nei periodi normali, questi avanzi della civiltà sono in genere controllati dalla polizia. Durante le rivoluzioni, più nulla li trattiene e possono facilmente sfogare l'istinto che li spinge ad assassinare e rapinare. Fra questa feccia i rivoluzionari sanno di poter trovare i loro soldati. È così in tutte le epoche. Avidi solo di saccheggiare e massacrare, se ne infischiano della causa che sono chiamati a difendere... Ai criminali veri e propri, – incurabile piaga di tutte le società – bisogna aggiungere i semicriminali, malfattori d'occasione, essi non sono mai in rivolta quando il timore dell'ordine stabilito li trattiene, ma nel momento stesso in cui quest'ordine diventa debole si costituiranno in bande rivoluzionarie[18].

Alla Cancelleria giunge la notizia che gruppi armati, inquadrati dagli spartachisti e dai socialisti indipendenti, cominciano a circolare in città. Tre Battaglioni di Cacciatori, richiamati dalla Finlandia, vengono dislocati con le loro mitragliatrici attorno agli edifici pubblici della Wilhelmstrasse.

---

[16] Lo *Spartakusbund* venne costituito nel gennaio 1916 dagli estremisti di sinistra Karl Liebknecht, Rosa Luxemburg, Leo Jogisches, Clara Zetkin, Paul Levi, Wilhelm Pieck, ecc., allontanatisi dal partito socialista (S.P.D.), accusato di "tradire l'internazionalismo proletario".
[17] Richard Watt, *op. cit.*, p. 156.
[18] Gustave Le Bon, *Psychologie des Révolutions,* Flammarion, Parigi 1912.

Hanno l'ordine tassativo di non usare le armi, se non per rispondere al fuoco dei rivoltosi. Strappati alla violenza della guerra, soldati e ufficiali non riescono a capire e bestemmiano contro i "tizi col cappello" che sono costretti a difendere senza averne la possibilità.

Investito del compito di mantenere l'ordine nella capitale, il Generale von Linsingen, governatore militare di Berlino, ordina il mitragliamento aereo dei treni di marinai rossi che convergono sulla città. L'ordine viene annullato dal ministro della Guerra e Linsingen dà le dimissioni.

Il ministro convoca gli ufficiali in permesso che si trovano a Berlino. Se ne presentano alcune centinaia, in divisa, con le armi personali, ed egli cambia parere — per paura di essere accusato di fomentare una controrivoluzione — e li rimanda a casa.

Come tutti i regimi allo stremo, il governo imperiale reagisce con l'incoerenza ed il panico, con un insieme di decisioni brutali e di atti di debolezza. Proibisce a se stesso di spazzare gli avversari, alimenta la collera della folla, scoraggia i propri sostenitori, e dimostra a tutti la propria impotenza.

La sera dell'8 novembre il cancelliere Max de Bade è allo stremo. Telefona a suo cugino, l'imperatore, al Gran Quartier Generale di Spa, e lo scongiura di abdicare. Il Kaiser oppone un brutale rifiuto. Inconsapevole dei reali termini della situazione, pretende di schiacciare la rivoluzione con le truppe del fronte.

La fine dell'Esercito Imperiale

Il 9 novembre 1918 Berlino si sveglia paralizzata dallo sciopero generale indetto dai socialdemocratici indipendenti. Nelle strade gli scioperanti sghignazzano:

Stasera, *Lehmamn* scambierà la sua corona con il *Zylinderhut* [il ridicolo e pacifico cappello a cilindro dei borghesi tedeschi].

Nelle ultime ore della mattina una immensa folla di manifestanti, sulla quale garriscono bandiere rosse, invade la Wilhelmstrasse, il quartiere dei ministri. I Reggimenti della Capitale rifiutano di sparare. I cacciatori di Finlandia abbandonano le posizioni e spariscono, seguiti dagli ufficiali. I soldati del I Reggimento della Guardia – una unità di *élite* – si lasciano disarmare dai manifestanti. A Berlino l'Esercito imperiale si dissolve nel nulla. Ovunque la situazione è analoga. I posti-tappa, le comunicazioni dell'Esercito, i depositi di munizioni, i ponti sul Reno vengono abbandonati in mano agli ammutinati. Un po' dovunque si costituiscono "consigli" di soldati.
Allo Stato Maggiore Generale di Spa, al mattino, gli uomini non salutano più gli ufficiali e costituiscono un soviet. La sicurezza del Kaiser è ormai affidata solo ai suoi aiutanti di campo. Guglielmo II è il solo ad ignorarlo ancora.
Dalla Cancelleria, travolto dalla sommossa, il principe Max de Bade tenta freneticamente di mettersi in contatto telefonico con il Kaiser che si rifiuta di ascoltare i suoi appelli. Allora alcuni ufficiali, guidati dall'illustre ed imponente Feldmaresciallo Hindenburg e dal Primo Quartiermastro Generale Groener, chiedono di essere ricevuti dal Kaiser. Recano il verbale di una riunione drammatica alla quale sono stati invitati nelle prime ore del mattino cinquanta generali del fronte. Interrogati sulle misure atte ad evitare una rivoluzione, la maggioranza di essi ha affermato che considera l'abdicazione dell'Imperatore come inevitabile.
Il Kaiser insorge, pensa al tradimento di qualche elemento isolato. Non può credere che il suo esercito lo abbia abbandonato. Minaccia di respingere l'armistizio, di continuare la guerra a qualunque costo. I generali, atterriti, tacciono.
Volgendosi verso Hindenburg, pallidissimo e silenzioso, il Kaiser ricorda, urlando, il giuramento prestato dagli ufficiali e dai soldati alla bandiera ed al Signore della Guerra[19].

---

[19] *Feldherr*, condottiero.

Stanco dell'impossibile colloquio, il Generale Groener, che non è prussiano, fa un passo avanti e pronuncia la frase fatale:

Il giuramento alla bandiera, al Signore della Guerra? Queste, oggi, sono sole parole![20]

Il silenzio piomba sull'Imperatore truce e vinto. Comprendendo che ogni resistenza è inutile, Guglielmo di Hohenzollern consente ad abdicare.
Il Feldmaresciallo Hindenburg consiglia al sovrano decaduto di rifugiarsi in Olanda. Egli assumerà da solo il comando supremo. Sono le 13 e 15 minuti.
L'impensabile è accaduto. I capi dell'Esercito, pilastri incrollabili della monarchia, ne hanno accelerato la fine. Ed in questo istante non prevale forse in essi il realismo borghese sull'onore cavalleresco e militare?
Dovrebbero meditare, questi generali, le parole che Schiller fa pronunciare al luogotenente di Wallenstein quando questi diserta il servizio dell'Imperatore.
Non sono lontani i tempi in cui giovani ufficiali saranno tentati di dire a loro volta:

Mio Generale,
grazie a te eccomi maggiorenne in questo giorno.
Perché fino ad oggi la preoccupazione di scegliere
la mia strada e la direzione da seguire mi era risparmiata.
Ti seguivo senza riserve. Mi bastava
guardare a te per essere sicuro del diritto cammino.
Oggi, per la prima volta, tu mi restituisci a me stesso,
e mi costringi a fare una scelta
fra te ed il mio cuore.[21]

A Berlino l'annuncio dell'abdicazione è giunto prima ancora che l'Imperatore avesse preso una decisione. Travolto dalla sommossa, il Cancelliere ha precipitato le cose.
In questo giorno di prove brutali i Grandi, soldati o principi dell'Impero, dimenticheranno ben presto i giuramenti fatti. Nella scelta che fanno, dove finisce l'interesse della Germania e dove comincia quello della loro casta o della loro persona?

---

[20] Benoist-Méchin, op. cit.; Richard Watt, op. cit.
[21] Schiller, *La Morte di Wallenstein*, traduzione di V. Hell, in Schiller, Ed. Seghers, Parigi 1960.

Alle 11.30 Max de Bade consegna un comunicato all'agenzia Wolf:

L'Imperatore e Re ha deciso di rinunciare al trono. Il cancelliere imperiale resterà al suo posto fino al regolamento delle questioni concernenti l'abdicazione dell'Imperatore.

Appena appresa la notizia, Friedrich Ebert, accompagnato dai suoi amici, si reca alla Cancelleria. Max de Bade lo riceve nella grande biblioteca dove il principe Otto von Bismark aveva forgiato l'unità del Reich intorno alla Prussia. Il piccolo borghese socialista contempla i ritratti di quegli aristocratici prussiani contro i quali oggi i liberali del 1848 si prendono la rivincita. Con voce calma che contrasta con la tensione del momento, Ebert prende la parola:

Per mantenere la pace e l'ordine, noi riteniamo indispensabile che le funzioni di cancelliere imperiale e di commendatore di Brandeburgo siano affidate a membri del nostro partito. Per le stesse ragioni, è nostra intenzione associare alcuni socialdemocratici al nuovo governo. Appena possibile, riuniremo una assemblea costituente per decidere il futuro della Germania.

I rumori della strada lo dispensano da argomenti supplementari. Dopo essersi consultato per qualche istante con gli uomini del suo *entourage,* il principe Max de Bade trasmette a Ebert le funzioni di cancelliere, delle quali egli era stato investito dall'Imperatore.
Immediatamente il deputato socialista Philippe Scheidemann, ex tipografo, si precipita al Reichstag. Contrariamente al suo amico Ebert, è un tipo sanguigno, impetuoso e vulcanico. Trova i colleghi al bar. Il volto in fiamme, i biondi capelli in disordine, comunica la formazione di un governo socialista e ordina una tazza di brodo. Una folla impressionante si ammassa dinanzi all'edificio. Amante del bel gesto e delle parole definitive, Scheidemann interrompe la colazione, sale di un piano, si affaccia ad una finestra e grida alle migliaia di volti che si sollevano verso di lui:

Ebert è stato nominato cancelliere!

Trasportato dalle acclamazioni, grida ancora:

Viva la Repubblica tedesca!

Proclamata così la Repubblica, ritorna alla sua tazza di brodo.
Questa frase tanto intempestiva quanto storica mette Ebert in una situazione delicata.

Divenuto cancelliere dell'Impero mercé la sola benevolenza del suo predecessore, senza la sanzione dell'Imperatore, egli non può nemmeno invocare questa finzione dal momento che l'Impero è divenuto una Repubblica a causa dell'impulsività del suo imprudente luogotenente.
Il giorno dopo una sembianza di legalità verrà dalla riunione di un'Assemblea dei soviet di operai e di soldati al circo Bush.
L'Assemblea eleggerà un Comitato Centrale e un governo chiamato Consiglio dei Commissari del popolo, comprendente tre socialisti maggioritari e tre indipendenti, sotto la presidenza di Ebert.

Per orrore del vuoto, la Germania era una repubblica. I tedeschi non sono tagliati per la rivoluzione. Sarebbe stata una rivoluzione in veste da camera e pantofole, non una rivoluzione in stivali, una rivoluzione sanguinosa.[22]

La Germania non avrebbe comunque tardato troppo a conoscere stivali e sangue.
Berlino è in mano agli ammutinati. Un'americana, la principessa Blücher, scrive nel suo diario in data 9 novembre:

Attraverso le masse compatte della folla in movimento, grossi camion militari si aprono la strada, carichi di soldati e di marinai che sventolano bandiere rosse e lanciano grida feroci e cercano evidentemente di eccitare alla violenza gli scioperanti. Ciò che mi sembra significativo sono le macchine gremite di giovani in uniforme grigia o in abito civile, che lasciano continuamente i loro posti per costringere soldati e ufficiali a strapparsi le insegne dei gradi. La maggior parte sono adolescenti di sedici, diciotto anni che sembrano gioire immensamente del potere messo improvvisamente nelle loro mani... Naturalmente alcuni ufficiali rifiutano di obbedire. Ne consegue spargimento di sangue, ed anche assassinio. Perché questi giovani non indietreggiano dinanzi a nessuna violenza.[23]

Guidati da Karl Liebknecht, gli spartachisti si impadroniscono del palazzo imperiale dove issano a mo' di bandiera rossa una coperta bruna trovata in una camera della servitù. Il quartier generale della polizia si arrende senza opporre resistenza. Un agente dell'ambasciata sovietica, Emil Eichhorn, si proclama prefetto di polizia. Un commando spartachista fa man bassa nei locali del quotidiano conservatore *"Lokal Anzeiger"* e fonda immediatamente un nuovo giornale, *"Die Rote Fahne"*, sotto la direzione di Rosa Luxemburg.

---

[22] Memorie dell'ex ministro Eugen Schiffer, citate da Pierre Gaxotte, *Storia della Germania*, Ed. Flammarion.
[23] Citato da Benoist-Méchin, op. cit., Tomo I, p. 50-51.

Per le strade viene distribuito un volantino che riprende le parole d'ordine dettate dai bolscevichi agli insorti russi nel 1905:

> Indirizzate i vostri colpi contro gli ufficiali. Ogni ufficiale che guidi i soldati al massacro del popolo è messo fuori legge. Uccidetelo senza pietà.[24]

Un tifone passa sulla Germania, con la sua asprezza e la sua potenza devastatrice. Alla fine di questa giornata il giornalista Theodor Wolff descrive la propria meraviglia:

> Una settimana fa esisteva un apparato amministrativo militare e civile così ramificato, così profondamente imbricato e abbarbicato, che sembrava dovesse conservarsi al di là delle vicissitudini del tempo. Per le strade di Berlino passavano le automobili grigie degli ufficiali, su tutte le piazze si vedevano agenti di polizia, come colonne del potere; una gigantesca organizzazione militare sembrava abbracciare tutto; negli uffici e nei ministeri troneggiava una burocrazia apparentemente invincibile. Ieri mattina, tutto era ancora così. E ieri pomeriggio non c'era più nulla.[25]

La notte avvolge la Cancelleria del Reich, dove non vi è più nemmeno un poliziotto a difenderne le porte. Intorno sfilano cortei urlanti, mentre si riuniscono i militanti del partito socialista maggioritario, unico sostegno del nuovo governo. A fianco, il Palazzo è occupato dagli spartachisti e dai marinai rossi in armi che vogliono costituire una Divisione navale popolare (*Volksmarinedivision*). Nei corridoi, parlamentari e dignitari socialisti si agitano in discussioni febbrili.
Ebert si è ritirato nell'ufficio del Cancelliere; il suo ufficio, ormai. Solo, sfinito dalla giornata spossante, egli è afflitto dall'angoscia delle terribili minacce interne ed esterne che esigono immediate decisioni. Il suo potere non è che una finzione. Dalle finestre del suo ufficio può sentire i manifestanti gridare:

> Abbasso i traditori della Rivoluzione! Abbasso Ebert-Scheidemann!

Sta forse per fallire quello che era lo scopo della sua vita: l'avvento di una democrazia sociale in Germania?
Il ricordo di Kerensky, il democratico che aveva riscaldato il letto ai bolscevichi russi, domina la notte. Ebert sa di essere alla mercé di un Lenin tedesco.
Certo, è appoggiato da un forte partito, il primo della Germania; ha il sostegno dei maggiori sindacati.

---

[24] Neuberg, *L'insurrezione armata*, Parigi 1931.
[25] "*Berliner Tageblatt*" del 10 novembre 1918.

Ma queste forze non potranno mostrare ciò che sono in grado di fare senza un minimo di ordine. Per questo, bisogna mettere fine alla guerra all'Ovest, preservare le frontiere orientali del Reich, evitare la guerra civile. Come arrivarci senza il concorso dell'Esercito? Per Ebert, è questa la grande incognita e la prima delle preoccupazioni.

D'improvviso lo squillo del telefono riservato, che collega direttamente la Cancelleria con il Grande Quartier Generale di Spa, rompe il pesante silenzio dell'ufficio. Ebert, che ignora l'esistenza di questa linea, solleva le cornette di vari apparecchi prima di rispondere al numero 998, e sente la voce del Generale Groener che gli parla a nome del Feldmaresciallo Hindenburg.

Questa conversazione imprevista fra due uomini che tutto separa, salvo l'orrore del caos, sigilla l'accordo fondamentale che deciderà le sorti della Germania. Ebert assicura che garantirà l'esistenza del corpo degli ufficiali. In cambio, Groener mette l'Esercito a sua disposizione per "combattere il bolscevismo".

Ma l'Esercito esiste ancora?

L'armistizio firmato per la Germania da Mathias Erzberger l'11 novembre a Rethondes concede trenta giorni per evacuare i territori occupati e riportare le truppe dietro le frontiere del 1914.

Un mese durante il quale lo Stato Maggiore ha portato a termine un compito – riportare i Reggimenti tedeschi dall'Ovest nelle loro caserme d'origine – la cui realizzazione sembra aver qualcosa di prodigioso, se si pensa al poco tempo accordato e al disordine che regnava all'interno del paese.[26]

Abbandonando enormi quantità di armi e di materiale, come esigono le condizioni dell'armistizio, due milioni di uomini, distribuiti su un fronte di 500 chilometri, si muovono verso l'Est. Occorre improvvisare i posti-tappa, il rifornimento, i turni di attraversamento dei ponti sul Reno... Tutto è stato stabilito nei minimi particolari perché il più piccolo errore significherebbe far inceppare il congegno.

Quindici giorni dopo la conclusione dell'armistizio l'immensa Armata ha ripiegato disciplinatamente, con la regolarità di un meccanismo ben oliato.

I consigli di soldati, invece di incitare al disordine, sono diventati i collaboratori degli ufficiali.

Il Comando Supremo dell'Esercito *(Oberste Heeresleitung)* può essere giustamente fiero di questa impresa. Pensa anche di aver ristabilito l'autorità del corpo ufficiali sulla truppa del fronte.

---

[26] Benoist-Méchin, ibid., p. 59.

Ma si illude sui motivi di questo ripristino spontaneo della disciplina. Gli uomini hanno compreso che per rientrare più in fretta occorre l'ordine. Ma la guerra è finita o sembra esserlo e, ritornati in Germania, nulla impedirà loro di piantar là armi, caserme e ufficiali per raggiungere al più presto la donna, la casa o la fabbrica.

L'11 dicembre i Reggimenti tradizionalmente accasermati a Berlino entrano nella capitale. Ebert, i suoi amici socialisti ed ancor più gli estremisti di sinistra paventano questo momento: l'impatto fra le truppe del fronte, considerate reazionarie, e i soldati della rivoluzione. Sono state date disposizioni per limitare il numero delle unità ed il loro armamento. Lo Stato Maggiore protesta contro questa diffidenza. Si decide di attenersi alla decisione di disarmo stabilita dal Comitato Centrale dei soviet, il quale — dopo la caduta della monarchia e in mancanza di una costituzione e di una camera eletta — ha la funzione di suprema autorità.

Ebert si dibatte nella stretta. Da una parte i rivoluzionari lo accusano di fomentare una contro-rivoluzione; dall'altra, gli ufficiali gli rimproverano di distruggere l'Esercito, ultima forza organizzata della Germania sconfitta. E questo Ebert lo sa fin troppo bene. La Baviera e la Renania minacciano la scissione. La Posnania, incoraggiata dalla Francia, sta per proclamare la riannessione alla Polonia. Gli alleati attendono solo l'occasione per rendere più gravose le loro pretese. Infine, la minaccia di un colpo di mano
spartachista aumenta ogni giorno, a causa della disoccupazione e della miseria che nulla può arginare.

Nei suoi ricordi, Jean des Vallières descrive lo spaventoso spettacolo offerto da un popolo affamato dal blocco alleato:

In fatto di orrore credevo di aver toccato in galera il limite massimo della miseria umana. Ma vi è di peggio: queste maschere spaventose di fanciulli torturati dalla fame; queste atroci piccole figure, che diventano nere, di fantocci dalle gambe stecchite, che succhiano un pezzo di legno o un sozzo lembo della loro veste; queste bambine trasparenti alle quali sembra che basti dare un buffetto sulla fronte per ucciderle; e le donne, scheletriche e tragiche, accovacciate sulla soglia di casa che covano con occhi dementi il bimbo sulle loro ginocchia, agonizzante per mancanza di una goccia di latte o di un po' di farina. Galleria di incubo di esseri che hanno perduto ogni forza e ogni speranza. Sono forse dei bisognosi? No. Questo quartiere di commercianti era uno dei più attivi della città; sono le famiglie, ieri ancora agiate, di negozianti, impiegati, funzionari, perché la piccola borghesia tedesca ha sopportato in un patetico silenzio di schiavi una sofferenza degna dell'inferno.[27]

---

[27] J. des Vallières, op. cit., p. 121-122.

Ebert ha solo uno stretto margine di manovra per impiegare l'Esercito senza tuttavia cedere alle sue pretese. È dunque pronto alle concessioni verbali che, da vecchia volpe delle tribune parlamentari, considera senza importanza. Una delle sue formule puramente retoriche avrà tuttavia un peso imprevedibile sul futuro.
Quando i primi distaccamenti, condotti dal generale Lequis e dai suoi ufficiali a cavallo, l'elmetto decorato di foglie di quercia, antico simbolo di gloria militare, al suono delle vecchie marce imperiali giungono alla Porta di Brandeburgo, Ebert, circondato dagli altri Commissari del popolo, li accoglie con queste parole cariche di conseguenze:

Vi saluto, soldati, voi che nessun nemico ha mai vinto sul campo di battaglia!

Senza prestare attenzione alle parole dell'insignificante e ben pasciuto civile, gli uomini marciano.

Gli occhi si affondavano profondamente all'ombra dell'elmetto, nelle occhiaie scure, terree, angolose; i soldati non guardavano né a destra né a sinistra, ma sempre davanti, come incatenati da una meta terribile, come se fissassero da trincee di fango la terra sconvolta. Marciavano come un simbolo della morte, dell'orrore, del gelo più rigido e mortale.[28]

L'arringa adulatrice non ha l'effetto atteso. Il Maggiore Pabst, che ricoprirà in seguito un ruolo importante, ha scritto nelle sue memorie:

Il comitato di ricevimento con Ebert alla testa, ed il discorso che questi fece, non ebbero alcun effetto su di noi Eravamo coscienti di una cosa sola: che la lotta contro le masse sarebbe stata dura e sanguinosa.[29]

Tuttavia nelle parole di Ebert si poteva trovare ciò che assolveva l'Esercito dalla responsabilità della disfatta rigettandola implicitamente sulla retrovia che aveva tradito, sulla rivoluzione fomentata dai politicanti, dagli ideologi e dagli imboscati. Questa confessione del capo della rivoluzione, accreditando la tesi della "pugnalata alla schiena", non doveva essere dimenticata dagli ufficiali, che una terribile umiliazione attendeva.
Il ritorno dei Reggimenti dal fronte proseguì per diversi giorni. Gli scaglioni che seguono non hanno l'aspetto duro e marziale dei primi.

---

[28] Ernst von Salomon, *I proscritti*, Einaudi, Torino 1943, p. 28.
[29] In *Deutscher Aufstand: die Revolution des Nachkrieges*, Curt Hotzel, Stuttgart 1934.

La folla costernata guarda passare lo spettro interminabile della disfatta.

A questi gruppi scomposti che passano disordinatamente, senza ufficiali né bandiere, senza armi né equipaggiamenti, non sono rimasti né pifferi né tamburi. Hanno gettato tutto lungo la strada per arrivare prima. Irsuti e sporchi, con le divise lacere, gli elmetti ammaccati, i berretti calcati fino al collo, questi soldati dalle facce brutali di saccheggiatori hanno occhi torvi che non vedono più nulla e sembrano solo sentire il rumore sordo dei loro passi.

Fra i curiosi,

lacrime silenziose scendono su certi visi e si riconoscono dalle maschere tragiche, disseminati qua e là, gli ufficiali, rigidi nei loro abiti civili, che guardano sfilare i Reggimenti di cui erano così fieri. Non avranno requie, finché non avranno cancellato l'atroce visione.[30]

Dal momento in cui i combattenti sono entrati nelle caserme, a contatto dei consigli di soldati della retrovia, la fragile disciplina della ritirata è scomparsa. Gli uomini non hanno più che un pensiero: essere a casa per Natale e dimenticare la guerra. Al diavolo la lentezza delle operazioni di smobilitazione, gli ordini e il servizio! In pochi giorni l'esercito del fronte, ritornato negli accasermamenti del tempo di pace, si disintegra. Abbandonando armi e uniformi, i soldati si disperdono. Quelli che non hanno più casa vagano per la città, si gettano nel vortice delle manifestazioni. Gli ufficiali che tentano di opporsi a questo irresistibile movimento, vengono presi, bastonati di santa ragione, talvolta uccisi. Nelle strade, ex "camerati del fronte" strappano loro le mostrine.
Comandanti di guarnigione telegrafano allo Stato Maggiore stabilitosi a Cassel per far presente l'impossibilità di intervenire. Il servizio di guardia, quello sanitario, il rifornimento non sono più assicurati. La più disciplinata delle organizzazioni militari, si dissolve in pochi giorni. Per conservare un minimo di forza armata il governo offre una gratifica supplementare di tre marchi al giorno agli uomini che restano sotto le armi e di un marco supplementare per ogni ora di guardia.
L'esercito imperiale cede il posto a compagnie di mercenari.
Congresso dei soviet di soldati, che si apre a Berlino il 16 dicembre 1918, dà il colpo di grazia al vecchio esercito, decidendo che il comando spetta a soviet di soldati e che gli ufficiali devono essere eletti dalla truppa.

---

[30] Jean des Vallières, op. cit., p. 263-265.

Peggio ancora, il Congresso decreta, come esigono gli Alleati, la soppressione delle Scuole di Cadetti, fra cui la famosa *Hauptkadettenanstalt* di Lichterfeld. È un colpo fatale inferto ai princìpi e all'ordine militare della Prussia, e al corpo ufficiali. Le Scuole di Cadetti in cui, generazione dopo generazione, adolescenti vengono addestrati a "obbedire, servire e morire", fino a quel momento hanno resistito a tutte le burrasche. Le loro rigide istituzioni, stabilite da Federico il Grande, avevano superato i tentativi di riforma del 1806, la soppressione ordinata dall'assemblea borghese del 1848 che vedeva in esse, non senza motivo, il santuario del militarismo prussiano, infine la sospensione del credito decisa dal *Landtag* liberale di Prussia nel 1860. Da due secoli le Scuole di Cadetti educavano gli ufficiali che, a loro volta, educavano la nazione. Sopprimere le *Kadettenschulen*, significa strappare il cuore del cuore, commettere l'irreparabile, ed anche provocare l'irrimediabile divorzio fra il regime nato dalla rivoluzione e il corpo degli ufficiali.

Il Feldmaresciallo von Hindenburg ordina al Generale Groener di chiamare Ebert, per comunicargli che lo Stato Maggiore ritira la sua fiducia ai Commissari del Popolo, e considera le decisioni del Congresso come nulle.

Reso folle dalle conseguenze di questa rivolta, Ebert prega lo Stato Maggiore di concedergli una possibilità: convocherà immediatamente non più il Congresso dei Soviet, ma il Comitato Centrale, meno estremista, per annullare lo scioglimento del corpo ufficiali. Il Generale Groener assisterà al dibattito.

Il 20 novembre i rappresentanti dello Stato Maggiore, abilmente sostenuti da Ebert, riescono a convincere il Comitato Centrale a colpi di argomenti tecnici e di prospettive apocalittiche.

Ma mentre il Generale Groener, soddisfatto, raggiunge Cassel, gli estremisti spingono alla rivolta i soviet di Berlino denunciando un colpo di mano dello Stato Maggiore. Ben presto nella capitale convergono le milizie rivoluzionarie e vengono organizzate manifestazioni.

Il 23 dicembre il rifiuto di un premio di 80.000 marchi preteso dal marinaio Dorrenbach, capo della Divisione navale popolare, serve da pretesto all'invasione della Cancelleria. Alcuni socialisti maggioritari vengono catturati come ostaggi. Ebert è di nuovo prigioniero della rivolta. Dal 9 novembre, questo socialista nemico del disordine ma profondamente liberale si sforza di mantenere il suo governo in equilibrio fra le due pressioni contrarie e opposte dell'Esercito e della Rivoluzione.

Ha creduto di poter conciliare queste due forze e costruire con esse una nuova Germania, democratica e sociale.

Ogni crisi lo ha visto impegnato in sforzi tenaci per negoziare, prendere tempo, evitare lo scontro frontale. Ne ha guadagnato il sospetto degli uni e degli altri, senza di conseguenza ampliare le proprie possibilità di manovra. Al contrario, queste non hanno smesso di ridursi, mentre il proselitismo, la forza, l'arroganza dei rivoluzionari non hanno smesso di aumentare. La Rivoluzione ha fatto di lui uno schiavo impotente. Deve dunque scegliere fra l'una e l'altra forza. Il viso impietrito dalla terribile decisione presa, solleva la cornetta del telefono segreto che lo collega con Cassel.

È la chiamata che lo Stato Maggiore aspetta dal 9 novembre. Il suo pugno di ferro potrà spazzare la Rivoluzione... se esiste ancora. Ebert ordina al generale Lequis di marciare su Berlino con le misere truppe di Potsdam.

Nel frattempo Dorrenbach, con i suoi marinai rossi e, di rinforzo, gli spartachisti armati, attacca la *Kommandantur* di Berlino. Soldati fedeli al governo aprono il fuoco. Il sangue scorre da una parte e dall'altra e la debole resistenza viene piegata. Dorrenbach cattura il Maggiore Wels, Comandante della Piazza, un ufficiale socialista nominato da Ebert. Soddisfatto di questa impresa, Dorrenbach toglie l'assedio alla Cancelleria.

Immediatamente Ebert telefona a Potsdam per annullare l'ordine dato al Generale Lequis, ma questi gli fa rispondere che è troppo tardi; si fermerà solo dopo aver spazzato gli ammutinati della Divisione navale popolare.

Alle 20, alla fioca luce dei lampioni, uno squadrone della Guardia a cavallo prende posizione dinanzi alla Cancelleria mentre si accalcano, minacciosi, i marinai rossi. Ebert tenta di interporsi fra i due schieramenti e dà ordine di piegare ogni resistenza armata e di sparare a vista solo dopo l'avvertimento d'uso. Alle 2 del mattino del 24 dicembre il Capitano Pabst con 800 uomini della Guardia a cavallo assedia il Palazzo dove sono trincerati i marinai di Dorrenbach; l'attacco è previsto per l'alba. Alle 7,30 un Sottotenente della Guardia avanza verso il Palazzo e annuncia ai marinai che hanno 10 minuti di tempo per gettare le armi e arrendersi. L'ultimatum è accolto con insulti.

Alle 7,40, trascorsi i dieci minuti, il Capitano Pabst fa sparare con il cannone contro il Palazzo, subito dopo preso d'assalto. I marinai si rifugiano nelle scuderie, il Marstall, dove resistono con difficoltà alle truppe agguerrite. Molti rossi cadono feriti. Alle 9,30, la morte nell'anima, decidono di arrendersi, e una bandiera bianca si innalza al di sopra del Marstall. I soldati della Guardia cessano il fuoco.

Improvvisamente, alle loro spalle, sentono un clamore immenso e minaccioso fino allora mascherato dalle esplosioni delle armi da fuoco.

Una marea di uomini, molti dei quali sono spartachisti, invade la piazza da ogni parte, dalla Kaiserstrasse, dalla Unten-der-Linden, dal canale della Sprea, dall'Alexanderplatz. Per Berlino corre la voce, confermata dal sinistro suono delle cannonate, che gli ufficiali stanno massacrando i marinai e vogliono restaurare la monarchia. In un attimo una folla enorme, fra cui numerose donne e ragazzi, circonda i soldati esitanti, rompe le loro file, li avvolge in un flutto vociferante, strappa loro le armi. Un gruppo di cadetti gira le mitragliatrici verso la moltitudine, le dita contratte sul grilletto, lo sguardo folle.

In quel momento un ufficiale del generale Lequis si precipita come un pazzo nell'ufficio di Ebert e lo supplica di intervenire per evitare il massacro. Il presidente dei Commissari del popolo crede di riguadagnare il terreno perduto. Esce dalla Cancelleria ed avanza verso la folla. Gli ufficiali approfittano dell'esitazione per svignarsela, sfuggendo al linciaggio. Le grida di collera lasciano il posto alle urla di gioia. I rivoluzionari sono i vincitori della giornata ed il governo di Ebert, lungi dall'essere arbitro della situazione, diventa loro ostaggio. Quanto allo Stato Maggiore, ha dimostrato la sua impotenza e la vanità delle sue pretese.

Non è stata solo dimostrata la debolezza dei suoi ultimi Reggimenti, ma anche la sua incapacità di agire in una situazione di guerra civile. Muoversi bene sul terreno della guerra civile è una scienza, ed il grande Stato Maggiore non l'aveva inserita nel programma di studio. Si sarebbe tuttavia avvantaggiato parecchio, meditando le riflessioni di Gustave Le Bon sulla psicologia della rivoluzione.

Quando – scriveva nel 1912 – si considera con quanta facilità alcuni regimi, e soprattutto quello di Luigi Filippo, sono stati rovesciati da una piccola sommossa, appaiono ben chiari i pericoli derivanti dall'ignoranza della psicologia collettiva. Il maresciallo che nel 1848 comandava le truppe – più che sufficienti per difendere il re – ignorava certamente che se si permette alla folla di mescolarsi alla truppa, quest'ultima, paralizzata dalla suggestione e dal contagio, dimenticava di svolgere il suo ruolo. Egli inoltre non sapeva che, essendo la moltitudine molto sensibile al prestigio, per agire su di essa occorre un grande spiegamento di forze le quali blocchino subito le manifestazioni ostili. Ignorava anche che gli assembramenti devono essere immediatamente dispersi...[31]

La sera di Natale la rivoluzione rossa domina Berlino ed il governo non è più che un'ombra.

---

[31] Gustave Le Bon, op. cit., p. 94.

A Cassel, gli ufficiali dello Stato Maggiore Generale propongono di sciogliere l'Alto Comando per poter raggiungere le loro famiglie minacciate...

In questo immenso disordine, Ebert viene a sapere che i volontari si riuniscono qua e là per difendere lo Stato. Anche a Berlino un sottufficiale, l'Aiutante Suppe, sta organizzando un *Freikorps* di giovani soldatacci nati per battere i tacchi, avere un fucile in mano ed uccidere.

La nascita dei primi Freikorps

Sotto l'elmetto regolamentare allacciato alla prussiana, l'Aiutante Suppe, del 2° Reggimento della Guardia, porta i corti baffi di moda fra i soldati del fronte. Così tozzo, il suo corpo sembra tagliato in quel caucciù duro di cui son fatti i manganelli. La Croce di Ferro di prima classe spicca, provocante, sulla giubba dell'uniforme. Nella fondina risalta il profilo duro di una pistola d'ordinanza *Luger P 08,* che chiede solo di essere usata: detto fatto.
Il Soviet della caserma evita di avventurarsi nei corridoi del primo piano dove l'Aiutante Suppe ha stabilito i suoi quartieri. Tutto il giorno è un continuo sfilare di sottufficiali, animali da guerra dalle guance scavate, oziosi, lo sguardo cattivo.
I loro corpi magri, come attirati da una misteriosa calamita, salgono le scale per raggiungere la grande stanza, che è camera da letto, corpo di guardia e centro di reclutamento insieme, dove siede l'Aiutante Suppe.
Nel corridoio due sottufficiali fumano con una falsa noncuranza che contrasta con lo sguardo in agguato, la pistola al cinturone e gli stivali lucidati di fresco. La bocca ringhiante di una mitragliatrice *Maxim,* sostenuta dal suo treppiede, il nastro inserito, si delinea dietro la porta. Una rastrelliera carica di lucenti fucili *Mauser* corre lungo il muro. Di fronte, bandierine rosse e nere sono appuntate su una mappa della *Gross Berlin.* Il profumo acre del tabacco freddo riempie la stanza, lottando con l'odore intenso delle uniformi e del cuoio degli equipaggiamenti. Intorno ad una tavola di legno, che poggia su casse di granate, alcuni sottufficiali della Divisione Cacciatori della Guardia ascoltano l'Aiutante Suppe.
Qui è sempre il fronte. Questi uomini non possono staccarvisi. Sono stati divorati dalla guerra. Ogni loro gesto, ogni loro riflesso ne è impregnato. Sotto la noia delle trincee, l'orrore dei bombardamenti, la furia degli assalti, essi hanno sepolto l'antico uomo, il civile, il borghese. Se trovassero le parole e le formule, potrebbero dire come Ernst Jünger:

La guerra, madre della dolorosa Europa di oggi, è anche nostra madre: è lei che ci ha forgiato, scolpito, indurito e fatto ciò che siamo. E sempre, per tutto il tempo che girerà in noi la ruota della vita trepidante, la guerra sarà l'asse attorno a cui la ruota girerà.[32]

---

[32] Ernst Jünger, *La guerre notre mère*, Ed. Albin-Michel. 1934. Lo scrittore, eroe pluridecorato della guerra, non si unirà ai *Freikorps*: militerà invece nella *Reichswehr.*

Nati per essere soldati, la guerra li ha separati dal gregge dei droghieri, degli operai e dei contabili in uniforme che compongono il grosso degli eserciti nazionali. Nelle loro vene scorre il sangue vivo dei raitri di Carlo Quinto, dei veterani della Guerra dei Trent'Anni e dei pirati di Störtebeker[33]. Nella battaglia, gli sguardi folli si volgevano ai loro volti duri e arditi Nella desolazione notturna delle trincee, la debole luce dei loro acquartieramenti annunciava un rifugio inespugnabile di spensieratezza e di gaiezza sprezzante. La paura e la sofferenza acuivano in loro il gusto dei piaceri folgoranti, quello del colpo di mano e del colpo di schnapps...
Gli ammutinati li temono e li invidiano allo stesso tempo, perché riconoscono in loro l'eterno lanzichenecco aggressivo, temerario e senza pietà.
Nella Berlino titubante del novembre 1918 i sottufficiali dal profilo di lupo ostentano ancora con insolenza le Croci di Ferro, i galloni e le pistole[34]. Tuttavia, la provocazione non può durare. L'aiutante Suppe lo sa meglio di chiunque altro. Nella caserma dove la sua reputazione di burlone e le sue facezie secche lo avevano reso popolare, egli sente l'odio sordo, e la sua camera, che egli continua a chiamare il *Bunker*, rischia davvero di meritare questo soprannome. Altrove, è la stessa cosa.

Disordine, insicurezza, saccheggio, anarchia e vagabondaggio – ha scritto il Sottotenente Fischer, aiutante di campo della piazza di Berlino – erano all'ordine del giorno. Le truppe facevano il comodo loro, le caserme erano tanti manicomi. I posti di guardia non esistevano più: solo soviet di soldati in ogni angolo e in ogni corridoio che agivano di testa propria. Gli unici padroni di Berlino erano divisione, licenza e caos... Colme fino a scoppiare nelle ore dei pasti e di paga, le caserme erano vuote quando la *Kommandantur* richiedeva una dozzina di uomini di servizio[35].

Il 16 novembre, i lanzichenecchi del 2° Reggimento della Guardia si riuniscono nel *Bunker*. Cinque giorni prima gli ufficiali sono dovuti fuggire dalla caserma. Isolati di fronte alla massa dei ribelli, senza ufficiali, senza ordini, i soldati non sanno cosa fare. Ancora ieri, tutto era semplice. Oggi, più nessuno sa chi comanda.

Tuttavia per qualche tempo si metterà a disposizione di Rossbach.
[33] Famoso pirata tedesco del XIV secolo.
[34] Portare la pistola era tradizionalmente riservato agli ufficiali, ma in seguito fu concesso anche ai graduati e agli uomini delle truppe d'assalto, le *Stosstruppen*, vista la grande utilità di un'arma semiautomatica a corto raggio durante gli assalti negli spazi ristretti all'interno delle trincee avversarie.
[35] Citato da Noske nelle sue memorie, *Zen Jahres deutsche Geschichte*, Berlino 1928.

Fatta passare la valanga delle domande, Suppe si alza a parlare:

Chi, in questo momento, a Berlino, chiede a qualcuno che cosa bisogna fare? Noi ci uniremo senza alcuna autorizzazione. E – piaccia o no – si dovrà riconoscere la nostra esistenza. In situazioni eccezionali, un sottufficiale deve prendere da solo delle decisioni. E noi non abbiamo mai conosciuto situazione più eccezionale di questa. Quindi io prendo la decisione di costituire un *Freikorps* con coloro che vorranno seguirmi![36]

Un triplice "*Hurrah!*" saluta la creazione del primo *Freikorps* della rivoluzione tedesca. Nella confusione non si fa caso a chi se la squaglia preoccupato dall'avventura.
Divenuta irrespirabile l'aria del *Bunker,* il *Freikorps* decide di evacuare la caserma con armi e bagagli.
Suppe requisisce seduta stante il grande anfiteatro dell'Università. Ottimista, si aspetta di veder affluire volontari.
Uno dei suoi camerati, incaricato del telegrafo al ministero della Guerra di Prussia, provvede a far passare per i canali ufficiali un dispaccio diretto a tutte le caserme:

I sottufficiali del fronte che possono dimostrare il loro stato di servizio si mettano in contatto con l'ufficio del corpo dei volontari, nell'edificio dell'Università, Kaiser Franz-Josef Platz. Tutte le informazioni riguardanti il soldo, il rancio, la divisa e l'equipaggiamento saranno date presso questo ufficio. Firmato Suppe, *Führer*.

Questo telegramma provoca una tempesta al Comitato Centrale dei soviet e Liebknecht organizza comizi per chiedere l'arresto dei sottufficiali "controrivoluzionari".
Senza lasciarsi intimidire da questa campagna, Suppe, decisamente a suo agio nei sommovimenti rivoluzionari, spinge l'audacia fino ad organizzare, il 5 dicembre 1918, una riunione di tutti i sottufficiali della guarnigione al circo Busch. Informati dai volantini e dagli annunci sulla stampa, 1500 sottufficiali rispondono al suo appello. Dopo un tempestoso dibattito e per tagliare corto, Suppe decide di fare un corteo per Berlino.
Potrà così contare i suoi miliziani. Risale la Unter-den-Linden, seguito da un cinquecento facce insolenti e risolute.

---

[36] Cfr. *Des Buch vom Deutschen Freikorpskämpfer*, Ed. Limpert, Berlino 1938, p. 34-38.

Questo temerario corteo prefigura le future coorti in stivali che canteranno ben presto la loro sfida in tutte le città della Germania:

> *La piazza appartiene a chi vi discende,*
> *La piazza appartiene alla bandiera dei nostri Freikorps.*
> *Intorno a noi, l'odio,*
> *Intorno a noi, crollano i dogmi abbattuti.*
> *In alto sopra il sozzo fango sventolano le nostre bandiere.*

Sulla Wilhelmstrasse, il *Freikorps* si scontra con la guardia "rosa" del Maggiore Otto Wels, uno dei pochi ufficiali socialisti, nominato comandante della Piazza. I due schieramenti si affrontano un istante in silenzio. D'improvviso si spalanca una finestra sulla facciata della Cancelleria. Le teste si sollevano: al balcone si affacciano Ebert e Scheidemann che, prendendo la parola, li esortano alternativamente a unirsi per difendere la nuova legalità, la giovane repubblica tedesca e il Reich eterno. Suppe ascolta distrattamente. È distolto dalle sue riflessioni dal Maggiore Wels: senza complimenti, questi lo invita a raggiungere la sua *Republikanische Soldatenwehr*. Lui solo ha l'autorità a Berlino per fornire paga, nutrimento ed equipaggiamenti. Assicura al "camerata" Suppe che la sua autonomia sarà rispettata, poiché egli è, in un certo modo, eletto dai suoi uomini.

Suppe vede immediatamente i vantaggi che può trarre da questa proposta: accettarla, significa avere una veste ufficiale che lo avvantaggerà nel reclutamento. In cambio, che cosa gli si chiede? Una alleanza puramente formale che egli è ben deciso a rispettare solo finché vi sarà convergenza di interessi.

Il *Freikorps* diventa ufficialmente il 14° acquartieramento della *Soldatenwehr*. Poiché il Maggiore Wels si dimostra, come il solito, incapace di mantenere le promesse per quanto riguarda il soldo, il vitto e l'armamento, vi provvede lo spirito di iniziativa dei *Supper*. Le armi vengono procurate di notte nelle caserme addormentate e senza vigilanza. Quattro autoblinde ed anche un carro armato vengono portati via dalla *Volksmarinedivision*, dopo aver corrotto la sentinella.

Gli effettivi raggiungono quelli di un Battaglione; ma un Battaglione di uomini selezionati dalla guerra, che hanno combattuto sotto il fuoco e appartengono a tutte le armi: fanteria, cavalleria, artiglieria. Suppe introduce innovazioni, come faranno poi altri comandanti dei *Freikorps* e soprattutto il Generale Maercker su più vasta scala. Egli costituisce entro la sua unità una Compagnia d'appoggio armata di cannoni e di mortai, comandata dal Maresciallo capo Penther, e una Compagnia di mitragliatrici pesanti comandata dal Sergente Maggiore Flick.

Dispone così di una formazione in cui le diverse armi potranno immediatamente spalleggiarsi con una potenza di fuoco massima nelle condizioni imprevedibili dei combattimenti di piazza.

Il 24 dicembre 1918, qualche ora dopo il fallimento dell'operazione compiuta dalle truppe del generale Lequis dinanzi al *Marstall*, il governo affida al Colonnello Reinhard[37], del 4° Reggimento della Guardia, l'organizzazione di una *polizia militare* a Berlino. È un uomo di polso, odiato dai rivoluzionari. Su chi può contare? L'aiutante di campo del Maggiore Wels lo conduce all'acquartieramento di fortuna del *Freikorps* di Suppe.

L'aiutante li accoglie con un saluto impeccabile e garantisce immediatamente a Reinhard il suo appoggio. Entrati nel grande corpo di guardia, i due ufficiali credono di sognare: un ordine venuto da un passato dimenticato risuona alle loro orecchie:

Stillgestanden! Augen geradeaus! Adunata! Attenti!

Dissimulando l'emozione, essi passano lentamente dinanzi ai sottufficiali sull'attenti, strazianti testimoni, nelle loro disparate uniformi, della fedeltà dei vecchi Reggimenti imperiali.

La sera stessa, i *Supper* si muovono verso la caserma di Moabit dove il Colonnello Reinhard organizza un corpo di volontari di cui essi costituiranno il nucleo.

Naturalmente gli ufficiali dello Stato Maggiore Generale compresero molto presto il vantaggio che avrebbero potuto ricavare da un appello ai Volontari. Nei suoi ricordi il Generale Groener afferma:

Solo un esercito di Volontari poteva impegnare la lotta contro le masse operaie delle città. Già a Spa (cioè prima dell'11 novembre 1918) avevo avanzato questa idea, ma non ci si poté risolvere a realizzarla perché si credeva che l'esercito attivo fosse utilizzabile. A Wilhelmshaven (nuova sede dell'Alto Comando), il piano fu ripreso e sviluppato di nascosto, d'accordo con Ebert[38].

Il Maggiore von Schleicher, che diventerà poi ministro dalla *Reichswehr* e tenterà di opporsi all'ascesa di Hitler al potere, appoggia intelligentemente l'idea di Groener. Egli dimostra ai suoi colleghi che hanno tutto da guadagnare con la creazione dei *Freikorps*.

---

[37] Schieratosi ben presto con il Nazionalsocialismo, il Colonnello Reinhard diverrà SS *Oberführer* di Berlino sotto il Terzo Reich.
[38] W. Groener, *Lebenserinnerungen. Jugend, Generalstab, Weltkrieg*, Ed. Hiller Gaertringen, Göttingen 1957, p. 472

Se l'iniziativa fallirà, sarà il governo Ebert ad averne la responsabilità. Se i risultati saranno positivi, i corpi di Volontari serviranno da vivaio al quale lo Stato Maggiore Generale, ricostituito nel frattempo, attingerà per ricostruire un vero esercito. Il Feldmaresciallo Hindenburg si lasciò convincere da questi argomenti.

Fin dal 24 novembre 1918, lo Stato Maggiore Generale invia un ordine segreto ai comandanti delle grandi unità di stanza in Polonia (*Grenzschutz-Ost*), ingiungendo loro di costituire delle truppe di Volontari per "assicurare la difesa delle Marche dell'Est". Tre giorni prima il Sottotenente Gerhard Rossbach, del 175° Reggimento di Artiglieria, aveva prevenuto quest'ordine costituendo sotto la propria autorità un *Freikorps*, il *Freiwillige Sturmabteilung Rossbach*, Reparto d'Assalto di Volontari Rossbach. Il 29 gennaio 1919, con i suoi 180 uomini, si impadronisce della città di Culmsee nella Prussia Orientale, dopo aver messo in fuga le milizie polacche. L'impresa sarà una delle rare operazioni compiute all'Est con esito positivo in questo periodo.
Il 10 dicembre 1918 il Sottotenente Paulsen crea un *Freikorps* in Slesia, e il capo squadrone von Aulock, del 4° Reggimento degli *Schwarzen Husaren*, fa lo stesso ad Hannover. Da parte sua, il Capitano della riserva Franz Seldte, restituito alla vita civile ed alle sue attività di industriale, nel Natale 1918 fonda a Magdeburgo con i suoi ex camerati del 66° Reggimento di fanteria, lo *Stahlhelm* (Elmo d'acciaio), una specie di lega a mezza strada fra la milizia armata e l'associazione di ex combattenti. Il movimento, di un tipo del tutto nuovo, che prefigura le leghe paramilitari di ex combattenti che fioriranno ovunque in Europa dopo il 1918, si diffonde rapidamente in Sassonia e nel Brandeburgo.
Ma sarà l'audace iniziativa di un ufficiale superiore, il Generale Maercker[39], comandante della 214ª Divisione di fanteria, che darà un impulso decisivo alla costituzione su larga scala dei *Freikorps*.

Non ho pensato a nulla – ha scritto nelle sue memorie – finché mi sono trovato in territorio nemico. Solo rimettendo piede sul suolo della patria potei misurare la estensione del disastro: ne fui letteralmente annientato.[40]

Il 6 dicembre 1918 si incontra con alcuni ufficiali di Stato Maggiore del Gruppo d'Armate Sixt von Arnim, al Palazzo episcopale di Paderborn.

---

[39] Il Generale Ludwig Rudolf Maercker (1865-1924), formato alla *Hauptkadettenanstalt* di Groß-Lichterfelde, era veterano delle guerre herero, del fronte orientale e delle battaglie della Somme e delle Fiandre, ferito più volte in azione e insignito delle Fronde di Quercia alla *Pour le Mérite*.
[40] Generale Maercker, *Vom Kaiserheer zur Reichswehr*, Leipzig 1922, p. 42.

Il Colonnello Heye, che rappresenta l'Alto Comando, suggerisce la creazione di unità di Volontari cominciando il reclutamento dalle truppe smobilitate, al fine di assicurare la protezione delle frontiere all'Est contro i polacchi e per combattere gli spartachisti all'interno. La sera stessa, ritornato al suo Q.G. di Salzkotton, il Generale Maercker decide di costituire un *Freikorps*. La maggior parte degli ufficiali del suo Stato Maggiore approva l'iniziativa. Dapprima chiamato *Landjägerkorps*, la nuova unità viene definitivamente battezzata *Landesjägerkorps,* dopo che un ufficiale fa rilevare che nella Germania meridionale *Landjäger* vuol dire salsiccia affumicata...

Lavorando senza interruzione con il suo Stato Maggiore, il Generale Maercker può sottoporre fin dal 12 dicembre un promemoria al suo superiore gerarchico, il Tenente Generale von Morgen, comandante il 14° Corpo d'Armata della riserva. Questi chiede un progetto di regolamento più dettagliato; il Generale Maercker glielo consegna il 14 dicembre. Questo documento costitutivo del *Freiwilligen Landesjägerkorps* diverrà, per le sue disposizioni rivoluzionarie, una specie di Carta dei *Freikorps*. Ispirerà anche il testo della futura legge sulla *Reichswehr* provvisoria, votata dall'Assemblea nazionale di Weimar il 6 marzo successivo.[41]

Questa "Carta" si basa sulla lezione ricavata dai primi giorni della rivoluzione e anche dalle dure condizioni della ritirata: il Generale Maercker ha notato che gli "uomini di fiducia" eletti dai soviet dei soldati, possono coadiuvare utilmente gli ufficiali quando non sono presi dallo spirito di ribellione. Essi si occupano allora di tutte le questioni riguardanti la vita materiale e il conforto della truppa, dall'approvvigionamento alla contabilità dell'unità, compreso il vitto delle caserme e l'organizzazione della libera uscita. La grande innovazione del regolamento di Maercker consiste nell'istituzionalizzare la funzione di questi "uomini di fiducia" eletti dalla truppa, pur confermando l'autorità degli ufficiali. Questi uomini di fiducia siederanno anche come giudici nelle corti marziali.

La vecchia disciplina puramente meccanica *(Kadaverdisziplin)* è sostituita da una "disciplina di ferro", certo, ma "liberamente accettata" e fondata sulla lealtà degli uomini verso il loro capo. Infine, il Documento costitutivo modifica il regime delle punizioni ed i segni esteriori del rispetto in vigore nell'esercito imperiale.

Trasmesso dal generale von Morgen, il documento costitutivo viene ratificato dallo Stato Maggiore Generale.

---

[41] Il testo integrale del documento costitutivo del *Freiwilligen Landesjägerkorps* è riportato nella *Histoire de l'Armée allemande* di Benoist-Méchin, tomo I, p. 118-119.

Riuniti i primi Volontari, il Generale Maercker dice loro:

Camerati! Io sono un vecchio soldato. Per trentaquattro anni ho servito fedelmente tre imperatori. Ho combattuto e sparso il mio sangue per essi in cinque guerre e su tre continenti. Ancora oggi amo e rispetto Guglielmo II, dopo trentaquattro anni che ho prestato giuramento alla dinastia. Ma ora egli non è più il mio Imperatore né il mio Signore della Guerra. Gli è succeduto il governo del cancelliere Ebert, che si trova in una situazione molto difficile [...] Centosei anni fa, quando la Prussia fu umiliata e avvilita come lo è oggi il Reich, alcuni Cacciatori si riunirono volontariamente a Breslau, intorno al Maggiore von Lützow. Fu con loro che Lützow intraprese la sua audace impresa. Costituendo un corpo di Cacciatori Volontari, ho voluto creare una truppa simile.[42]

I Volontari presteranno dapprima giuramento secondo la seguente formula:

Giuro per iscritto di servire lealmente il governo provvisorio del cancelliere Ebert finché l'Assemblea nazionale non avrà eletto un governo definitivo.

È chiaramente un giuramento del tutto formale. I combattenti del *Freikorps* se ne fregano del presidente dei "Commissari del popolo" soprannominato *Friederich der Kleine* (Federico il Piccolo), in opposizione al *Friederich der Grosse* (Federico II il Grande).
L'inquadramento venne inizialmente affidato a sottufficiali di una certa età, perché Maercker temeva che sottufficiali giovani potessero commettere degli errori psicologici con una truppa verosimilmente difficile da comandare. Si accorse però ben presto di essersi ingannato:

Capii che la prima teoria era completamente sbagliata. Ho visto poi molti giovani ufficiali in situazioni da cui sapevano abilmente trarsi. La gioventù ha il vantaggio della noncuranza, dell'intraprendenza e, soprattutto, del fervore patriottico.[43]

I Cacciatori ricevono una paga di 30 marchi al mese alla quale si aggiunge una gratifica di 5 marchi al giorno spettante sia agli ufficiali che ai sottufficiali. Gli arruolamenti sono di trenta giorni. Basta aver terminato l'istruzione militare per potersi arruolare. Quest'ultima disposizione non sarà imposta agli altri *Freikorps* che arruoleranno studenti senza formazione militare.

---

[42] Maercker, op. cit., p. 57 e 55.
[43] Maercker, op. cit., p. 50.

Regolate le questioni del reclutamento, dell'inquadramento e della disciplina il Generale Maercker si dedica all'organizzazione tattica del corpo. Poiché esso è destinato a combattimenti di guerra civile, decide di creare numerose piccole unità miste dell'effettivo di una Compagnia, rinforzate da una sezione di mitragliatrici pesanti e da una sezione di mortai. Una batteria di artiglieria ed uno squadrone di cavalleria potranno essere aggregati in caso di necessità. È prevista una istruzione tattica speciale per tutte le situazioni di combattimento negli agglomerati: difesa di edifici pubblici, occupazione di stazioni ferroviarie, assalto ad edifici, sgombero delle strade, ecc.

Infine, ed è su questo punto che incontrerà le maggiori difficoltà, Maercker si preoccupa di equipaggiare i suoi Volontari le cui divise sono disparate e logore. Ora, i depositi che visita sono stati saccheggiati o sono in tale stato di abbandono che il materiale è inutilizzabile. Le sue richieste infruttuose dimostrano che nel dicembre 1918 né il ministro della Guerra di Prussia né il comandante di Berlino avevano la possibilità di vestire ed equipaggiare i 4.000 effettivi che a quella data costituivano il *Freikorps*.

Il 28 dicembre Maercker riceve l'ordine di mettersi a disposizione del generale von Lüttwtiz, nuovo comandante militare di Berlino, per assicurare la protezione della capitale. Giungendo al campo di Zossen, a 50 chilometri a sud di Berlino, scopre finalmente un deposito di vestiario che gli permette di equipaggiare le sue truppe. Il bavero delle giubbe viene ornato da una foglia di quercia argentea, simbolo della fedeltà tedesca.

I primi *Freikorps* sorgono in seno ad unità dissestate. Tutto è caotico entro la cornice amministrativa del vecchio esercito, la cui finzione è comunque mantenuta. E accade anche che un giovane ufficiale o sottufficiale energico – in una caserma precipitata nel caos – si levi e lanci un appello ai volontari.

I primi a rispondere sono i combattenti del fronte, disgustati dalla disfatta e dal disordine istituzionalizzato. Sono troppo giovani e violenti per sopportare gli insulti senza reagire, e non si riconoscono nel volto della nuova Germania.

I demagoghi della politica, gli agitatori scomposti ed i trafficanti corrotti che hanno ormai la supremazia, non ispirano loro che collera e disprezzo: perché sono proprio quelli che non hanno mai conosciuto la guerra e che spesso, anche, hanno lottato sornionamente nelle retrovie contro il fronte.

Naturalmente solo in alcuni di essi è presente un tale stato d'animo. La maggior parte dei combattenti non pensa che a buttar via la divisa, a dimenticare il fango, i pidocchi e la paura delle trincee fra le braccia di una donna nel caldo di una casa. Desiderano solo un po' di dolcezza e di quiete, seppure potranno ottenerla dalla Germania stravolta, distrutta, affamata.

Che cosa hanno trovato? Imboscati pasciuti, piazzati nei posti migliori, mentre loro, macilenti, con la divisa logora, sono costretti a mendicare un posto di lavoro di porta in porta. Hanno visto la ricchezza, l'agio, il benessere riservati ai profittatori di quella guerra per la quale loro, e loro soli, hanno pagato con la pelle.[44]

Alcuni, dopo aver tentato invano di reinserirsi nella vita civile, sfuggiranno alla miseria e alla disperazione arruolandosi in un *Freikorps*.
Il Capitano Berthold, vincitore in cinquantacinque combattimenti aerei, decorato della *Pour le Mérite*, "un uomo il cui corpo straziato dalle pallottole stava insieme per le articolazioni artificiali e le bende"[45], scriveva nel suo diario nel gennaio 1919:

Non dimenticherò mai quei giorni di delitto, di menzogna e di barbarie. Quei giorni della rivoluzione hanno lasciato un segno indelebile nella storia della Germania.

Con triste premonizione, si lascia sfuggire questo grido:

Quanto mi odia il popolaccio...[46]

Ed il 14 marzo 1920, ad Harburg, sarà assassinato dai rivoltosi in un modo orrendo.
Hans Zöberlin, un veterano, ha raccontato il suo ritorno nella Monaco, preda della rivoluzione. Alla stazione viene assalito da una folla urlante che lo insulta e gli strappa la Croce di Ferro.

Se avessi preso una vettura, sarei stato a casa in un quarto d'ora. Ma non avevo voglia di affrettarmi. Nessuna gioia del ritorno affrettava i miei passi pesanti. Feci un lungo giro, come quando ero ragazzo e dovevo andare dal dentista. E comunque, che cosa avrei fatto a casa mia? Che cosa avrei potuto fare in quel luogo freddo ed estraneo che era stato un giorno la mia casa? Come avrei potuto parlare a persone che mi erano divenute estranee?

D'improvviso, nella testa vuota e dolorante gli risuonarono frammenti del suo giuramento di soldato:

---

[44] Günter Gründel, *La mission de la jeune génération*, Ed. Plon, Parigi, 1933, p. 20.
[45] Ernst von Salomon, op. cit., p. 58.
[46] Gengier, *Kampfflieger Berthold*, Berlino 1934.

"Giuro dinanzi a Dio onnipotente di non cedere nella tempesta e nella battaglia, in guerra come in pace".

Quest'ultima frase lo consola. È proprio così:

La guerra è finita, ma la battaglia per la Germania continua.[47]

Manfred von Killinger, che pagherà duramente di persona, non cerca alibi per i suoi camerati dei *Freikorps*:

La, guerra era diventata il loro mestiere. Ed essi non ne volevano un altro.[48]

L'appello ai volontari è per loro una liberazione: potranno ritrovare il cameratismo, la spensieratezza della vita militare e la sicurezza di non morire di fame. È un'insperata risposta ai problemi psicologici e sociali insolubili di fronte ai quali li ha posti il ritorno alla vita civile in una Germania vinta e sconvolta.

"Noi obbediamo", dice Friederich Wilhelm Heinz, arruolatosi volontario a sedici anni, futuro membro della brigata Ehrhardt e capo della S.A. per la Germania dell'Ovest: "Avanziamo sui campi di battaglia del dopoguerra come già ci siamo battuti sul fronte occidentale: cantando, liberi, pieni di gioia avventurosa per andare all'attacco, silenziosi, saturi di odio e senza rimorsi nei combattimenti".[49]

Ai giovani veterani molto presto si uniscono numerosi studenti. Cresciuti nell'ammirazione dell'eroismo e nel culto della grandezza tedesca, sono troppo giovani per aver partecipato al conflitto. Ma si erano identificati con i soldati del fronte e avrebbero potuto dire, come il loro fratello maggiore Ernst Jünger alla vigilia del suo combattimento:

Nessun dubbio che la guerra ci offrì grandezza, forza, importanza. Ci apparve come l'atto virile... Ah, soprattutto non dover restare a casa, essere ammessi a questa comunione![50]

Il termine patriottismo esprime debolmente il sentimento appassionato di questa gioventù.

---

[47] *Der Glaube an Deutschland*, Monaco 1938, p. 879-890.
[48] Manfred von Killinger, *Das waren Kerle!*, Monaco 1944.
[49] F. W. Heinz, *Sprengstoff*, Berlino 1930.
[50] Ernst Jünger, *Orages d'acier*, Christian Bourgeois, p. 11-12 (tr. it. *Nelle tempeste d'acciaio*).

Prima di tutto bisogna comprendere che non ha nulla a che vedere con la monarchia, il conservatorismo, la reazione *bürgerlich*, né con il patriottismo del periodo guglielmino,

scrive ancora Ernst Jünger[51].

È un sentimento che si inserisce in una corrente più poetica che intellettuale. Di essa i movimenti della gioventù di prima della guerra, soprattutto il *Wandervogel,* erano fortemente impregnati.
L'esaltazione romantica di questa gioventù si è nutrita di uno slancio selvaggio che la disfatta e le umiliazioni portano al parossismo.
I più duri e i più sensibili della generazione della guerra pensano con Ernst Jünger che

il combattimento è sempre qualche cosa di sacro, un giudizio divino fra due idee. Difendere la propria causa il più vigorosamente possibile è conforme alla natura umana. La nostra suprema ragion d'essere è dunque lottare. Non si possiede veramente se non ciò che si conquista combattendo.[52]

Per Ernst von Salomon, non vi sono dubbi sull'oggetto di questo possesso. I Volontari

avevano smascherato il grande inganno di quella pace e non volevano parteciparvi, non volevano aver parte nel comodo ordine che veniva loro untuosamente lodato. Tuttavia ognuno di essi cercava qualche cosa di diverso, giustificando le ricerche con motivi diversi. Non avevano ancora ricevuto la parola d'ordine. La presentivano, questa parola, la dicevano vergognandosi del suo suono slavato, la rigiravano e svisceravano con paura segreta, e sebbene l'evitassero nel gioco dei loro vari discorsi, se la sentivano continuamente incombere addosso. Logorata dal tempo, misteriosa, affascinante, intuita e non riconosciuta, amata e non obbedita, la parola irradiava magiche forze dal seno di una tenebra profonda, la parola era:
Germania.
Dov'era la Germania? A Weimar, a Berlino? Era stata una volta sul fronte, ma il fronte era crollato; poi avrebbe dovuto essere nella patria, ma la patria l'aveva tradita... Dov'era la Germania? Forse nel popolo? Ma il popolo chiedeva urlando pane ed eleggeva i suoi grassi padroni. Era forse lo stato? No: lo stato cercava tra le chiacchiere la sua forma e la trovava nella rinunzia.
La Germania bruciava oscuramente in cervelli temerari; era dove si lottava, dove mani armate attentavano alla sua integrità; brillava abbagliante dove gli ossessi del suo spirito osavano per amor suo l'ultimo tentativo.[53]

---

[51] Cfr. Waite, op. cit., p. 276.
[52] Ernst Jünger, *La guerre notre mère*, cit.
[53] Ernst von Salomon, *I proscritti*, cit., p. 62.

La conquista di Berlino

25 dicembre 1918. Gli spartachisti sembrano padroni di Berlino. I loro miliziani vigilano ai crocicchi, dietro le mitragliatrici. Cortei di disoccupati e di soldati con le divise in disordine passano in tutte le direzioni, brandendo le banderuole. Talvolta, al di sopra delle teste, si distingue il dolman imbrattato di sangue di un ufficiale.
La stampa è nelle loro mani. Si sono accampati negli uffici del "*Vorwärts*", del "*Berliner Tageblatt*" e dell'Agenzia Wolf. I soviet della capitale occupano la posta, la centrale telegrafica, la direzione delle ferrovie e le stazioni.
Rintanati nella Cancelleria, i "Commissari del popolo" detengono solo l'ombra del potere. L'unico legame con l'esterno è costituito dalla linea segreta che permette a Ebert di comunicare con il Generale Groener, il quale non ignora più la propria debolezza. Lo Stato Maggiore Generale è diventato una finzione, ma nell'estremo bisogno in cui si trova Ebert questa finzione rappresenta ancora una speranza. Groener lo comprende, e pone le sue condizioni: rifiuterà di sostenere il governo dei "Commissari del popolo" se questo non si sbarazzerà dei suoi tre estremisti: Bart, Dittmann e Haase, complici e alleati degli spartachisti.
Ebert non è affatto scontento di cedere a questa imposizione, e propone di sostituire i tre con altrettanti socialista maggioritari, fra cui Gustav Noske.
Questo nome riceve l'approvazione senza riserve di Groener: egli ricorda che al *Reichstag* Noske era sempre stato favorevole alle richieste di crediti militari. Inviato a Kiel in piena sommossa, ha saputo ristabilire l'ordine. Appoggiandosi agli ufficiali di Marina, ha poi creato la Brigata di Ferro, la cui reputazione è divenuta ben presto nota allo Stato Maggiore. Quello che i suoi compagni socialisti chiamano familiarmente il "boscaiolo di Brandeburgo" per il mestiere fatto in passato che né la sua figura nodosa né le sue maniere burbere smentiscono, è senza dubbio uno dei pochi uomini politici che conoscono bene l'esercito e i soldati. Durante la guerra ha fatto frequenti visite al fronte, dividendo con le truppe la vita di trincea. Sergente della riserva, non nasconde la sua ammirazione per "i signori della guerra". Il più bel giorno della sua vita è stato forse quello in cui ha partecipato ad un ricevimento alla mensa ufficiali, presente il vecchio Moltke. Questa devozione costituirà la sua debolezza. È troppo sensibile ai "von" dei *Junker* per imporsi. Saranno loro che si imporrano a lui.

Convocato da Ebert, Noske arriva a Berlino il 27 dicembre. Un'abile manovra permette di sbarazzare il campo dei tre "Commissari del popolo" estremisti. Il gabinetto è ridotto a cinque membri, poiché uno di quelli scelti per sostituire gli esclusi ha declinato l'incarico. Questo rimpasto, che consacra la scissione nella rivoluzione, avrà conseguenze notevoli.

Noske si vede affidare, gli affari militari con la qualifica di comandante in capo. Egli sa che cosa questo significhi in una situazione di guerra civile. Fin dal suo arrivo a Berlino mormora fra sé: "Qualcuno deve pur fare da segugio[54]. Ed io non cercherò di evitare questa responsabilità".

Il gabinetto gli dà carta bianca per ristabilire l'ordine. In seguito egli scriverà:

La mia autorità di comandante in capo era assoluta. Non ho mai letto il testo che definiva le mie attribuzioni, ma d'altronde non mi è mai stato comunicato.[55]

L'ex taglialegna applicherà alla rivoluzione spartachista la legge dell'accetta. Con lui, niente discussioni oziose e vane chiacchiere. Si avventa sul lavoro, in stretta collaborazione con ciò che resta del Grande Stato Maggiore. Il comando di Berlino e della Prussia viene interamente rimpastato e capi provati vengono nominati a posti chiave: il Generale von Lüttwtiz sostituisce il Generale Lequis al comando – teorico perché al momento inesistente – delle truppe di Berlino. I maggiori von Stackhausen e von Hammerstein costituiscono lo Stato Maggiore di Noske. Il Tenente Generale von Hoffmann comanderà la Divisione della Guardia a cavallo, o almeno ciò che ne resta. Il Maggiore von Stephani comanderà quel che rimane dei Reggimenti di Potsdam.

Un rimpasto viene effettuato anche nel governo prussiano. Il capo della polizia Eichhorn, notoriamente partigiano degli spartachisti e agente dei bolscevichi russi, è sospeso.

Questa decisione dà fuoco alle polveri. Eichhorn rifiuta di piegarsi e il 5 gennaio 1919 i rivoluzionari organizzano una manifestazione dinanzi al *Polizeipräsidium*. Eichhorn, Ledebour, Liebknecht e Dorrenbach arringano una folla sovreccitata e decidono di costituire un "Co-

---

[54] Il termine preciso usato da Noske è *Bluthund*, cioè, letteralmente, "cane da sangue": quello che, durante la caccia, segue la pista della selvaggina ferita.
[55] G. Noske, *Von Kiel bis Kapp*, Berlino 1920, p. 69.

mitato d'azione rivoluzionaria" sotto la presidenza di Ledebour. La sera stessa questo Comitato dichiara che il proprio scopo è il rovesciamento del governo Ebert e la conquista del potere. Una nuova manifestazione è indetta per l'indomani 7 gennaio[56]. Viene proclamato lo sciopero generale insurrezionale.
In data 6 gennaio il conte Kessler scrive nel suo diario:

Berlino somiglia ad un crogiolo gorgogliante di streghe nel quale la violenza e le idee si mescolano fra loro come in un turbine. E, in effetti, oggi è una giornata storica: non solo si deciderà la sopravvivenza del Reich tedesco o della Repubblica democratica, ma si sceglierà fra l'Est e l'Ovest, fra la guerra e la pace, fra un'utopia inebriante e il monotono tran-tran quotidiano. Mai, dopo i grandi giorni della Rivoluzione francese, tante cose essenziali per l'umanità sono dipese da scontri di piazza.

Il giorno precedente il *Freikorps* Suppe aveva ricevuto alla caserma di Moabit un angoscioso appello dalla Cancelleria, minacciata continuamente da un'irruzione di marinai rossi e di spartachisti armati.
Colonne di manifestanti percorrono le strade che portano alla Wilhelmstrasse, e Suppe teme di essere sommerso da questa massa, come era accaduto quindici giorni prima ai cavalieri del Capitano Pabst dinanzi al Palazzo. Senza aver letto Gustave Le Bon, egli sa d'istinto che quando una truppa è composta di pochi effettivi deve subito imporsi alla folla. Decide di formare una fanfara. Al suono del piffero e del tamburo i suoi uomini, la mascella serrata, l'occhio duro e il fucile in spalla, si avviano in direzione dei Linden[57].
Stupefatta, la folla dei manifestanti si apre per lasciar passare il *Freikorps* che fa risuonare gli stivali e si esalta della propria forza.
È con questa parata strafottente, annunciata dal rullo del tamburo, che egli penetra nel cortile della Cancelleria. I "Commissari del popolo" lo accolgono freddamente: essi vogliono, sì, dei difensori, ma l'aspetto troppo marziale di questa guardia offende le nuove aspirazioni democratiche e pacifiste del paese. Rampognato da Ebert, il "camerata" Suppe risponde con tono arrogante:

Sono desolato che le nostre maniere vi dispiacciano: noi non ne conosciamo altre. Però possiamo andarcene.

I gruppi urlanti degli spartachisti che sfilano dinanzi alla Cancelleria fanno da contrappeso alla minaccia.

---

[56] Gilbert Badia, *Les Spartakistes,* Ed. Julliard, 1966, p. 209 e ss.
[57] *Unter den Linden,* letteralmente "Sotto i Tigli", il grande viale alberato nel centro di Berlino.

Lo calmano: il governo dei "Commissari del popolo" ha fiducia nella sua lealtà e si affida a lui per essere protetto.

Suppe soffoca una replica sprezzante e dà gli ordini. Uno dei suoi aiutanti, il Sergente capo Flick, occupa il palazzo Prinzleopold, per tenere la piazza sotto un angolo di tiro più favorevole. Gli uomini riempiono di terra alcuni sacchi e mettono le mitragliatrici in posizione.

Quando la fredda notte invernale scende su Berlino, la Cancelleria è un campo trincerato assediato da migliaia di guardie rosse spartachiste e di marinai della *Volksmarinedivision*. Dietro i loro sacchi di terra gli uomini di Suppe, fra i morsi del gelo, riassaporano lo sconforto e la febbrile tensione delle trincee prima dell'attacco.

I vecchi orologi suonano le tre quando i rossi aprono il fuoco. Il crepitio delle detonazioni si confonde col rumore delle pallottole contro la pietra. Le mitragliatrici del *Freikorps* si scatenano a loro volta. Gli uomini trasmettono la loro rabbia alle armi che saltano, vibrano, ruggiscono. Le canne brucianti sputano la disperazione, le umiliazioni, l'odio accumulato in giorni e giorni.

La tempesta di collera e di fuoco passa sulla linea spartachista dove le armi sono messe a tacere ad una ad una. Quando si spengono le ultime raffiche, venti morti ed una quarantina di feriti giacciono sull'asfalto lucido. È la prima volta, dal 9 novembre, che un attacco dei rossi viene respinto con le armi.

Il 4 gennaio 1919, su richiesta del generale von Lüttwitz, Ebert e Noske si recano al campo di Zossen. Nell'aria frizzante di questo mattino d'inverno i due ministri socialisti sentono con stupore il suono chiaro delle trombe ed il rullare dei tamburi, mentre le Compagnie del *Freiwilligen Landesjägerkorps* del Generale Maercker sfilano impeccabili dinanzi a loro.

Sono arrivati con il volto fosco, ripartono con il sorriso sulle labbra. Noske si curva verso Ebert e gli mormora: "Possiamo stare tranquilli. Ora la ruota girerà".

Due giorni dopo, il 6 gennaio, scortato dai maggiori von Hammerstein e von Stockhausen, Noske fugge da Berlino sommersa dall'ondata di gigantesche manifestazioni spartachiste. Solo a questo prezzo potrà ritrovare la libertà di movimento e prepararsi a schiacciare la rivolta. Pone il suo quartier generale alla Luisenstift, una scuola femminile di Dahlem, isolata e facilmente difendibile, protetta inoltre da una Compagnia di Cacciatori. I corridoi e le aule scolastiche risuonano del rimbombo degli stivali. Vengono sistemati i telefoni da campo e le mappe, Noske è al lavoro.

I volontari affluiscono alla Scuola sin dai primi giorni. Spesso arrivano con il loro fucile. Vengono subito ripartiti fra i nuovi corpi franchi

che cominciano a costituirsi sull'esempio dei Cacciatori di Maercker.
Il Maggiore von Stephani, che aveva assunto fin dal 12 dicembre il comando dei volontari provenienti dal 1° Reggimento della Guardia a Piedi, raggruppa in un corpo franco i volontari dei vecchi Reggimenti di Potsdam. Su ordine del Generale von Lüttwitz, la nuova unità rinforzerà il corpo franco Reinhardt accasermato agli ordini del Generale von Wissel.
Noske può anche contare su un corpo franco istituito dal Generale von Hülsen. Da Kiel fa venire la propria Brigata di Ferro, che è agli ordini del Colonnello von Kohden.
Ormai, per riconquistare Berlino, Noske dispone di otto gruppi armati che gli sono interamente devoti. Il Generale Maercker dirà di lui:

Sin dal primo contatto con il nuovo comandante in capo avemmo la impressione di trattare con un uomo di una comprensione umana e di una attività straordinarie. Noske dette prova di una notevole intelligenza delle cose militari e di una rara conoscenza dell'animo della truppa e degli ufficiali.

A Berlino i rivoluzionari non possono ignorare questi preparativi. Ma, sotto l'influenza dei precedenti successi, sottovalutano il nuovo avversario.
Spartachisti, socialisti "indipendenti" e marinai della Volksmarinedivision si agitano disordinata-mente. Secondo la formula di Benoist-Méchin, il dramma dei rivoluzionari tedeschi è che "Ebert vale più di Kerenski e Liebknecht molto meno di Lenin". E si potrebbe aggiungere che Noske supera di gran lunga Kornilov.
A discolpa degli insorti, bisogna riconoscere che, nonostante due mesi di tempesta rivoluzionaria, la Germania non si è sbarazzata delle sue abitudini di ordine. Per convincersene basta guardare le lunghe e silenziose colonne di manifestanti rossi marciare a passo cadenzato per Berlino.
I capi del comunismo tedesco, Haase, Ledebour, Liebknecht e Rosa. Luxemburg, per non citarne che quattro, sono dei rètori e non degli organizzatori. Il 6 gennaio 1919 parlano interminabilmente, mentre il potere passa a portata delle loro mani. Una massa mostruosa, come non si è mai vista e come non sarà facile rivedere, marcia nella strada. Senza ordini, scoraggiati, 200.000 manifestanti armati finiscono col ritornare a casa.

Se questa folla avesse avuto dei capi e se questi capi avessero saputo esattamente cosa fare – scriverà Noske – a mezzogiorno sarebbe stata padrona di Berlino.

Karl Radek, l'agente di Lenin entrato clandestinamente in Germania, è perfettamente cosciente di queste debolezze. Si sforza di rimandare l'insurrezione, poiché gli spartachisti gli appaiono incapaci di portarla a buon fine.
Ma questi si ubriacano di parole. Anche Rosa Luxemburg, che considera prematura la rivolta armata, grida:

Io non ho paura delle mitragliatrici; ho paura di quelli che le manovrano, ma quando saranno i nostri uomini a usare le mitragliatrici e le baionette, sarà tutto diverso!

Si assiste, in questi intellettuali emotivi, a una sorta di immolazione isterica dinanzi all'odore ¡del sangue. Il 5 gennaio gli spartachisti proclamano la loro volontà di conquistare il potere. E ventiquattro ore dopo si presenta l'occasione. Ma non si chinano a raccoglierla.
9 gennaio le tre organizzazioni che costituiscono il movimento rivoluzionario lanciano un nuovo appello alla lotta armata:

Gli Ebert-Scheidemann hanno chiamato ufficialmente i loro partigiani e la borghesia alle armi contro di voi, proletari. Voi siete in stato di legittima difesa. Non avete scelta! Dovete battervi fino in fondo! In piedi per la lotta decisiva! In piedi per la lotta finale![58]

Giocano con il fuoco e questo fuoco li brucerà, perché la guerra, sia essa fra nazioni o all'interno di una nazione, è sempre urto di realtà.
Al *Marstall,* quartier generale della *Volksmarinedivision,* c'è mobilitazione. Nel cortile si accatastano in giganteschi mucchi armi ed equipaggiamenti, che vengono distribuiti ai civili che entrano ed escono in gruppi compatti. Rombano i motori delle auto, i cavalli vengono bardati, donne in divisa di infermiere organizzano un servizio di ambulanze. Nella città uomini armati; si muovono in tutte le direzioni. Ma mancano una volontà ed un organizzatore.
Giunge notizia che una Comune rivoluzionaria è stata costituita a Brema, che la guarnigione di Francoforte si è messa in cammino per dare man forte ai berlinesi. La guarnigione di Spandau, fino a quel momento neutrale, si sarebbe unita ai rivoltosi. Se la voce è fondata, la capitale insorta potrà cantare per la propria difesa sull'appoggio di 2.000 mitragliatrici, 20 cannoni ed un numero rilevante di effettivi.
Nel suo quartier generale di Dahlem Noske prende queste voci sul serio: se sono davvero fondate, le forze da lui raccolte non saranno sufficienti.

---

[58] Citato da Badia, op. cit., p. 219.

Decide dunque di battere in velocità gli spartachisti ed i loro alleati, tanto più che deve incidere l'ascesso berlinese prima del 19 gennaio, data fissata per l'elezione dell'Assemblea costituente.
Come ogni buon lavoro di Stato Maggiore, il piano di Noske è semplice. Egli stabilisce due obiettivi: il sobborgo orientale di Spandau con il suo arsenale che non deve assolutamente cadere in mano ai comunisti, ed il quartiere di Belle-Allianceplatz dove hanno sede le redazioni dei giornali e le tipografie. Così avrà in mano i due maggiori *atout* di ogni guerra civile: le armi e la propaganda. Successivamente il grosso delle sue forze penetrerà nel centro di Berlino.
La caserma di Moabit, dove si è installato il Colonnello Reinhard con notevoli forze, servirà da base per le due prime operazioni. Fin dal 7 gennaio, il *Freikorps* del Maggiore von Stephani, proveniente da Potsdam, si dirige verso la caserma e la raggiunge in serata. Von Stephani dispone di 1.200 uomini, fra cui una Compagnia di mitragliatrici pesanti e una batteria di artiglieria. Il giorno prima dell'attacco va a dare un'occhiata al luogo che costituisce il suo obiettivo. Travestito, si presenta al "*Vorwärts*"; con il pretesto di arruolarsi nella milizia rossa penetra nell'edificio, discute con le guardie e rileva i particolari del dispositivo di difesa.
Nella notte fra il 9 e il 10 gennaio il *Freikorps* si muove in direzione dei due obiettivi che gli sono stati assegnati per riconquistare Belle-Allianceplatz. Alle 2 del mattino i volontari li hanno raggiunti entrambi: la caserma dei Dragoni di Belle-Alliance Strasse e l'Ufficio Brevetti della Jacob Strasse. Alle 4.30 le cupe ombre dei reparti d'assalto avanzano in silenzio. Circa mezz'ora dopo il rombo di un cannone risveglia Berlino. Gli obici percuotono con colpi radenti gli edifici di Belle-Allianceplatz. Alcune mitragliatrici piazzate sui tetti tartassano le facciate degli stabili trasformati in fortini, da dove gli spartachisti rispondono. Nella notte accesa dalle esplosioni si vedono correre ombre falciate dalle raffiche. Le detonazioni coprono le grida dei feriti.
Coperto dai suoi camerati, il Capitano Rohr mette tranquillamente il suo mortaio in batteria sulla piazza e cannoneggia a bruciapelo l'edificio dove ha sede il "*Vorwärts*", staccando enormi pezzi di pietra, perforando le pareti e massacrando i difensori impotenti. Borbotta fra sé: "Un colpo per quei maiali spartachisti. Un colpo per quei porci dei socialisti..."
Il secondo distaccamento, composto di Cacciatori della Guardia, muovendo dall'Ufficio Brevetti attacca l'edificio dal retro. La sua avanzata, viene fermata da un'alta e solida palizzata di legno difesa dalle mitragliatrici rosse. Un lanciafiamme la distrugge.

Gli uomini si precipitano all'interno dell'edificio. In quel momento i loro camerati penetrano dal lato anteriore. Il piano terra viene spazzato con le bombe a mano. I difensori che ai piani superiori resistono ancora decidono di arrendersi.
Alle 8.15 il *"Vorwärts"* è in mano ai *Freikorps*. Tuttavia i combattimenti per lo sgombero degli altri giornali, delle tipografie e del telegrafo continueranno fino a sera.
I 350 spartachisti catturati al *"Vorwärts"* vengono allineati contro un muro della caserma dei Dragoni; temendo maltrattamenti, il governo invia subito suoi rappresentanti che si trovano davanti gli sguardi ostili e le baionette incrociate dei *Freikorps*. Nelle sue memorie von Stephani si dorrà di questi personaggi sospettosi

che si preoccupano più degli spartachisti prigionieri che dei Volontari al servizio dell'ordine e della libertà.[59]

I rappresentanti dei "Commissari del popolo" hanno tuttavia qualche ragione di essere inquieti. Per tre volte il Maggiore von Stephani ha chiesto al Colonnello Reinhard che cosa debba fare dei prigionieri e per tre volte Reinhard ha ordinato di fucilarli.

Per me – spiegherà – costoro sono assassini e saccheggiatori che hanno aperto il fuoco sui miei uomini. In questa vicenda io agisco come soldato, tanto più che non ho ricevuto istruzioni né dal Consiglio dei Commissari del popolo, né dal Comitato centrale.[60]

Finalmente von Stephani, che non può decidersi ad abbattere a sangue freddo 350 uomini indifesi, finge di non aver capito e conduce i suoi prigionieri al carcere militare di Moabit.
Caduta la notte il *Freikorps* si mette in marcia per raggiungere la propria caserma. I Volontari accendono le torce e cantano vecchi *Lieder* affascinanti.
Dirà il Maggiore von Stephani:

Fu una vera marcia trionfale, ovunque le finestre si aprivano ed applausi a non finire dimostravano fino a che punto la popolazione berlinese era lieta di essere stata liberata dalla dominazione rossa.[61]

---

[59] Maggiore von Stephani, nell'opera collettiva *Das Buch vom deutschen Freikorpskämpfer*, Berlino 1938.
[60] Gilbert Badia, *Les Spartakistes*, Ed. Juillard, p. 232.
[61] *Das Buch vom deutschen Freikorpskämpfer*, Berlino 1938.

Nel momento stesso in cui il Maggiore von Stephani ordina ai suoi Volontari di marciare su Belle Allianceplatz, un distaccamento del *Freikorps* Reinhard, appoggiato da un cannone e comandato dal Sottotenente von Kessel, entra in Spandau e dopo un breve cannoneggiamento si impadronisce del Municipio. Gli spartachisti sopravvissuti vengono inviati al carcere centrale di Berlino, ma durante il cammino gli uomini della scorta li ammazzano. Nel suo rapporto l'ufficiale userà la trasparente formula: "Tentativo di evasione".

L'11 gennaio, alle prime ore del giorno, Noske riceve i rapporti che gli confermano che le due operazioni preliminari sono andate a buon fine. Può quindi proseguire nella realizzazione del suo piano.

Una rugiada leggera è caduta sulla città che esita a uscire dalla notte. Provenienti dal Lichterfeld, 3.000 volontari in assetto di guerra si dirigono verso la Porta di Brandeburgo, centro della capitale. Alla loro testa marcia un civile, sul capo un cappello floscio, figura incongrua in questo quadro di guerra. Noske stesso dirige l'avanzata di questi uomini, che appartengono ai Cacciatori di Maercker, al *Freikorps* della Guardia a cavallo e alla Brigata di Ferro di Kiel. Le unità di fanteria sono appoggiate da batterie di artiglieria, da squadroni di cavalleria e anche da carri d'assalto. Gli uomini hanno il fucile pronto. Non è la sfilata di una truppa in parata ma di una truppa in guerra, che avanza con prudenza, temendo ad ogni istante di finire sotto il fuoco delle mitragliatrici nemiche.

Altri distaccamenti, comandati dai generali von Roeder e Maercker, puntano sui sobborghi industriali che sorgono a sud e ad ovest della capitale.

Contro ogni previsione, i *Freikorps* non incontrano alcuna resistenza. La loro marcia, iniziatasi in un pesante silenzio, prosegue fra gli evviva degli abitanti che si affacciano alle finestre. La sommossa spartachista frana dall'interno.

Quando Noske dà il via all'operazione, Liebknecht ha perduto il suo principale *atout*: la *Volksmarinedivision*. Al *Marstall* Anton Fischer, ex aiutante del comandante socialista della Piazza, si è arreso per arringare i marinai e mercanteggiare il loro appoggio al governo. Dorrenbach, seguace degli spartachisti, dà ordine di arrestarlo, ma i marinai, preoccupati prima di tutto di preservare la propria autonomia in caso di vittoria del governo, rifiutano di seguirlo. Si proclamano neutrali, applaudono Fischer, imprigionano il loro capo e cacciano Liebknecht che aveva stabilito il suo quartier generale al *Marstall*.

Da questo momento l'insurrezione subisce una brusca svolta. Il Comitato rivoluzionario si disperde ed i suoi membri non pensano più che a salvarsi.

La stazione di Polizia, sull'Alexanderplatz, resta il solo nucleo di resistenza organizzato. Nel pomeriggio un distaccamento del *Freikorps* Reinhard prende posizione di fronte all'edificio e ne cannoneggia la facciata smantellandola in breve tempo. Prima che i difensori riescano a riprendersi, una sezione d'assalto comandata dall'Aiutante Schulze penetra all'interno. Gli uomini balzano urlando tra le macerie, fra esplosioni di granate e rantoli di agonizzanti. Le baionette si conficcano nei corpi dei feriti, senza pietà per i gesti imploranti. Passata questa furia, restano solo morti e rovine. I sopravvissuti vengono inseguiti sulle scale e persino nelle cantine dove sono uccisi a calci e a coltellate.
Al crepuscolo, ancora qualche scaramuccia dura un po' ovunque fra i miliziani spartachisti o i marinai imboscati sui tetti e nei vani delle finestre ed i Volontari che rispondono alla cieca. Si battono in una città stranamente indifferente: colpi di fucile esplodono fra i passanti affaccendati e sulle soglie dei *dancing* rumorosi. Ernst von Salomon ha descritto questo contrasto degno di un film surrealista:

Trasportammo il corpo del sottufficiale Possel per un pezzo fino alla motocarrozzetta che doveva riportarlo al quartiere. Lo trasportammo attraverso le strade gremite di gente, davanti ai locali di lusso (le porte si aprivano ogni tanto lasciando piovere sui marciapiedi una sinistra luce rossa); passando senza rumore udivamo uscire musica negra dai bar e dai ristoranti, vedevamo pescecani e cocottes, rumorosi e ubriachi; vedevamo i borghesi seduti con le loro mogli nei séparé, davanti a tavoli scintillanti di bicchieri e bottiglie, oppure strettamente allacciati strisciare su pavimenti lucidi le loro danze snervanti. In lontananza risuonavano ancora gli ultimi colpi dei camerati[62].

L'occupazione sistematica della *Gross Berlin* prosegue per quattro giorni senza incontrare una notevole resistenza. Agli incroci principali e sulle piazze le mitragliatrici sorvegliano le strade in prospettiva, pronte a sparare sul minimo assembramento. I ponti sulla Sprea sono sorvegliati. Le case e gli edifici sospetti di nascondere gruppi di spartachisti armati vengono perquisiti a fondo. Le strade sono pattugliate da autoblinde e carri armati.
Alla mezzanotte del 15 gennaio la sommossa comunista è definitivamente schiacciata, lo sciopero insurrezionale spezzato. I *Freikorps* sono padroni della strada ed il governo è padrone dei propri movimenti.
Per gli spartachisti è venuta l'ora di pagare. Non possono certo aspettarsi alcuna pietà da ufficiali e soldati che odiano e ai quali si sono arresi.

---

[62] Von Salomon, op. cit., p. 39.

Agli occhi di costoro essi sono la personificazione del tradimento in tempo di guerra, prima, della disfatta e della rivoluzione poi. Hanno fatto scoppiare una guerra civile senza considerarne il prezzo, ed ora il rude pugno della soldataglia presenta loro il conto.

Con il favore dell'oscurità, il 15 gennaio Karl Liebknecht è fuggito dal centro di Berlino e si è rifugiato da una parente, *Frau* Makussohn, 53, Mannheimer Strasse a Wilmersdorf, un ricco sobborgo della capitale. Rosa Luxemburg e Wilhelm Pieck[63] lo raggiungono il 15. La "Rosa Rossa", come la chiamano con ammirato affetto i suoi compagni, soffre di violente emicranie e profonde occhiaie segnano il suo volto piatto, mettendo in risalto il naso. Tuttavia non sembra aver perduto la speranza. Nell'ultima lettera che indirizza all'amica Clara Zetkin, scrive:

Spero che da qui ad una settimana la situazione sia più chiara, in un senso o nell'altro, e che sia di nuovo possibile lavorare regolarmente[64].

È una ottimistica speranza che non si realizzerà.

Alle 21, un rumore spaventoso rimbomba nella casa: una pattuglia di cavalieri della Guardia ha sfondato la porta e sta penetrando nell'appartamento. I tre comunisti, che sono stati denunciati da un vicino, vengono condotti via senza riguardi e portati all'Hotel Eden, dove si è installato lo Stato Maggiore del *Freikorps* della Divisione di Cavalleria della Guardia *(Garde-Kavallerie-Schützen-Division)* comandato dal Capitano Waldemar Pabst, quello stesso che aveva dovuto cedere alla folla, il 24 dicembre, dinanzi al Palazzo di Berlino occupato dai marinai.

Durante il brutale interrogatorio non pronunciano una parola. Un po' più tardi alcune automobili si dispongono dietro l'hotel. Su ordine del Capitano Pabst, Karl Liebknecht deve essere condotto alla prigione di Moabit. Nel momento in cui supera la porta, il Cacciatore Runge, una specie di gigante dal volto pieno di cicatrici tagliato da lunghi baffi, gli sferra due calci che lo fanno cadere a terra, privo di sensi. Viene sollevato e gettato in una delle auto dove prendono posto sei ufficiali armati. Con il pretesto di un guasto, l'auto si ferma, poco oltre, sul *Tiergarten.* Liebknecht ha ripreso conoscenza. Gli chiedono se può camminare. Ha appena fatto qualche passo quando viene abbattuto dal Capitano von Plug-Hartung.

"Tentativo di evasione", naturalmente.

---

[63] Futuro presidente della Repubblica Democratica Tedesca, morto nel 1960.
[64] Citato da Gilbert Badia, op. cit., p. 229.

Qualche istante dopo Liebknecht, Rosa Luxemburg viene fatta uscire a sua volta e posta sotto la sorveglianza del Sottotenente Vogel. Stessa scena: colpita da due pallottole, muore sul colpo. Con una vettura viene trasportata in direzione del *Landwehrkanal;* l'auto frena a qualche passo dall'acqua ed il corpo della "Rosa Rossa" viene gettato nel canale. Uno degli ufficiali ghigna: "È conciata bene, galleggia di già". Questo duplice assassinio non provoca sul momento indignazione, se non negli ambienti dell'estrema sinistra. Con tutti i morti che ci sono stati, di fronte alla tragedia che la Germania attraversa, tutto viene anzi considerato abbastanza naturale. Il conte Kessler, che non nasconde la sua simpatia per gli spartachisti, scrive nel suo diario in data 16 gennaio:

Liebknecht e Rosa Luxemburg hanno trovato una fine tragica e assurda. Non è la loro morte in sé, ma il modo in cui sono stati uccisi che semina la costernazione. La loro fine brutale appare per così dire una conseguenza logica della guerra civile che hanno fatto scoppiare e dei tanti morti che hanno sulla coscienza.[65]

Uno degli storici della Repubblica di Weimar, Erich Eychk[66], ha rilevato da parte sua:

La grande maggioranza della popolazione salutò questa morte come la liberazione da un grande pericolo.

Al teatro della *Königgrätzer Strasse* si rappresenta *Musica* di Wedekind. La sala è gremita dal pubblico che vuole vedere quest'opera di avanguardia alla quale i critici rimproverano una aridità inumana. Ma allora a Berlino si possono nutrire sentimenti diversi?
Il 17 gennaio il Generale von Lüttwitz fa arrestare gli ufficiali compromessi nell'assassinio dei due dirigenti spartachisti, come pure il soldato Runge, il quale affermerà di aver colpito per ordine dei suoi superiori. Condanne al carcere saranno pronunciate in seguito, e la più severa contro il Sottotenente Vogel che riuscirà ad evadere. La stampa di sinistra accuserà uno dei due assessori del consiglio di guerra, il Sottotenente di Vascello Wilhelm Canaris, di aver favorito questa evasione[67].

---

[65] Kessler, op. *cit.,* p. 57-58.
[66] Erich Eychk, *Geschichte der Weimarer Republik*, Zurigo-Stuttgart 1954, tomo I, p. 77 (trad. it. presso Einaudi, Torino 1966).
[67] Sarà anche accusato di aver partecipato personalmente all'assassinio. Gli sarà facile discolparsi. Cfr. André Brissaud, *Canaris*, Librairie Académique Perrin, pp. 35-37; E.

L'ex comandante del sommergibile *UB-128* è entrato a Berlino l'11 novembre con la Brigata di Ferro proveniente da Kiel, e si è messo a disposizione del Capitano Pabst all'Hotel Eden.

Le sue qualità di organizzatore discreto saranno immediatamente utilizzate Inviato in missione dalla Divisione di Cavalleria della Guardia, egli parte nella notte del 14 gennaio diretto nella Germania del Sud per costituire nuovi *Freikorps*.

J. Gumbel, *Les crimes politiques en Allemagne* 1919-1923, Ed. Gallimard, 1931, pp. 28-30.

Weimar all'ombra delle spade

La distruzione dei capisaldi spartachisti di Berlino, la sera del 15 gennaio 1919, non interrompe le operazioni dei *Freikorps*. L'insurrezione vera e propria è stata ormai schiacciata, ma i miliziani sopravvissuti non si sono sottomessi né hanno gettato le armi. Provvisoriamente neutralizzati dall'incapacità dei loro capi e dal fulmineo intervento dei Volontari, si sono sbandati. Ognuno è rientrato alla propria casa e le armi sono state nascoste. Mitragliatrici, dozzine di migliaia di fucili, tonnellate di munizioni, sono disseminati nei quartieri e nei sobborghi di Berlino, dove spartachisti e socialisti "indipendenti" hanno complici.

I *Freikorps* hanno il compito di cercare e di sequestrare queste armi nelle abitazioni dei berlinesi. Le case sospette vengono sistematicamente perquisite ma con magri risultati.

Dopo alcune ore di questo lavoro, i Volontari perdono l'aggressività che li aveva trascinati nei combattimenti di piazza. Essi non affrontano più un avversario temibile, ma una popolazione miserabile ed affamata di cui scoprono l'angoscia.

Ben presto ne hanno fino alla nausea di frugare nei giganteschi edifici grigi dai muri lesionati, dalle finestre oscure, dai cortili e dalle scale coperti di immondizie. Ne hanno abbastanza delle porte che bisogna sfondare per scoprire, ammassata in un locale freddo e miserabile, una famiglia affamata, mentre al loro avvicinarsi si alza il grido cento volte urlato dalle donne isteriche e dagli uomini senza lavoro: "Assassini, assassini!"

Quando i miei compagni entravano – racconta Ernst von Salomon – io rimanevo solo davanti alla porta, davanti a quei bambini; m'investiva allora come una nuvola d'odio, mi sibilavano intorno mormorii di scherno, le donne mi passavano davanti ridendo e sputando in terra, e gli uomini, con le camicie aperte sui petti villosi, gridavano. Ammazzarli, bisognerebbe, bande di...! – Toglietegli il fucile, a quella scimmia! – Ma nessuno mi toccò; mi agitavano solo i pugni sotto gli occhi, vantandosi di potermi schiacciare con un dito, come una cimice.[68]

Fin dalla prima giornata di queste perquisizioni, molti Volontari disertano. La disciplina si rilassa. Alcuni Cacciatori di Maercker fraternizzano con i marinai della *Volksmarinedivision*.

---

[68] E. von Salomon, op. cit., p 48.

I Generali temono che, a loro volta, i *Freikorps* si disperdano, come un mese prima le truppe tornate dal fronte. Su loro pressante richiesta, Noske ritira i Volontari da Berlino; vi mantiene solo il *Freikorps* di Reinhard. Le altre unità lasciano la capitale ed i suoi miasmi nella notte fra il 23 e il 24 gennaio 1919.

Berlino la Rossa è come un pugile dopo un colpo male incassato: accasciata ma non vinta. La città cade di nuovo nelle mani dei comunisti che si riorganizzano. La *Volksmarinedivision,* che aveva previdentemente abbandonato gli spartachisti, non è stata sciolta. Presto o tardi tutto ricomincerà. Ebert e Noske non lo ignorano, ma non hanno i mezzi per opporvisi. Temendo di cadere nuovamente prigionieri della piazza decidono che l'Assemblea costituente eletta il 19 gennaio 1919 non risiederà a Berlino ma a Weimar, meno agitata e più facile da controllare.

Queste elezioni non hanno d'altronde esaudito i loro voti. Esse hanno dimostrato chiaramente che il paese non è stato conquistato al nuovo regime e a maggior ragione ad una eventuale rivoluzione bolscevica; anzi, hanno dimostrato che questa conquista è ancora lontana. Ma le rivoluzioni non si fanno a colpi di elezioni e con il voto delle maggioranze silenziose. Sui 421 seggi dell'Assemblea, i socialisti ne hanno ottenuti solo 165. Gli spartachisti, che hanno deciso di astenersi, non sono rappresentati. I loro alleati "indipendenti" che dominano la piazza hanno ottenuto solo 22 seggi. Il resto, cioè la maggioranza dei seggi, è stato suddiviso fra i partiti conservatori o reazionari. Per governare, i socialisti dovranno dunque allearsi con il partito democratico che ha ottenuto 75 seggi, e naturalmente sacrificando parte del loro programma. Questa relativa capitolazione dei socialdemocratici fornirà potenti argomenti ai comunisti.

Negli ultimi giorni del gennaio 1919 il Generale Maercker riceve l'ordine di garantire la sicurezza della nuova Assemblea, ed il 30 gennaio invia a Weimar in avanscoperta una Compagnia di Cacciatori. Questa decisione solleva la veemente protesta dei soviet dei soldati di Turingia che ritengono di avere essi soltanto il diritto di proteggere l'Assemblea. Le loro minacce non sono prese alla leggera perché costoro si appoggiano ad Erfurt, città dove gli estremisti possono mobilitare 12.000 uomini e dispongono di 90.000 fucili. Fin dal suo arrivo a Weimar il primo distaccamento di Cacciatori viene disarmato. Informatone, il Generale Maercker accelera il movimento delle sue truppe e si reca egli stesso nella città delle Luci. Installato il quartier generale all'Hotel Erbprinz, convoca i rappresentanti del Consiglio dei soldati e li minaccia delle peggiori rappresaglie se si verificheranno altri atti di ribellione.

Questo avvertimento, reso più convincente dalla presenza di mitragliatrici e dalle figure risolute dei Volontari dei *Freikorps*, attenua immediatamente la tensione[69].

Ben presto 7.000 uomini si accampano nella città e negli immediati dintorni, controllando le strade e la ferrovia.

"Weimar", ha detto Madame de Staël, "non è una piccola città, è un grande castello". È anche un museo, dedicato alla memoria di Goethe. I borghesi liberali e socialisti, in *Zylinder und Frack,* alta uniforme e coda di rondine, che ne faranno la sede della loro Repubblica, invocheranno la protezione del poeta che era stato tuttavia ammiratore di Federico il Grande e di Napoleone. Gli studenti arruolatisi nei *Freikorps* scrivono sui muri degli accantonamenti uno dei suoi aforismi la cui attualità li seduce: "Vi è un solo male irrimediabile: darsi vinto".

Il 6 febbraio 1919, mentre una Compagnia di *Freiwilligen Landesjägerkorps* di Maercker rende gli onori, i 421 deputati, tutti in nero, entrano nel Teatro della Residenza per la prima seduta dell'Assemblea costituente. Cinque giorni dopo Ebert viene eletto presidente del Reich e Scheidemann lo sostituisce alla Cancelleria. Noske diventa ufficialmente ministro della Guerra.

I deputati ed i loro discorsi non riescono a turbare la sonnolenza della cittadina, le cui piazze sono dedicate a poeti ed i viali a prìncipi. La sera i deputati vanno a bere vino all'*Elefante* o birra al *Cigno,* e commentano gli interventi della signora Zietz, deputato comunista, e le repliche del pastore Traub, deputato reazionario. Solo i canti e le risse degli uomini dei *Freikorps* turbano la quiete della notte. I Volontari si annoiano:

Le armi spirituali attribuite in quelle riunioni ai combattenti – dirà uno di essi – facevano risaltare in una luce ancora più viva il merito dei nostri obici calibro quindici...[70]

La Germania non è pronta a dimenticare il suono delle cannonate e delle fucilate. Se Weimar è tranquilla, a Brema infuriano i combattimenti, nella Ruhr i sindacati indicono uno sciopero generale, a Berlino riprende l'agitazione spartachista.

Leipzig, Essen, Magdeburgo e dieci altre città sono paralizzate dai disordini. Si combatte anche in Slesia, vicino a Culmsee, contesa ai polacchi. Si combatte sul Baltico, dove avanza l'Armata rossa che pene-

---

[69] Cfr. Maercker, op. cit. Nei suoi ricordi Ernst von Salomon, che ha partecipato all'occupazione di Weimar, dà un'altra versione secondo la quale fu il distaccamento di avanguardia a ridurre da solo alla ragione il "Consiglio" dei soldati.
[70] Ernst von Salomon, op. cii., p. 58.

tra anche in Polonia. La rivoluzione bolscevica arde a Budapest e a Monaco, che si separa dal Reich. Solo a Berlino si contano 180.000 disoccupati nel gennaio del 1919, 240.000 nel febbraio; nel mese di marzo il loro numero raggiunge 560.000. Le miniere sono deserte, gli altiforni cessano di ardere, i treni non camminano più.
Le chiacchiere che si fanno a Weimar sono incapaci di ridare vita alla Germania esangue, scossa da morbose convulsioni.
In questo caos un uomo si muove, appoggiato dai *Freikorps*. È Gustav Noske, il nuovo ministro della Guerra. L'ex taglialegna è il bersaglio favorito dell'estrema sinistra che vede in lui il "segugio" che perseguita senza posa i rivoluzionari come fossero selvaggina ferita. La destra non gli perdona di restare leale al suo partito ed alla Repubblica, A cinquant'anni di distanza gli storici continuano a sposare questi giudizi contraddittori. Tuttavia se la Germania e, con essa, il resto dell'Europa non precipitano in una rivoluzione sanguinosa, lo devono senza dubbio a questo personaggio burbero e ostinato. Noske non si lascia prendere né dalla noncuranza patetica, né dalla follia che, di volta in volta, si impadroniscono di Weimar. Egli stabilisce delle priorità, misura i suoi avversari, conta sulle proprie forze ed inizia l'azione risolutamente.
Il suo primo obiettivo, dopo aver permesso le elezioni a Berlino, è assicurare i rifornimenti alla Germania per evitare che la carestia assuma proporzioni catastrofiche. Diverse navi americane colme di viveri, inviate dalla Commissione Hoover per soccorrere la popolazione tedesca, rimangono bloccate dallo sciopero nei porti del Mare del Nord. I cantieri e le banchine della Weser sono recintati da filo spinato e sorvegliati da miliziani rossi armati. Dal 10 gennaio 1919 i comunisti hanno instaurato un governo di soviet a Brema ed esteso il loro controllo ad Amburgo.
Negli ultimi giorni di gennaio Noske ordina alla Divisione Gerstenberg, del *Freikorps* von Roder, appoggiata dalla Brigata di Ferro di Kiel, di marciare su Brema. Immediatamente i Consigli dei soldati – nei quali non vi sono soldati – fanno sapere che 40.000 operai di Amburgo e 30.000 portuali di Cuxhaven si armano per dare man forte ai loro compagni di Brema. Una delegazione dei Consigli dei soldati di Amburgo arriva a Berlino il 2 febbraio, ed è ricevuta da Noske alla Cancelleria.
Il volto deciso, lo sguardo accigliato dietro la montatura metallica degli occhiali, Noske ascolta in silenzio le invettive e le minacce dei delegati. In quel momento gli viene consegnato un telegramma: 150.000 minatori della Ruhr entreranno in sciopero se i *Freikorps* saranno inviati a Brema.

Senza che un muscolo del suo volto tradisca l'inquietudine, Noske piega alla meglio il dispaccio e lo mette in tasca. Sa ormai di non avere più scelta: se non riesce a battere in velocità gli estremisti è la fine del governo e delle possibilità di rinascita della Germania.
Rifiutando le proposte degli amburghesi, pone le proprie condizioni:

Se il Consiglio dei Commissari del popolo di Brema non viene sciolto entro le 24 ore, e se la popolazione non depone subito le armi, la Divisione Gestenberg entrerà in città.

Prima del calar della notte le autoblinde e le squadre d'assalto della Divisione Gerstenberg entrano in Brema. Le milizie rosse, dai tetti e al riparo di barricate alzate in fretta, tirano sui *Freikorps*; i Volontari, però, benché meno numerosi, hanno la superiorità dei tecnici ben comandati sui dilettanti disordinati. Dopo quarantotto ore di combattimenti, che fanno più di un centinaio di morti la Divisione Gerstenberg è padrona della città. Il soviet è sciolto, alcuni caporioni sono arrestati. Viene nominata una nuova municipalità. Il lavoro riprende nei magazzini del porto e finalmente vengono scaricate le navi con i viveri. Tutto intorno i *Freikorps* falciano con le mitragliatrici le bande disordinate inviate di rinforzo da Amburgo e Cuxhaven.
L'azione rapida e rigorosa delle truppe governative fa piombare gli altri soviet della regione nello scoramento. Gli uni dopo gli altri si arrendono senza, combattere. E ben presto, su tutto il litorale, regna la calma. Ma la vittoria non è solo del governo. Nel suo numero del 6 febbraio 1919 "L'Eco di Amburgo" scrive:

Le conseguenze di queste giornate si faranno pesantemente sentire. Ancora qualche vittoria come questa e il corpo degli ufficiali insieme alla reazione aristocratica e borghese avranno ciò che desiderano: uno strumento pienamente consapevole della propria efficacia.

Lo stesso giorno i minatori della Ruhr mettono in esecuzione la loro minaccia. Centocinquantamila operai incrociano le braccia sui carrelli delle miniere. Tuttavia non vi è unanimità fra i contestatori. Fin dall'inizio del gennaio 1919, quando i Consigli operai della regione si sono riuniti a Essen per pretendere la "socializzazione" del bacino, un sordo contrasto è nato fra i sindacati socialisti che vogliono procedere per tappe come propone il governo Ebert, e gli estremisti "indipendenti" o spartachisti. I primi si oppongono allo sciopero che i secondi hanno indetto con l'aiuto dei soviet dei soldati del disciolto 14° Corpo d'Armata.

L'11 febbraio, a Münster, il *Freikorps* del Capitano Lichtschlag prende d'assalto la sala dove è riunito il Soviet dei soldati. Minacciati di fucilazione seduta stante, i membri del Soviet si piegano e decidono il proprio scioglimento.
Immediatamente i comunisti si riuniscono a Mülheim e proclamano una repubblica indipendente e socialista comprendente da principio il Brunswick e le regioni costiere.
Noske invia subito a Mülheim due brigate formate dagli effettivi di Brema, che appoggeranno i 700 uomini del *Freikorps* Lichtschlag. I primi scontri avvengono a Hervest-Dorten e a Bottrop dove uno dei distaccamenti del *Freikorps*, composto di studenti, viene massacrato dalla folla.
I comunisti minacciano di allagare le gallerie delle miniere. Ma si scontrano con i sindacati socialisti e con la popolazione che non è più rifornita di derrate e non riceve più salario. Il Generale Watter, che ha il comando delle operazioni e non difetta di psicologia, avverte questa frattura nell'avversario. Abilmente decide di perdonare tutto, ed esige solo la ripresa del lavoro e la consegna delle armi. L'assemblea dei Consigli di operai e soldati riunita ad Essen accetta queste condizioni. Nel bacino riprende il lavoro.
Per i *Freikorps*, non è ancora venuto il momento di riprendere fiato. Scoppiano disordini a Gotha, che si proclama città libera e indipendente. Ma è ad Halle che la situazione è più grave. Gli "indipendenti" hanno costituito un Consiglio rivoluzionario sotto la direzione di un certo Killian che organizza il terrorismo. La polizia viene disarmata, le armi distribuite alla folla. Tutte le persone sospette di ostilità al potere rivoluzionario vengono percosse e arrestate. La milizia rossa comandata da un ex ufficiale radiato per un reato comune, il Sottotenente Ferchlandt, agisce per proprio conto e rifiuta di obbedire al soviet. Quanto al distaccamento di artiglieria incaricato di sorvegliare un importante deposito di armi e munizioni, è rimasto fedele al governo. La presenza di questa truppa ostile accresce la febbre degli estremisti e precipita gli avvenimenti.
Il 25 febbraio 1919 il soviet decide lo sciopero insurrezionale in tutti i bacini minerari. I ferrovieri si uniscono al movimento ed impediscono le comunicazioni fra Weimar e Berlino.
L'indomani i socialisti fedeli al governo e i moderati decidono un contro-sciopero. I funzionari delle amministrazioni locali, gli impiegati delle poste, gli insegnanti, i medici e la maggior parte dei commercianti non si recano al lavoro. Non vi sono giornali, né elettricità, né rifornimenti, né assistenza medica.

Noske affida al *Freiwilligen Landesjägerkorps* la missione urgente di ristabilire l'ordine. All'alba del 10 marzo 1919, il Generale Maercker si dirige su Halle con i 3.000 uomini della 1ª Brigata Cacciatori del Colonnello von Reitzenstein ripartiti in tre treni.

Alle 11.30 i primi distaccamenti giungono nei sobborghi di Halle. Un vento glaciale spazza le strade. Il Generale Maercker che dispone di informazioni molto imprecise e non possiede una carta della città, è costretto ad improvvisare tutto. Egli fa occupare i depositi di munizioni dal 1° Battaglione, fraternamente accolto dagli artiglieri. Il 2° Battaglione marcia sulla *Charlottenschule* trasformata in caserma dalla milizia rossa. Gli uomini di Ferchlandt si arrendono senza combattere. Il Generale Maercker si considera padrone della situazione.

Ma avanzando verso il centro della città si scontra con una folla compatta di manifestanti sovraeccitati, armati fino ai denti Maercker vuole occupare il municipio prima di notte. Invia un primo distaccamento di 20 mitragliatrici, che viene inghiottito dalla folla che sequestra le armi, stacca i cavalli, rovescia le vetture. I due ufficiali che comandano la Compagnia, i sottotenenti Hirsch e Schmidt, sono colpiti a morte, ed i loro corpi martirizzati vengono gettati nel fiume Saale. Il Generale Maercker sfugge di poco alla stessa sorte e deve la sua salvezza al pronto intervento del 3° Battaglione che carica la folla all'arma bianca. I *Freikorps* devono ripiegare verso la *Charlottenschule* inseguiti da una marea di manifestanti.

Tutta la notte mute urlanti si scagliano contro le mura degli edifici dove i Cacciatori si sono trincerati. Il cielo è rosso per gli incendi appiccati dagli ammutinati. I magazzini vengono saccheggiati, ovunque echeggiano il crepitio delle mitragliatrici e le detonazioni secche dei fucili.

Tuttavia il Generale Maercker si sforza di non rispondere con la forza; egli adotta un atteggiamento strettamente difensivo e tenta di negoziare con il Consiglio degli operai e dei soldati. Questo atteggiamento conciliante viene interpretato come una prova di debolezza. I rivoluzionari rifiutano ogni contatto e intensificano gli assalti.

Alla fine della mattina del 2 marzo il Tenente Colonnello von Klüwer dello Stato Maggiore Generale, inviato in abiti civili da Maercker per sondare la popolazione, viene riconosciuto. Arrestato, percosso, tradotto dinanzi al Soviet dei soldati, è trascinato tra la folla furiosa. Viene strappato alle sue guardie e colpito con pugni e calci. Cade a terra. Un calcio gli frattura la mascella, un altro gli sfonda le costole. Con uno sforzo disperato riesce a sollevarsi e si rifugia sotto il portico di una chiesa. Ma la folla lo afferra di nuovo e lo trascina, sanguinante, fino al ponte sulla Saale da dove lo getta nel fiume.

Quando il corpo riappare, è salutato da un grido di gioia sadica. Il disgraziato ufficiale tenta di nuotare malgrado le ferite. La folla, dalla riva, gli lancia sassi. Quando giunge alla riva senza fiato, gli schiacciano le dita a colpi di tallone per fargli lasciare la presa, lo respingono con i piedi, ricacciano sott'acqua la sua testa sanguinante. L'orribile gioco è interrotto da un miliziano rosso che lo finisce con un colpo di pistola.

Quando gli viene riferita questa atroce scena, il Generale Maercker comprende l'inutilità dei suoi tentativi pacifici. Proclama lo stato d'assedio. L'ordine viene gridato agli incroci, preceduto da un sinistro rullio di tamburo. Chiunque verrà sorpreso armato sarà fucilato sul posto.

Alle 17, i *Freikorps*, liberi di agire, penetrano di nuovo nella città non più inquadrati ma in formazione da combattimento. Fin dai primi scontri la folla si accorge di quanto le cose siano cambiate. Gli oppositori sono immediatamente messi a tacere con mitragliatrici e bombe a mano. Prima di mezzanotte l'ordine è ristabilito. Il bilancio è di 29 morti fra i rossi e 7 fra i Cacciatori.

Occorrono ancora due giorni per rimettere in sesto la città. Il 5 marzo, totalmente cambiata la folla, il Generale Maercker sfila con i suoi *Freikorps* fra ovazioni deliranti.

La milizia rossa è stata sciolta e per prevenire il ripetersi di disordini, il Generale fa appello ai Volontari per costituire un *Freikorps* locale, sotto il comando di ufficiali dei suoi Cacciatori. Uno dei giovani volontari è un certo Reinhard Heydrich, allievo al conservatorio di musica e futuro capo del S.D. a fianco del *Reichsführer SS* Himmler durante il Terzo Reich.

Le tre operazioni di Brema, Mülheim e Halle hanno dimostrato la formidabile efficienza dei *Freikorps*. Gruppi d'assalto risoluti e bene allenati sono riusciti in poche ore a disperdere folle armate superiori di numero venti volte e la cui violenza sembrava non fosse possibile arginare.

Ma l'incendio è sempre pronto a divampare: un focolaio è appena spento che già altrove un altro si accende. Bisognerebbe essere ovunque contemporaneamente e pulire in profondità ogni città ed ogni regione riconquistata. Fatti per l'assalto, gli uomini dei *Freikorps* si sforzano di mascherare la loro debolezza come civili. L'arte loro è quella della bomba a mano e del pugnale, non quella dell'amministrazione delle persone e delle cose. Tuttavia, dopo il loro passaggio le città mostrano il volto della pace, gli uomini ritornano al lavoro e, per proteggerli, Volontari rimangono sotto le armi.

Il 6 gennaio 1919 Noske ha lanciato un appello ai Volontari per il ristabilimento dell'ordine e la protezione delle frontiere. Griderà ai suoi detrattori:

Sì, è vero. Io sono andato a cercare ad uno ad uno i vecchi ufficiali e i vecchi funzionari, sconfitti e coperti di sputi, ed è stato con loro che ho evitato il peggio. Ed uno, uno che porta uno dei più illustri nomi tedeschi, a rischio della vita ha rubato e riunito per mio conto i fucili e le mitragliatrici destinati ai primi Volontari. Volete sapere il suo nome? È un conte di Bismarck! Se lo aveste preso sul fatto, lo avreste fucilato. E voi vorreste che dimenticassi l'aiuto che questi ufficiali mi hanno dato mentre combattevo per la salvezza del paese?[71]

Non vi sono tuttavia solo *Junker* fra gli uomini dei *Freikorps*. Ernst von Salomon racconta che durante le giornate del gennaio 1919 un anziano signore grida allegramente al suo gruppo:

Perlomeno, questi sono ancora soldati! La farete presto finita, con questo governo di porci? Il sottufficiale guarda calmo il vecchio signore: "Sono socialista", dice. Il signore trasalisce, si fa rosso, si allontana in fretta...

Von Salomon prosegue:

Il Caporale Hoffmann volta verso di me il suo viso allegro e scoppia a ridere: "Ti sorprende, eh? Sono socialista anch'io! Iscritto fin dal 1913!". Hoffmann guarda davanti a sé serio: "Prima di socializzare, spiega, vogliamo impedire, se è possibile, che distruggano quello che noialtri..." E tace di nuovo.[72]

In seguito all'appello lanciato da Noske il 6 gennaio, gruppi di Volontari si costituiscono in tutta la Germania. Ad aiutarli vengono inviati da Berlino, dal Capitano Pabst e dai giovani ufficiali della *Garde-Kavallerie Schützen Division,* alcuni emissari fra cui il Sottotenente di Vascello Canaris muniti solo di pochi nominativi di ufficiali ai quali presentarsi e di una bruciante passione. Bastano un uomo deciso, immediatamente nominato *Führer,* e pochi camerati. Caserme abbandonate, depositi, semplici appartamenti e birrerie diventano centri di reclutamento e vengono trasformati in tanti *Bunker* pieni di armi. Sui giornali si possono leggere annunci di questo genere:

Camerati, il pericolo spartachista non è ancora svanito. I polacchi avanzano sempre più in terra tedesca. Potete sopportare tutto questo? No! In piedi, sol-

---

[71] Cfr. Benoist-Méchin, op. cit., tomo I, p. 109.
[72] Ernst von Salomon, op. cit., p. 33.

dati! Impedite alla Germania di diventare lo zimbello del mondo. Arruolatevi subito nel *Freikorps Hülsen*! Ufficio di reclutamento: Caffè della Birra, Unter der Linden a Berlino, e Giardino della Birra a Potsdam.

Sui muri vengono affissi manifesti per l'arruolamento dei volontari. Il loro testo propone, per esempio:

Camerati, allarmi! Contro i bolscevichi i polacchi e la miseria, unitevi subito alla *Deutsche Schutzdivision* del generale von Lüttwitz. Paga: 5 marchi al giorno. Vitto, alloggio ed abiti assicurati. Ufficio di reclutamento: Barbarahaus, Gerhofstrasse 3, Amburgo.

La difesa delle frontiere orientali contro la minaccia polacca è accomunata alla lotta contro i comunisti all'interno.
I *Freikorps* che si formano da Monaco a Königsberg prendono il nome dal loro fondatore o dal luogo dove vengono costituiti: *Freikorps* Suppe, von Epp, Rossbach, Heybreck, von Aulock, brigata Ehrhardt, oppure corpi di Görlitz di Potsdam, di Magdeburgo, ecc. I loro capi scelgono un'insegna che li distingua e simboleggi la loro fierezza. Il *Freikorps* di Potsdam adotta un elmetto di acciaio con spade incrociate. Il Capitano Ehrhardt sceglie per la sua Brigata un *drakkar*. Il Maggiore von Loepen descrive così i segni distintivi del suo *Freikorps*:

Uniforme di ussaro con più festuche di abete ricamate su fondo verde, collo Attila e teschio sul berretto.

La popolarità acquisita durante la guerra da certi ufficiali favorisce il reclutamento nei loro corpi. Ciascuno di questi nuovi condottieri si sforza d'altronde di esaltare i meriti del suo piccolo esercito privato. Nel crollo dei vecchi quadri e degli antichi valori il sentimento istintivo di unione ai capi naturali in piedi tra le macerie appare come il solo in grado di cementare le energie diverse e contraddittorie che uniscono i *Freikorps*.
La Germania non difetta di giovani capi selezionati e induriti dalla guerra. Nella 3ª Brigata della Marina costituita a Kiel dall'Ammiraglio von Loewenfeld, ufficiali prestano servizio come semplici soldati. Ogni comandante di Compagnia è un ex comandante di sommergibile decorato con la *Pour le Mérite*, la più agognata decorazione militare tedesca. Lo *Sturmbataillon* (Battaglione d'assalto) di questa Brigata è agli ordini del famoso comandante di *U-Boot* Arnauld de la Perière[73],

---

[73] L'Ammiraglio Lothar von Arnauld de la Perière (1886 – 1941) durante la prima guerra mondiale affondò 194 navi nemiche per complessive 453.716 tonnellate di

che da solo ha colato a picco 550.000 tonnellate di naviglio avversario. L'Ammiraglio von Loewenfeld potrà scrivere fieramente del suo *Freikorps* che era

> il più forte in Germania, non solo come effettivi (circa 8.000 uomini), ma anche nell'articolazione della fanteria, dei pionieri, dell'artiglieria, dei mortai da trincea, dei lanciafiamme, delle autoblindate, dell'aviazione, dei mezzi di trasporto.[74]

Nessun altro *Freikorps* avrà mai un tal numero di effettivi ed una tal quantità di materiale bellico. In effetti, eccettuati il corpo dei Cacciatori di Maercker e la brigata Loewenfeld, gli altri *Freikorps* non disporranno che di un equipaggiamento disparato. I loro effettivi andranno da una dozzina di uomini a quelli di una Divisione.
E proprio per questo è difficile stabilire la vastità del movimento; tanto più che l'arruolamento è di breve durata: un mese. Nelle prime settimane, molti elementi dotati si precipitano agli uffici di reclutamento. In periodo di carestia e di fame, è allettante ricevere una paga soddisfacente, cibo sufficiente, abiti caldi sia pure sotto forma di divisa. Ma quando la disciplina diventa più rigida ed il pericolo più concreto, queste reclute occasionali fuggono e gli effettivi diminuiscono.
Questo spiega gli errori nell'indicazione del numero degli effettivi fornita dai testimoni dell'epoca. Il socialista di estrema sinistra Haase, escluso dal governo dei "Commissari del popolo" nel dicembre 1918, parlerà di quello che egli chiama un "esercito illegale" di più di un milione di uomini. Ma bisogna tener conto degli scopi polemici di Haase. Noske, miglior giudice, nel 1919 stima che gli effettivi delle sue forze ammontino a 400.000 uomini. Quanto a Ernst von Salomon, egli ritiene che nel 1919 ammontassero a circa 15.000, ed a 60.000 dopo la costituzione della *Reichswehr* composta, in applicazione del Trattato di Versailles, di 100.000 uomini. Dopo la nascita del nuovo esercito i *Freikorps* si manterranno in una clandestinità più o meno tollerata o combattuta, secondo le circostanze.
La differenza fra le cifre citate da Noske e quelle indicate da Ernst von Salomon deriva dal fatto che essi non parlano della stessa cosa. Noske considera l'insieme delle forze armate messe sotto il suo comando e von Salomon invece i soli *Freikorps*.

---

stazza lorda al comando dell'*U-35* e *U-139* nel Mediterraneo, divenendo il comandante di unità subacquee di maggior successo della storia militare. Fu insignito della croce *Pour le Mèrite* l'11 ottobre 1916, NdC.
[74] Cfr. Robert Waite, *The Free Corps Movement in Postwar Germany 1918-1923*, Norton Library, New York, 1969, p. 38.

Bisogna dire che nello stato di confusione in cui la disfatta e la rivoluzione avevano precipitato quella che era stata l'Esercito Imperiale, la frontiera fra i diversi tipi di unità era spesso difficile da stabilire.
Tuttavia le forze sottoposte in principio al comando di Noske possono essere distinte in tre grandi categorie.
Innanzi tutto quelle costituite dagli antichi Reggimenti dell'esercito regolare che non si erano completamente volatilizzati. Il governo e lo Stato Maggiore avevano fatto di tutto per mantenerne l'esistenza. All'inizio del 1919 fi trattato di pace non era stato ancora firmato ed esisteva la possibilità di una ripresa del conflitto contro l'Intesa. D'altra parte, bisognava proteggere le frontiere orientali del Reich che non erano state chiaramente delimitate al momento dell'armistizio dell'11 novembre 1918. Bisognava infine mantenere l'ordine all'interno. Tutti questi compiti esigevano degli effettivi capaci. Questi Reggimenti regolari avevano spesso un valore limitato, influenzati come erano dalla propaganda spartachista. La loro disciplina e combattività lasciavano molto a desiderare, indecisi come erano fra l'ammutinamento e la diserzione.
Noske, in principio, disponeva anche di unità locali di volontari, costituite per gli innumerevoli compiti interni con ex militari ed ex poliziotti. Erano i *Zeitfreiwilligen* (volontari di emergenza[75]), i *Sicherheitspolizei* (polizia di sicurezza), e gli *Einwohnerwehren* (guardie civili), ecc.
Infine i *Freikorps* propriamente detti, una specie di riserva generale a disposizione di Noske: la sua forza d'urto. La forza più dura, più aggressiva, più politicizzata. Evidentemente, i volontari creeranno più di una difficoltà al regime di Weimar, nel momento in cui avranno sentore di essere stati traditi.
Il numero delle unità dei *Freikorps* è difficile da precisare. Alcuni ebbero solo un'effimera esistenza, altri cambiarono nome per sfuggire alla repressione.
Per dare uno statuto legale a queste forze disparate messe sotto la sua autorità, Noske presenta una legge che istituisce una *Reichswehr* provvisoria, in attesa delle disposizioni del futuro Trattato di Pace. Questa legge terrà conto della breve e positiva esperienza dei *Freikorps*. Il 6 marzo 1919, dopo vivaci dibattiti, il. ministro fa approvare questa legge dall'Assemblea costituente eletta il 19 gennaio. Il nuovo Esercito che deve inglobare i *Freikorps* sarà, per così dire, "alla moda", cioè democratica e con scopi difensivi[76].

---

[75] Letteralmente: volontari temporanei, NdC.
[76] Le disposizioni legali e regolamentari della *Reichswehr* provvisoria sono analizzate

Dapprima i *Freikorps* devono dissolversi e fondersi nelle brigate della nuova *Reichswehr*, numerate da 1 a 24. Così il corpo dei Cacciatori di Maercker diventa la 16ª brigata, i corpi bavaresi del Colonnello von Epp la 21ª brigata, ecc. In realtà molti *Freikorps* rifiutarono di inserirsi nella nuova struttura organizzativa che li privava dell'autonomia e del particolarismo. Altri fingeranno di adeguarsi ma continueranno ad usare il loro vecchio nome. Così il Generale Hülsen, il cui corpo è divenuto la 3ª brigata della *Reichswehr*, parlerà sempre del suo *Freikorps*. Ed anche gli uomini della 21ª brigata si considereranno prima di tutto i volontari del *Freikorps* von Epp.

Queste coorti feroci, sorte dalle fiamme della guerra civile, si levano al di sopra del grande corpo del Reich, estranee agli interessi di classe e di partito. Inesorabili e sprezzanti, sono mosse da una passione che non ha ancora un nome. I loro stendardi del colore della morte e del sangue sventolano come una sfida lanciata ai sopravvissuti del vecchio mondo ed ai profeti del caos universale. Non sono disposte a riconoscere altra legge oltre quella che si sono date, altro capo che non sia il *Führer* che hanno scelto.

---

nei particolari da Benoist-Méchin, *Histoire de l'Armee allemande,* tomo I, capitolo 10.

La Settimana di sangue

Dopo l'assassinio di Karl Liebknecht e di Rosa Luxemburg, l'ex amante di quest'ultima, Leo Jogisches, assume la direzione della *Zentrale* spartachista[77]. Egli è pienamente cosciente delle minacce che gravano sul futuro della rivoluzione. I primi tentativi insurrezionali a Berlino, Brema, Mülheim e Halle, sono falliti per l'intervento dei *Freikorps*. Contro tutti e tutto, Ebert, Scheidemann e Noske proseguono la creazione in Germania di una democrazia di tipo occidentale. Sono riusciti a far eleggere una Assemblea costituente al posto del vecchio Comitato centrale dei Soviet nato dalla rivoluzione di novembre. Ma la partita non è ancora chiusa e gli estremisti hanno in mano diverse carte da giocare.

L'appello lanciato da Lenin il 24 gennaio 1919 per la riunione di un congresso costitutivo dell'Internazionale comunista (III Internazionale) contribuisce a risvegliare le energie. L'estrema sinistra tedesca tiene gli occhi fissi all'Est. Gli eserciti rossi avanzano in Polonia e in Lituania. La speranza della rivoluzione mondiale portata dagli squadroni di Budënnyj[78] arde nel cuore degli spartachisti. Speranza fondata, nella misura in cui le democrazie occidentali ignorano il carattere inesorabile e permanente dell'impresa bolscevica.

Ha scritto Margaret Buber-Neumann, compagna di uno dei capi tedeschi del *Komintern*:

Nel mondo conservatore e borghese del 1919 erano poco numerosi coloro che comprendevano la vera natura del bolscevismo. Si rideva dei pazzi del Cremlino oppure si pensava che i comunisti avrebbero ben presto scosso il giogo dei potenti ed abbandonato essi stessi i loro metodi. Non si sospettava assolutamente il dinamismo delle idee che essi rappresentavano e non si riusciva ad immaginare quanto sarebbe stato vasto il fragore del loro odio fanatico, del loro slancio rivoluzionario e della loro fede laica. I seguaci del progresso, vedendo prima di tutto nei bolscevichi i vincitori dello zarismo e, di conseguenza, i liberatori dei contadini russi, erano pronti a mettersi con entusiasmo al loro fianco nella lotta per un ordine sociale migliore[79].

---

[77] Dopo il 1° gennaio 1919, la lega *Spartakus* diventa Partito comunista tedesco. K.D.P. (*Kommunistische Partei Deutschlands*).
[78] Il Generale Semën Michajlovič Budënnyj (1883-1973); ufficiale di cavalleria, le sue vittorie nella guerra civile lo resero molto popolare, mentre nel 1941 le forze sovietiche in Ucraina da lui comandate furono sconfitte dalla *Wehrmacht* nelle sacche di Uman e Kiev, perdendo un milione e mezzo di soldati, NdC.
[79] Margarete Buber-Neumann, *La Révolution mondiale,* Ed. Casterman, 1971, p. 18.

Fra gli Alleati sono rari gli spiriti che prendono sul serio la minaccia del comunismo sulla Germania. Quando il borgomastro di Colonia, Conrad Adenauer, dichiara il 16 gennaio 1919 all'inviato del *"Matin"*:

Non esiste più Esercito assolutamente, la Germania è ormai minacciata da un solo ma grave pericolo: il bolscevismo

viene trattato da bugiardo. Sullo stesso *"Matin"* il 25 febbraio si sostiene che il "preteso pericolo bolscevico" è soltanto una delle "astuzie della propaganda tedesca". Jacques Bainville, che passa per un osservatore lucido, scrive su *"L'Action française"* del 18 gennaio 1919:

Fino a che punto Ebert, Scheidemann ed il loro aristocratico ministro degli Affari Esteri Brockdorff-Rantzau hanno ingigantito la rivolta spartachista e giocato la carta del bolscevismo per far leva sui governi alleati e piegarli, con la paura, all'indulgenza?

Tuttavia questi rivoluzionari che gli Alleati sottovalutano conseguono netti successi politici, malgrado le loro sfortune insurrezionali. La moderazione forzata dei socialisti causa una profonda delusione perfino fra i loro seguaci. Molti operai, intellettuali ed anche membri della nuova classe dirigente finiscono col guardare con simpatia gli "indipendenti" e gli spartachisti. Si trama dietro le quinte. Nello stesso entourage del ministro degli Affari Esteri in carica, Rantzau, si giunge ad auspicare un nuovo governo sotto la guida di un "indipendente" al posto di quello di Scheidemann, Erzberger e Noske. Viene fatto il nome di Haase, ex Commissario del popolo, del quale il conte Kessler dice:

È un piccolo ebreo amaro dallo spirito di casista[80], con occhi intelligenti e duri. Dà la sensazione di una grandissima astuzia unita ad una durezza inesorabile.[81]

Ma per provocare una crisi ministeriale occorrerebbe lo choc di un fatto nuovo.
La *Zentrale* spartachista, Léo Jogisches in testa, ritiene dunque che si presenti un'occasione insperata per restaurare il potere dei "Consigli". Bisogna approfittarne subito perché potrebbe non ripresentarsi più.

---

[80] Teologo esperto nel risolvere i casi di coscienza; per estensione, persona meticolosa, NdC.
[81] Harry Kessler, op. cit., p. 44

Così la *Zentrale* decide di indire uno sciopero generale a Berlino: sarà questo l'avvenimento destinato a provocare la caduta del governo. Ebert non oserà mai far sparare sui lavoratori disarmati. Bisognerà però stare bene attenti che lo sciopero non degeneri in una rivolta.
Il 3 marzo 1919 *"Die Rote Fahne"* pubblica in prima pagina il programma in cinque punti adottato da un comitato per lo sciopero eletto dai Consigli operai: riconoscimento dei soviet operai, liberazione dei prigionieri politici, ristabilimento delle relazioni diplomatiche con la Russia bolscevica, costituzione di una milizia operaia e infine scioglimento dei *Freikorps*. Segue un appello allo sciopero generale:

Operai! Proletari!
L'ora è giunta di nuovo. I morti si levano contro la selvaggia repressione. I complici di Ebert e di Scheidemann credono di avervi sconfitti. Il sedicente governo socialista è divenuto il massacratore del proletariato tedesco. Aspetta solo l'occasione di stabilire "la pace e l'ordine". Ovunque domini il proletariato, Ebert invia la sua muta.
Berlino, Brema, Wilhelmshaven, Cuxhaven, Gotha, Erfurt, Mülheim, Halle, Düsseldorf, ecco le stazioni della insanguinata via crucis del proletariato tedesco.
Migliaia di vostri fratelli vengono aggrediti, imprigionati, assassinati, abbattuti, sgozzati come cani rabbiosi! Ricordatevi dei vostri compagni di Spandau. Ricordatevi di Rosa Luxemburg e di Karl Liebknecht. Pensate che i loro assassini vanno in giro con la benedizione di Ebert-Scheidemann-Noske mentre i vostri compagni crepano in carcere. La Rivoluzione avanzerà solo calpestando le tombe dei socialdemocratici della maggioranza.
Per lo sciopero generale! Per la nuova lotta della Rivoluzione! Per la nuova battaglia contro gli oppressori! Lavoratori, Compagni del Partito, incrociate le braccia! Riunitevi nelle fabbriche. Difendetele. Spiegate la situazione agli esitanti. Non lasciatevi coinvolgere senza motivi in scontri a fuoco. Noske aspetta solo un pretesto per spargere ancora il vostro sangue. Restate uniti nelle fabbriche, pronti a rispondere immediatamente all'azione.
Lavoratori! Proletari! Il destino del mondo è nelle vostre mani! Alla battaglia! Allo sciopero generale!

Come è possibile che i dirigenti spartachisti credano che sarà accolto l'invito alla calma contenuto nell'appello alla lotta? Gli operai sono affamati, il numero dei disoccupati ammonta a diverse centinaia di migliaia. Tutti hanno la sensazione di essere stati ingannati dal governo. Da settimane la loro collera è attizzata dall'azione sistematica degli spartachisti e degli "indipendenti". Essi hanno delle buone armi, e si vorrebbe che restassero con le braccia incrociate? D'altronde, se non si muovono loro, altri si muoveranno. Lo scioglimento della *Volksmarinedivision* è imminente; sarà poi la volta del Battaglione delle "guardie civiche" accasermato alla Direzione di Polizia.

La decisione Noske l'ha presa il 1° marzo. Marinai e guardie rosse attendono solo un'occasione per fare i conti con quelli di Weimar. Ed essa si è ormai presentata.

Informato nella notte del 1° marzo 1919 che a Berlino si sta sviluppando una agitazione sospetta, Noske è ritornato in fretta nella capitale per conferire con i capi militari. Il generale von Lüttwitz assicura di poter reprimere una rivolta armata. Il 2 marzo, al mattino i *Freikorps* accasermati nei dintorni di Berlino sono messi in stato d'allarme e ricevono l'ordine di tenersi pronti a marciare sulla capitale.

Per far fronte allo sciopero generale, il governo affida a Noske i pieni poteri per la regione di Berlino. Il ministro della Guerra proclama lo stato d'assedio. Gli assembramenti saranno sciolti con la forza, la pubblicazione dei giornali estremisti viene sospesa, gli individui colpevoli di atti di violenza o di saccheggio saranno tradotti dinanzi alla Corte marziale.

Nella notte fra il 3 e il 4 marzo diversi depositi vengono saccheggiati e gruppi di manifestanti armati si impadroniscono di 32 commissariati di polizia. 1 dirigenti comunisti, preoccupati da queste violenze che possono compromettere la riuscita del loro piano, corrono per la città per tentare di riportare la calma. Come in gennaio, essi hanno giuocato con il fuoco. E, come in gennaio, si bruceranno.

Tuttavia nell'insieme l'operazione politica, nella quale lo sciopero generale ha il ruolo di detonatore, sembra ben avviata. Il ministro degli Affari Esteri Rantzau, favorevole all'eliminazione dell'équipe Scheidemann-Erzberger-Noske e alla costituzione di un governo dominato dagli "indipendenti" dell'estrema sinistra Haase e Hilferding, sostiene che "sarebbe necessario fondare la ricostruzione economica della Germania sul sistema dei Consigli operai". Spetta a lui il ruolo fondamentale nel compimento di questa rivoluzione di palazzo. Il ministro degli Affari Esteri dovrà provocare il rimpasto ministeriale dall'interno, "quasi un colpo di Stato", precisa il conte Kessler, che così prosegue[82]:

Rantzau era pienamente cosciente dell'immensa portata di questa decisione dalla quale poteva risultare un capovolgimento completo della politica interna e di quella estera. Ma nello stesso tempo egli sembrava esitare, si chiedevi se fosse preferibile per lui associarsi subito agli "indipendenti" o aspettare quattro o sei settimane che venisse formata una coalizione con gli spartachisti e raggiunto un accordo con i russi. Spiegò ciò che sarebbe stato di lui se avesse fatto "il colpo" con gli "indipendenti" e che dopo, prevalendo gli spartachisti...

---

[82] Harry Kessler, op. cit., p. 80-82

Ci pensa Noske a toglierlo da queste incertezze. Nell'alba ovattata del 4 marzo 1919, i *Freikorps* circondano silenziosamente il sobborgo di Spandau e si impadroniscono di un deposito di mitragliatrici e di munizioni sorvegliato da miliziani rossi. Quelli che accennano una minima resistenza vengono immediatamente abbattuti.

Rinforzi convergono nel frattempo sulla capitale. Ai *Freikorps* arruolati in gennaio si uniscono la Brigata Ehrhardt, il Corpo del Reggimento Augusta, gli Esploratori di Röder, il *Freikorps* von Hülsen e le "brigate di ferro" formate in parte da studenti volontari. Queste unità sono appoggiate da diverse batterie di artiglieria, di mortai, di lanciafiamme e di aerei.

Nel, pomeriggio del 4 marzo 1919 una folla enorme si accalca sulla Alexanderplatz, davanti al *Polizeipräsidium*. Un distaccamento del *Freikorps Reinhardt*, che intende attraversare la piazza, viene circondato. L'ufficiale che comanda l'unità è scaraventato a terra e colpito ripetutamente. Gli strappano la *Feldbluse* dell'uniforme. Mezzo nudo e sanguinante, riesce a rifugiarsi dentro il posto di Polizia dove i suoi uomini lo raggiungono. Riunitisi, si lanciano con rabbia sulla folla ed aprono il fuoco. Alcuni manifestanti cadono, ma l'enorme massa li sommerge di nuovo. D'improvviso, il portone del *Polizeipräsidium* si apre con fracasso. Annunciata dal ruggito dei motori, una sezione di carri armati esce dall'ombra e piomba sulla folla. Sparando con tutte le armi a disposizione, le enormi masse corazzate fanno un orrendo macello, stritolando con i cingoli chi non si è posto al riparo. In breve la piazza viene liberata. Gli ammutinati raccolgono i morti ed i feriti. Quando cala la notte, sembra che la calma sia ritornata nel quartiere.

Il giorno dopo, 5 marzo, gruppi di manifestanti ai quali si sono uniti alcuni marinai della *Volksmarinedivision*, si ammassano di nuovo sull'Alexanderplatz. Lo scontro con gli uomini del Capitano Marks che occupano il *Polizeipräsidium* comincia con insulti e prosegue a colpi di fucile. Per tutta la giornata e la notte seguente si spara da una parte e dall'altra. Quando spunta l'alba del 6 marzo, una folla enorme è ancora ammassata dinanzi alla Direzione di Polizia. I marinai rossi distribuiscono armi. L'assalto non tarderà molto. Gli ammutinati alzano barricate nelle vie adiacenti. Dopo alcuni tentativi infruttuosi per inviare al Capitano Marks dei rinforzi, il Colonnello Reinhard decide di impiegare i grandi mezzi. Gli ammutinati vogliono la guerra? L'avranno.

Alle 15, appoggiati da una batteria di artiglieria, da mortai e da lanciafiamme, i *Freikorps* attaccano simultaneamente il quartiere da tutti i lati. I marinai, rifugiatisi al riparo degli ingressi in calcestruzzo della metropolitana, vengono sloggiati a colpi di cannone.

Gli obici, esplodendo, fanno volare pezzi d'asfalto che rimbalzano sulle facciate. Fra le sorde detonazioni si sentono grida di dolore. Ben presto il cerchio che si stringe attorno alla Direzione di Polizia è spezzato.
A questo punto i *Freikorps* vengono presi alle spalle da un tiro nutrito che parte dal *Marstall,* dove si sono trincerati i marinai. Il Colonnello Reinhardt volta i suoi cannoni verso l'edificio. Il suolo freme come sotto l'effetto di un terremoto. Gli obici staccano pietre enormi. Il corpo a brandelli di un ammutinato pende nel vano annerito di una finestra. Alle 15.30 appare una bandiera bianca. Il *Marstall,* cittadella della *Volksmarinedivision* dalle giornate del novembre 1918, cade nelle mani dei *Freikorps.*
Ma resta il bastione più duro, quello centrale, il *Volksmarinehaus,* vera fortezza difesa da nidi di mitragliatrici dietro sacchi di sabbia e cavalli di frisia. Il Colonnello Reinhard fa passare una prima volta l'aviazione, poi attacca con i mortai. I marittimi devono rifluire all'interno dell'edificio. I *Freikorps* assaltano alla baionetta. Le mitragliatrici rosse sono impotenti a rompere la tempesta d'acciaio. I marittimi che non si arrendono subito vengono inesorabilmente inchiodati dalle lunghe lame rosse di sangue. Ben presto si sentono solo i richiami gioiosi dei giovani conquistatori. La *Volksmarinehaus* è caduta.
Intorno alla Alexanderplatz gli scontri continueranno per tutta la notte e il giorno dopo, 7 marzo. Nelle strade, agli incroci, le vetture e i camion sono rovesciati. Riparati dietro le barricate di fortuna, imboscati sui tetti, gli spartachisti oppongono una resistenza accanita e ripiegano lentamente verso Est, attraverso la Frankfurterstrasse, in direzione del Lichtenberg.
Dinanzi alla violenza di questa guerra civile che annienta i sottili intrighi destinati a rovesciare il governo, la mattina dell'8 marzo il Comitato di sciopero ordina di riprendere il lavoro. I "Consigli" operai sperano così di rilanciare la manovra contro il governo. In effetti, una stanchezza che non fa presentire nulla di buono sembra impadronirsi dell'opinione pubblica fino a quel momento favorevole ai *Freikorps*. I combattimenti dei giorni precedenti avrebbero fatto quasi 600 morti. Si disegna un movimento per costringere il governo alla pacificazione e, perché no? alle dimissioni. Attaccato dai deputati, Ebert telefona allo Stato Maggiore per raccomandare maggiore misura. Gli si risponde seccamente che la moderazione non è una virtù da opporre alle mitragliatrici spartachiste.
Un incidente, ingigantito dal vento di follia che soffia su Berlino, capovolgerà ancora una volta l'opinione pubblica. A vantaggio dei *Freikorps*, questa volta.

Nella giornata del 9 marzo al *"Berliner Zeitung"* pervengono notizie secondo le quali i rossi hanno assaltato la Direzione di Polizia del Lichtenberg, feudo spartachista, ed hanno massacrato gli occupanti disarmati, circa 70. La notizia viene ripresa e commentata con indignazione da tutta la stampa che aveva ripreso le pubblicazioni. Quelli che il giorno prima criticavano la brutalità dei *Freikorps*, oggi sono pronti ad assolverli dalle peggiori rappresaglie. In realtà, i poliziotti massacrati non sono 70, ma solo cinque. Lo si saprà però solo più tardi.
Alcuni storici hanno accusato Noske di aver scientemente gonfiato l'*affaire* del massacro di Lichtenberg per rivolgere l'opinione pubblica a suo favore. Nulla lo dimostra e non era nel carattere del personaggio usare procedimenti tortuosi. Noske non cercava pretesti per giustificare le sue azioni. Lo storico americano Robert G. L. Waite, che non è affatto condiscendente nei confronti di Noske e dei *Freikorps*, non ha esitato ad assolvere il ministro da queste accuse[83].

Il 10 marzo Noske, che vuole farla finita, fa affiggere sui muri la proclamazione della legge marziale:

La crudeltà e la bestialità degli spartachisti mi obbligano a ordinare quanto segue: chiunque verrà sorpreso a combattere contro le forze armate dello Stato sarà fucilato sul posto.

In un ordine del giorno, la *Garde Kavallerie Schützen Division* estende l'interpretazione di questo proclama:

Ogni individuo nel domicilio del quale saranno trovate armi dovrà essere fucilato sul posto.

Questa decisione, che poi sarà aspramente criticata, si basa tuttavia su una necessità pratica. È la seconda volta in due mesi che i *Freikorps* sono chiamati, per estrema necessità, a soffocare una sommossa armata. Essi non affrontano una truppa in lotta che riconosce le leggi della guerra ed il codice dell'onore militare, ma folle fanatiche e ubriache di odio. Quando le cose volgono al peggio, i miliziani rossi invece di arrendersi spariscono nel dedalo delle vie e dei sobborghi, nascondono le armi e si trasformano in civili inoffensivi. Possono così ricostituire le loro forze, attendere il ritiro delle truppe e dar vita qualche mese dopo ad una nuova insurrezione, meglio preparati, ed è dunque più difficile piegarli. Stanchi di questo gioco sanguinoso, di cui pagano duramente le conseguenze, i *Freikorps* considerano l'occultamento di

---

[83] Robert G. L. Waite, op. cit., p. 73-74.

armi da guerra come la prova di una attività insurrezionale. Possono dunque facilmente ribattere ai loro censori:

Chi fa scoppiare una guerra civile, sempre sanguinosa, sempre odiosa, deve accettare che non solo gli altri ma anche se stesso ne paghi il prezzo. Gli istigatori di rivolte fanno male a lamentarsi dei rigori repressivi.

I *Freikorps* di von Roder e di von Hülsen, la brigata Ehrhardt e il Reggimento Reinhard impiegano tre giorni per domare il Lichtenberg. I cannoni rispondono ai cannoni, i mortai rispondono ai mortai. Ci sono più di 200 morti.
Nel frattempo, un dramma sanguinoso si svolge in un altro quartiere di Berlino.
Nel quadro della legge marziale, Noske aveva deciso lo scioglimento della *Volksmarinedivision*. Nella notte del 19 marzo, i marinai ricevono l'ordine di recarsi la mattina del giorno 20 presso gli uffici della unità, al 32 Französischestrasse, per ritirare la paga ed il certificato di smobilitazione. Qualche centinaio di questi obbediscono e cadono nella trappola tesa dai loro vecchi avversari del *Freikorps* Reinhard. Il "cassiere" è il Sottotenente Marloh, un duro. Ma i risultati superano le speranze. I marittimi si ammassano ben presto nell'edificio, l'aria diventa pesante. Con il suo debole distaccamento, Marloh teme di essere schiacciato. Per due volte telefona al Colonnello Reinhard per chiedere rinforzi. Dapprima gli viene risposto che non c'è nemmeno un uomo disponibile. La seconda volta, è Reinhard stesso che risponde al telefono:

Marloh, le pallottole sono il rinforzo più efficace. Avanti! Sparate![84]

Marloh non chiede di meglio. È un vero lanzichenecco. Fa sfilare dinanzi a sé 240 marinai. Secondo l'antica legge della decimazione, ne sceglie a caso 24 e li raggruppa in un angolo del cortile. Di fronte tre mitragliatrici in posizione, canne puntate, nastri inseriti. Marloh fa un segnale all'aiutante capo Penther che comanda i serventi alle armi. Il fragore secco delle mitragliatrici che sparano senza interruzione copre le urla dei condannati che, in un'orribile mischia, cercano protezione dietro i corpi dei compagni. Sulla massa informe le raffiche incidono solchi scarlatti. Quando le mitragliatrici tacciono, un silenzio oppressivo invade il cortile, rotto solo dai conati di vomito di uno dei serventi.

---

[84] Conversazione riportata dal Colonnello Reinhard nelle sue memorie *Die Wehen der Republik,* Berlino 1933, p. 105.

In quel carnaio non si distingue più che un immondo liquame rosso. Il sangue è schizzato sui muri dove sono appiccicati brandelli di carne.
Nel corso del processo al quale sarà sottoposto, il Sottotenente Marloh dirà che la sua intenzione era di abbattere 150 marinai e che solo l'intervento di un altro ufficiale lo aveva trattenuto. Noske rileverà che la carneficina "può spiegarsi solo con la atmosfera satura di sangue" che regnava in quel momento a Berlino. Il tribunale terrà conto di queste condizioni eccezionali ed assolverà Marloh. Il Colonnello Reinhard lo vorrà al suo fianco come giudice della sezione giudiziaria del suo *Freikorps* e poi nel partito nazionalsocialista e nelle *SS*.
Il 12 marzo i *Freikorps* penetrano a viva forza nell'ultimo bastione spartachista al Lichtenberg, ove ha sede il "Consiglio centrale" operaio di Berlino. Nel pomeriggio le ultime barricate vengono abbandonate dai difensori insieme alle armi. La milizia rossa e la *Volksmarinedivision* sono state annientate. Il capo di quest'ultima, Dorrenbach, riesce a fuggire a Brunswick. Sarà arrestato il 12 maggio a Eisenach. Cinque giorni dopo sarà abbattuto dai suoi guardiani, dopo una visita del procuratore della Repubblica. L'arma ancora fumante, il Sergente Maggiore Tamschik dichiarerà, secondo l'uso, che il capo dei marinai rossi aveva tentato di fuggire.
Il 13 marzo 1919 la seconda rivoluzione spartachista è definitivamente schiacciata. Quando nel pomeriggio Noske sale sulla tribuna dell'Assemblea a Weimar, è accolto da uno scroscio di applausi. Per la seconda volta, i *Freikorps* hanno salvato la Repubblica alla quale sono estranei e che non se ne dimostrerà grata.
Il bilancio dei combattimenti è di oltre 1.200 morti da parte degli ammutinati, tra i quali il capo spartachista Léo Jogisches, e di più di 10.000 feriti. Si è evidentemente tentati di condannare il rigore di questa repressione. Ma c'è da tener conto che non furono i *Freikorps* gli istigatori dei sanguinosi disordini; essi furono chiamati per reprimerli. La maggior parte di questi uomini proviene dalla guerra, dalla guerra vera. La vicinanza della morte, lo spettacolo del sangue non sono per essi novità sconvolgenti. Ma questo non significa che siano dei bruti senza scrupolo. Carl Schmitt ha chiaramente dimostrato che le regole morali alle quali li ha piegati l'ordine militare impongono loro, in un certo senso, un comportamento tanto più inesorabile. Scrive il filosofo:

Più si rispetta il nemico nell'avversario regolare che indossa l'uniforme evitando anche durante il più sanguinoso combattimento di trattarlo da criminale, e più implacabile sarà il trattamento per il combattente irregolare considerato come un criminale. Questo è dettato naturalmente dalla logica del diritto di guerra europeo classico che fa la distinzione fra militari e civili, combattenti e non-combattenti, e che trova la forza d'animo rara di non dichiarare criminale il nemico solo perché nemico[85].

---

[85] Carl Schmitt, *Théorie du Partisan,* Ed. Calmann-Lévy, p. 246-247 (tr. it. *Teoria del Partigiano. Integrazione al concetto del Politico*).

La conquista di Monaco

La notte è stata fredda. Sui pendii sopra Starnberg la brina grava sulla fine nervatura delle foglie. Gli uomini dormono tutti vestiti, la testa sullo zaino. Il sonno ha pietrificato questi adolescenti ubriachi di stanchezza. I combattimenti sono cessati molto tempo dopo che la notte ha invaso le strade venendo dalla valle. Anche i rossi dormono, ma nemmeno il sole più luminoso potrebbe risvegliarli. Ventun corpi falciati dalle fucilate sono ammassati come per un quadro di caccia dopo le battute dell'autunno. Fuori, le sentinelle tremano di freddo, le palpebre appesantite dal sonno.

Friederich Ruckert geme e si rivolta. Nel sonno, sente la tromba del collegio che annuncia la sveglia.

"Ruckert! Svegliati, in nome di Dio!"

Il sogno si interrompe di colpo. Ma il suono continua. Friederich non è più al collegio. È Volontario addetto alle trasmissioni nel gruppo di artiglieria del *Freikorps Haas*, ed è la suoneria del telefono da campo che squilla bruscamente.

Quando, nel gennaio 1919, il Maggiore generale Otto Haas[86] ha lanciato un appello ai Volontari, Ruckert è fuggito dal collegio per raggiungere l'*Alte Lager*, il campo d'addestramento di Münsingen nel Württemberg, dove viene organizzato il *Freikorps*. Ben presto questo corpo conterà due Reggimenti di fanteria, un gruppo di artiglieria, una Compagnia di pionieri e una Compagnia di mortai. A parte alcuni studenti, i Volontari sono tutti combattenti del fronte, coriacei ed agguerriti. Nella batteria *Portépée,* i serventi hanno tutti le spalline da ufficiale; i semplici cannonieri sono sottotenenti ed i capi-pezzo capitani.

Il *Freikorps* viene immediatamente sottoposto ad un'intensa preparazione. Le esercitazioni a fuoco seguono le manovre e gli addestramenti alla guerriglia urbana. Ciascuno sente che viene preparato per grosse imprese.

Il 7 aprile 1919, il *Freikorps Haas* è in stato d'allarme. L'ordine di marcia giunge il 15 aprile. La vigilia di Pasqua il *Freikorps* toglie Augsburg agli spartachisti, poi penetra in Baviera e libera Starnberg, Landsberg e Scongau.

Nell'alba fremente di questo 28 aprile, il telefonista Friederich Ruckert scrive con le dita intirizzite l'ordine trasmesso dallo Stato Maggiore del *Freikorps*: la marcia per la conquista di Monaco è iniziata.

Bismarck stesso non era riuscito a piegare il nazionalismo della Bavie-

---

[86] Da non confondere con il socialista "indipendente" Hugo Haase.

ra che nel XVII secolo era il primo Stato di Germania. Una sorda ostilità lo opponeva ai prussiani che a Monaco erano considerati dei *parvenus*. La bandiera blu e bianca dei Wittelsbach sventolava già su Monaco, quando la Prussia era ancora una landa paludosa invasa da barbari incolti. La potenza federiciana non aveva potuto dare a Berlino la calda raffinatezza di cui Monaco era orgogliosa da oltre settecentocinquanta anni.

Nel 1871, Luigi II si era inchinato controvoglia alla Prussia. Aveva dovuto cedere ad un ricatto abbastanza sordido con cui Bismarck lo aveva costretto a presentare la corona imperiale a Guglielmo I. Tuttavia il Cancelliere di Ferro aveva concesso privilegi eccezionali alla casa dei Wittelsbach, la cui autonomia era parzialmente preservata. La Baviera conservava una rappresentanza diplomatica propria; le sue poste, il telegrafo e la ferrovia non erano sotto il controllo di Berlino. Come la Sassonia e il Württemberg, disponeva di un suo esercito, ma al contrario di questi conservava il suo Stato Maggiore, ed i suoi generali erano nominati dal re. Questo esercito passava sotto il comando dell'imperatore solo in caso di guerra, e le truppe prussiane non potevano penetrare nel territorio dei Wittelsbach.

Nell'agosto 1914 la Baviera salutò la guerra con entusiasmo, al ricordo dei facili successi del 1870. Il principe ereditario, Ruprecht, Comandante dei due corpi bavaresi, fu più fortunato nella battaglia e più popolare degli Hohenzollern. Tuttavia a partire dal 1916 i bavaresi cominciarono a pensare che quella guerra interminabile non era la loro, ma dei prussiani. A Monaco i berlinesi venivano accusati di arricchirsi grazie alla guerra. Si diceva che i Reggimenti bavaresi erano inviati nei settori più esposti del fronte. Esprimendo il sentimento popolare, un deputato gridò al Reichstag: "Meglio morire bavarese che marcire prussiano". La propaganda Alleata ebbe buon gioco ad attizzare questi dissensi con grande indignazione di un Caporale del 16° Reggimento di Fanteria bavarese: Adolf Hitler.

Egli scriverà:

In tutto il settore del fronte nel quale combattevano i bavaresi gli attacchi alla Prussia erano continui, si affermava che la Prussia era la vera colpevole e responsabile della guerra e che contro la Baviera in particolare non si aveva la minima amicizia, ma che in verità, non le si poteva dare alcun aiuto finché sarebbe rimasta al servizio del militarismo prussiano, per togliergli le castagne dal fuoco...[87]

---

[87] Adolf Hitler, *Mein Kampf*, Ed. Sorlot, 1934.

Nel novembre 1918 la Baviera era diventata chiaramente antiprussiana. Il mediocre Luigi III aveva perduto ogni credito. Invece, i socialisti "indipendenti" di estrema sinistra, con la loro campagna pacifista e la loro marcata ostilità al partito socialista maggioritario di Berlino, avevano acquistato una popolarità imprevista.

L'annuncio delle trattative di pace, l'ammutinamento di Kiel, le campagne per l'abdicazione dell'Imperatore fecero crollare le dighe.

Giovedì 7 novembre 1918, all'appello di un agitatore contadino, il monocolo Gandorfer, quasi 150.000 persone si riuniscono a Monaco sul vasto prato di Theresien Wiese dove, ogni mese di ottobre, si svolge la tradizionale festa della birra. L'enorme statua della Baviera che domina il prato guarda con occhio assente questo insolito spettacolo, mentre la folla riprende in coro il vecchio grido: *Los von Berlin!* (Separiamoci da Berlino!).

Con un sole fuori stagione la giornata è eccezionalmente calda. Senza le grida feroci e le bandiere rosse spiegate al vento, potrebbe sembrare una kermesse. Agli operai si mescolano donne e bambini ed anche alcuni soldati benché la truppa sia consegnata in caserma. Una ventina di oratori socialisti prendono simultaneamente la parola, issati su tribune improvvisate, come i predicatori della domenica a Hyde Park.

Erhard Auer, capo fila dei socialisti moderati, da uomo previdente ha noleggiato una fanfara per trascinare la folla dietro la propria bandiera. Ma la maggioranza dei presenti ascolta un altro oratore, Kurt Eisner. Quest'ometto con i capelli in disordine e gli occhiali di traverso eclissa con la sua violenza la piattezza degli altri discorsi. Con voce acuta lancia una parola d'ordine che viene immediatamente ripresa:

Occupazione delle caserme, armi al popolo, dimissioni del governo![88]

Una formidabile ovazione gli risponde. Poi la folla si spande per Monaco. Un gruppo raggiunge la scuola Guldein trasformata in deposito di armi. Le porte vengono sfondate. Gli ufficiali costretti a fuggire. Il corpo di guardia si unisce agli ammutinati che si impadroniscono delle armi e proseguono per la loro strada. Poco lontano, la caserma Maximilien, poi la Turkekaserme vengono invase a loro volta.

Quando cala la notte, la maggior parte dei soldati della guarnigione sono dispersi o si sono uniti ai rivoltosi. Si trovano tutti alla birreria Mathöser per costituire un primo Consiglio di operai e di soldati, di cui Kurt Eisner, dopo un'arringa incendiaria, è eletto presidente.

---

[88] Cfr. Paul Gentizon, *La Revolution allemande*, Parigi 1919.

Quest'uomo piccolo e macilento viene ascoltato e seguito come un profeta. Lui, almeno, sa che cosa bisogna fare. Le sue parole d'ordine trasformano la massa fluttuante e indecisa in una miccia pronta ad accendersi. La stazione ferroviaria, la posta centrale, gli edifici pubblici ed i giornali vengono occupati. Nelle vie, i soldati devono sostituire la coccarda nazionale della loro divisa con quella rossa. Le insegne del grado vengono strappate.
Nella notte, Eisner, installato nel *Landtag* deserto, forma un governo con tre socialisti maggioritari molto reticenti, tre "indipendenti" e un rappresentante dei partiti borghesi incaricato delle strade e delle comunicazioni. Eisner si riserva la presidenza e gli affari esteri.
Prima dell'alba, il re Luigi III è fuggito con i suoi verso il Tirolo su due automobili.
Nella mattina dell'8 novembre 1918, gli abitanti di Monaco spaventati leggono dei manifesti, freschi di inchiostro e di colla, che dicono:

Cittadini, dopo questa lunga guerra di sterminio e per costruire un nuovo Stato, il popolo ha rovesciato il potere civile e militare e si è impadronito del governo. La suprema autorità appartiene ormai al Consiglio degli operai, soldati e contadini eletto dal popolo. Eserciterà provvisoriamente le sue funzioni finché la rappresentanza definitiva non sarà stabilita. Questo Consiglio ha tutti i poteri, legislativi ed esecutivi. Tutta la guarnigione si è messa a disposizione del governo repubblicano. Il Comando della Piazza e la Direzione di Polizia si trovano ai nostri ordini. La dinastia dei Wittelsbach è deposta. Viva la Repubblica!
Per il Consiglio degli operai e dei soldati: Kurt Eisner.

La Baviera conservatrice e cattolica si era addormentata con un re la cui famiglia regnava dal 1180. Si risvegliava sotto la dittatura di un piccolo agitatore ebreo nato a Berlino cinquantun anni prima.
Il nonno di Kurt Eisner esercitava in Moravia il mestiere di intendente. Il padre, stabilitosi a Berlino, si era messo a commerciare in effetti militari. Il figlio del sarto era un intellettuale. Si dice che avesse la mente di un filosofo con una propensione netta per Kant, Hegel e Fichte. La sua anima romantica si esaltava per la musica di Beethoven. Avendo scritto nel 1897 una violenta satira contro il Kaiser, era stato condannato e aveva attirato l'attenzione del padre di Karl Liebknecht che lo aveva fatto iscrivere al partito socialdemocratico e assumere come giornalista al "*Vorwärts*". Ma ben presto ne era stato espulso per il suo estremismo. Abbandonata Berlino e, con l'occasione, la moglie ed i cinque figli, aveva raggiunto dapprima Norimberga poi Monaco, sempre accogliente per i boemi. Trovò un impiego alla "*Münchener Post*".

Quest'uomo mingherlino e cagionevole di salute, dalla carnagione cerea, gli occhi ammiccanti dietro gli occhiali dalle lenti spesse, i lunghi capelli incolti e la barba irsuta, passa inosservato fra la clientela cosmopolita degli artisti e dei sognatori oziosi che contestano sulle terrazze dei caffè di Schwabing. Tuttavia, quando nella discussione si anima, appare un altro uomo, trascinato dal sogno appassionato di un mondo in cui gli uomini e le cose sono come ordinano i fantasmi surreali della sua immaginazione. La guerra gli darà l'occasione di distinguersi. Nelle discussioni e negli articoli che scrive, sostiene che i socialisti devono opporsi al proseguimento del conflitto. Denuncia quella che egli chiama la barbarie dello Stato Maggiore. I giornali gli chiudono ben presto le porte in faccia. Ridotto alla miseria, ma più febbrile che mai, tenta di riunire un congresso pacifista nel 1916 e raggiunge Karl Liebknecht quando questi rompe con la maggioranza del partito socialista. Organizza a Monaco gli scioperi del gennaio 1918, proclamati dagli "indipendenti" di estrema sinistra e dagli spartachisti. Le autorità bavaresi, stanche di questa agitazione incessante, lo spediscono alla prigione di Stadelheim dove, per un curioso capriccio del destino, saranno in seguito detenuti il suo assassino, il conte Arco-Valley, poi Adolf Hitler ed infine Ernst Röhm. Esce di prigione circondato da un'aureola di gloria nell'ottobre 1918, grazie all'amnistia decretata su tutto il territorio del Reich dal cancelliere Max di Baden.
Sotto la sua fantastica autorità, la Baviera conoscerà settimane di stravagante follia. Convinto che il governo debba agire alla luce del sole, egli dirige gli affari dello Stato come un teatro aperto al pubblico. Chiunque può entrare nei suoi uffici di fortuna installati nei lussuosi saloni dei Wittelsbach. Il gracile profeta, con un sudicio zucchetto sulla testa, scarabocchia sull'angolo di un tavolo ingombro di documenti ufficiali, di bottiglie e di sigarette. Intorno a lui circolano e parlano giovani e ragazze nella disordinata atmosfera di un club studentesco.

Atti diplomatici, pergamene, proclami rivoluzionari, anche telegrammi ingombrano tavoli e poltrone, in una confusione da retrobottega, ed è a fatica che tenta di nascondere agli occhi indiscreti dei giornalisti che lo assediano i documenti più compromettenti

scrive Paul Gentizon, inviato speciale del *Temps*[89]. Più precisamente,

nel desiderio di rompere definitivamente con il passato, Eisner offre egli stes-

---

[89] Paul Gentizon, op. cit., p. 57.

so alla loro curiosità i documenti che riguardano la sua politica. Volete il telegramma inviato oggi al governo di Berlino? Eccolo. Volete l'ordine del giorno del prossimo Consiglio dei ministri? Eccolo.

Come contropartita, il giornalista annota elegantemente:

La sua personalità è un tal fuoco di vita che incute rispetto; la sua forza è nelle convinzioni profonde, nella sincerità, nella assoluta franchezza... Fa pensare ai un mago orientale, o meglio, a quegli artisti vecchio stile dei cabarets letterari.

Kurt Eisner sogna una grande impresa diplomatica che provi la responsabilità dei dirigenti di Berlino nello scoppio e nella conduzione della guerra, e contemporaneamente assolva il popolo tedesco ed in particolare il popolo bavarese da ogni responsabilità agli occhi degli Alleati. Il 24 novembre 1918 pubblica alcuni documenti di archivio che accusano la Prussia. L'indomani si incontra con Ebert a Berlino. Il Cancelliere gli rimprovera violentemente queste iniziative ed annuncia un rafforzamento della unità del Reich. Per tutta risposta, appena ritornato a Monaco Eisner rompe le relazioni diplomatiche con Berlino. Ma il teatro comincia ad annoiare i bavaresi e gli altri rivoluzionari. I Consigli dei soldati, sotto la pressione degli spartachisti, rimproverano a Eisner di non essere un vero bolscevico. Quanto alla popolazione, accetta sempre meno la penuria di viveri e la galoppante disoccupazione. Così, lui che affermava che avrebbe ottenuto il 95% dei voti alle elezioni del venerdì 12 gennaio 1919, ne otterrà solo il 2%. Aggrappandosi disperatamente al potere accettando compromessi con le diverse fazioni estremiste, all'inizio di febbraio, al congresso socialista di Berna dedicato alla sorte dei prigionieri tedeschi, tenta di nuovo di provare la sua buona volontà fustigando la crudeltà dello Stato Maggiore tedesco durante la guerra. Rifiuta di implorare la clemenza degli Alleati a favore dei prigionieri tedeschi. La Germania è colpevole, dice. È dunque logico che i tedeschi paghino duramente per meritare il perdono.
Al suo ritorno a Monaco, il 13 febbraio, gli ex combattenti organizzano una manifestazione ostile e giurano di fargli la pelle. I suoi amici sono convinti che sarà assassinato. Non accade nulla per il momento, ma ognuno sente che ormai Eisner ne avrà per poco.
Il 21 febbraio molti suoi collaboratori l'hanno abbandonato. Isolato, spezzato, abbattuto, decide di dare le dimissioni da capo del governo provvisorio. Verso le 10, quel mattino, esce dal palazzo per recarsi al *Landtag* per comunicare le sue decisioni. I suoi amici vogliono scortarlo.

Egli risponde:

A che pro? Non si può evitare in eterno un cattivo colpo e, comunque, si muore una volta sola.

Nel momento in cui attraversa la carreggiata, un giovane monarchico, il conte Arco-Valley, si scaglia contro di lui e gli spara a bruciapelo due colpi di pistola.
Eisner crolla, fulminato. Il suo assassino è raggiunto a sua volta da diversi colpi sparati dai soldati. Gravemente ferito, viene trascinato verso l'ingresso del palazzo, dove i poliziotti lo strappano ai marinai comunisti che vogliono linciarlo.
Diffusasi la notizia, vengono subito indette manifestazioni. Gli spartachisti gridano al complotto controrivoluzionario. Non è ancora trascorsa un'ora che un giovane comunista, il garzone di macelleria Alois Linter, penetra nel *Landtag* dove il socialista Auer, vecchio avversario di Eisner, pronuncia l'elogio funebre dello scomparso. Senza farsi notare il giovane si piazza in prossimità della tribuna e trae una pistola dalla tasca. Si appoggia ad una balaustra e, con tutta comodità, mira all'oratore. Una detonazione, ed Auer crolla ferito a morte. Senza affrettarsi Linter spara ancora due volte. Il deputato Osel è ucciso e il consigliere Gareis ferito. Nella sala gelata dall'orrore l'assassino si dirige verso l'uscita. Un ufficiale, il Maggiore von Jahreis, tenta di arrestarlo. La pistola tuona ancora e l'ufficiale cade morto. Sempre calmo e senza pronunciare una parola, con il suo passo di sonnambulo, Linder sparisce nella folla.
Monaco è invasa da cortei urlanti, da automobili piene di uomini armati gesticolanti.
Un'ora prima, Eisner era un uomo abbandonato da tutti. La morte lo santifica eroe della Rivoluzione, trasfigurato dal martirio. L'unità delle fazioni socialiste, che da vivo non era riuscito a realizzare, è provvisoriamente cementata dal colpo di pistola del conte Arco-Valley.
Ma sarà di breve durata. Due gruppi si affrontano sulla tomba da poco chiusa: quello dei socialisti moderati, diretto da Hoffmann, già capo del governo, e quello del "Comitato centrale rivoluzionario", appoggiato dai Soviet di operai e di soldati, guidato da Töller, Landauer e Eglhofer.
I primi devono costantemente cedere il terreno dinanzi alle iniziative e alle continue pretese dei secondi. Berlino, in quello stesso momento, sta vivendo la sua terribile settimana di sangue. Ma il 20 marzo 1919 gli estremisti ricevono un impulso inatteso. Bela Kun instaura in Ungheria una dittatura bolscevica. Passando per Vienna, come una scia di fuoco, lo slancio raggiunge Monaco.

Il 3 aprile 1919 i Consigli di operai di Augsburg chiedono l'instaurazione della dittatura del proletariato e la costituzione di un esercito rosso.
Nella notte dal 6 al 7 aprile a Monaco viene proclamata la "Repubblica dei Consigli". Nel suo diario il conte Kessler annota:

Nel pomeriggio, ho dato a Farinolla la mia interpretazione pessimistica della situazione. Anch'egli considera inevitabile la vittoria del bolscevismo nel mondo. Vede in esso la sola via d'accesso ad un mondo nuovo[90].

Hoffmann ed i suoi amici fuggono a Bamberg dove proclamano un governo socialista "legittimo".
A Monaco ormai regna un "Consiglio dei Commissari del popolo" presieduto dal giovane poeta nevrotico Ernst Töller. Sotto Eisner la gestione del potere ufficiale era temperata da anarchica disinvoltura. Con i comunisti da caffè, come vengono chiamati, si raggiunge la demenza pura.
Le campagne rifiutano di consegnare i rifornimenti, e a Monaco si muore di fame. Ma i "Commissari del popolo" pensano a problemi ben più importanti, per esempio alla riforma dell'arte che deve rigenerare l'anima umana attraverso la trasformazione dell'architettura, della pittura e della letteratura.
Landauer, "Commissario" all'istruzione pubblica, intraprende una vasta riforma dell'educazione:

Ciascuno lavorerà a modo suo. Ogni costrizione è abolita, ogni legge considerata nulla[91].

Le Università bavaresi saranno aperte a tutti i cittadini al di sopra dei diciotto anni.
La demenza mascherata da ideologia raggiunge il suo parossismo con il dottor Franz Lipp, "Commissario" agli Affari esteri, a suo tempo sottoposto a cure per confusione mentale. La sua attività principale consiste nello scrivere lettere. Egli assicura a Lenin che Noske è uno scimpanzé, si lamenta con il Papa del "molle Hoffmann che ha rubato la chiave delle mie toilettes". Dichiara guerra al Württemberg e alla Svizzera "perché quei cani non mi hanno consegnato immediatamente sessanta locomotive". Si dice d'altronde certo della vittoria "grazie alla benedizione speciale accordata dal mio amico il papa..."

---

[90] Harry Kessler, op. cit., p. 92
[91] Citato da Benoist-Méchin, op. cit., tomo I, p. 280

Questa interessante carriera ministeriale si concluderà fra le mura di un manicomio.

Per fare onore a questa brillante *équipe,* il "Commissario alle Finanze", Sylvio Gsell riesce in poche ore a rovesciare l'orientamento dei contadini che fino ad allora era stato di benevola neutralità. Nelle campagne ci si preoccupava poco della lontana agitazione degli abitanti di Monaco. L'essenziale non era che la guerra dei maledetti prussiani fosse finita? Il Colonnello Ritter von Epp, ex comandante di un Reggimento reale bavarese, decorato della Croce di Cavaliere dell'Ordine Militare di Max-Joseph, aveva tentato di reclutare dei Volontari per costituire un *Freikorps* bavarese. Lo avevano ascoltato educatamente scuotendo la testa. Avevano anche vuotato qualche boccale di birra con il suo aggiunto, il gioviale Capitano Ernst Röhm. Questo ex ufficiale del famoso Reggimento *König* d'Ingolstadt raccontava orribili storie sui "rossi" di Monaco che volevano cacciare i contadini dalle loro terre. Ma raccontava tante di quelle storie, il Capitano Röhm, che si preferiva aspettare per vedere. Naturalmente, il "Commissario" Gsell vuole far pagare ai contadini il loro comportamento, e per rifornire Monaco decide di requisire i viveri nelle fattorie. Allora, il Capitano Röhm aveva ragione!

La rivolta dilaga per i verdi pascoli e le valli amene. I commandos incaricati della requisizione vengono accolti a colpi di fucile da caccia, e gli emissari del Colonnello von Epp riescono a reclutare i volontari, che arrivano con i loro cappelli di feltro verde ed i pantaloni di cuoio, armati di formidabili carabine *Mauser* e *Mannlicher* per il tiro al camoscio. Costituiscono il *Freikorps Oberland.*

Nella notte fra l'11 e il 12 aprile 1919, alcuni soldati legati al governo moderato di Hoffmann tentano di impadronirsi dei punti strategici di Monaco. Al mattino vengono ricacciati dall'esercito rosso di Eglhofer che ne fucila alcuni per dare l'esempio.

Dopo sei giorni di potere, gli allegri comunisti da caffè hanno ceduto il posto ad una équipe altrettanto formidabile eletta dai Soviet di operai e di soldati. Questa volta si tratta di autentici comunisti: Axelrod, Lévien e Léviné, tutti e tre ebrei, fanatici e spietati.

Towie Axelrod, che aveva partecipato ai primi episodi della rivoluzione russa a fianco di Lenin, a Pietroburgo, era venuto in Germania prima del novembre 1918. Faceva parte dei numerosi agenti che accompagnavano l'ambasciatore sovietico Adolf Joffé. Quando questi fu espulso, Axelrod raggiunse Monaco dove trionfava la prima rivoluzione di Kurt Eisner.

Max Lévien, nato a Mosca da una ricca famiglia di commercianti, aveva soggiornato in Germania per terminare i suoi studi ed era poi ritornato in Russia dove per la sua attività rivoluzionaria era stato deportato in Siberia. Evaso, si era rifugiato a Zurigo dove aveva conosciuto Lenin. Mobilitato all'iniziò della guerra nell'esercito tedesco, vi aveva svolto un'intensa propaganda rivoluzionaria. Nel dicembre 1918 era stato inviato in Baviera da Karl Liebknecht per svolgervi propaganda spartachista.

Eugen Léviné era l'organizzatore del trio. Nato a Pietroburgo 36 anni prima, era anche il più anziano. Aveva proseguito gli studi a Berlino, ed era diventato spartachista durante la guerra. Rosa Luxemburg, colpita dalle sue capacità, lo aveva inviato a Mosca per rappresentare i comunisti tedeschi presso i compagni russi. Non avendo potuto passare la frontiera, era stato mandato in Baviera dal nuovo capo del partito comunista tedesco (K.D.R.), Paul Levi[92], ad organizzarvi il movimento spartachista.

Al "terzetto dei russi", come sono chiamati a Monaco, si unisce un tedesco autentico, Rudolf Eglhofer. Questo ex marinaio aveva fatto le sue prime prove al momento dell'ammutinamento di Kiel. Proprio per la sua brutalità viene chiamato a dirigere gli affari militari della Repubblica dei Consigli.

In pochi giorni, Monaco conosce le conseguenze del cambiamento di uomini e di metodo. Finita la rivoluzione fantasiosa, è arrivato il terrore organizzato[93].

A Monaco in preda alla carestia le bande armate, con la fascia rossa al braccio, perquisiscono ed arrestano. Due infelici, sospettati di nutrire sentimenti "contro-rivoluzionari" vengono trascinati in carcere e colpiti a morte, mentre la loro casa viene saccheggiata. In cambio, si liberano i detenuti comuni. Kölber, già condannato per furto e rapina a mano armata, diventa prefetto di Polizia. Senza perdere tempo, egli fa bruciare i fascicoli della Questura.

Installati nell'antico palazzo reale, circondati da donnine e avventurieri, i "russi" conducono un'esistenza da satrapi. Nei saloni dei Wittelsbach saltano i tappi dello champagne durante le orge che durano fino all'alba.

Preoccupati per la loro sicurezza i "russi" dedicano ogni attenzione alla creazione di una potente Armata rossa. Eglhofer concede paghe e

---

[92] Successore di Leo Jogische alla guida della *Zentrale*

[93] Sulla dittatura bolscevica in Baviera si potranno consultare specialmente: Paul Gentizon, op. cit.; Volkmann, *La révolution allemande*, Plon; Benoist-Méchin, *Histoire de l'Armée allemande*, tomo I; Richard Watt, *Les dents du dragon*, op. cit. Jérome e Jean Tharaud, *Quand Israel n'est plus roi*, Plon, 1933; *Das Buch vom deutschen Freikorpskämpfer, cit.;* Ambroise Got, *La terreur en Bavière*, Parigi 1922.

fornisce gratis viveri, bevande e prostitute. Ben presto dispone di 20.000 uomini equipaggiati grazie ai fondi di magazzino dell'Esercito bavarese. Con la sua guardia personale penetra nei depositi della Reichsbank e, dopo essersi copiosamente servito, distribuisce quel che rimane alle sue comparse.

Le notizie provenienti da Monaco preoccupano vivamente Hoffman ed il suo "governo". Rifugiatisi a Bamberg, tentano di mettere in piedi un esercito.

Poiché non vuole sentirsi obbligato con i prussiani, Hoffmann rifiuta una prima volta l'aiuto dei *Freikorps* offertogli da Noske.

Il 16 aprile 1919 lancia con i mezzi a sua disposizione un'offensiva contro Monaco. Le sue truppe, raccogliticce e cenciose, comandate da un ufficiale bavarese, Schneppenhorst, raggiungono Dachau ed entrano in contatto con l'Armata rossa comandata dall'ex presidente dei "Commissari del popolo", Töller. Questi si dichiara pronto a negoziare, e quando si accorge che gli uomini di Hoffmann hanno allentato la sorveglianza, ordina l'assalto. Fra le truppe di Bamberg si diffonde il panico. L'ingenuo Schneppenhorst fugge su una locomotiva, i suoi uomini vengono dispersi o catturati.

Annientato, Hoffmann si rivolge una seconda volta a Noske il quale può ormai imporre le sue condizioni. Dopo aver ristabilito l'ordine nel nord della Germania, chiede ai *Freikorps* di ristabilire l'unità del Reich, spezzata dalla scissione del novembre 1918. Già nell'aprile 1919 li ha lanciati in tre incursioni folgoranti per schiacciare i tentativi di secessione a Magdeburgo, Dresda e Brunswich. Ora li impegna contro il separatismo rivoluzionario della Baviera.

Noske avrà il comando supremo. Il piano della campagna sarà stabilito dallo Stato Maggiore del generale von Lüttwitz e la direzione delle operazioni sarà affidata al generale von Oven dal quale dipenderanno i generali bavaresi.

Senza esagerare la forza degli estremisti, Noske sa di trovarsi dinanzi alla più dura delle operazioni condotte fino a quel momento dai *Freikorps*. Questa volta, egli si oppone non solo al disordine rivoluzionario ma anche al separatismo di uno Stato e di una città dalle forti tradizioni autonomiste, per il quale le sue truppe avranno il volto odioso della Prussia.

Tutte le forze disponibili, circa 30.000 uomini, vengono fatte affluire sulla Baviera del Sud. Fra il 28 ed il 30 aprile 1919 il cerchio di ferro si chiude intorno a Monaco.

Al nord, agli ordini del Tenente Generale von Friedeburg vengono radunati il *Freikorps* di Görlitz che ha riportato la pace a Dresda, la 2ª Divisione della Guardia del Colonnello Magnis, 11° *Kavallerie Schütz*

Kommando di Dragoni, i *Freikorps* di Hess e di Turingia.
All'est, agli ordini del Generale Siebert, vi sono: il 14° *Kavallerie Schütz Kommando* di Ussari, il *Freikorps* von Lützow, la brigata Ehrhardt, i *Freikorps* Oberland, Schaaf e Denk, composti di contadini dell'Alta Baviera, comandati dal Maggiore Hierl.
Al sud, agli ordini del Colonnello Ritter von Epp, vi è la *Bayerische Schützenbrigade* composta quasi interamente di ufficiali che servono come semplici soldati, ed il cui Capo di Stato Maggiore è il Capitano Ernst Röhm.
All'ovest, sono disposti i *Freikorps* di Württemberg e il distaccamento Bogendörfer agli ordini del Maggiore generale Haas.
Questi preparativi gettano nel panico i comunisti di Monaco. Le truppe che si preparano a scagliarsi contro di loro non sono composte da militari da operetta come quelle di Hoffmann, ma da veri soldati.
L'esercito rosso di Rudolf Eglhofer si dilegua via via che avanzano i *Freikorps*: in pochi giorni, passa da 60.000 a 12.000 uomini. Ma quelli che rimangono sono pronti a battersi fino alla morte.
Ed infatti muoiono nei primi combattimenti fuori Monaco. Il loro coraggio non può nulla contro l'organizzazione e la superiorità tecnica dei *Freikorps* che si avvicinano inesorabilmente alla città.
Impazziti, i "russi" fanno rinchiudere degli ostaggi al *Luitpold Gymnasium*. Alla rinfusa, vengono ammassati monarchici, conservatori, membri della società Thule, sospettati di aver istigato l'assassinio di Kurt Eisner. Questi arresti, tuttavia, incontrano resistenze inattese. I tre miliziani che vanno ad arrestare il Caporale Adolf Hitler alla caserma del 2° Reggimento di Fanteria bavarese, sono ricevuti con moschetto imbracciato. "Quelle canaglie persero il coraggio e ripartirono come erano venute", commenterà Hitler nel *Mein Kampf*. Altri miliziani cercano invano il nunzio apostolico, monsignor Pacelli, il futuro papa Pio XII.
Il 29 aprile, Eglhofer lancia un appello disperato:

Operai! Soldati dell'Armata rossa!
Il nemico è alle porte di Monaco. Ufficiali, studenti, figli della borghesia e guardie bianche mercenarie sono già a Schleissheim. Non c'è più un'ora da perdere. A Starnberg, questi cani di guardie bianche hanno massacrato il nostro personale medico. Proteggete la Rivoluzione! Difendetevi! Avanti, per la causa del proletariato!

Ma gli appelli non servono contro i cannoni ben manovrati.
La linea di difesa stabilita da Eglhofer viene travolta. Le trattative che vengono febbrilmente intavolate con Hoffmann dimostrano che questi è un giocattolo nelle mani di Noske.

Nel pomeriggio del 30 aprile, il governo della "Repubblica dei Consigli" tiene un'ultima seduta. I "russi", che ancora alla vigilia pronunciavano arringhe incendiarie, hanno ormai un solo pensiero: sparire. Axelrod e Lévien riescono a fuggire; passeranno in Austria. Léviné si confonde nella città facendosi passare per uno studente. Solo Eglhofer resta al suo posto.

Quando scende la notte, il 30 aprile, i *Freikorps* sono alle porte di Monaco. Il generale von Oven ordina di preparare l'assalto generale per il domani l'altro, 2 maggio. Ma gli avvenimenti drammatici che si svolgono in Monaco precipiteranno la situazione.

Al *Luitpold Gymnasium,* i miliziani rossi vogliono sopprimere gli ostaggi. Il loro capo, Siedel, decide l'esecuzione di cinque ostaggi per ogni spartachista ucciso dal *Freikorps* di Görlitz nel corso dei combattimenti per Dachau. Il massacro comincia nella notte alla luce dei fari. Gli ostaggi sono spinti a due a due nel cortile. Appena varcano la soglia vengono gettati a terra con un calcio, poi finiti con la pistola. Gli assassini si accaniscono sui volti schiacciandoli a colpi di tallone e sui corpi smembrandoli fra urla selvagge. Venti cadaveri giacciono nel cortile, e fra questi quelli del principe von Thurn-Taxis, della contessa von Westarp e del barone von Seydlitz, tutti membri della società *Thule,* quando l'arrivo di Töller, il vecchio "comandante in capo" dell'Armata rossa, mette fine all'orribile orgia di sangue.

La notizia del massacro si diffonde per Monaco e raggiunge gli avamposti dei *Freikorps*. Nello stesso momento si apprende che un gruppo clandestino di autodifesa, creato nella città dal Sottotenente della riserva Lauterbacher, ispettore al Laboratorio centrale, ha ingaggiato la lotta contro i rossi e si trova in una situazione disperata. Fra i suoi Volontari c'è uno studente in agronomia, Heinrich Himmler.

Informati di questi avvenimenti, il Colonnello von Epp e il Capitano di Corvetta Ehrhardt decidono di comune accordo di attaccare senza attendere il 2 maggio, come prescrive loro l'ordine ricevuto dal generale von Oven. Il Generale Siebert e il *Freikorps Oberland* sono d'accordo. A sua volta, il Generale von Oven è costretto ad approvare l'iniziativa dei suoi subordinati e ad anticipare la data dell'assalto.

All'alba del 1° maggio 1919 l'avanguardia dei *Freikorps* penetra in Monaco. Il quartiere dei ministeri, abbandonato dai rossi, viene occupato senza colpo ferire. Abbandonata la formazione di combattimento, i Volontari sfilano per la Ludwigstrasse e, dinanzi alla *Feldherrnhalle,* marciano al passo dell'oca. Alle finestre, le bandiere blu e bianche sostituiscono quelle rosse. Sulla Marienplatz, al centro della città, viene celebrata una messa all'aperto. Si canta il *Te Deum*.

Colmo dell'ironia, in quello stesso momento, a Mosca, sulla piazza Rossa, Lenin prende la parola e dichiara:

La classe operaia liberata celebra la sua festa liberamente e apertamente non solo nella Russia sovietica, ma anche nell'Ungheria e nella Baviera sovietica.
Intorno alla piazza Stachus le cose cambiano.
I rossi hanno alzato barricate su cui hanno piazzato numerose mitragliatrici. Ci si batte duramente intorno al Palazzo di Giustizia. I difensori devono essere sloggiati a colpi di mortaio. Uno degli ufficiali del *Freikorps* di Regensburg, formato da volontari del 2° Reggimento di Fanteria bavarese, si distingue durante l'assalto. In seguito farà parlare di sé: si chiama Rudolf Hess. In serata la brigata Ehrhardt raggiunge *Schwabing* e il *Freikorps Oberland,* e si accampa n*ell'Hofbräukeller.*
Per tutta la notte si sente sparare. L'indomani, 2 maggio, i *Freikorps* attaccano la birreria Mathöser, quartier generale dei rivoluzionari. Devono chiedere l'intervento di una Compagnia di pionieri per conquistare la posizione con i lanciafiamme.
Eglhofer, che tenta di fuggire a bordo di una automobile, viene strappato dal sedile ed ucciso sul posto.
La 2ª Compagnia del *Freikorps* von Epp, comandata dal Capitano Schmidt, libera gli ostaggi sopravvissuti del *Luitpold Gymnasium*. La Stazione, ultimo focolaio di resistenza, cade a sua volta. La sera del 2 maggio la capitale della Baviera è sotto il controllo dei Volontari del Reich.
Al terrore rosso succede il terrore nero dei *Freikorps*. Gli insorti pagheranno molto caro gli assassinii e le vessazioni compiuti quando avevano in mano il potere. I loro avversari trionfanti sono decisi a sradicare quello che chiamano il "cancro rosso". E mentre i *Freikorps* lamenteranno solo 68 morti e 170 feriti, le perdite dei comunisti supereranno il migliaio[94].
Il Maggiore Schulz, del *Freikorps* Lützow, rivolgendosi ai suoi ufficiali nella giornata del 4 maggio parla chiaro:

Signori, chiunque non comprende che noi dobbiamo adempiere una triste bisogna e si sente frenato da scrupoli di coscienza, sarà meglio che parta. Meglio uccidere qualche innocente in più che lasciarsi sfuggire un solo colpevole.[95]

---

[94] Sono le cifre che fornisce Oertzen, *Die deutschen Freikorps,* cit., p. 346.
[95] Queste parole sono riportate da E. J. Gambel, *Les grands crimes politiques en Allemagne*, Gallimard, 1931, p. 81. L'autore, la cui testimonianza è alquanto sospetta per la sua faziosità, completa così il discorso del Maggiore Schulz: "Signori, sapete come bisogna operare: prendete l'individuo da parte, lo uccidete a colpi di rivoltella e poi

È da molto tempo che le anime sensibili hanno disertato le fila dei Volontari o si sono indurite al contatto della guerra civile. I *Freikorps* in questo quinto mese dell'anno 1919 non sono più solamente i guerrieri amari e duri delle prime settimane. Essi non hanno più solo l'esperienza del fronte e della disfatta, ma anche quella del fanatismo proprio alle lotte politiche. Non c'è sicuramente da essere contenti a sentirsi insultare e calunniare, non solo dalla stampa e dai politicanti estremisti, ma anche dai giornali e dagli uomini politici irritati e preoccupati da questa sopravvivenza della tradizione militare prussiana. I Volontari non sono degli sciocchi. Sanno che costoro, mentre utilizzano la loro forza, la condannano. Hanno il presentimento che un giorno gli stessi individui che oggi si riparano dietro le loro mitragliatrici saranno i loro accusatori.

Ma almeno vivranno per conoscere un tale domani? Noncuranti, arroganti, sono indifferenti ai giudizi della morale borghese e di quella socialista. Per essi conta solo la fedeltà ai camerati e al *Führer* che hanno liberamente seguito. Rinnegati da una società che disprezzano – pur difendendola – hanno come unica patria il *Freikorps* di cui portano l'insegna e di cui dividono il destino.

Non potendo essere amati, provano la fosca soddisfazione di essere temuti. Simili ai *Reiter*[96] della guerra dei Trent'Anni

corrono per il Reich, armati fino ai denti, senza pietà né rimorsi, felici di schiacciare a calci o con la suola chiodata la figura del nemico, di vedere il terrore causato dal loro passaggio.

I rossi non possono attendersi da parte loro nessuna pietà, nessuna debolezza. Troppe volte, durante i combattimenti per la liberazione di Monaco, gli spartachisti e i miliziani rossi hanno alzato la bandiera bianca sopra le barricate aspettando che i Volontari si scoprissero per aprire di nuovo il fuoco. Ormai, ogni individuo preso con le armi in mano viene fucilato sul posto.

L'odio e la perfidia che li circondano hanno distrutto in loro ogni pietà. E nella triste bisogna che segue i combattimenti per stanare i caporioni e sequestrare le armi, non provano più il turbamento che si impadroniva di loro, a Berlino, in gennaio, a contatto della miseria dei quartieri operai.

---

dite che ha tentato di fuggire". L'esagerazione della proposta ne indebolisce la credibilità.
[96] Gli *Schwarze Reiter*, dal colore del pettorale, furono delle compagnie mercenarie tedesche di cavalleggeri assoldati da diversi Eserciti impegnati nelle guerre europee del XVI secolo; in italiano detti Raitri, NdC.

Tanto più sono incalzati, tanto più il dito sul grilletto è rapido. Se giustiziano i capi, la cui responsabilità personale è fuori discussione (come per esempio Eugen Léviné, riconosciuto malgrado il suo travestimento), fucilano anche il guercio Gandorfer e Gustav Landauer, che non si sono macchiate le mani di sangue. Ventun operai cattolici, membri della Società San Giuseppe, riunitisi secondo la loro abitudine alla taverna dell'Augustusstrasse, vengono scambiati per pericolosi spartachisti e abbattuti malgrado le loro veementi proteste d'innocenza.

Questa strage fa esplodere la rivolta della cattolica Baviera. I prussiani, che sono luterani, vengono immediatamente accusati di soddisfare vecchi od! religiosi. La borghesia invia delegazioni su delegazioni al generale von Oven per protestare e chiedere il ritiro dei *Freikorps*.

Per tagliar corto alle voci diffusesi in città, il Generale fa affiggere l'ordine che ha dato alle truppe:

1) Chiunque verrà trovato in possesso di armi sarà fucilato sul posto;
2) Chiunque viene arrestato può essere giudicato solo secondo la procedura ordinaria delle corti marziali debitamente costituite;
3) Le corti marziali terranno le loro assise nelle aule dei tribunali ordinari;
4) Ogni altra procedura è proibita e coloro che non ottempereranno a questi ordini saranno essi stessi sottoposti alla corte marziale[97].

Da parte sua, il Generale von Möhl, comandante i distaccamenti bavaresi, fa affiggere manifesti nei quali ricorda gli "eminenti servizi resi alla Baviera dalle truppe del Reich"[98].

Il 6 maggio il Generale von Oven può informare Noske di aver compiuto la sua missione. L'indomani i *Freikorps* lasciano Monaco. A ricompensa dei servizi resi ogni combattente, senza distinzione di grado, riceve 10 marchi, due salsicce rosse e due panini...

Per sei mesi Monaco è vissuta sotto l'incubo di Una rivoluzione rossa dapprima bonaria, poi demente, infine apertamente terrorista. Chiude questo periodo un violento e brusco controterrore che, lungi dal soffocare rancori, sogni di vendetta e speranze di rivincita, li esacerba. Questa città così tollerante, dove è così dolce vivere, diverrà il campo chiuso di odi feroci e di innumerevoli fazioni.

Al di sopra di questo crogiuolo ribollente, Noske impone il fragile governo del socialista Hoffmann, al quale ha preventivamente strappato la rinuncia alle franchigie fondamentali della Baviera.

---

[97] Citato da Gumbel.
[98] "*Berliner Tageblatt*" del 4 maggio 1919, da Robert Waite.

L'Esercito nazionale bavarese sarà sostituito da brigate della *Reichswehr,* delle quali i *Freikorps* bavaresi costituiranno i primi nuclei[99]. Per garantirsi dalla propaganda spartachista, verranno reclutati soldati e graduati di provati sentimenti anticomunisti. Spetterà ad essi, chiamati *Bildungsoffiziere,* indottrinare le nuove unità. Il Capo di Stato Maggiore del nuovo comandante militare di Monaco, incaricato di dirigere l'azione del *Bildungsoffiziere,* è il Capitano Röhm, del *Freikorps* von Epp. Questo temerario combattente è un lanzichenecco politico. Vive nella febbrile attesa di una rivoluzione nazionalista e plebea che scacci insieme borghesi e comunisti. Egli ignora che uno dei suoi *Bildungsoffiziere,* il Caporale Adolf Hitler, più tardi incarnerà questa speranza.

---

[99] Il Colonnello von Epp, promosso al grado di Generale, comanderà la 21ª Brigata della *Reichswehr.*

I nuovi Cavalieri Teutonici

Il sole di maggio non riesce a rendere più gaio il sagrato della cattedrale di Riga. Ai rintocchi delle campane la folla rabbrividisce. Sulle facciate medievali i drappi con i colori di Prussia sono abbrunati. L'antica capitale dei duchi di Curlandia è divisa fra la gioia della liberazione e la tristezza di un lutto irreparabile: piange il giovane guerriero in cui riponeva tutte le sue speranze.
Portato a spalla da sei uomini con l'elmetto, ricoperto dal mantello bianco con la croce nera dei Cavalieri Teutonici, il feretro sembra scivolare al disopra dei volti contratti. Le spoglie del Sottotenente barone Hans von Manteuffel, comandante la *Stosstruppe* della *Landeswehr* baltica, ricevono l'omaggio dovuto ai principi uccisi in battaglia. Niente fiori, ma innumerevoli corone di alloro, simbolo di gloria e di giovinezza.
Attorno alla piazza sono schierati gli uomini della *Landeswehr* e quelli dei *Freikorps*. I loro stendardi dalle tinte vivaci sembrano fiori appesi al disopra della distesa di elmetti: si riconosce quello del *Freikorps* di Amburgo con le tre torri d'argento su fondo porpora, sormontate dalla fiamma nera dei pirati frisoni. Più lontano, la bandiera candida come la neve con la croce nera e rossa della *Brigata di Ferro*. Su altri stendardi campeggia l'aggressiva svastica dei conquistatori ariani. E, ovunque, bandiere nere con il teschio. Una fanfara con barbari elmi dalle lunghe code di cavallo, suona il rituale canto dell'addio:

> *Avevo un camerata,*
> *di migliori non ce n'è.*
> *Nella pace e nella guerra*
> *andavamo come fratelli*
> *marciando con lo stesso passo...*[100]

L'avventura germanica nel Baltico, il *Baltikum,* è iniziata sette secoli prima, nel 1200, quando Albert von Buxhövden, proveniente da Brema, è sbarcato sulle rive della Livonia, con l'intento di conquistarvi un feudo a misura delle sue ambizioni.
Fin da tempi remoti l'antica via dell'ambra attira i conquistatori e nel corso dei secoli ha visto il flusso e riflusso delle invasioni.

---

[100] Prime strofe di *Ich hatt' einen Kameraden*, canto funebre tradizionale delle FF.AA. tedesche scritto dal poeta Ludwig Uhland nel 1809 e musicato da Friedrich Silcher nel 1825, NdC.

Fra il clangore delle armi ed il galoppo dei cavalli, l'Europa incontra l'Asia, il germanico affronta lo slavo. Paese di dune e di foreste, è disseminato di paludi azzurrognole dove risuona il grido delle oche selvatiche. È il dominio degli elfi e delle fate. I pionieri germanici vi faranno crescere l'orzo, la segala, il grano.

Papa Innocenzo III, con una bolla indirizzata ad Albert von Buxhövden, benedice per le loro crociate in Sassonia ed in Westfalia i *Fratres Militiae Christi* che riceveranno uno statuto analogo a quello dei Templari che combattono in Palestina. I "fratelli" indossano il lungo mantello bianco dei Cavalieri di San Giovanni tagliato da una croce rossa che termina con una spada; da qui il loro nome di Cavalieri portatori di gladio. Su una sabbiosa landa disseminata di laghi dalle tristi acque e da odorose pinete, fondano la città di Riga. Nel 1207 sconfiggono i Livoni; poi, cinque anni dopo, i Lettoni. Nel 1220 respingono diverse incursioni danesi. Ma vengono sconfitti dai lituani nel 1229, dopo la morte di Albert von Buxhövden. Fanno allora appello ad un nuovo venuto, più potente, il *Deutschen Ritterorden*, l'Ordine dei Cavalieri Teutonici, fondato in Palestina quarant'anni prima[101], che li assorbirà. Contrariamente ai due altri grandi ordini crociati, Templari e Spedalieri di San Giovanni, il *Deutschen Ritterorden* è strettamente nazionale e tedesco. Per farne parte, bisogna essere nobili e di ascendenza germanica.

I Cavalieri Teutonici sono apparsi per la prima volta sulle rive della Vistola nel 1221. Vi si installano dopo la "Bolla d'Oro" di Rimini che consacra la loro missione di colonizzazione delle terre slave dell'est, con la duplice protezione del Papa e dell'Imperatore. Sotto la guida illuminata del Gran Maestro Hermann von Salza, la croce serve da pretesto all'espansione germanica.

Maneggiando l'aratro e la cazzuola altrettanto bene quanto la lancia e la spada, costruiscono città e fortezze: Kreutzburg, Kronstadt, Vogelsang, Reden, Marienverd, Elbing, Königsberg, Marineburg... Dietro il gladio dei monaci-cavalieri, i coloni tedeschi affluiscono fra lo scalpitio dei cavalli. Prevengono da tutte le regioni del Santo Impero, ma non saranno mai abbastanza numerosi. Gli slavi spiano le debolezze dei loro conquistatori, alleandosi anche con i tartari per sbarazzarsi dei baroni tedeschi.

Fra sommosse e repressioni, l'Ordine Teutonico si estende inesorabilmente sulla Prussia e la Curlandia; annette Danzica e la Pomerania, istituisce commende in tutta l'Europa, fino in Sicilia e in Fiandra.

---

[101] Jean-Jacques Mourreau, *Les Chevaliers Teutoniques,* Ed. Balland, 1972

Sotto il magistero dell'*Hochmeister* Winrich von Kniprode (1351-1382), l'Ordine raggiunge il suo apogeo. Lo storico Joseph Calmette ha scritto:

> la spinta ad Est conosce, durante l'ultimo secolo del Medio Evo, uno dei suoi momenti di maggiore impulso. Conquista e popolamento: le due caratteristiche di uno dei fenomeni più importanti della storia europea. La spinta ad Est agisce in pieno: non fa badare né agli atti di brutalità, né alle distruzioni, né ai massacri... Si distrugge, sì, ma si ricostruisce. Si conquista lo spazio vitale tedesco. Lo si sfrutta a profitto della razza germanica[102].

Nel secolo seguente l'epopea conosce un brusco e formidabile colpo di freno con l'emergere del regno di Polonia. L'ascesa della Polonia dovuta a Ladislao
Il Jagellone, va di pari passo con l'indebolimento interno dell'Ordine.
I Cavalieri Teutonici vengono sconfitti il 15 luglio 1410 a Tannenberg da una coalizione di polacchi, lituani e mongoli. La potenza dell'Ordine crolla, ma il ricordo delle sue gesta continuerà a popolare i sogni della Germania[103].

Il 10 aprile 1525 Albrecht di Brandeburgo, che Lutero ha convertito alla Riforma, depone a Königsberg il suo mantello di *Hochmeister* e trasforma la Prussia in ducato ereditario a vantaggio della sua Casa. La branca livoniana dell'Ordine viene secolarizzata a sua volta nel 1562, ed il suo Gran Maestro, Gottfried Kettler, diventa duca di Curlandia.
Mentre i Cavalieri di Brandeburgo fanno atto di sottomissione all'Imperatore germanico, quelli di Livonia riconoscono la sovranità del re di Polonia. In cambio, questi conferma nei loro diritti tutti i tedeschi installatisi nel paese. Nasce così una nuova nobiltà, quella dei *Baltenritter,* i baroni baltici.
Dalla Prussia Orientale alla Livonia. le terre appartengono ai *Baltenritter,* e nelle città dove predomina l'architettura germanica i commerci più importanti sono in mano ai tedeschi che fingono di ignorare le guerre che scoppiano fra svedesi e russi per la dominazione di queste province. Purché i baroni conservino la terra, la sovranità non ha alcuna importanza. I discendenti dei Teutonici entrano volentieri al servi-

---

[102] Joseph Calmette, Le Reich allemand au Moyen Age, Ed. Payot, Parigi 1951, p. 363
[103] Cinque secoli dopo, il 30 agosto 1914, su questa stessa terra il futuro maresciallo von Hindenburg annienterà le Divisioni slave del Generale Samsonoff, vendicando così la disfatta del 1410.

zio degli zar e vengono insigniti di titoli nobiliari russi. Tuttavia essi non si fondono con la popolazione slava. Due razze coabitano, una delle quali domina l'altra, fra disprezzo, rancore e odio che il tempo non potrà cancellare.

All'inizio del XX secolo numerose rivolte insanguinano i paesi baltici. Le popolazioni di tre province, Estonia, Lituania, Lettonia, come pure quella della Polonia, rifiutano la russificazione che lo zar tenta di imporre. Strette fra i baroni baltici ed i russi queste popolazioni vedono nell'indipendenza l'unica soluzione ad una ancestrale miseria. Le sconfitte inflitte alla Russia dal Giappone nel 1905 accelerano l'ascesa di questi nazionalismi. Scoppiano scioperi nei porti, i castelli vengono dati alle fiamme. Nasce una sorta di legame con i rivoluzionari russi che lottano anche essi contro lo zarismo ed il sistema feudale. È in questo periodo che nelle province baltiche nascono i primi partiti marxisti che, giocando la carta del nazionalismo per la quale trovano un terreno particolarmente favorevole, si sviluppano rapidamente.

È questa la situazione quando scoppia la Prima guerra mondiale. Le Divisioni lettoni, lituane, estoni sotto il comando russo formano il 20° Corpo dell'Armata zarista. Penetrano nella Prussia orientale, ma vengono sconfitte nella battaglia dei laghi di Mazurca. Nel 1915 l'8ª Armata tedesca conquista la Lituania, una parte notevole della Lettonia e assorbe la Estonia l'anno seguente. Nel settembre 1917 entra a Riga.

La conquista del potere da parte dei bolscevichi a Pietroburgo, nel novembre 1917, modificherà interamente l'equilibrio all'Est. La loro influenza in Lettonia è proporzionalmente superiore a quella che esercitano in Russia. Alle elezioni cantonali dell'agosto 1917, prima dell'insurrezione di Pietroburgo, i bolscevichi ottengono in effetti il 41 per cento dei voti a Riga ed il 64% a Valmiera.

Dapprima esitante sulla politica da seguire in queste province, il governo del Reich ha poi pensato di costruire dei granducati uniti alla corona imperiale Con il trattato di Brest-Litovsk, nel febbraio 1918, i plenipotenziari tedeschi pretendono dai nuovi padroni della Russia che essi riconoscano l'indipendenza della Lettonia, della Lituania e dell'Estonia.

La diplomazia tedesca non aveva previsto che le tre province, da poco emancipate, potessero costituirsi in Stati indipendenti, i cui governi sarebbero stati riconosciuti dalle potenze dell'Intesa. Questi ferventi seguaci del principio nazionalista sono troppo felici di dar noia alla Germania, ad Est. I tre Stati baltici inviano loro delegati alla Conferenza di Parigi e costituiscono eserciti nazionali il cui nucleo originale è formato dai rispettivi contingenti che servono nell'Armata rossa.

Quando ad Ovest viene firmato l'armistizio del 14 novembre 1918, l'8ª Armata tedesca esiste solo sulla carta. Scacciati gli ufficiali, sono stati costituiti Soviet di soldati che decidono la smobilitazione ed il ritorno immediato in Germania. In pochi giorni interi Reggimenti si dissolvono.

Profittando della dissoluzione delle forze tedesche, l'Armata rossa, partita da Pietroburgo, intraprende la riconquista delle vecchie province zariste. Il flusso e riflusso dei germani e degli slavi sembra non poter mai finire.

Lo sforzo principale dei sovietici è concentrato sulla Lettonia da dove provengono alcuni dei migliori Reggimenti dell'Armata rossa: gli stessi che hanno liquidato l'insurrezione dei socialisti rivoluzionari a Mosca nel luglio 1918. A quel tempo il comandante in capo dell'Armata rossa era d'altronde il lettone Vacietis. Il 18 dicembre i Reggimenti sovietici occupano Valka, che diventa la sede del governo della Repubblica sovietica lettone, presidente della quale viene nominato Peteris Stucka. Il 3 gennaio 1919 occupano Riga e, attraverso la Curlandia, il 6 gennaio 1919 raggiungono la Lituania e Vilna.

A causa di questi successi, la sovietizzazione viene realizzata molto più rapidamente in Lettonia che in Russia. Le misure di rigorosa collettivizzazione rovesciano l'economia e provocano un rapido mutamento nella popolazione. Solo a Riga, durante i primi mesi del 1919, il pessimo vettovagliamento provoca 8.000 morti.

Preoccupati dalle conquiste sovietiche, gli Alleati decidono di inviare un gruppo di "consiglieri militari" con una piccola squadra britannica al comando dell'Ammiraglio Sinclair, che giunge al largo delle coste del Baltico il 12 dicembre 1918. Appoggerà il governo nazionale dell'Estonia. Questo piccolo paese protetto dalla catena di laghi e paludi dalla parte della sua frontiera orientale, si è sottratto per il momento all'invasione sovietica. La squadra alleata sbarca armi, materiali ed alcune migliaia di Volontari provenienti dalla Svezia e dalla Danimarca. Un contingente di 2.000 lettoni tagliati fuori dal loro paese dall'avanzata dei rossi, viene ugualmente incorporato nell'esercito estone, che in poche settimane – scatenata l'offensiva – mette in rotta le deboli forze bolsceviche acquartierate in Estonia.

In Lettonia le cose sono più difficili. A Libau tre gruppi si disputano il potere. Dapprima un governo nazionale lettone presieduto da Ulmanis, già professore di agronomia all'Università americana del Nebraska, che sostiene gli Alleati. Poi, i baroni baltici che sono favorevoli alla riunificazione con la Germania. Infine il Soviet di soldati dell'8ª Armata tedesca, che vuole instaurare la "dittatura del proletariato" con il concorso dell'Armata rossa.

Al di sopra di queste fazioni, la missione militare britannica condotta dal Colonnello Keenan, appoggiata da molte navi della Squadra del Baltico[104], che tenta di mettere il marchio della Gran Bretagna sul paese[105].

Per opporsi all'invasione sovietica, Ulmanis tenta di mettere in campo un esercito lettone. Riesce a riunire, ponendolo agli ordini del Colonnello Ballodis, un Battaglione di volontari che ben presto verranno soprannominati *Ballods*. A questi si deve aggiungere un forte distaccamento di russi bianchi comandati dal principe di Lieven. I baroni baltici rifiutano di mescolarsi con quelli che una volta erano loro soggetti e costituiscono una *Landeswehr* nella quale arruolano i loro contadini. Sono solo unità di fortuna, mal preparate, in cui l'ardore di certi giovanissimi volontari non può compensare la loro inesperienza.
La sola vera forza in Lettonia, nelle ultime settimane del 1918, è un *Freikorps* costituito con i resti dell'8ª Armata da un ufficiale della piccola nobiltà e risoluto, il Maggiore Joseph Bischoff. La sua *Brigata di Ferro* conta ben presto 600 Volontari. Solo questi riusciranno a rallentare la travolgente avanzata delle truppe sovietiche; indietreggiando passo a passo, i rossi evacuano Riga il 3 gennaio 1919. Cinque giorni dopo abbandonano Mitau dopo aver fatto saltare la polveriera e l'arsenale. La gigantesca esplosione fa crollare 70 case che seppelliscono i loro abitanti.
Gli Alleati avevano previsto che la disfatta tedesca avrebbe provocato una offensiva sovietica contro queste regioni. Non avendo la possibilità di impiegare truppe o grossi mezzi, trovarono una soluzione che sembrò loro semplice e poco costosa: affidare la difesa delle coste del Baltico alla Germania. Per questo l'articolo XII dell'armistizio dell'11 novembre 1918 disponeva:

Tutte le truppe tedesche attualmente stazionanti sui territori che facevano parte della Russia prima della guerra... ripiegheranno dietro le frontiere tedesche del 1° agosto 1914, *dal momento in cui gli alleati avranno deciso che sarà opportuno farlo a causa della situazione interna di quei territori*.

---

[104] La Royal Navy si era già impegnata contro l'Armata Rossa bolscevica nel 1918-1919, perdendo un incrociatore e due *Destroyer*, e affondando un incrociatore e due cacciatorpediniere bolscevichi. Nel 1919 erano presenti nel teatro lituano l'incrociatore leggero HMS *Dragon*, otto *Destroyer* e altre unità minori, NdC.
[105] Le mire britanniche sugli stati baltici non lasciano in effetti alcun dubbio. Come rileva Maurice Beaumont, "la lillipuziana Estonia è attirata come la Lettonia nell'orbita economica della Gran Bretagna", *La Faillite de la paix*, P.U.F., p. 95.

La commissione inviata dal Senato americano sulle coste del Baltico così riassumeva la situazione nel suo rapporto:

I tedeschi erano di conseguenza presenti nelle province del Baltico con il consenso e su implicito ordine degli Alleati[106].

Il capo del governo lettone, Ulmanis, non può ignorare questa realtà. I due terzi del suo paese sono occupati da truppe bolsceviche. Tenta così diversi passi presso il Commissario del Reich nel Baltico, August Winning.
Cosciente della propria debolezza e preoccupato per il futuro, questi elude gli appelli angosciati del suo interlocutore. Il 25 dicembre 1918, scoppiata una rivolta fra le truppe del piccolo esercito lettone, Ulmanis, il mento tremante e la fronte madida, si presenta di nuovo a Winning. Il *Reichskommissar* sta per giocare una difficile partita a poker.
Per assicurare l'intervento in forze della Germania, bisogna convincere Ulmanis che i tedeschi costituiscono il solo, l'unico aiuto: "Signor capo del governo, lei non ignora la debolezza degli effettivi tedeschi stazionanti in Lettonia. Essi sono insufficienti per lottare contro i disordini e contro una probabile offensiva bolscevica". "In questo caso", risponde Ulmanis, "il mio paese cadrà nelle mani dei sovietici".
"Noi saremmo i primi a deplorarlo. E per questo accetteremo di inviare i rinforzi in Curlandia. Ma una tale decisione può essere presa solo da lei. Nondimeno io non ritengo di poterla incoraggiare molto ad incontrare il rappresentante di Sua Maestà britannica, Non è possibile che egli possa venirle in aiuto".
Manifestando questa opinione Winning è convinto che la risposta dell'Inghilterra sarà negativa. E non si sbaglia. I britannici esprimono la loro simpatia al capo del governo lettone, senza nascondergli l'impossibilità di un intervento armato.
Ulmanis, disperato, si rassegna a chiedere l'aiuto militare di Berlino. Ritorna da Winning. Il *Reichskommissar* gli propone di chiamare dei Volontari tedeschi[107]. Nei suoi ricordi Winning scrive che

Ulmanis accettò questa proposta con entusiasmo[108].

Ma il rappresentante di Berlino ha un suo progetto segreto.
Se il reclutamento nei *Freikorps* ottiene il successo sperato, sarà possibile intraprendere la riconquista della Lettonia.

---

[106] Citato da Robert Waite, op. cit., p. 100.
[107] A quell'epoca il plenipotenziario tedesco nel Baltico era legato ai socialdemocratici. In seguito si convertirà al nazionalsocialismo.
[108] August Winning, *Heimkehr*, Amburgo 1935, p. 91.

Gli inglesi, consultati dal capo del governo lettone, non fanno alcuna obiezione. Questa soluzione evita loro di inviare proprie truppe e di dilapidare fondi importanti. Nei loro piani, la potenza fortemente scossa della Germania verrà ad equilibrare in queste regioni la potenza in ascesa dei sovietici. Quanto a loro, faranno da arbitri.

Il 29 dicembre 1918, un trattato viene firmato fra il rappresentante della Germania e il capo del governo provvisorio della Lettonia. Esso autorizza l'intervento di un corpo di Volontari sotto il comando tedesco. Tutti i soldati tedeschi che avranno combattuto almeno quattro settimane, riceveranno, se lo desiderano, la nazionalità lettone. Non sembra invece, contrariamente a quanto sostenuto da diversi storici, che questo trattato prevedesse la cessione di terre ai combattenti tedeschi. Nelle sue memorie Winning è preciso:

Il governo lettone si era impegnato a non accordare terre, ma solo a promettere diritti di nazionalità. È vero che questo trattato è stato spesso interpretato in Germania come un accordo di colonizzazione, ma nell'interpretarlo si è andati troppo lontano.

Se la concessione di terre non era prevista nell'accordo Ulmanis-Winning, i Volontari che si arruolarono per il Baltico non ne sapevano nulla. La propaganda ufficiale orchestrata da un ufficio creato a Berlino, l'*Anwerbestelle Baltenland,* assicurava però il contrario. Il giornale governativo "*Vorwärts*" del 10 marzo 1919 promette

premi, gratifiche per le famiglie, un buon vitto oltre ad eccellenti possibilità di colonizzazione.

Ecco come risvegliare vocazioni in gente che conosce la miseria e la disoccupazione. Il cadetto Ernst von Salomon parte per il Baltikum il 1° aprile 1919, anniversario della nascita di Bismarck. È convinto, come tutti i suoi camerati, di ricevere 80 arpenti di terra al termine della campagna[109].
Noske commenta cinicamente:

Ciò che non era promesso dai manifesti, gli ufficiali lo promettevano verbalmente[110].

---

[109] Ernst von Salomon, *I proscritti*, op. cit., p. 67
[110] Gustav Noske, *Von Kiel bis Kapp*, Berlino 1920, p. 177. È certo che in un primo tempo il governo di Weimar, felice di sbarazzarsi dei *Freikorps* più turbolenti, favorì energicamente il reclutamento dei volontari per il Baltico.

Egli ed i suoi si andavano assumendo la responsabilità di una mostruosa truffa e di un immenso rancore.

Per i Volontari, questa terra che viene promessa loro con tanta leggerezza non costituisce solo la speranza di una vita meno miserabile. Uno di essi scriverà:

> Quel terreno lo avevamo conquistato, ora esigeva qualche cosa da noi; a un tratto diventava un simbolo impegnativo... Ognuno di noi cercava di rientrare nel mondo; la Germania era in qualche parte, laggiù, nella nebbia piena di fantasmi; noi aderivamo alla terra che avrebbe dovuto irrobustirci, ma quella terra ci si negava; tentavamo la nuova, estrema sorte per la Germania e per noi, e lassù nell'oscurità segreta si nascondeva una forza sconosciuta, informe (non sapevamo se odiarla o ammirarla) che ci respingeva. Eravamo partiti per difendere il fronte, ma qui non c'erano confini. Eravamo noi, adesso, il confine; tenevamo aperte le strade; eravamo la posta del giuoco, poiché fiutavamo il momento buono, e il terreno su cui doveva disputarsi la partita era il campo che avevamo occupato[111].

Ciò che vogliono questi uomini è conquistarsi una nuova patria, armi alla mano, in una terra fecondata da secoli dal genio della loro razza. Quelle lande, quelle foreste, quelle città sono tedesche. È su popolazioni tedesche che pesa la minaccia. Questo è l'essenziale. Il Maggiore Fleischer, di Königsberg al quale i baroni baltici affidano il comando della loro *Landeswehr,* scriverà più tardi:

> Nella vita comune con i baltici, nei combattimenti al loro fianco, il mio malato cuore tedesco, che durante la Rivoluzione aveva perduto la fiducia nel popolo germanico, guarì ancora una volta. Volgendomi indietro a guardare, posso dire che trovai lealtà e onore solo fra i baltici[112].

Questa aspirazione è tanto più forte perché alberga in uomini fatti per l'avventura e la conquista le cui attitudini, rivelate dalla guerra, restano inutilizzate. Essi accorrono verso il Baltico, come più tardi andranno in Brasile, in Irlanda, in Cina, nel Messico, in Bolivia o anche in India, ovunque si reclutano professionisti della guerra. Ma nel *Baltikum* essi sono trascinati da una speranza selvaggia. Altrove, saranno spinti dalla disperazione. Nella sua prefazione a *Destino tedesco* di Kasimir Edschmid, dedicato alla tragica avventura dei mercenari tedeschi nell'America del Sud, Benoist-Méchin scrive:

> Ciò che li fa soffrire di più, non sono le privazioni, la febbre gialla o il gelido buio delle segrete americane. È essere divenuti, per la forza stessa delle cose, degli avventurieri dopo essere stati degli eroi. Essi hanno rinunciato a tutto,

---
[111] Ernst von Salomon, op. cit., p. 65.
[112] Fleischer, *Baltische Blätter* del 1° marzo 1929

salvo che alla loro dignità, e se hanno conservato un gusto molto vivo per il mestiere delle armi è perché li unisce il ricordo di una nobiltà perduta[113].

Per la prima volta dall'epoca dei Cavalieri Teutonici, Volontari si levano in tutte le province ed i paesi di lingua tedesca, dalla Prussia alla Baviera, dall'Alsazia al Tirolo, dalla Boemia alla Svizzera[114]. Hanno perduto la fiducia dei loro padri nell'Imperatore e nella patria; non credono più né a Dio né al Diavolo ma solo in se stessi. Sono convinti che il loro destino dipende unicamente dalla loro volontà e dalle loro armi.

Per lo Stato Maggiore Generale, la decisione degli Alleati e del governo Ulmanis, si presenta come una possibilità insperata. Prevedendo il proseguimento delle operazioni militari all'Est, esso trasferisce i suoi quartieri da Cassel a Kolberg e crea un organismo speciale, l'*Armee Oberkommando Nord*[115] destinato a dirigere le operazioni nel Baltico. L'*A.O.K. Nord* viene posto agli ordini del generale von Quast; Capo di Stato Maggiore è il Generale von Seeckt che avrà in seguito un ruolo considerevole al comando della *Reichswehr*. Uno dei membri dello Stato Maggiore è il comandante di Battaglione von Fritsch, futuro comandante in capo della *Wehrmacht*.

Il Generale conte Rüdiger von der Goltz è nominato comandante in capo delle truppe tedesche del Baltico. Dotato di un raro acume politico, von der Goltz sarà spesso paragonato a Wallenstein, il che è lusinghiero; ma un Wallenstein animato più dalla passione tedesca che dall'ambizione personale. Questo generale dal volto di vecchio lupo grigio rischiarato da uno sguardo leale, non è uno sconosciuto in Curlandia. Dopo l'entrata delle truppe tedesche a Riga nel 1917, ha assunto il comando della *Baltiken Division;* poi ha cacciato i russi dalla Finlandia con i Reggimenti del generale Mannheim. Quando tutto è crollato, nel dicembre 1918, è stato inviato in Slesia per mettere fine alle incursioni ceche. È un uomo delle regioni orientali.

Nominato in Livonia con poteri molto vasti, von der Goltz riprenderà, modernizzandola, la politica dei Gran Maestri dell'Ordine Teutonico. Poiché l'espansione tedesca, come nel XIII secolo, è stata bloccata nel momento decisivo all'Ovest, bisogna restare fedeli al tradizionale Drang nach Osten.

---

[113] Kasimir Edschmid, *Destin allemand* (*Deutsches Schicksal*), traduzione e prefazione di Benoist-Méchin, Ed. Plon, 1934, p. 111.
[114] Claus Grimm dà a questo proposito interessanti notizie in *Jahre deutscher Entscheidung im Baltikum*, Essen 1939 (soprattutto p. 460).
[115] L'*A.O.K. Nord* sarà in seguito trasformata in *Gruppenkommando III*, agli ordini del Generale von Estorff.

Von der Goltz scriverà:

Volevo salvare dalla guerra maledetta tutto ciò che poteva essere salvato. All'Est vinceva la Germania [...]. D'accordo con i russi bianchi e innalzando la bandiera della lotta al bolscevismo, perché non riprendere sotto una forma nuova e più flessibile la nostra antica politica orientalo interrotta dagli avvenimenti del 1918? Perché non preparare un riavvicinamento economico e politico alla Russia di domani? La Russia, che ha massacrato la sua élite intellettuale, ha bisogno di mercanti, di ingegneri e di capi. Le sue province di frontiera devastate e spopolate, possono offrire uno sbocco ai coraggiosi contadini tedeschi. Pensavo soprattutto ai soldati smobilitati [...] Infine, la Russia non era più in grado di rifiutare, come prima della guerra, un tale piano. Con una simile meta dinanzi agli occhi, mi sarei fatto fermare da un fuscello di paglia?[116]

Il fuscello di paglia, è evidentemente, il giovanissimo Stato lettone. Il piano è rapidamente tracciato: attirare e far stabilire in Curlandia tutti i soldati smobilitati che non hanno potuto trovare un impiego. Trasformare la regione in una vasta colonia militare, i cui soldati-lavoratori, inquadrati dai loro ufficiali siano sempre pronti a prendere le armi. Infine, marciare su Pietroburgo con i russi bianchi per ristabilirvi una monarchia favorevole alla Germania.
Von der Goltz nutre la speranza segreta di volgersi un giorno contro Berlino per spazzare

il regime infame stabilito dalla disfatta[117].

Il comandante in capo arriva a Libau, il 1° febbraio 1919, di pessimo umore, dopo un estenuante viaggio in vagone di quarta classe senza riscaldamento. Passa in rivista le forze poste sotto il suo comando. Le due principali unità sono la *Landeswehr* baltica e la *Brigata di Ferro* del comandante Bischoff.
La *Landeswehr* era stata formata con l'assenso di Ulmanis dai baroni baltici che non volevano mescolarsi alle compagnie nazionali lettoni del comandante Ballodis. Nel gennaio 1919, il conte Lothar zu Dohna-Willkühnen, uno dei principali rappresentanti dei *Baltenritter*, sollecita la collaborazione di uno stimato ufficiale, il comandante di Battaglione Fletscher. Questo agiato proprietario di una tenuta nella Prussia

---

[116] Von der Goltz, *Meine Sendung in Finland und im Baltikum*, Leipzig 1920, p. 127
[117] Questa intenzione, passata sotto silenzio nell'edizione delle sue Memorie pubblicata nel 1920, sarà rivelata solo nella edizione del 1936, dopo la conquista del potere da parte dei nazionalsocialisti, ai quali si unirà con entusiasmo.

Orientale non è un avventuriero, ma è rimasto sconvolto dalla disfatta e dalla rivoluzione del 1918. Combattere di nuovo sarà per lui un modo come un altro per sfuggire a un mondo che non ha più senso. E dunque accetta. Trascina con sé il Capitano Pabst dello Stato Maggiore della *Garde Kavallerie Schützen Division*, distintosi nei combattimenti contro gli spartachisti a Berlino. Sotto l'impulso di questo ufficiale, la *Landeswehr* viene riorganizzata sul modello delle piccole unità miste e autonome del *Landesjägerkorps* del Generale Maercker.

La *Brigata di Ferro* del comandante Bischoff, leggendario personaggio della Curlandia, è organizzata su un modello più tradizionale[118]. Incessantemente potenziata dall'arrivo di Volontari attirati dal racconto delle sue imprese, nel gennaio 1919 diventa la *Divisione di Ferro* e conta ben presto quasi 10.000 uomini. Racconta uno di questi Volontari:

In tempo di pace un comandante di Compagnia si sarebbe strappato i capelli alla vista di una simile unità. Gli uomini non erano allineati per altezza ma per affinità personali, alcuni perché erano dello stesso villaggio, altri perché avevano combattuto insieme durante la guerra. Talvolta padre e figlio erano fianco a fianco. Era il valore combattivo della truppa che interessava ed ogni soldato del fronte sapeva che questo significava aver vicino un camerata sul quale poter contare in ogni circostanza.[119]

Il capo è fatto a loro immagine. Su un collo rigido dove scintilla la Croce *Pour le Mérite*, il Maggiore Bischoff porta una maschera aggressiva di vecchio bucaniere. Nel suo volto triangolare, gli occhi velati da pesanti palpebre non hanno più nulla da conoscere né da sperare. A von der Goltz che ammira la facilità con cui accende la sua sigaretta in piena bufera, Bischoff risponde, beffardo

È solo questione di pratica! Io sono al mio ventesimo anno di guerra. Otto anni in Africa. Poi la Guerra mondiale. Sono un vecchio lanzichenecco.[120]

All'inizio di febbraio, in aggiunta ai Volontari che giungono isolatamente, l'*A.O.K. Nord* invia di rinforzo lo squadrone di Volontari di

---

[118] Nel febbraio, dopo l'arrivo dei rinforzi, comprende uno stato maggiore di Divisione, tre Reggimenti di fanteria, Compagnie di mortai e di mitragliatrici, un Reggimento di artiglieria da campagna, un Reggimento di cavalleria, una Sezione aerea da ricognizione, una Compagnia di pionieri e un ospedale da campo.

[119] Dottor von Hülst, vecchio comandante di Compagnia del 1° Reggimento di fanteria di Curlandia (della *Divisione di Ferro*).

[120] Riferito da von der Goltz nelle sue Memorie.

Knesebeck, il 1° Reggimento degli Ulani, il *Freikorps* di Amburgo, e un distaccamento della Iª Divisione di riserva della Guardia che vengono incorporati nella *Divisione di Ferro*. Altre unità, fra cui il *Freikorps* del conte di Yorck, il *Freikorps* von Rieckhoff, il *Freikorps* Diebitsch, vanno a rinforzare la *Landeswehr.*
Von der Goltz dispone ormai di 20.000 uomini. Stabilisce il piano di battaglia:

Avevo quattro nemici da combattere: l'esercito bolscevico, il Soviet dei soldati di Libau, il governo lettone germanofobo e gli Alleati. Secondo i buoni precetti della Scuola di guerra, decisi di non combatterli tutti insieme, ma uno dopo l'altro, cominciando dai bolscevichi.

L'offensiva viene lanciata il 3 marzo 1919, alle prime luci dell'alba. La nebbia nasconde le insidie del terreno rendendo difficile il cammino. La linea di attacco segue la ferrovia Libau-Muravievo-Mitau. Il 5 marzo Muravievo viene liberata dopo accaniti combattimenti. La marcia in avanti prosegue, ma rallentata dalla accanita resistenza delle truppe sovietiche. Il 18 marzo, anticipando gli ordini di von der Goltz, le avanguardie della *Landeswehr* entrano in Mitau, dove si teme che gli ostaggi catturati dai russi vengano massacrati. Uno spettacolo orrendo le attende.
Dopo l'occupazione della città da parte dei bolscevichi, la popolazione tedesca è stata sottoposta ad un terribile martirio. Non vi è famiglia dove qualcuno non sia stato impiccato, torturato o giustiziato. Alcune sono state massacrate insieme alla servitù; solo qualche donna anziana è stata risparmiata. Bastava parlare tedesco per la strada per essere uccisi e la parola "tedesco" era diventata una terribile ingiuria,

Strappate alle loro case, le ragazze baltiche nella loro acerba, robusta e delicata giovinezza rappresentavano il bottino più ambito: era un vanto, per i bolscevichi disonorarle, sfogare su di loro una sfrenata lussuria spezzandone il nobile orgoglio, finché torturate da intere orde, nude e dilaniate, non le vedevano finalmente giacere nel fango delle strade o nei cortili delle prigioni. Sui loro cadaveri venivano allora fucilati gli uomini baltici.[121]

Allorché le truppe tedesche sono giunte in vista della città, gli ostaggi vengono spinti nei cortili delle prigioni e selvaggiamente mitragliati. Dalle finestre i russi gettano bombe a mano sulla massa compatta dei prigionieri: i corpi saltano e rimbalzano fino a divenire brandelli sanguinolenti ed informi. Gli ostaggi rimasti in vita sono legati ai cavalli

---

[121] Ernst von Salomon, op. cit., p. 66

e trascinati da Mitau a Riga. Lunghe tracce di sangue striano la neve. Le fosse si riempiono di cadaveri smembrati. Prima di fuggire, i bolscevichi hanno profanato le tombe dei duchi di Curlandia, estraendo le mummie dalle casse per fucilarle dopo aver messo loro sul capo, per derisione, l'elmetto tedesco. I militi dei Reggimenti russi si sono vendicati così dei loro signori di una volta.

Pazzi di rabbia, i baltici vogliono scagliarsi su Riga e liberare la città prima che i bolscevichi possano commettere le stesse atrocità. Von der Goltz è costretto ad usare le minacce per trattenerli. Gli sembra imprudente proseguire la marcia senza attendere quanti sono rimasti indietro. I combattimenti per la conquista di Mitau hanno seriamente provato le sue unità. Il *Freikorps* di Amburgo, che ha iniziato la campagna con gli effettivi di un Battaglione, costituisce ora sola una grossa compagnia. D'altra parte a Libau, dove si trovano i magazzini viveri ed i depositi di munizioni, regna ancora il soviet dei soldati. Passando alla seconda parte del suo piano, è il soviet che von der Goltz attaccherà dopo aver consolidato le posizioni davanti a Mitau.

Non si perde tempo. Von der Goltz nomina un uomo energico – il Maggiore Götze – a capo dei tre Battaglioni ammutinati che appoggiano il soviet. Grazie ad un audace colpo di mano, egli cattura i caporioni. Una corte marziale pronuncia alcune condanne esemplari. Il Consiglio dei soldati è sciolto. Von der Goltz può dare inizio alla terza parte del suo piano: il governo provvisorio lettone di Ulmanis.

Pur avendo bisogno della protezione militare tedesca contro l'Armata rossa, il governo di Ulmanis non nasconde la sua ostilità per la comunità germano-baltica, che non è rappresentata in seno al governo, e le cui timide proposte sono state sdegnosamente respinte. In effetti, come rileva il rapporto della commissione americana d'inchiesta per il Baltico,

> il governo di Ulmanis non si fondava su un mandato del popolo. Non era stato confermato da un'elezione popolare; gli mancava totalmente il sostegno di larghi strati della popolazione.[122]

Nella seconda settimana dell'aprile 1919 Ulmanis rifiuta ancora una volta di esaminare una richiesta molto moderata dei baltici, che chiedono di essere rappresentati e di ricevere un trattamento più equo. Questa volta la misura è colma. I baltici ed i loro compatrioti del Reich, che stanno combattendo per liberare una parte del territorio, non possono ammettere di vedersi discriminare e negare diritti elementari che invece vengono accordati ai lettoni.

---

[122] Citato da Robert G. L. Waite, op. cit., p. 112.

Uno di quelli che protestano con più energia è il giovane *Verbandsführer* Hans von Manteuffel, capo della *Stosstruppe* della *Landeswehr*, erede di uno dei più grandi nomi della Curlandia. Adorato dai suoi uomini, egli è anche la speranza dei *Baltenritter*. Von der Goltz lo fa venire con la sua unità a Libau. E così ognuno sa che il giovane barone vuole buttare giù il governo fantoccio di Ulmanis.

Il mattino del 16 aprile 1919 il Sottotenente Pfeffer[123], comandante del *Freikorps* di Vestfalia, appena arrivato nel Baltico e incaricato delle operazioni di polizia nel porto di Li bau, apprende che uno dei suoi camerati, il Sottotenente Stock, è stato arrestato dalle truppe governative sotto l'accusa di complotto. Pfeffer va a liberare il suo camerata a viva forza. I suoi uomini sparano sulle guardie lettoni che si oppongono e, per precauzione, approfittano di una riunione dello Stato Maggiore dell'Esercito lettone per catturarne tutti i membri: quasi 550 ufficiali.

Ulmanis corre al Quartier Generale di von der Goltz protesta, tempesta, esige la liberazione immediata dei suoi ufficiali, ed accusa il comandante in capo di aver fomentato una congiura.

Il Generale replica arrogantemente: non è piuttosto il gabinetto lettone che prepara una sommossa per l'indomani, con l'aiuto dei comunisti?

Nelle prime ore del pomeriggio il Generale, tornando dalla passeggiata, incontra nella città la *Stosstrupp* della *Landeswehr*. Gli uomini sovreccitati gli comunicano che hanno appena catturato i membri del governo. Solo Ulmanis è riuscito a fuggire ed a mettersi sotto la protezione della missione britannica.

Von der Goltz continuerà a protestare la sua estraneità alla preparazione e all'esecuzione di questo putsch. Certo, egli comprende ed approva i motivi che hanno spinto il barone von Manteuffel ed i suoi uomini, ma da questo a guidare la loro azione vi è un passo che egli rifiuta di fare, tanto più che la fuga di Ulmanis ha compromesso il colpo di Stato.

Malgrado le apparenze, un fatto particolare conferma l'estraneità di von der Goltz e sembra dimostrare che l'iniziativa di von Manteuffel sia stata un po' precipitosa: bisognerà attendere più di dieci giorni in effetti, per formare un nuovo governo favorevole agli Alleati. Durante questo periodo, gli Alleati esigono il ristabilimento del governo di

---

[123] Pfeffer von Salomon, nipote di Ernst von Salomon, parteciperà poi ai combattimenti dell'Alta Slesia, al putsch di Kapp e a diverse azioni clandestine. Si schiererà con i nazionalsocialisti, comanderà le SA. Darà le dimissioni nel 1930 non essendo d'accordo con l'eccessivo culto della personalità praticato dall'entourage del *Führer* fin da quell'epoca.

Ulmanis. Per tutta risposta von der Goltz decreta la legge marziale.
Il 27 aprile il pastore Needra costituisce il nuovo gabinetto. Se Ulmanis era l'uomo di paglia degli inglesi, Needra sarà quello dei tedeschi. Gli inglesi si preoccupano giustamente nel veder aumentare il potere del comandante in capo tedesco, sospettato di accarezzare disegni politici che superano abbondantemente la sua missione militare. A varie riprese, alla fine del mese di aprile ed all'inizio di maggio 1919, il governo britannico esigerà da Berlino il ritiro immediato di von der Goltz. Il gabinetto tedesco ha buon gioco nel rispondere che questi non ha partecipato al putsch, affare puramente lettone. Inoltre, non è stato forse su richiesta dello stesso Ulmanis che le truppe tedesche sono state inviate in Curlandia per proteggere le sue frontiere? Naturalmente, se la azione militare tedesca dispiace agli Alleati, il governo del Reich è pronto a ritirare le sue truppe: penserà l'esercito dell'Intesa a sostituirle...
Questa abile risposta disarma i britannici che non sono in grado di inviare un corpo di spedizione. Tuttavia, ottengono da Berlino rassicurazione che von der Goltz rinuncerà ad ogni azione offensiva.
Questa promessa vanificherà l'audace piano che i successi iniziali hanno ispirato al comandante in capo delle truppe del *Baltikum*:

Ritenevo che la totalità della Lettonia del sud potesse essere riconquistata e, con l'aiuto di alcune Divisioni, Pietroburgo potesse essere presa: questo ci avrebbe fatto conquistare una posizione all'Est, cambiando così considerevolmente la portata del Trattato di Versailles.[124]

È il caso di soffermarsi un istante e sognare con questo generale tedesco gli straordinari mutamenti storici che l'approvazione del suo piano da parte degli Alleati avrebbe determinato. La storia del nostro secolo, con il suo corteo di mostruosi orrori, di sogni spezzati, di tradizioni soppresse, sarebbe stata modificata. Il bolscevismo, questo incidente storico ancora fragile in Russia, era effettivamente alla mercé di una campagna militare ben condotta. Il nazismo hitleriano, frutto della reazione antibolscevica e della collera di una gioventù – quella tedesca – umiliata e senza avvenire, non avrebbe trovato supporti. Sogniamo ancora: la Seconda guerra mondiale, conseguenza diretta del Trattato di Versailles e degli ostacoli di carta che questa frapponeva al cammino della giovane Germania, sarebbe stata evitata. Il Reich avrebbe trovato uno sfogo all'Est.

---

[124] Il trattato sarà firmato solo il 28 giugno 1919, ma le sue clausole erano già conosciute.

Quanto alla casta militare, si sa che era contraria ad una guerra europea all'Ovest...
Ma a Londra come a Parigi, chi immaginava allora le lontane congiunture del bolscevismo e di una impetuosa rinascita della Germania? Alla Camera dei Comuni, alcuni deputati chiesero che cosa fosse un bolscevico. Il primo ministro, il segretario di Stato alla Guerra ed il ministro degli Esteri furono rassicuranti. Lloyd George fece solennemente questa predizione:

Il bolscevismo corre rapidamente verso il declino. Si arresterà sotto la pressione inesorabile delle realtà economiche. Non si può guidare un grande paese con princìpi così rozzi.

Winston Churchill fu anch'egli ottimista:

I bolscevichi in Russia costituiscono solo una parte della popolazione e saranno spazzati via da una elezione generale...

Da parte sua, lord Balfour dichiarò:

Io non dispero della nostra capacità di fare qualcosa di concreto per restaurare l'unità economica e politica di questo grande paese[125].

Questa dichiarazione del segretario del Foreign Office riassume perfettamente la politica che l'Inghilterra intendeva condurre nel Baltico. "Qualcosa di concreto" doveva essere fatto contro il bolscevismo, ma non troppo perché l'Inghilterra all'indomani della guerra aveva altre preoccupazioni. Il partito dei lavoratori non smetteva di porre domande imbarazzanti sul costo in uomini e in denaro degli interventi britannici contro i soviet in Russia. Ed a questo proposito Lloyd George rispondeva:

preferisco vedere una Russia bolscevica che un'Inghilterra in bancarotta.[126]

Non era dunque il caso di lasciar agire la sola forza capace di risolvere una volta per tutte il problema bolscevico in Russia?
Von der Goltz si arrabbia. Riga, l'antica capitale dell'Ordine Teutonico in Livonia, il più bel porto del Baltico, è sotto il tiro dei cannoni. Entro le sue mura i tedeschi vi vengono martirizzati. Ma il Gabinetto del Reich ordina di non fare nulla.

---

[125] Von der Goltz, op. cit., p. 190.
[126] Proposte tratte dal *Parlamentary Debates, House of Commons*, riferite da Robert Waite, op. cit., p. 102, 103.

Il Generale insiste. Il governo oppone un nuovo categorico rifiuto. Il comandante in capo si reca a Berlino. Che cosa farà il governo se la *Landeswehr* baltica attacca? Il gabinetto risponde che non ha autorità sulle truppe che dipendono dallo Stato lettone. Von der Goltz interpreta così: se i baltici attaccano, nessuno potrà rimproverare ai soldati tedeschi di essere andati in loro soccorso. E trasmette immediatamente al suo Stato Maggiore il messaggio convenuto:

Rifiutate l'imposta sulla farina. Se la *Landeswehr* proporrà un'imposta, la *Divisione di Ferro* l'appoggerà.

Subito i *Freikorps* si preparano a quella che è per essi, una battaglia sacra. Il 21 maggio 1919 le forze tedesche vengono ammassate intorno a Riga, pronte ad attaccare.
Nella notte, i comandanti delle Compagnie guardano i quadranti luminosi dei loro orologi regolati su quello del comandante in capo. L'intero fronte trattiene il respiro. Il profumo delle brughiere sale dolcemente. Da una fattoria lontana viene il canto di un gallo. Un vento leggero fa fremere i cespugli. Alle 1,30 gli ufficiali puntano verso il cielo le pistole lanciarazzi. Di colpo, il fronte esplode e ruggisce. Tutto il furore degli uomini così a lungo trattenuto prorompe dalle canne delle armi. Le dita contratte sul grilletto delle mitragliatrici, essi urlano la loro liberazione. Il corpo intero accompagna il fremito delle raffiche.
Coperte dai cannoni di un treno blindato, le Compagnie balzano nei campi, attraversano i boschi.
Quando sorge l'alba, la *Stosstruppe* del *Verbandsführer* Hans von Manteuffel raggiunge le prime case di Riga, coperta dalla batteria d'assalto del Sottotenente Albert-Leo Schlageter. Senza preoccuparsi dei gruppi di bolscevichi che sui loro fianchi continuano a sparare, si gettano avanti, forzano le barricate, sbaragliano le difese avversarie. Come un tifone, penetrano nella città noncuranti dei colpi che vengono sparati dalle finestre.
Il volto sporco di polvere e di sudore, il giovane barone raggiunge il ponte ferroviario sulla Dima, ultimo serio ostacolo di fronte ai lettoni. Un cannone ne difende l'accesso. Manteuffel si getta sui serventi, li uccide con la pistola. Con l'aiuto dei suoi uomini rivolge il pezzo contro i difensori. La via è libera!
Nell'istante stesso in cui riceve il bacio della vittoria, il volto di fanciullo trasfigurato dall'esaltazione, Hans von Manteuffel è colpito da una palla in piena fronte.
Con urla di lupi i suoi uomini si precipitano attorno al corpo disteso.

Un istinto ancestrale piega i loro ginocchi. Come una voltai i cavalieri dinanzi al loro signore caduto in battaglia, essi baciano le vesti del capo. Assetati di vendetta, si levano. Guidati dal Capitano von Medem, capo dei *Freikorps* tedeschi incorporati nella *Landeswehr,* riprendono la corsa, gli occhi annebbiati. Raggiungono la cittadella, stremati. Ma, come a Mitau, è troppo tardi. Centinaia di infelici sono stati massacrati. Sarà dunque sempre troppo tardi per questi maledetti?
Riferisce il Tenente Colonnello du Paquet, delegato francese alla Commissione militare interalleata di Lettonia:

La conquista di Riga fu caratterizzata dapprima da orribili massacri eseguiti dai bolscevichi. Le prigioni rigurgitavano di abitanti detenuti sotto la solo accusa di non essere favorevoli al governo dei soviet. Quando fu evidente che le truppe baltiche si sarebbero impadronite della città, i soldati rossi ricevettero l'ordine di giustiziare tutti i prigionieri prima di evacuare. Essi rifiutarono di mettere in esecuzione un simile macello. L'opera fu allora compiuta con inaudita crudeltà da donne bolsceviche: delle megere che poi, ovviamente, furono passate per le armi.[127]

Nel pomeriggio del 22 maggio 1919, i *Freikorps* sono padroni di Riga. Nei giorni seguenti consolidano le loro posizioni all'Est.
Spingendosi verso il Nord, il Colonnello Ballodis opera la congiunzione delle sue truppe con quelle lettoni del Colonnello Semitan, fino a quel momento bloccate in Estonia. Questa operazione porta a 5.000 uomini gli effettivi delle forze nazionali lettoni che, pur combattendo in quel momento a fianco dei tedeschi, non si sentono meno legate all'ex primo ministro Ulmanis. Il che naturalmente avrà delle conseguenze in futuro.
A Riga il terrore cambia di campo. È proclamato lo stato d'assedio. Vengono prese misure draconiane. Tutti gli abitanti che verranno trovati in possesso di armi, tutti i membri dei comitati bolscevichi che non si presenteranno alla polizia entro le quarantotto ore, chiunque darà ospitalità a proscritti o che non li denuncerà, tutti coloro che verranno trovati per la strada fra le 18 e le 6 del mattino senza autorizzazione, saranno puniti con la morte. Si fucila più per soddisfare l'antico odio dei baltici di origine tedesca e dei lettoni di origine slava, che per punire crimini recenti. La sete di vendetta delle due comunità che popolano la Curlandia giunge al parossismo.
Guai ai baltici isolati che vengono assaliti e catturati dai lettoni!

---

[127] Tenente Colonnello Du Paquet, *L'aventure allemande en Lettonie*, Parigi 1926, p. 72.

Uno dei capi dei *Freikorps* racconterà l'orrore di queste rappresaglie:

> Avevamo trovato dei cadaveri di donne che erano state torturate a morte. Ad altre, che si dibattevano, i bolscevichi avevano conficcati dei cunei di legno nel corpo fino a farle morire fra orribili sofferenze. E vedemmo dei vecchi che erano stati legati fra due assi e segati.[128]

I baltici ed i tedeschi rispondono a questi atti di crudeltà con fucilazioni in massa: 500 a Mitau, 200 a Tukkum, 3.000 a Riga.

Il racconto di queste atrocità giunge alle orecchie delle missioni Alleate che se ne indignano ma ancora di più si preoccupano per la potenza del generale von der Goltz. La conquista di Riga è in effetti il punto culminante dell'avventura tedesca nel *Baltikum*.

---

[128] Capitano Otto Wagener, citato da Schmidt-Pauli, op. cit.

La tragedia del Baltikum

Durante le settimane successive alla conquista di Riga, gli avvenimenti sembrano sospesi nell'attesa. Gli alleati, come le autorità tedesche, attendono la ratifica del Trattato di Versailles dall'Assemblea di Weimar. Nessuno sa ancora se la Germania firmerà.
Gli uomini dei *Freikorps* non si curano delle battaglie verbali combattute intorno ai tappeti verdi. Vincitori e conquistatori, essi sono felici come non lo sono da molto tempo. Non è stata forse promessa loro la terra che hanno liberato? Pattugliano la campagna, le lande deserte e le paludi, a est di Riga, dando la caccia agli ultimi gruppi di lettoni rossi. Cantano le arie che da mille anni echeggiano sulle strade della Franconia e del Brandeburgo. Scrive il Capitano Engelhardt, comandante di uno squadrone di cavalleria della *Divisione di Ferro*, nel suo diario di viaggio:

4 giugno 1919. Lasciamo Bellenhof con il sole già alto. Ho fatto sostituire gli elmetti con berretti piatti, come quelli dei Cosacchi del Don. E sopra le nostre vecchie coccarde abbiamo messo un teschio. Cantando, cavalchiamo su una strada larga e dritta, nella luce dorata e fresca del mattino. Dopo qualche chilometro incontriamo dei cenciosi soldati nemici; hanno gettato le armi e si dirigono verso Riga per darsi prigionieri. Li lasciamo andare. La polvere della strada ed il calore ci avvolgono ora, soffocandoci. Campi e fertili praterie costeggiano le magnifiche foreste del castello di Adsel. Le vacche pascolano dietro le siepi. Una fosca nube si forma alla nostra destra. Si leva il vento: soffia fra le foglie tenere delle betulle e curva la punta scura degli abeti. Ordino di andare al trotto veloce per raggiungere Schwarzbeckhof e metterci al riparo prima del maltempo.
Quando cominciano a cadere le prime gocce, attraversiamo l'Aa approfittando di un guado, poiché il ponte è stato distrutto dai bolscevichi. Una calda pioggia temporalesca cade al suolo sollevando afrori pesanti e polverosi. Mettiamo i cavalli al riparo dentro stalle d'estate, lunghe e aperte, dove vi è ancora del buon vecchio fieno. Gli uomini approfittano della sosta forzata per ristorarsi con uova sode e pane comperato lungo la strada e riposto nelle tasche. La seducente sposa dell'amministratore di Schwarzbeckhof mi porta dieci uova sode e si indigna e protesta quando voglio pagargliele.
Il temporale è cessato. Saltiamo in sella. Il sole fa brillare i bordi della strada ancora rorida di pioggia. Costeggiando il fiume, nelle praterie sulle quali si innalza a picco una fitta corona di foreste, si sente il canto ospitale del piviere. Entriamo nel paradiso dei cacciatori. Si vede molta selvaggina di palude, ma anche qualche capriolo, e si può sentire il canto dei grandi galli cedroni.
Dopo una lunga cavalcata lo squadrone raggiunge la tenuta di Geltinghof. Un magnifico viale di tigli conduce alla residenza che è abbandonata da quando sono passati i bolscevichi. Per fortuna il personale della masseria è ancora là

e ci accoglie con dimostrazioni di simpatia. Passeremo la notte qui. I miei uomini fanno dissetare i cavalli che hanno percorso nella giornata quasi 70 chilometri. I contadini preparano allegramente il nostro bivacco. Intorno ad un grande fuoco di sterpi, si danno da fare con coltelli e piatti per tagliare a pezzi un maialino arrosto. Alcuni cavalieri accorrono con secchi di avena. Altri si riuniscono per cantare. Le donne e le fanciulle ci guardano furtivamente con risatine soffocate. Un giovane pastore soffia in un corno di bue. Non posso credere che siamo in guerra e che, all'improvviso, un colpo di fucile può turbare la pace della sera.
Bruscamente risuona il grido di allarme di una sentinella. Gli uomini si gettano sulle armi. Gli sguardi affondano lontano, verso la linea indistinta della strada arrossata dal sole al tramonto. Si vede un nugolo di polvere. Ispeziono il terreno con il binocolo. Non sono cavalieri nemici, ma una mandria di vacche...[129]

Questi momenti di pace bucolica non dureranno. Fra qualche ora la *Divisione di Ferro* si batterà nei dintorni di Friedrichstadt e la *Landeswehr* affronterà le truppe estoni a Komozki e Wenden.
Dal 5 maggio 1919, su ingiunzione degli alleati, il governo tedesco ha proibito il reclutamento di nuovi volontari per il Baltico. L'8 maggio Noske fa richiamare il *Freikorps* Pfeffer e la 1ª Divisione di riserva della Guardia, con il pretesto di rinforzare il fronte polacco in Prussia orientale. Il 13 giugno il Generale britannico Gough, nominato presidente di tutte le commissioni alleate in Lettonia, ordina alla *Landeswehr* di evacuare il nord della Livonia e ordina al generale von der Goltz di ridurre gli effettivi della metà. Il comandante in capo tedesco non esegue queste disposizioni. Egli ha gli occhi fissi su Weimar. L'assemblea si piegherà o no dinanzi al Diktat di Versailles? Il problema è tutto qui.
23 giugno 1919. A Olai, a nord-est di Riga, dopo selvaggi combattimenti, il fronte tenuto dai *Freikorps* contro i lettoni rossi ed i russi è calmo. È stato firmato l'armistizio tredici giorni prima. Il Sottotenente Wuth, capo dei *Freikorps* di Amburgo, distende la sua massiccia carcassa coriacea sulla cuccetta del fortino. Un dente di cinghiale gli esce dalla bocca. Macchinalmente, lo aguzza contro i peli duri della corta barba. Vicino a lui, il cadetto von Salomon, passato direttamente dall'Accademia ai Cacciatori di Maercker e dai combattimenti di Berlino al *Baltikum,* chiacchiera con il Sottotenente Schlageter. La conversazione è sempre sullo stesso argomento: come stabilirsi nel paese. Il Sottotenente Wuth pensa ad una fattoria e ad una segheria dalle parti di Bad Baldon, ma bisogna cacciare i lettoni.

---

[129] Documento raccolto dall'autore.

D'improvviso, il Sottotenente Kay fa irruzione nel fortino e prorompe: "La Germania ha firmato il Trattato di pace!".

Per un attimo ci fu un gran silenzio, così grande che la, stanza quasi ne rimbombò, poi Schlageter si alzò in piedi e con la mano sul saliscendi: – Così – mormorò – la Germania ha firmato... – Fece una pausa, e guardando fisso davanti a sé proseguì, e la sua voce aveva ora un tono cattivo: – In fondo, a noi che cosa importa? – E uscì, sbattendosi dietro la porta e facendo tremare tutta la stanza.
Ci guardammo rabbrividendo, provando a un tratto il gelo di un'indicibile solitudine. Avevamo creduto che il nostro paese non ci avrebbe lasciati mai liberi, che ci legasse con un'indistruttibile corrente, che alimentasse i nostri desideri segreti e giustificasse le nostre azioni. Ora tutto era finito. La firma del patto ci liberava.[130]

Due giorni prima, il 21 giugno 1919, le 70 navi della Flotta tedesca d'Alto Mare, prigioniera degli inglesi nel desolato scalo di Scapa Flow, nelle isole Orcadi, si sono autoaffondate su ordine del loro comandante, l'Ammiraglio Ludwig von Reuter[131].
L'annuncio della ratifica del Trattato di pace da parte dell'Assemblea di Weimar[132] giunge a Libau il 23 giugno 1919. I lettoni scendono nelle strade. La folla grida la sua gioia. Alcuni manifestanti rovesciano l'imponente obelisco eretto nel porto per commemorare l'entrata delle truppe tedesche nel 1915.
Il generale Gough, capo della missione militare alleata, decide di ristabilire immediatamente il governo Ulmanis. Il 27 giugno questi sbarca a Libau fra le acclamazioni dei suoi compatrioti e si installa nel Municipio. Un telegramma delle missioni alleate comunica al pastore Needra la sua destituzione. Questi accorre a Libau, ma è immediatamente arrestato.
Sbarazzatosi del concorrente, Ulmanis si prepara a raggiungere Riga per prendere in mano il governo della Lettonia.
Se il comandante in capo tedesco non è intervenuto, è perché ha appena subito una grave disfatta a nord di Riga e deve concentrare tutta la sua attenzione sulle operazioni militari.
Dopo la conquista di Riga, il Generale von der Goltz si era prefisso come nuovo obiettivo la liquidazione dei soviet a Pietroburgo. Come primo passo, vuole garantirsi una base in Estonia.

---

[130] Ernst von Salomon, op. cit., p. 110-111.
[131] Cfr. Jacques Mordal, *Versailles ou la Paix impossible,* Presses de la Cité, 1970.
[132] Rifiutato dalla quasi totalità dei tedeschi, il Trattato di pace era stato ratificato dall'Assemblea di Weimar il 23 giugno 1919 in seguito ad un ultimatum degli Alleati. La firma definitiva fu apposta a Versailles il 28 giugno.

Ma questo non piace affatto agli estoni: hanno conquistato la loro indipendenza, dispongono di un esercito nazionale piccolo ma efficace e vedono male un ritorno in forze dell'esercito tedesco nel loro territorio.

Quando i 12.000 uomini della *Landeswehr* e della *Divisione di Ferro* giungono senza nulla sospettare all'altezza di Wenden, il 21 giugno, sono bruscamente fatti segno ad un micidiale tiro di fanteria: sono caduti in una gigantesca imboscata. In un inestricabile disordine, i *Freikorps* tentano di uscire dalla trappola. Devono battere in ritirata e non riusciranno a stabilire la posizione che il 24 giugno, dietro il fiume Jägel. Le truppe russe ne approfittano per riprendere l'offensiva a est di Riga. Attaccato a nord e ad est, su un fronte troppo vasto per i suoi effettivi, von der Goltz si trova subito in una pericolosa situazione. Ben presto Riga si viene a trovare sotto il tiro dei cannoni estoni.

Gli alleati, riunitisi in fretta e furia a Libau con Ulmanis, decidono, su proposta del delegato francese, il Tenente Colonnello Du Paquet, di imporre un armistizio fra gli estoni ed i tedeschi. I primi si fermeranno al fiume Jägel, i secondi evacueranno Riga e ripiegheranno sul fronte di Mitau. La zona così liberata sarà occupata dall'esercito nazionale lettone.

Malgrado non sia d'accordo, von der Goltz non ha scelta. Questa soluzione lo salva forse da un disastro. Il 3 luglio, alle 3,30 del mattino, viene concluso l'armistizio fra i generali tedesco e britannico. Il 5 luglio, la rabbia in cuore, i *Freikorps* devono evacuare l'antica capitale dei duchi di Curlandia.

La calma che segue questo armistizio è solo un preludio a nuovi scontri. Il gabinetto Ulmanis e gli Alleati bruciano le tappe per allestire un esercito lettone capace di tener testa alle truppe tedesche. Prima della fine dell'autunno 1919, l'Intesa invia materiale bellico in abbondanza: 19.500 fucili, 500 fucili mitragliatori, 150 mitragliatrici, 25 milioni di cartucce, due gruppi completi di artiglieria da 75 a tre batterie ciascuno e 50.000 proiettili. Alla fine della stagione l'esercito lettone dispone di quattro Divisioni interamente equipaggiate, cioè 24.700 uomini sotto le armi. Contemporaneamente, la *Landeswehr* viene epurata di tutti gli elementi tedeschi e posta sotto il comando di un ufficiale inglese, il Colonnello Alexander, futuro governatore del Canada. Da 8.000, gli effettivi sono diventati 2.000; i 6.000 epurati raggiungono i *Freikorps* tedeschi.

Il 5 agosto 1919 gli Alleati fanno giungere a Berlino, per mezzo del maresciallo Foch, un ultimatum che esige l'immediata destituzione del generale von der Goltz ed il rimpatrio della totalità delle truppe tedesche entro il 20 agosto.

Il Gabinetto del Reich trasmette l'ordine nel Baltico. Filosoficamente, von der Goltz commenta:

Vi sono stati tanti di quegli ordini di evacuazione che ormai nessuno li prende più sul serio. Si pensa che siano emanati ad uso dell'Intesa per coprirsi nei suoi confronti.[133]

Tuttavia questa volta il governo, e in particolare il ministro della Reichswehr Noske, è ben deciso a far rispettare le istruzioni così redatte:

1) Le truppe del 6° Corpo d'Armata di riserva (denominazione ufficiale dell'Armata del *Baltikum*) si ritirino immediatamente con ogni mezzo verso la regione di Schaulen e, di là, verso la Germania;
2) le truppe che resteranno in Curlandia lo faranno a titolo strettamente privato. Dal 30 settembre non avranno più alcun diritto al soldo;
3) tutti gli ufficiali che non avranno raggiunto la Germania entro quella data saranno radiati dall'Esercito;
4) il reclutamento dei volontari per il Baltico è proibito in tutta la Germania[134].

Questo ordine non sorprende il Generale von der Goltz. Dopo la firma del Trattato di Versailles, si sa minacciato. Non immaginava comunque che Berlino gli avrebbe imposto di abbandonare il suo grandioso progetto di spinta germanica all'Est, che implica il rovesciamento dei soviet a Pietroburgo. Egli intravede una soluzione: passare al servizio dei russi bianchi, i cui rappresentanti in Curlandia sono il principe di Lieven e il Colonnello Awaloff-Bermondt. Né per questo occorre un grande sforzo di immaginazione: la storia della Prussia offre un prestigioso precedente.
All'inizio del 1812 la Russia si appresta a combattere la Francia. Battuta da Napoleone nel 1806, la Prussia stringe alleanza con il suo vincitore contro la Russia. I prussiani combatteranno nella Grande Armata. A questo accordo sono contrari alcuni giovani ufficiali fra cui Karl von Clausewitz, speranza del Grande Stato Maggiore. Il 18 aprile 1812 il ribelle riceve contemporaneamente il congedo firmato dal re di Prussia ed il brevetto di Tenente Colonnello dell'esercito zarista. Sarà con la divisa russa che Clausewitz compirà il suo destino di tedesco. Otto mesi dopo, il suo esempio è seguito dal generale Yorck, comandante il distaccamento prussiano della Grande Armata, che firma con i russi, a Tauroggen, una convenzione di neutralità, prologo alla rivincita della Prussia.

---

[133] Von der Goltz, op. cit., p. 151.
[134] Citato da Benoist-Méchin, op. cit., tomo II, p. 35.

Lo spirito di Tauroggen alberga nel generale von der Glotz quando si reca a Weimar per conferire con Ebert, Noske e il ministro degli Affari esteri, Müller.
"Signor Ministro, quale sarà l'atteggiamento del governo se i *Freikorps* del Baltico entreranno al servizio dei russi bianchi?"
Dopo aver consultato i suoi colleghi con un'occhiata, Noske risponde: "Il governo tedesco non avrebbe alcuna autorità su un tale esercito".
Poi, dopo un attimo: "Ma il gabinetto non avrà alcun obbligo nei confronti delle sue truppe stazionanti in Lettonia. Gli ufficiali e gli uomini che rifiuteranno di obbedire lo faranno a loro rischio e pericolo. Non dovranno attendersi più nulla dal governo tedesco".
Su ordine di Berlino, la *Divisione di Ferro* si prepara a lasciare la Lettonia. Il 24 agosto 1919 nella stazione di Mitau i soldati del 1° Reggimento di Fanteria di Curlandia attendono, sotto un cielo fosco, di prendere posto nei vagoni. Gli uomini sono tesi e silenziosi. Gli ufficiali passano febbrilmente di gruppo in gruppo, con il volto contratto; rispondono con tono duro alle domande incessanti che vengono loro rivolte. Gli uomini salgono lentamente sui vagoni: ciascuno sembra voler ritardare l'istante della partenza nella speranza assurda di un avvenimento inatteso che cambi tutto.
Improvvisamente un passo rimbomba sul marciapiede. Gli uomini si sporgono dai finestrini e vedono apparire il comandante Bischoff che marcia a grandi passi, il collo più rigido che mai, il volto cotto di vecchio coloniale tagliato dalle sopracciglia scomposte. Sul suo berretto scintilla il teschio d'argento. Gli ufficiali accorrono, i soldati gli si stringono attorno. Il comandante fa un gran gesto con la mano e con voce rauca grida:

Proibisco la partenza della *Divisione di Ferro!*

Gli risponde un'immensa ovazione. Gli uomini lo acclamano e lo portano in trionfo. La sera in suo onore organizzano un corteo con torce per le vie di Mitau.
È la rottura con Berlino, con la *Reichswehr*, con l'obbedienza tradizionale e muta. Scegliendo di essere tedeschi contro il governo, questi uomini compiono un atto politico della cui portata ancora non sono consapevoli. Essi affermano che la Nazione è al di sopra dello Stato. Essi, che fino a poco prima avevano lottato contro una rivoluzione sulla loro terra, sono divenuti a loro volta dei rivoluzionari.
Nei giorni seguenti i capi dei *Freikorps* riuniscono gli uomini ed espongono loro chiaramente la scelta da fare: la Curlandia con i suoi rischi e le sue incerte speranze di terre da conquistare, o la facilità del ritorno in una Germania miserabile, vinta, umiliata.

Passato il primo istante di entusiasmo, questi discorsi fanno riflettere ed i ranghi si assottigliano. Quelli che non possono sopportare la prospettiva di essere degli "ammutinati", partono, seguiti da tutti quelli che a suo tempo erano stati attirati dall'avventura o da un facile bottino, ma che ora temono di aver la peggio nell'ultima disperata lotta. Tuttavia i treni che li portano verso la Prussia orientale incrociano convogli che vanno in senso inverso carichi di nuovi volontari che giungono clandestinamente, coscienti di rompere ogni legame con il passato. Sono uomini che non possono sopportare di vivere nella Germania del Trattato di Versailles, uomini che non avranno un posto nell'Armata di 100.000 uomini imposta dal *Diktat,* la nuova Reichswehr da cui lo Stato Maggiore eliminerà i giovani lanzichenecchi usciti dalla guerra, per conservare solo gli ufficiali e gli uomini conformi all'antica tradizione.

Fin dai primi giorni di luglio, 600 Cacciatori di Maercker, stanchi di montare la guardia dinanzi al teatro di Weimar dove risiede l'Assemblea, sono riusciti a passare il confine con mitragliatrici, mortai, cannoni, e perfino un mezzo blindato! Il 10 luglio, 1500 Volontari arrivano alla stazione di Prekulm con destinazione Libau. L'11 due treni di 500 uomini prendono la stessa direzione. Scrive Noske:

La febbre baltica si impossessò di migliaia di individui, provocando un afflusso di volontari che fu impossibile arginare.[135]

Questi uomini vogliono entrare al servizio dei russi bianchi, come immaginava von der Goltz, significa non tener in alcuni conto i britannici che non ignorano *lo spirito di Tauroggen.* A metà agosto, gli Alleati ordinano al principe Lieven, comandante il contingente di russi bianchi in Curlandia, di lasciare Libau per appoggiare l'esercito bianco di Youdenitch a Narva. Al momento di imbarcarsi, uno dei distaccamenti, comandato dal Colonnello principe Awaloff-Bermondt, rifiuta di partire.

Con quella sua divisa di Colonnello circasso bardata di medaglie, di pistole e di pugnali, il principe Awaloff-Bermondt si compiace del suo personaggio di avventuriero romantico. Si dice anche che egli non sia né principe né Colonnello. Nessuno sa da dove venisse prima di servire come ufficiale di Stato Maggiore del 31° Corpo d'Armata russo. La testa traboccante di progetti grandiosi, egli non si cura delle povere realtà che la sua parola modifica e la sua seduzione trasfigura.

---

[135] Noske, op. cit., p. 177.

Scortato da una brillante guardia d'onore, i baffi aggressivi, afferma a piena voce che marcerà su Pietroburgo per rimettere sul trono lo Zar. Riunisce alcune comparse fra cui l'ex direttore di una Compagnia ferroviaria e un avvocato lettone, e proclama la costituzione di un "governo della Russia occidentale".

Il generale von der Goltz osserva molto attentamente questa mascherata, a meno che non sia egli stesso a dirigerla da dietro le quinte. In ogni caso, egli non manca di amicizie fra i partigiani di Awaloff. I soldati e gli ufficiali russi che seguono il Colonnello principe hanno tutti soggiornato nei campi tedeschi. Dopo il loro arrivo in Curlandia, non hanno smesso di dimostrare la loro simpatia per le iniziative dei *Freikorps*.

Quando Awaloff propone a von der Goltz di incorporare gli effettivi tedeschi nell'"Armata russa occidentale", naturalmente questi non rifiuta. Come Clausewitz nel 1812, da Berlino si fa rimuovere dal suo comando e poi, il 21 settembre 1919, conclude un trattato con il capo del "governo della Russia occidentale" e gli affida il comando delle unità di Volontari rimaste nel Baltico. Ufficialmente, avrà solo funzioni di consigliere tecnico. In effetti, il trattato sarà puramente formale ed egli conserverà il comando effettivo delle sue truppe.

Il 6 ottobre, Awaloff stipula un patto con tutti i capi dei *Freikorps* al termine del quale

I diritti di cittadinanza e di colonizzazione accordati anteriormente dal governo lettone sono confermati.

Ogni volontario riceve inoltre la nazionalità russa.

Ci appuntammo la coccarda russa sui berretti, non senza coprirla poi scaltramente con la tedesca. Intascammo divertiti le banconote che Bermondt aveva fatto subito stampare d'emissione era coperta dal materiale bellico che avremmo dovuto conquistare); bevemmo rabbiosi l'acquavite russa e imparammo a bestemmiare in russo. Così, poiché non volevamo più essere tedeschi, eravamo diventati russi[136].

Durante l'intero mese di settembre del 1919 si fanno febbrili preparativi nel campo russo-tedesco come in quello lettone. Ognuno comprende che si avvicina la spiegazione definitiva fra quelli che ritengono di avere dei diritti su una antica terra germanica che hanno liberato, e le popolazioni che rifiutano il ritorno dei loro antichi padroni.

---

[136] Ernst von Salomon, op. cit., p. 115.

Scrive un testimone imparziale:

La Lettonia somiglia ad un vulcano i cui brontolii sotterranei si avvertono ogni giorno di più accompagnati da convulsioni locali che fanno presentire l'imminenza di una forte e terribile eruzione[137].

L'eruzione avviene l'8 ottobre 1919.
Alle 18 il rombo dei cannoni tedeschi rompe il silenzio. Partendo da Mitau, come nel mese di maggio, i *Freikorps* marciano su Riga, prevenendo di alcune ore l'attacco delle truppe di Ulmanis.
L'"Armata russa occidentale" che secondo il Colonnello principe Awaloff, comprende 55.000 uomini, di cui 15.000 russi bianchi e 40.000 tedeschi[138], è divisa in quattro gruppi. I primi due sono costituiti da distaccamenti russi, al comando dei propri ufficiali. Gli altri due comprendono la *Divisione di Ferro* del Maggiore Bischoff e la *Deutschen Legion* creata il 25 agosto a Mitau, comandata dal Capitano di Vascello Siewert, poi, dopo la morte di questi, avvenuta in novembre, dal Capitano Otto Wagener, futuro *Reichskommissar* per l'Economia sotto Hitler. La *Divisione di Ferro* raggruppa vari *Freikorps*: quello di Amburgo e di Goldingen, i *Freikorps* Lutz e Rieckoff ai quali si aggiungono l'*Eiserne Schar* del Capitano Berthold, accorso dalla Baviera in settembre, e il *Freikorps* Plehve (nuovo nome del 2° Reggimento di riserva della Guardia) richiamato in luglio dal Baltico alla frontiera polacca e che ritorna clandestinamente in Curlandia nel mese di settembre. Anche la *Deutschen Legion* comprende diversi *Freikorps* fra i quali quelli di Stever, von Brandis, von Weickham, von Petersedorff, il *Baden Sturmbataillon*, ecc.
L'offensiva dei *Freikorps* accende l'animo della popolazione lettone di Riga. Ovunque si aprono uffici di reclutamento, si arruolano adolescenti e vecchi, vengono distribuite armi nuove appena sbarcate dalle navi da carico britanniche. Compagnie, Battaglioni, Reggimenti di volontari vengono così costituiti e inquadrati in poche ore ed immediatamente inviati al fronte per appoggiare l'Esercito lettone, nei sobborghi di Riga.
Tutta la notte ci si batte rabbiosamente. La mattina del 9 ottobre i *Freikorps* sono a 12 chilometri dalla città. Una serie di contrattacchi sanguinosi non serve a respingere i tedeschi che l'indomani, verso

---

[137] Tenente Colonnello Du Paquet, op. cit., p. 131.
[138] Cfr. Awaloff-Bermondt, *Im Kampf gegen den Bolschewismus*, Amburgo 1925, p. 217. Alcuni autori forniscono la cifra di 80.000 tedeschi. Winston Churchill, allora Segretario di Stato alla Guerra, in un rapporto alla Camera dei Comuni, riduce questa cifra parlando di 20.000 uomini.

mezzogiorno, passano la Düna. Francesi e inglesi, temendo di essere presi sotto il fuoco dei cannoni tedeschi, tornano indietro e gettano l'ancora alla foce del fiume. L'11 ottobre Awaloff invita Ulmanis a concludere un armistizio.
Ma questa volta gli Alleati vogliono finirla con l'avventura baltica, e spingono Ulmanis a resistere.
Attendono solo un pretesto per intervenire direttamente.
Il 13 ottobre i tedeschi occupano tutta la riva sinistra della Düna. I loro cannoni martellano la città. La conquista di Riga è ormai solo questione di ore. La resistenza dei difensori è indebolita. Lo scoramento si impadronisce dei lettoni, mentre il fuoco dei *Freikorps* aumenta. Solo un miracolo può fermarli.
Ed il miracolo avviene la sera del 14 ottobre: un proiettile tedesco finisce per errore su una scialuppa britannica, all'imboccatura della Düna. L'Ammiraglio Sir Walter Henry Cowan, comandante la squadra inglese del Baltico, ha ora il pretesto che gli permetterà di intervenire[139].
Il 15 ottobre alle ore 13 un fragore terribile, come quello di un mostruoso organo, risuona nell'aria. Poi, subito, il sole si mette a tremare. Enormi mucchi di sabbia e terra salgono verso il cielo insieme a brandelli umani e membra mutilate di cavalli. L'incrociatore leggero britannico *Dragon*, appoggiato dai cannoni delle navi costiere francesi *Lesin, Garnier, Aisne* e *Marne,* apre il fuoco sulle postazioni tedesche. Tartassati dai potenti pezzi, gli avamposti tedeschi vengono polverizzati. Le Compagnie si disperdono. Il fuoco ininterrotto dei cannoni solca i crateri aperti dai colpi precedenti, seppellendo i cadaveri smembrati ed i sopravvissuti. Mitragliatrici contorte e casse di munizioni sventrate giacciono al suolo. Quando il bombardamento finisce, i lettoni, resi arditi dall'insperato aiuto, si lanciano al contrattacco e penetrano nel caos del fronte tedesco. Alcuni superstiti isolati, intontiti e mezzi ciechi, tentano una resistenza che viene rapidamente soffocata.
I russi bianchi ed i tedeschi devono indietreggiare. La fortuna ha cambiato campo.
Dal 16 al 18 ottobre, i *Freikorps* cercano con accanimento di riguadagnare il terreno perduto. I loro contrattacchi vengono però respinti. Appoggiati dai cannoni della marina Alleata, i lettoni passano ovunque all'offensiva. I tedeschi cercano di avvicinarsi a Thorensberg, nel sobborgo ovest di Riga.

---

[139] I tedeschi contesteranno questo incidente.

Scrive uno di questi combattenti:

I primi giorni del novembre portarono con sé nevischio e un freddo tagliente. Ci avvolgemmo intorno al corpo vecchi stracci, ci coprimmo gambe e collo con vecchi sciallli e non avevamo avuto mai tanti pidocchi. Attraversammo battendo i piedi valli coperte di neve e strisciammo dentro silenziosi, profondi, bianchi boschi. Sfilammo lungo la Dima e ci nascondemmo in frananti buche del terreno Non avevamo più niente da cucinare; le poche patate gelate erano mangiabili solo arrostite. I nostri feriti andarono in cancrena e morirono. Avevamo un medico, ma gli toccava combattere, le medicine e le bende erano finite. Al nemico, sull'altra riva, non mancava niente... Avremmo fucilato per alto tradimento chiunque ci avesse imposto di obbedire all'ordine del governo del Reich di tornare in Germania[140].

Spinto dal Generale Niessel nuovo rappresentante dell'Intesa a Berlino[141], che rifiuta di riconoscere il "governo" del Colonnello-principe Awaloff, il gabinetto tedesco esige ancora una volta il ritorno dei *Freikorps*[142]. Il 1° novembre Noske pubblica un'ordinanza che proibisce, sotto pena di carcere

ogni sostegno alle truppe che si trovano nelle province baltiche, in particolare il reclutamento, l'invio di materiali, di armi e di viveri.

Abbandonati dal proprio governo, bloccati ad ovest dal mare, circondati a nord dall'esercito estone, ad est da quello lettone, e a sud, sulla via di ripiegamento e di rifornimento, da una improvvisa dichiarazione di guerra della Lituania, tartassati dai cannoni, dalla potenza e dalla pressione dei britannici, i *Freikorps* si trovano in una situazione disperata.
"Fu allora che Rossbach venne da noi", scrive von Salomon.
Uno sguardo folgorante in un volto di adolescente ostinato è ciò che colpisce fin dall'inizio nel Sottotenente Gerhard Rossbach dell'ex 175° Reggimento di Artiglieria. Nel novembre 1918 questo giovane di venticinque anni, che porta il nome di una vittoria di Federico il Grande[143], non si trova certo a suo agio nella realtà della disfatta. Fra gli uomini del suo Reggimento in rotta, egli riunisce 180 volontari ai qua-

---

[140] Ernst von Salomon, op. cit., p. 143-144.
[141] Generale Niessel, *L'Évacuation des pays baltiques par les Allemands*, Parigi 1935.
[142] Il Generale Eberhardt viene nominato comandante in capo delle truppe del Baltico con il compito di liquidare l'avventura baltica. Il 5 novembre il Generale ingiunge al comandante Bischoff di ripiegare immediatamente in Prussia Orientale. Gli ufficiali della *Divisione di Ferro* rispondono con un indignato rifiuto.
[143] Il 5 novembre 1757 Federico II di Prussia a Rossbach aveva sgominato l'esercito austro-francese comandato da Soubise.

li si aggiungono ben presto soldati provenienti da altre unità, per difendere la frontiera della Prussia Orientale minacciata dai polacchi.

Il 29 gennaio 1919, alla testa della sua piccola truppa, si impadronisce della città di Culmsee occupata dalle milizie polacche. Questa azione clamorosa gli dà la notorietà. Il suo *Freikorps* viene allora incorporato nella Reichswehr provvisoria con il nome di *Jäger-Bataillon 37* (37° Battaglione Cacciatori). Partecipa a diverse operazioni nella Prussia Orientale per la difesa di Posen e di Danzica, che doveva mandare all'aria il Trattato di Versailles. Fino a questo momento Rossbach è solo uno di quei tedeschi della giovane generazione del fronte per i quali la guerra continua finché le frontiere del Reich e le popolazioni germaniche dell'Est sono minacciate. La firma della "vergognosa capitolazione" farà di questo giovane ufficiale un nemico irriducibile del regime di Weimar.

Nominato Sottotenente nella nuova *Reichswehr* di 100.000 uomini, rifiuta di prestare giuramento alla "bandiera della vergogna", si strappa le mostrine e si dà una bandiera nera tagliata da due barre trasversali e da una grande "R" d'argento. Poi su questo stendardo fa prestare giuramento ai suoi uomini. È nato il *Freikorps* Rossbach.

Quando, il 4 luglio 1919, viene a conoscenza dell'evacuazione di Riga, Rossbach chiede allo Stato Maggiore della 35ª Divisione della *Reichswehr* l'autorizzazione di raggiungere le forze di von der Goltz.

Poiché questa gli viene rifiutata, finge di sottomettersi ed incarica i suoi ufficiali di trovare divise invernali e stock di munizioni. Durante il mese di settembre accelera i preparativi. All'annuncio dell'offensiva dell'8 ottobre non riesce a trattenersi. Chiede, ancora una volta, di poter raggiungere il *Baltikum*. Per tutta risposta, riceve l'ordine di andare a Pelplin-Münstervalde, ad ovest. Ormai gli restano solo due soluzioni: dare le dimissioni o ribellarsi.

Con le dimissioni non recherebbe alcun soccorso ai suoi camerati del Baltico. Rimane la ribellione, che tutti i suoi uomini ed i suoi ufficiali desiderano. Da settimane tutti la preparano metodicamente. Non è facile a diverse centinaia di uomini con cavalli, mitragliatrici, mortai, riserve di materiale e di munizioni, percorrere segretamente mille chilometri.

Il 10 ottobre, il *Freikorps* sembra disporsi alla marcia secondo gli ordini del Quartier Generale. Conformemente alle consegne ricevute, raggunge Marienwerder. Ma da lì, invece di marciare in direzione ovest, piega verso nord-est, percorrendo 60 chilometri a piedi nella notte. Al mattino i *Rossbacher* sono svaniti. Telegrammi partono in tutte le direzioni perché vengano ritrovate le loro tracce. Invano.

Gli uomini del *Freikorps* dormono piacevolmente nei granai di sperduti villaggi per prepararsi ad una nuova marcia nella notte. Viene spiccato un ordine di arresto contro il loro capo.
L'Alto Comando telegrafa al Battaglione della *Reichswehr* di Osterode, nella Prussia Orientale, ordinandogli di tagliare la strada al *Freikorps* e di impedirgli il passaggio nella regione del lago di Saalfeld che costituisce una trappola ideale. Ma, stranamente, poco più tardi arriva un contrordine – di cui nessuno in seguito troverà traccia – che ingiunge al Battaglione di restare a Osterode a causa di disordini scoppiati a Thom. La notte seguente il *Freikorps* supera Saalfeld senza ostacoli e raggiunge Morungen. L'inverno è vicino, ma la marcia riscalda gli uomini. Le foglie morte scricchiolano sotto il passo dei cavalli. Come una colonna di spettri, il *Freikorps* marcia nella notte verso nord-ovest.
La Compagnia mitraglieri scova alcuni camion e immediatamente li "requisisce". Con grida di gioia, supera la colonna e piomba un po' più lontano su una Compagnia ciclista che ha l'ordine di arrestare il *Freikorps*. Con straordinaria presenza di spirito, il comandante della Compagnia mitraglieri assicura di aver ricevuto le stesse istruzioni. Essendo l'ufficiale più anziano, prende il comando dei due distaccamenti e rimanda il "giovane camerata" nei suoi quartieri.
A Königsberg il Generale von Seeckt, premuto da Noske, convoca i comandanti di piazza della Prussia Orientale. Questi sono espliciti: mai le loro truppe si opporranno a Rossbach. Il Generale può ancora considerarsi fortunato se queste non si uniscono a lui. Von Seeckt fa allora appello al solo uomo che ha influenza sui *Rossbacher*, il Maggiore Wagner dello Stato Maggiore di Danzica. Già in precedenti occasioni questo ufficiale aveva facilitato la soluzione dei problemi materiali del *Freikorps* al momento della sua creazione.
In effetti, il Maggiore Wagner è ricevuto con simpatia da Rossbach:
"Venite per unirvi a noi, comandante?"
"Andiamo, Rossbach non scherziamo. State commettendo una follia e non avete il diritto di trascinare in essa i vostri uomini".
"Io? Io non trascino nessuno. Giudicherete voi stesso. Quando saremo al campo, vi autorizzo a parlare ai miei uomini, ed a recuperare quelli che avrete convinto".
Il Maggiore Wagner si mette dunque sulla piazza del mercato, nei villaggi dove sosta il *Freikorps*, con un cartello sul quale è scritto: "*Luogo di riunione per i disertori della Sezione d'Assalto Rossbach*". Ma il luogo di riunione resta vuoto.
Dopo tre giorni, la Compagnia ciclista si impadronisce del cartello con grandi risa ed il Maggiore Wagner sparisce.

Poco prima di Tilsit, un ufficiale della *Feldgendarmerie* vuole proibire il passaggio. Al di là, egli afferma, sarà tutto perduto.

Ma le sue argomentazioni perdono alquanto credito quando la sua stessa ordinanza inforca il cavallo e corre ad unirsi ai *Rossbacher.*
Il *Feldgendarme* non aveva torto. Una dimostrazione di forza attende il *Freikorps* a Tilsit, durante la notte. Bisogna passare sul ponte Luisen che attraversa il fiume Memel, molto largo in questo punto. Una sola mitragliatrice basterebbe a bloccarli. Ma non vi sono mitragliatrici. Alla luce delle lampade a petrolio, si vede solo un gruppo di ufficiali della guarnigione. Un Generale si rivolge a Rossbach che cavalca alla testa dei suoi uomini:

In nome del governo, vi ordino di arrestare il vostro cammino e di fare dietro-front.

Come risposta, Rossbach si volge ai suoi uomini e ordina:

Pronti a far fuoco!

Si sente il rumore caratteristico dello scorrere degli otturatori. Il Generale alza le spalle:

Mi piego alla forza.

Il giorno dopo, 30 ottobre 1919, il *Freikorps* passa la frontiera, musica in testa e bandiera spiegata.
Arrivati dinanzi al monumento di Tauroggen elevato in ricordo del trattato del 1812 fra il Generale prussiano Yorck e lo Zar di Russia, i *Rossbacher* prestano giuramento di fedeltà all'"Esercito della Russia occidentale".
Partita da Weichsel con 387 uomini, l'unità ne conta 960 all'arrivo, grazie ai Volontari reclutati lungo la strada fra le truppe incaricate di arrestarla.
In Lituania Rossbach deve aprirsi la strada a colpi di mitragliatrice. Sfiniti da una marcia forzata di venti giorni durante la quale hanno percorso quasi mille chilometri, gli uomini si distendono in un treno preso a viva forza che, sobbalzando, li porta fino a Mitau.
Il 9 novembre, un anno dopo lo scoppio della Rivoluzione a Kiel e a Berlino, sfilano per le strade di Mitau dietro il nero stendardo acclamato dalla popolazione tedesca.
Non hanno il tempo di fermarsi. A Thorensberg, nei pressi di Riga, la *Divisione di Ferro* è circondata. Rossbach accorre. Raduna lungo la

strada delle unità sbandate e piomba sui lettoni già sicuri della vittoria. Senza rompere l'ordine di marcia si slancia su un nemico dalle mille teste. Le sue trombe suonano la carica.

Trasportato da un irresistibile slancio, Rossbach raggiunge il centro della città e libera i camerati accerchiati. Passo a passo, bisogna indietreggiare malgrado un accanimento che suscita perfino l'ammirazione degli Alleati. Il Tenente Colonnello Du Paquet scriverà:

Il nemico [cioè i tedeschi] diede prova di molto coraggio. A Thorensberg, un ufficiale rimase solo e continuò a sparare con la sua mitragliatrice fino a quando non cadde ucciso sull'arma[144].

Se vi sono ancora armi e munizioni, mancano da molto tempo viveri e materiale sanitario. I feriti devono essere soppressi, poiché cadere vivi nelle mani dei lettoni è atroce. I baltici ed i tedeschi catturati vengono uccisi in modo orrendamente crudele: si trovano cadaveri crocifissi agli alberi, gli occhi strappati dalle orbite; altri sono stati mutilati prima di essere abbattuti.

Come un cinghiale assalito dai cani, i *Freikorps* sono attaccati da tutti i lati. Scrive von Salomon:

Eravamo rabbiosi. Inseguimmo i lettoni come lepri nella campagna buttando fuoco in ogni casa, riducendo in polvere i ponti e rovesciando tutti i pali del telegrafo. Buttammo i cadaveri nei fiumi scagliando loro dietro bombe a mano. Uccidemmo tutto quello che ci capitava nelle mani, incendiammo tutto quello che era incendiabile. Vedevamo rosso: non avevamo più sentimenti umani in cuore. Dove ci fermavamo, il demone della distruzione faceva gemere la terra; dove ci slanciavamo all'assalto, al posto delle case non rimanevano che rovine, cenere e travi ardenti, come ascessi purulenti sui campi nudi. Una gigantesca bandiera di fumo contrassegnava il nostro cammino. Avevamo acceso un rogo che non consumava solo materiale inerte, mal le nostre speranze, le nostre passioni; dove ardevano le tavole delle leggi borghesi, le norme e i valori del mondo civile; dove bruciavano, ciarpame polveroso ormai inutile, le parole altisonanti, la fede nelle cose e nelle idee di un'epoca che ormai ci abbandonava[145].

Solo la città di Mitau resiste ancora, ultimo brandello di quella terra promessa loro con tanta leggerezza. L'attacco viene scatenato il 21 novembre. Per tutto il giorno i difensori resistono tra feroci corpo a corpo.

---

[144] Tenente Colonnello du Paquet, op. cit., p. 195.
[145] Ernst von Salomon, op. cit., p. 147.

Una particella dello spirito che regna qui sarebbe sufficiente per rifare della Germania un grande Stato

può scrivere con amarezza il Capitano Siewert, capo della *Deutsche Legion*, che qualche giorno dopo cadrà ucciso a Bauske[146].

Ma per rompere l'accerchiamento occorre abbandonare la posizione. Nella notte incombente i tedeschi danno fuoco a tutto: il castello, il municipio, le scuole, i depositi di materiale e di munizioni si trasformano in un gigantesco falò la cui luce rossa illumina per parecchi chilometri la campagna bianca di neve.

Alla luce di questo apocalittico rogo i *Freikorps* evacuano Mitau. Magri, coperti di stracci, da tutti i fronti della Curlandia i tedeschi si ritirano verso la frontiera della Lituania, bersagliati dalle Divisioni lettoni ben nutrite ed equipaggiate. Le lunghe colonne grigie si snodano sulla neve; i feriti vengono trasportati su carriole ed i loro lamenti si confondono con il cigolio delle ruote. Lungo la costa, i cannoni dell'incrociatore britannico *Dragon*[147] bersagliano le unità tedesche costringendole a rifluire verso l'interno.

Dopo diversi tentativi dello Stato Maggiore tedesco della Prussia Orientale e con l'accordo degli Alleati, il 24 novembre viene concluso un armistizio. Ma i *Freikorps*, malgrado siano sfiniti, non intendono sottomettersi alle condizioni del governo. Il generale Eberhardt, incaricato da Berlino delle operazioni di rimpatrio, si dirige in treno verso Muravievo dove alcune unità si stanno concedendo un momento di riposo. Per dargli il benvenuto, i Volontari lanciano delle bombe a mano contro il suo vagone-salotto.

I *Freikorps* non vogliono l'armistizio. Evacuano la Curlandia con le armi in mano e senza arrendersi. Ed il 30 novembre attraversano la frontiera della Lituania.

Possono infine respirare un po', sorvegliati a rispettosa distanza dalle truppe lituane. Quanti sono riusciti a scampare a questa terribile avventura? Dei 10.000 uomini che contava la *Divisione di Ferro* due mesi prima, solo 5.800 sono sopravvissuti. Dei 600 Volontari del *Freikorps* di Amburgo, giunto in Curlandia nel febbraio 1919, solo 24 si sono salvati.

La Germania di Weimar trema al pensiero del ritorno di questi uomini terribili, che hanno tanto sofferto e che sono stati tanto ingannati. Par-

---

[146] Citato da von der Goltz.
[147] Il 17 ottobre 1919 l'*HMS Dragon* fu colpito tre volte da una Batteria d'artiglieria tedesca lungo la costa lituana, con nove morti e cinque feriti a bordo. La nave, passata poi alla Marina da guerra polacca, fu colpita il 7 giugno 1944 da un siluro pilotato *Neger* della *Kriegsmarine* durante lo sbarco in Normandia, NdC.

titi per prendersi una rivincita sulla disfatta e costruire una nuova patria, ritornano vinti ma non rassegnati, e coscienti di essere stati traditi dal governo. Il loro capo, il Generale von der Goltz, ha perfettamente riassunto il pensiero di tutti scrivendo amaramente:

Avremmo potuto facilmente sbarazzarci dei nostri quattro nemici (l'Armata Rossa, i Consigli dei Soldati, il governo lettone e l'Intesa) se il debole governo tedesco non si fosse alleato con essi per divenire il quinto... Quando accettai la missione affidatami, non avevo dubbi sul fatto che i miei peggiori nemici sarebbero stati il mio popolo ed il mio governo.[148]

Il Generale Niessel, incaricato dall'Intesa di liquidare la questione del Baltico, viene in soccorso del governo di Weimar: ordina il disarmo e lo scioglimento dei *Freikorps* appena arrivati nella Prussia Orientale. Quando giungono in territorio tedesco dopo aver attraversato la Lituania, ad accogliere i Volontari non ci sono fanfare, fiori ed acclamazioni ma unità di polizia appoggiate da distaccamenti della *Reichswehr* in assetto di guerra. I *Freikorps* si lasceranno disarmare?
Appena passata nella Prussia Orientale, la *Divisione di Ferro* rompe il cordone di truppe incaricate di intercettarla e si sottrae alla vergogna di essere disarmata. Raggiunge la regione di Stade, nella Bassa Sassonia, dove gli uomini si sparpagliano per le fattorie mentre le armi vengono nascoste.
Il Maggiore Bischoff ha raccontato il suo incontro, avvenuto qualche giorno dopo, con il Generale von Estorff, comandante militare della Prussia Orientale:

Lo conoscevo, e lo ammiravo per averlo visto in azione durante i miei anni di servizio, in Africa Orientale: "So, mio caro Bischoff, – mi disse – che vi piacerebbe marciare su Berlino. Io non posso arrestarvi perché la metà dei miei effettivi si unirebbe a voi e l'altra metà si rifiuterebbe di sparare. Ma – datemi retta – non lo fate: non servirebbe a nulla".

Aggiunge Bischoff:

Era duro per me rinunciare a quelle convinzioni che avevo sempre nutrito dal 9 novembre 1918 – convinzioni che mi avevano portato all'Est e che avevano determinato tutte le mie azioni – e lasciarmi sfuggire il mezzo per tradurle in fatti.[149]

---

[148] Von der Goltz, op. cit., p. 123.
[149] Joseph Bischoff, *Die Letzte Front*, Berlino 1935, p. 243.

In effetti Bischoff, come gli altri capi dei *Freikorps*, non tradirà i suoi principi. La prova del *Baltikum* li ha induriti a tal punto che sono ormai totalmente inassimilabili dalla Germania di Weimar. E, sotto tutte le forme, mai cesseranno di combatterla.

In attesa della rivincita, si sforzano di mantenere in vita i loro *Freikorps*, trasformati in gruppi di braccianti agricoli ai quali le grandi tenute di Prussia e di Pomerania offrono la possibilità di lavorare. Altri offriranno i loro servigi al maggiore offerente. Fin dal 23 dicembre, Rossbach fa pubblicare un annuncio sul "*Deutschen Tageszeitung*" redatto in questi termini:

Il *Freikorps* Rossbach fa sapere che non ha alcuna intenzione di sciogliersi, e che anzi intende continuare la vita in comune, al servizio di coloro che vorranno impiegarlo con un fine di interesse nazionale.

Un po' ovunque ecco apparire delle *Arbeitsgemeinschaften*, comunità di lavoro che rinnoveranno i progetti di colonizzazione militare del *Baltikum*[150] mentre mantengono viva la fiamma selvaggia dei *Freikorpskämpfer*.

Non riuscivamo a liberarci della nostra ossessione. Nessuno di noi se ne liberava nelle osterie fumose, nelle sale da ballo che si riempivano ogni sabato di ragazze, giovanotti e soldati, nelle belle strade e nei comodi locali della città, nei tranquilli casolari della palude. Ci sentivamo spinti qua e là da una forza oscura che non era l'incertezza del nostro destino e nemmeno l'assurdità della nostra vita; ma qualcosa d'incomprensibile. Passavamo tutte le notti a bere; chi non beveva andava a puttane; gli altri perdevano il loro denaro alle carte. Aspettavamo, nessuno sapeva bene che cosa. Avevamo conservato le nostre armi senza sapere quando le avremmo adoperate di nuovo. Conducevamo una vita a parte: scavalcavamo tutti i muri; non ci sentivamo a casa nostra in nessun posto; eravamo stranieri nel Reich.[151]

---

[150] In seguito avranno un ruolo di primo piano e serviranno da modello al famoso Servizio del Lavoro (*RAD*) creato dal Terzo Reich.
[151] Ernst von Salomon, op. *cit.*, p. 152-153.

La congiura

La notte dal 12 al 13 marzo 1920 è dolce come una sera di primavera. Una brezza leggera ha spinto le nubi dietro l'orizzonte. La luna illumina i trenta chilometri di strada che separano il campo di Doberitz da Berlino, ed il suo smorto pallore fa scintillare gli elmetti e le armi.
La brigata Ehrhardt ha lasciato gli accantonamenti alle 23. Gli uomini marciano, inebriati da una magica parola: potere. Una parola che dà loro

un senso di leggerezza, di serenità, di dolce responsabilità.[152]

Entro poche ore i loro stivali vittoriosi calpesteranno il selciato della capitale. Cantano uno dei loro *lieder* preferiti:

> *La croce uncinata sull'elmetto*
> *Rosso, bianco, nero,*
> *La brigata Ehrhardt*
> *Marcia all'attacco*[153].

Il loro capo, il Capitano di Corvetta Hermann Ehrhardt non ha tuttavia nulla di catilinario. È un uomo d'ordine e si vede. Tutto in lui è chiaro e pulito come gli strumenti della Marina imperiale. Se fosse stato per lui, comanderebbe ancora l'incrociatore *Graudenz* e caccerebbe il cinghiale in Baviera durante i periodi di licenza. L'ascendente che ha sugli uomini è dovuto alla sua sicurezza, alla sua tranquillità interiore. Egli ignora i drammi di coscienza. In lui, i problemi trovano sempre una soluzione immediata e semplice. Non si interroga sul significato dei rivolgimenti che avvengono intorno a lui. Il suo Imperatore è stato rovesciato da ima rivoluzione. La Germania è vinta, bisogna dunque preparare la rivincita. È un uomo di azione e un irriducibile ottimista. La croce uncinata che portano i suoi uomini non è per lui il simbolo di una rivoluzione totale, ma quello della fedeltà germanica in contrapposizione alla "Germania snaturata" di Weimar.
Questo figlio di un pastore luterano della Svizzera tedesca è un uomo inflessibile ed un terribile marinaio.

---

[152] Ernst von Salomon, op. cit., p. 158.
[153] L'uso politico della croce uncinata è anteriore al nazismo. In un opuscolo nazionalista pubblicato nel marzo 1920 dalle edizioni della "*Tägliche Rundschau*" si afferma che gli uomini della Brigata portavano tutti la croce uncinata, il vecchio simbolo indogermanico. Questo simbolo significa il solenne impegno per la germanità contro tutto ciò che è estraneo alla razza.

Era stato soprannominato "Ehrhardt-il-rosso", lusinghiera allusione al conquistatore vichingo di Groenlandia, Eric-il-Rosso. Durante la battaglia dello Skagerrak, colato a picco, era salito su un altro bastimento per continuare a combattere. Nel novembre 1918 era stato bloccato dagli ammutinati nel porto di Wilhelmshaven. Subito aveva radunato quanti camerati della Marina imperiale aveva potuto insieme ad alcuni uomini sicuri. Quando, negli ultimi giorni di dicembre, gli spartachisti di Brema vogliono creare una repubblica rossa con l'appoggio del locale consiglio dei marinai e degli operai, incontrano una inattesa resistenza. Con i suoi Volontari ed un cannone da sbarco, il Capitano Ehrhardt li sloggia dalla caserma da essi occupata.

Il 1° marzo 1919 la 2ª Brigata di Marina è ufficialmente costituita sotto il patronato di Noske. Ehrhardt sceglie come insegna un drakkar di Vichingo. I Volontari sono numerosi e il Capitano è esigente per quanto riguarda la qualità. Il nucleo della Brigata è costituito da ufficiali di Marina e da studenti. Dopo un addestramento di sei settimane, riceve il battesimo del fuoco durante la campagna di Brunswick, nell'aprile 1919. L'*Ahoi!*, il grido che lanciano fra loro gli uomini di Ehrhardt, risuonerà poi a Monaco nel mese di maggio. Successivamente il *Freikorps* è inviato in Alta-Slesia per combattere le milizie polacche del P.W.O. (*Polska Organizacja Wojskowa*, Organizzazione Militare Polacca clandestina).

Alla fine dell'anno 1919 viene potenziato dall'arrivo di rudi combattenti del *Baltikum* provenienti dal *Freikorps* Plehve. Il nichilismo selvaggio dei nuovi venuti influisce molto presto su tutta la Brigata.

Nel gennaio 1920, temendo disordini all'interno del Reich, Noske richiama il *Freikorps* e lo acquartiera nelle caserme di Döberitz, a meno di un'ora di macchina da Berlino

Brutalmente, per la celebrazione del suo primo anniversario, la Brigata riceve l'ordine di sciogliersi, in applicazione delle clausole del Trattato di Versailles sulla limitazione degli effettivi. Scriverà il Generale Maercker:

Il governo e la maggior parte dell'Assemblea trovavano del tutto naturale che i soldati sacrificassero per essi la vita in atroci combattimenti contro i loro stessi compatrioti. E questo non dava loro diritto ad alcuna riconoscenza. I mercenari non facevano altro che quello per cui erano pagati.[154]

La decisione fa esplodere una rivolta che nulla potrà sedare.

---

[154] Generale Maercker, *Vom Kaiserheer zur Reichswehr,* Leipzig 1922, p. 317.

È il frutto di una congiura reazionaria? "No", risponde uno dei principali testimoni, "no: in fondo era solo disperazione, che cercava, anche inarticolata, di sfogarsi".[155]
Per comprendere la collera dei *Freikorps*, bisogna tornare indietro di un anno e seguire le tappe dell'avvilimento della Germania dinanzi al *Diktat* degli Alleati.

Il 7 maggio 1919, quarto anniversario del siluramento del *Lusitania*[156], alle ore 15 la porta della sala delle sedute del Trianon di Versailles si è aperta dinanzi alla delegazione tedesca, che è condotta dal conte Ulrich von Brockdorf zu Rantzau, ministro degli Affari Esteri del Reich. Questo lontano discendente dei Borboni sta per subire, in nome del suo paese, la simbolica umiliazione della disfatta. Il volto cereo, segnato da occhiaie che rivelano il suo sconvolgimento interiore, esprime il disprezzo orgoglioso, il dolore bruciante ed il rancore del suo popolo per coloro che vogliono umiliarlo.
È previsto che la seduta duri solo cinque minuti, il tempo di consegnare alla delegazione tedesca le 200 pagine – 440 articoli e 5.000 parole – delle "Condizioni di Pace". Presiede George Clemenceau, che, di diritto, prende la parola:

Signori plenipotenziari dell'Impero tedesco, non è questo né il momento né il luogo per sprecare parole. È venuta l'ora di regolare i nostri conti[157].

I tedeschi hanno quindici giorni di tempo per presentare delle "osservazioni" per iscritto, dopo di che gli Alleati comunicheranno loro la risposta e la data in cui il Trattato sarà firmato. Se questa dilazione non sarà rispettata, la Germania sarà immediatamente invasa dagli eserciti dell'Intesa ammassati alle sue frontiere.
Il testo del Trattato, redatto in fretta e furia, ha solo una lontana somiglianza con la "pace giusta" proposta dal presidente Wilson nei suoi "Quattordici Punti". Le delegazioni americana e britannica si preoccuperanno d'altronde un po' tardi degli eccessi di un testo, la cui portata generale non era loro apparsa al momento della frammentaria discussione dei diversi articoli.

---

[155] Ernst von Salomon, op. cit., p. 158
[156] Il grande transatlantico *Lusitania*, di 31.550 tonnellate di stazza lorda, fu colato a picco il 7 maggio 1915 al largo dell'Irlanda dal sommergibile tedesco *U-20*. Persero la vita 1.198 persone fra cui 124 americani. L'emozione provocata nell'opinione pubblica americana fu strumentalizzata politicamente dal Governo statunitense per giustificare l'entrata in guerra degli Stati Uniti due anni dopo, nel 1917. Pubblicati da Colin Simpson nel 1972, i documenti degli Archivi dell'Ammiragliato britannico hanno rivelato che il piroscafo era utilizzato per scopi militari.
[157] Richard Watt, op. cit., p. 355.

Herbert Hoover, principale esperto economico americano e futuro presidente degli Stati Uniti, si dichiara "inorridito dalla sua durezza". Ray Stannard Baker, direttore della sezione stampa americana, lo giudica "un terribile documento, un atto di vendetta senza pari nella Storia". Quanto al presidente Wilson, egli stesso dice a Baker: "Se fossi tedesco, credo proprio che non firmerei". Ma, minato dalla malattia, non trova più la forza di opporsi alle pretese di Clemenceau[158].

Nei giorni seguenti il Primo ministro inglese, Lloyd George, che aveva condotto la sua campagna elettorale promettendo di far impiccare il Kaiser alla Torre di Londra, comprende d'improvviso come queste "Condizioni di Pace" riservino delle calamità per il futuro. Il Generale Smuts, plenipotenziario dell'Africa del Sud, ha contribuito ad illuminarlo. Quest'uomo freddo e severo era stato all'inizio del secolo nemico giurato dell'Inghilterra ed aveva condotto contro di essa i famosi commandos boeri durante la guerra del Transvaal. Ma, dopo la disfatta, vistosi accordare una pace generosa, aveva rispettato il giuramento di alleanza alla Corona. Durante la guerra mondiale la fermezza con cui aveva tenuto fede all'impegno di difendere senza transigere gli interessi dell'Impero britannico gli aveva procurato una grande influenza a Londra. Il Generale Smuts traeva, dalla sua personale esperienza della sconfitta, la certezza che le condizioni imposte alla Germania avrebbero causato una catastrofe. Il 22 maggio 1919 consegna un preoccupante rapporto a Lloyd George. L'economista John Keynes agisce nello stesso senso.

Atterrito, il Premier britannico tenta di fare macchina indietro. Ma è troppo tardi. Nemmeno Wilson intende riprendere la discussione del Trattato. La prova dei dibattimenti con le diverse parti in causa, soprattutto Clemenceau, è stata per lui troppo penosa. Tanto peggio per la Germania, tanto peggio per l'Europa, tanto peggio per il futuro. "Che Dio ci assista!", conclude in modo cupo il presidente americano. Le generazioni successive pagheranno queste leggerezze a prezzo di sangue e di lacrime.

Territorialmente, il Trattato priva la Germania di un settimo della sua superficie del 1914 e di un decimo della sua popolazione. Rileva Pol Vandromme:

In sé, questo prezzo non era eccessivo; ma se ne stabilì il pagamento a caso, stupidamente, senza considerare la necessità di vita di un popolo. Fu come se il paese fosse stato consegnato al coltello di un macellaio ubriaco.[159]

---

[158] Cfr. Richard Watt, op. cit., p. 353.
[159] Pol Vandromme, *L'Europe en chemise*, Ed. de la Francité, Bruxelles 1971, p. 28.

In effetti, poteva essere comprensibile che l'Alsazia e la Lorena ritornassero alla Francia, che i cantoni di Eupen e di Malmedy fossero riannessi al Belgio, che la Polonia avesse accesso al mare grazie all'annessione di una parte della Prussia Orientale. Ma era una pazzesca provocazione pretendere che la Saar fosse sottoposta per quindici anni alla debole S.d.N. in attesa di un referendum finale; che il destino dell'Alta Slesia dipendesse da un plebiscito; che la Prussia Orientale fosse separata dal resto della Germania con il corridoio di Danzica; che Danzica, con una popolazione al 95% tedesca, fosse ceduta alla Polonia.

La Germania si vedeva spossessata della sua marina mercantile, del suo miglior materiale ferroviario, del 30% del suo carbone, del 75% del suo minerale di ferro e del 15% della sua produzione agricola. Contemporaneamente si esigeva da essa il pagamento delle "riparazioni di guerra" che, anche a giudizio degli Alleati, erano esorbitanti.

Per giustificare questo squartamento, i Quattro esigevano nel famoso articolo 231 del Trattato che la Germania si riconoscesse responsabile della guerra, di tutte le perdite e di tutti i danni causati da questa agli Alleati. La misura è colma con gli articoli 227 e 228 con i quali si pretendeva che Guglielmo II venisse giudicato come "criminale di guerra" e che la Germania consegnasse tutti coloro che gli Alleati avessero ritenuto ugualmente colpevoli affinché fossero giudicati dai loro tribunali militari.

Queste condizioni erano per i tedeschi tanto più inaccettabili in quanto la Germania non era stata schiacciata. Quando fu firmato l'armistizio dell'11 novembre le sue Armate occupavano ancora una parte dei territori francese e belga, per non parlare dell'Est dell'Europa. Solo un popolo disfatto, occupato, sottomesso alla volontà dei vincitori[160] avrebbe potuto accettare un tale *Diktat*.

La Francia di Barrès e di Péguy si accese per molto meno all'indomani di Sedan: la perdita dell'Alsazia e della Lorena fu sufficiente a risvegliare idee di riconquista.

Per esaminare le condizioni dei Quattro, l'Assemblea nazionale si è eccezionalmente trasferita dal teatro di Weimar all'Università di Berlino. Il 12 maggio alle ore 12 si inizia la prima seduta.

---

[160] Come lo fu la Germania anche dopo la seconda guerra mondiale.

Il cancelliere Scheidemann, brandendo una copia del Trattato, sale alla tribuna:

Dobbiamo oggi deliberare su questo grosso libro dove centinaia di paragrafi cominciano con: "La Germania rinuncia... rinuncia... rinuncia..."

Fra gli applausi dell'uditorio, prosegue:

Il governo considera inaccettabile questo Trattato. Quale mano non si disseccherebbe piuttosto che affibbiare a sé, ed a noi nello stesso tempo, queste catene?[161]

Intervengono poi gli oratori dei diversi partiti, che dichiarano il loro orrore per queste Condizioni e manifestano la volontà di rifiutarle. Ad eccezione del socialista indipendente Haase, all'unanimità rifiutano l'accusa di colpevolezza della Germania.
L'opinione pubblica tedesca, dai nazionalisti ai socialisti maggioritari, con la sola eccezione della estrema sinistra, dimostra una indignazione ancora più violenta. Il lutto nazionale di una settimana proclamato dal governo viene massicciamente osservato. Il ministro della Guerra di Prussia invita i militari Alleati di stanza in Germania ad uscire in abito borghese "per non farsi assalire dalla popolazione indignata".
Il 29 maggio 1919 il conte von Brockdorff zu Rantzau consegna agli Alleati le controproposte tedesche. La risposta dei Quattro giunge il 16 giugno. La maggior parte di esse sono state rifiutate. In queste condizioni la Germania firmerà il Trattato?
L'opposizione più intransigente viene dall'Esercito, del quale le Condizioni di Pace intendono spezzare definitivamente la potenza e l'influenza.
È previsto che la Flotta di Alto Mare tedesca, come i sommergibili che sono stati consegnati agli inglesi, non vengano restituiti. La Germania conserverà solo qualche vecchio bastimento di superficie inadatto alla guerra moderna. Le è anche proibito costruire nuovi bastimenti di grosso tonnellaggio e sommergibili.
Ma sono soprattutto le condizioni imposte alle forze di terra che provocano la collera. Nel giugno 1919 gli effettivi della *Reichswehr* ammontano a circa 350.000 uomini ai quali bisogna aggiungere circa 100.000 Volontari dei diversi *Freikorps* più o meno tollerati ed alcune dozzine di migliaia di guardie controllate dal Comando. I servizi di informazione francesi valutano queste forze a circa 500.000 uomini, senza contare la riserva dei *Einwohnerwehren*.

---

[161] Citato da Richard Watt, op. cit., p. 361.

È un Esercito molto ridotto. Tutto il suo armamento pesante è stato consegnato. Il suo valore ed il suo morale – fatta eccezione per i *Freikorps* – sono incerti. Il Trattato impone la riduzione degli effettivi a 100.000 uomini, di cui 4.000 ufficiali, nello spazio di sei mesi. Non potrà disporre né di aviazione né di mezzi blindati. L'artiglieria sarà ridotta a 204 cannoni da campagna e 84 obici. Il numero delle mitragliatrici e dei fucili, la quantità di munizioni in consegna renderanno impossibile qualsiasi conflitto con un esercito moderno. Questo esercito potrà servire solo a mantenere l'ordine all'interno.
Gli istituti di istruzione si vedranno interdire lo studio delle materie militari. Ogni associazione in relazione con l'esercito sarà sciolta.
La Renania sarà smilitarizzata per sempre e le fortificazioni della riva destra del Reno smantellate per una profondità di 50 chilometri.
Una clausola decisiva impone lo scioglimento del Grande Stato Maggiore, fucina della scienza militare tedesca, anima della Prussia e simbolo della unità del Reich. Le *Kadettenschulen,* le "officine" in cui si forgia in duro metallo la casta degli ufficiali dai tempi di Federico il Grande, saranno soppresse, come pure la famosa Scuola di guerra dove vengono formati gli ufficiali dello Stato Maggiore.
Accettare la riduzione dell'esercito ad un livello inferiore a quello del più miserabile dei piccoli Stati balcanici appariva tanto più impensabile in quanto, nel Reich di prima del 1918, esso godeva di uno statuto privilegiato e di una considerazione superiore a quella di ogni altro grande corpo. Esso non costituiva, come spesso si è scritto, uno Stato nello Stato. Era lo Stato.
È possibile rifiutare le *Condizioni* del Trattato? Gli Alleati hanno posto un ultimatum preciso. La Germania ha tempo fino alle ore 19 del 23 giugno 1919 per ratificarlo. Trascorsa quest'ora, le truppe alleate invaderanno immediatamente la Germania. Il piano delle operazioni è già stabilito.
La totalità degli ufficiali tedeschi si dichiara pronta a riprendere le armi per respingere l'aggressore e, secondo l'espressione del Feld-Maresciallo von Hindenburg, "preferiva perire con onore che firmare una pace umiliante".
Il generale Walter Reinhardt[162], ministro della Guerra di Prussia, che non passa, per un visionario, ritiene che non sarebbe possibile opporsi ovunque all'invasione del territorio tedesco da parte degli Alleati e che bisognerebbe sacrificare gli Stati federati a vantaggio della Prussia. Partendo da questa, come dopo il 1806 – sempre lo stesso riferimento – sarebbe possibile prendersi la rivincita e ricostruire il Reich.

---

[162] Da non confondere con il Colonnello Wilhelm Reinhardt, capo di *Freikorps*.

Numerosi uomini politici pensano, come gli ufficiali, che è meglio correre il rischio di una ripresa delle ostilità che accettare un trattato che significa la morte storica della Germania. La maggior parte dei socialisti resta fedele alla mozione presentata dal partito il 17 ottobre 1918; allora avevano dichiarato:

Mai, mai il popolo tedesco accetterà una pace basata sulla violenza, sull'umiliazione, una pace che metta in pericolo i suoi interessi vitali[163].

Il cancelliere Scheidemann, socialista della prima ora, l'uomo che aveva proclamato l'avvento della Repubblica il 9 novembre 1918, preferisce dare le dimissioni piuttosto che assumersi la responsabilità del *Diktat*.
Il 21 giugno 1919 il presidente Ebert costituisce un nuovo governo con Gustave Bauer – un sindacalista – come cancelliere, secondato dall'ambizioso Mathias Erzberger, uno dei firmatari dell'armistizio e favorevole alla firma del Trattato.
L'indomani, ventiquattro ore prima della scadenza dell'ultimatum degli Alleati, il gabinetto Bauer si presenta dinanzi all'Assemblea. In una agitazione estrema, fa approvare le condizioni dei Quattro con 237 voti contro 138.
Il cancelliere Bauer fa sapere agli Alleati che l'Assemblea ha accettato il Trattato, pur rifiutando di considerare la Germania responsabile della guerra e senza prendere impegni per quanto riguarda la consegna dei "criminali di guerra".
Ma due avvenimenti hanno reso più dure le posizioni dell'Intesa: l'autoaffondamento della flotta tedesca a Scapa Flow[164] e il rogo fatto dagli studenti di Berlino delle bandiere francesi conquistate nel 1870.
I Quattro rifiutano dunque con alterigia le richieste tedesche e ricordano che il tempo concesso scade lunedì 23 giugno alle ore 19.
La follia si impadronisce dei dirigenti tedeschi. Nella notte dal 22 al 23 Noske, roso da scrupoli contraddittori, giunge alla conclusione che una firma incondizionata è impossibile. Convoca il Generale Maercker per conoscere cosa ne pensano gli ufficiali. Il capo del *Landesjägerkorps* gli consegna una dichiarazione scritta:

In quanto generale prussiano, mi è impossibile continuare a servire un governo che confermi la colpevolezza della Germania e consegni al nemico quello che è stato il mio comandante in guerra. La maggior parte del corpo degli uf-

---

[163] Gilbert Badia, op. cit., p. 41.
[164] Vedi capitolo precedente.

ficiali condivide questi miei sentimenti, come pure la maggioranza dei sottufficiali e dei soldati del corpo dei Cacciatori.[165]

Un'ora dopo, Maercker ritorna alla carica. È per invitare Noske a "prendere i destini della Germania nelle sue mani robuste", cioè a fare un colpo di Stato. Il futuro dittatore potrà contare sul totale appoggio dell'Esercito. Racconta Maercker:

Noske era così commosso dalla tragicità della situazione che i suoi occhi si riempirono di lacrime. Picchiando pugni sulla tavola gridò: "Generale! anch'io ne ho abbastanza di tutte queste porcherie!" Poi mi strinse la mano, serrandomela in modo convulso. Interpretai questa stretta di mano come un tacito assenso.

Con lo stesso passo Maercker, forte di questa certezza, va ad avvertire i parlamentari del Centro. L'opposizione di Noske provoca un istante di panico.
I deputati non vogliono più votare le Condizioni di Pace. Erzberger si precipita da Ebert. È mezzogiorno. Entro sette ore le forze armate dell'Intesa varcheranno le frontiere del Reich.
Come la sera del 9 novembre 1918, quando tutto sembrava turbinare nel ciclone di avvenimenti folli, Ebert prende il telefono e chiama il Grande Quartier Generale a Kolberg. Come il 9 novembre, sente la voce calma e precisa del Generale Groener. Unico fra i suoi pari, questi non crede alla possibilità di respingere un'offensiva degli Alleati. All'inizio del mese ha fatto fare un sondaggio presso la popolazione civile di diverse regioni. La stanchezza ed il timore della guerra sono ovunque più forti dell'orrore del *Diktat*.
Il Generale Groener è dunque convinto che il rifiuto del Trattato provocherà una irrimediabile catastrofe.
Ebert gli descrive la situazione a Weimar e chiede il parere del Feldmaresciallo. Ma in questo istante drammatico Hindenburg si nasconde. Guarda l'orologio: sono le 15 e 45. Dice a Groener:

Non ho nulla da fare qui. E la nostra risposta voi potete darla al Presidente bene quanto me.

Groener stacca la cornetta. Con voce alterata, risponde:

Non in qualità di Primo Quartiermastro Generale, ma come tedesco che considera con lucidità l'insieme della situazione, ritengo sia mio dovere, signor Presidente del Reich, darvi il seguente consiglio: malgrado effimeri vantaggi

---

[165] Citato da Benoist-Méchin, op. cit., tomo I, p. 357

nell'Est, la ripresa della lotta non permetterebbe di contare su un successo finale; quindi, la pace deve essere conclusa alle condizioni poste dal nemico.[166]

Dinanzi a questa dichiarazione, Noske ritorna sulle sue dimissioni. Ebert e Erzberger usano questa dichiarazione per ricostituire la loro maggioranza. Ma improvvisamente i deputati si rendono conto che fra due ore c'è il pericolo che gli apparecchi nemici bombardino Weimar. È un *si-salvi-chi-può* generale, una corsa verso le automobili. La sala delle sedute ben presto si vuota.
Alle 17,15 il presidente Ebert telegrafa alla delegazione tedesca a Versailles che il gabinetto del Reich è pronto a firmare il Trattato di pace. Settanta minuti prima dello scadere dell'ultimatum, la nota tedesca viene consegnata a Clemenceau. Questi si volta verso Lloyd George, convinto che i tedeschi non avrebbero mai firmato, e gli mormora trionfante: "*Visto?!*"
Una pioggia triste cade su Berlino.
Definitivamente firmato a Versailles il 28 giugno 1919 da due silenziosi ministri tedeschi, Müller e Bell, il Trattato di Pace deve essere applicato.
Per ridurre in sei mesi l'esercito ai 100.000 uomini consentiti bisogna congedare 300.000 soldati ed un gran numero di ufficiali. È facile immaginare i drammi di coscienza, le ingiustizie e le rivolte che queste misure provocheranno. Il corpo dei Cacciatori di Maercker conta 19.600 uomini e bisogna ridurlo a 8.934. E questa unità di *élite,* tenuta in gran conto da Noske, non è la più provata.
Dopo il suo voltafaccia del 23 giugno il ministro della *Reichswehr* ha perduto la fiducia degli ufficiali, i quali gli rimproverano, se non di aver indietreggiato dinanzi alla dittatura, di aver ritirato le sue dimissioni assumendosi così una parte del disonore del *Diktat.*
Nelle caserme, minacciata da massicci congedi, la truppa brontola. Nulla è previsto per la sistemazione degli uomini che saranno cacciati dall'esercito. Con stupefacente leggerezza, il governo getterà sul lastrico centinaia di migliaia di uomini ai quali deve la sua esistenza.
Nelle caserme riappaiono i segni dell'agitazione spartachista
È su questo sfondo di malessere frondista che il Generale von Lüttwitz, divenuto in pratica il comandante in capo della *Reichswehr*[167] dopo le dimissioni del Feldmaresciallo von Hindenburg e del Generale Groener, convoca gli ufficiali del suo Stato Maggiore.

---

[166] Citato da Benoist-Méchin, op. cit., tomo I, p. 358.
[167] Citato da Benoist-Méchin, op. *cit.,* tomo I, p. 359-360. I suoi pari non perdoneranno al Generale Groener questa presa di posizione. Alcuni giorni dopo egli chiederà di seguire Hindenburg nella sua ritirata.

Sotto un'apparenza glaciale il Generale von Lüttwitz è un passionale, e benché conosca la frase di Bismarck

In politica i sentimenti sono buoni servitori e cattivi maestri

non ne sa fare uso. Quest'uomo sottile, elegante, dirà il Generale Maercker

è un ufficiale di vecchio stampo, e le sue convinzioni sono rimaste quelle di un contemporaneo di Guglielmo I. Le sue opinioni sono agli antipodi di quelle di Noske. Aristocratico e monarchico dalla testa ai piedi, nutre una profonda avversione per le idee liberali. Nemico della politica, il suo unico desiderio è comandare di nuovo una truppa come nell'agosto 1914. Con malsana ostinazione vorrebbe salvare la patria con un colpo di fulmine alla Yorck[168]. Ma vi è un abisso fra Yorck e lui.

Il 26 luglio 1919, gli ufficiali superiori del *Gruppenkommando 1* sono riuniti a Berlino. Questo "vertice" ha lo scopo di esaminare la situazione politica e di stabilire una posizione unanime nei confronti del potere civile.
Rapidamente si formano due gruppi. Da una parte gli intransigenti, fra i quali il Generale von Lüttwitz stesso, il Generale von Lettow-Vorbeck ed il Colonnello Reinhard, che sono fautori della rottura con il potere civile sottoposto alle esigenze degli Alleati e non escludono il ricorso alla forza.
L'altro gruppo, del quale fanno parte, fra gli altri, il Generale Maercker e von Oven, come pure il Maggiore von Hammerstein, genero di Lüttwitz, ritengono non sia compito dei militari mescolarsi alle questioni politiche. Un tentativo di dittatura militare condurrebbe necessariamente ad un disastro.
Von Lüttwitz attendeva da questo consiglio la nascita di una congiura. Deluso, deve constatare che nei suoi diretti subordinati le cose non sono mature. Decide di tenere più solidamente i suoi uomini in mano ed inizia il giro dei diversi *Wehrkreise* alla ricerca di alleati.
Qualche giorno prima, il 5 luglio 1919, il Capitano Pabst, ex Capo di Stato Maggiore della *Garde Kavallerie Schützen Division*[169], veniva ricevuto da Noske. Come aveva fatto a varie riprese nel passato, tenta di convincere il ministro all'idea di una dittatura.

---

[168] Il Reich era diviso in due *Gruppenkommando*. Von Lüttwitz era il comandante del *Gruppenkommando I* (Nord) e, il 14 maggio 1919, assunse la direzione anche delle operazioni strategiche del *Gruppenkommando II* (Sud).
[169] Generale Maercker, *op. cit.,* p. 66-67

Avendo Noske rifiutato, l'ufficiale irritato gli risponde:

"Sarebbe triste, signor ministro, se non doveste trovarvi a fianco degli ufficiali quando vi sarà la rivoluzione nazionale".
"È una minaccia?" ribatte Noske. "Ho sempre pensato che un giorno avreste potuto arrestarmi insieme all'intero governo".
"Arrestare Voi, signor ministro? Mai!"
Con un sorriso ironico Noske replica:
"Questa osservazione, Capitano, dimostra che fra noi vi è una considerevole differenza. Io non vi garantisco che non vi arresterò uno di questi giorni"[170].

Due giorni dopo Noske ordina lo scioglimento della *Garde Kavallerie Schützen Division* e licenzia il Capitano Pabst.
Questi, lungi dal sottomettersi, fonda sotto il patrocinio discreto di Ludendorff, ex Primo Quartiermastro Generale, un club politico, la *Nationale Vereinigung* (Unione Nazionale), che si propone di federare i gruppi nazionalisti esistenti e di lottare contro l'influenza del regime nelle unità dell'Esercito. Varie personalità di destra danno la loro adesione, soprattutto il conte Westrap, ex presidente del gruppo conservatore al Reichstag; il dottor Helfferich, già ministro del Tesoro imperiale, considerato uno dei migliori oratori dell'epoca; il dottor Heinrich Class, presidente della Lega pangermanista; il pastore Traub, ex cappellano di Corte; il Colonnello Walter Bauer, importante personaggio dell'ex Stato Maggiore Generale e confidente del Generale Ludendorff; l'ex prefetto di polizia di Berlino, Traugott von Jagow; l'industriale Hugo Stinnes e il *Generallandschaftsdirektor* (Direttore dell'Amministrazione) della Prussia Orientale, Wolfgang Kapp.
Questo alto funzionario ha il fisico di un *Junker*, ma un volto gonfio su cui spicca un paio di occhiali. La sua apparente forza nasconde una malattia inguaribile. È nel 1916 che Wolfgang Kapp è uscito dall'anonimato degli uffici per acquisire una notorietà nazionale. Sostenuto dall'Ammiraglio Tirpitz, ha fondato il "Partito della Patria" e, con una violenta campagna, ha ottenuto l'allontanamento del cancelliere Bethmann-Hollweg, accusato di nutrire sentimenti pacifisti. Dopo la rivoluzione del novembre 1918 ha trasformato il "Partito della Patria" in "Ufficio di Unione Nazionale", sempre allo stesso indirizzo, nella *Schellingstrasse*. Questa associazione è in lenta decadenza, quando il Capitano Pabst vi aderisce nel luglio 1919 per trasformarla nella *Nationale Vereinigung*. Il giovane ufficiale, aiutato da diversi camerati

---

[170] Il generale Yorck, comandante del corpo prussiano arruolato nella *Grande Armée*, decise nel dicembre 1812, contro il suo sovrano, di rivolgere le armi contro la Francia, per cancellare fra l'altro la disfatta del 1806.

fra cui il Maggiore von Stephani, capo del *Freikorps* di Potsdam, trasmette la propria energia al grosso funzionario deluso. Kapp ritrova un po' del suo entusiasmo ed intraprende una serie di riunioni destinate a raggruppare le forze ostili alla Repubblica borghese di Weimar. Ma è troppo stanco e troppo scettico per impersonare il ruolo dell'uomo forte di cui la Germania ha bisogno, e cerca un militare illustre al quale far ricoprire questo ruolo. Il Generale Ludendorff gli andrebbe bene, ma il dittatore degli anni di guerra è troppo impopolare per coagulare l'opinione pubblica. Pensa dunque all'eroe del *Baltikum*, il Generale Rüdiger von der Goltz, il quale, giustamente, ritiene che il momento non sia favorevole. Per disperazione, il *Generallandschaftsdirektor* ripiega sul Generale Freiherr von Lüttwitz.
Il 21 agosto 1919 i due uomini si conoscono a casa del generale. Scrive von Lüttwitz:

Le nostre opinioni si incontrarono perché eravamo tutti e due convinti che la rivoluzione era stata un crimine.

Kapp ritiene che bisogna agire senza perdere tempo e che un colpo di forza sarà salutato come una liberazione dalla maggioranza del popolo.
Tuttavia nascerà un malinteso in questo primo incontro. A quell'epoca, tutti e due sono alla ricerca dell'uomo adatto in grado di assumere la dittatura, e l'uno e l'altro si immaginano nella posizione del brillante secondo, conoscendo ambedue i propri limiti troppo a fondo per sentirsi la forza di assumere il ruolo principale. Ora, il civile crede di aver trovato l'uomo forte dei suoi sogni in questo generale che considera egli stesso questo alto funzionario prussiano, rotto agli affari di Stato, come il futuro restauratore del Reich imperiale.
Uno si considera Sieyès, l'altro il Generale Monck. E non saranno né l'uno né l'altro.
La testa ancora in fermento per questo incontro, von Lüttwitz redige, il 1° settembre 1919, una lunga lettera destinata a Noske. In un tono comminatorio, lancia un avvertimento al governo. Dopo essersi scagliato contro la riduzione degli effettivi dell'esercito, denuncia il disordine che regna nel paese. Scrive:

Due cose ci sono indispensabili: l'ordine e il lavoro. Possiamo ottenerle tutte e due, ma non con i discorsi. Tutti i tentativi per convincere il popolo a riprendere il lavoro con la dolcezza e la persuasione sono falliti. Solo la coercizione può costringerlo a lavorare.

Poi viene la minaccia appena mascherata:

Poiché il governo dipende interamente dalla collaborazione attiva delle forze armate, deve evitare tutto ciò che può eccitare l'animo dell'esercito contro il governo e i partiti che ne fanno parte.

Questa penna maldestra appartiene ad un uomo del secolo precedente, non ad un aspirante al potere in uno Stato moderno del XX secolo, travagliato dalla rivoluzione delle masse. Lüttwitz non comprende la sua epoca. Questo è il dramma dei Generali e degli uomini politici reazionari che vogliono lanciarsi nella folle avventura.
La lettura di questa lettera al Consiglio dei ministri provoca un moto di stupore. Pur senza esagerare la portata di questa intimazione, il governo si preoccupa dei sintomi di una malattia che cresce in seno all'Esercito.
Esso non ignora che diversi ufficiali, fra i quali il Generale Maercker, sono stati sollecitati a far parte di una congiura. Il Colonnello Reinhard, in una arringa agli uomini del suo *Freikorps*, ha trattato i ministri da "banda di teppisti". Viene congedato. La *Nationale Vereinigung* fa distribuire alla truppa un opuscolo dal titolo promettente: *Riflessioni sulla dittatura*.
La collera e la disperazione non colpiscono solo il corpo degli ufficiali, ma anche coloro che intendono intraprendere la carriera militare. Che cosa può offrire all'adolescente infiammato dalla vocazione marziale questa grande Svizzera miserabile che è divenuta la Germania e questa gendarmeria ridotta ai minimi termini che è ormai l'Esercito? Nell'ottobre 1919 un allievo dell'ultima classe della scuola di Roßleben, in Turingia, si suicida, perché, scrive nella lettera di addio, non può "sopravvivere all'avvilimento della patria"[171]. Questo allievo portato alla letteratura e alla scienza voleva divenire ufficiale. Il fratello minore, Baldur von Schirach, diverrà qualche anno dopo il *Führer* della Gioventù Hitleriana.
Per distruggere il prestigio morale di cui gode ancora l'esercito, alcuni membri del governo suggeriscono di istituire una commissione d'inchiesta che indaghi sulle responsabilità dell'Alto Comando nella disfatta. Si faranno comparire alla sbarra i due "giganti", Hindenburg e Ludendorff. Quando il popolo li avrà visti sotto accusa, il loro prestigio non avrà più un gran peso.
Il processo si apre il 21 ottobre 1919 al palazzo del Reichstag.

---

[171] Freiherr von Lüttwitz, *Im Kampf gegen die Novemberrevolution,* Berlino 1933, p. 97.

"Vedrete", grida Scheidemann il 5 novembre alla tribuna dell'Assemblea, "che prenderemo questi signori per il bavero"[172].
I politicanti vogliono poter fare giustizia dinanzi all'opinione pubblica della leggenda della "pugnalata alla schiena". È il meno che sperano. Ma il dibattimento ben presto li disinganna. Scrive Wheeler-Bennet:

Se Ebert e il governo del Reich pensavano di riuscire a gettare discredito sull'Esercito e l'Alto Comando citandoli dinanzi alla Commissione d'inchiesta, dovettero tristemente ricredersi. Perché accadde proprio il contrario. Grazie all'abilità di Helfferich, l'Alto Comando uscì dalla prova con maggiore prestigio ancora. Invece, Erzberger ed i socialisti ne uscirono infangati e infamati, con addosso essi solo tutta la responsabilità della disfatta e l'obbrobrio della pugnalata alla schiena[173].

Dopo aver reso la sua deposizione, così grave per gli uomini del 9 novembre 1918, il Feldmaresciallo von Hindenburg abbandona l'aula del processo fra le ovazioni della folla. Il generale von Lüttwitz gli fa rendere gli onori da una Compagnia, con musica e bandiera.
Il ritorno dei *Freikorps* del *Baltikum,* nel dicembre del 1919, darà una nuova spinta all'agitazione bellicosa degli ambienti nazionalisti e dell'esercito. Questi proscritti portano una carica di violenza nella rivolta ed un disprezzo per il nuovo ordine borghese, che la loro tragica leggenda va rapidamente popolarizzando. Nei Reggimenti della Reichswehr si imitano i loro atteggiamenti, si riprendono le loro formule. Questi eroi sfortunati dell'ultima grande avventura germanica affascinano i tedeschi.
Il Trattato di Versailles entra in vigore il 10 gennaio 1920 in una Germania minacciata da un'inflazione galoppante e dall'agitazione di potenti estremismi. È il momento che gli spartachisti scelgono per tentare un nuovo atto di forza. Il 12 gennaio 1920, alcune migliaia di manifestanti tentano di invadere il Reichstag. La polizia, posta alle strette, apre il fuoco. Si contano 42 morti e 105 feriti fra gli assalitori.
Von Lüttwitz prende a pretesto questi scontri sanguinosi per dichiarare apertamente che rifiuterà di applicare in circostanze simili la riduzione degli effettivi della *Reichswehr*, come l'Intesa esige.
In questa atmosfera tesa piomba la nota del 7 febbraio 1920 con cui gli Alleati pretendono la consegna di un primo gruppo di 895 "criminali di guerra", fra i quali figurano l'Imperatore, il Kronprinz, i Feldmarescialli Hindenburg e Mackensen, il Grand'Ammiraglio von Tirpitz, i Generali Ludendorff e von Falkenhayn, il principe Ruprecht di

---

[172] Freiherr von Lüttwitz, op. cit., p. 89-90.
[173] Baldur von Schirach, *J'ai cru en Hitler*, Ed. Plon, 1968, p. 17.

Baviera, il duca Alfredo di Württemberg, il cancelliere Bethmann-Hollweg, e molti altri ufficiali di tutti i gradi. Il colmo della balordaggine: nell'elenco sono compresi anche alcuni pacifisti perseguiti in Germania per alto tradimento.

Resa pubblica dalla stampa la nota, provoca in tutti i tedeschi, senza distinzione di opinioni, un furore indignato. Solo gli spartachisti ed i socialisti indipendenti non si ritengono oltraggiati dall'ingiunzione di consegnare degli uomini considerati nella loro patria come eroi e che la commissione d'inchiesta ha riabilitato clamorosamente.

Il Generale von Lüttwitz predica la resistenza ad ogni costo, ivi compreso quello di una guerra. Una volta tanto gli elementi moderati dell'esercito gli vanno dietro. Il Generale von Seeckt, già discepolo di Groener che ora sostituisce allo Stato Maggior Generale, riunisce i suoi ufficiali e dichiara loro che se il governo per vigliaccheria o per debolezza si piegherà alle richieste degli Alleati, la *Reichswehr* dovrà opporsi con tutti i mezzi a questo disonore. In caso di conflitto armato, egli prenderà in considerazione ima alleanza con l'esercito rosso per lottare contro la Francia e l'Inghilterra. Per la prima volta, rompendo con il loro anticomunismo tradizionale, i nuovi capi militari tedeschi pensano ad un accordo con i sovietici per opporsi alle potenze occidentali. Questa idea di una alleanza fra le due nazioni maledette contro il resto del mondo farà strada.

L'agitazione è tale che l'esistenza stessa della Repubblica appare minacciata.

"Se il governo si piegava, c'era da aspettarsi una rivolta delle truppe", ha scritto Noske. Il gabinetto si sforza di destreggiarsi e di guadagnare tempo. Gli Alleati, venuti a conoscenza dei torbidi causati dalla loro nota, decidono di soprassedere alla sua esecuzione. E finiranno per rinunciare ad essa.

Dunque, solo l'intransigenza porta dei frutti. Kapp e von Lüttwitz ne sono confortati nelle loro intenzioni; aumenta anche il disprezzo che nutrono per il governo. Senza la minaccia di una rivolta armata, il governo si sarebbe piegato dinanzi agli Alleati.

E per la battaglia che intende condurre contro la riduzione delle Forze Armate, Lüttwitz trova in questo successo un nuovo stimolo.

Il 1° marzo 1920, sul campo di manovra di Döberitz, la Brigata Ehrhardt celebra il primo anniversario della sua costituzione. Si sa che sta per giungere l'ordine di scioglimento.

Il Generale von Lüttwitz e l'Ammiraglio von Trotha passano in rivista i 5.000 uomini del *Freikorps*. Salutano a lungo lo stendardo dai colori imperiali con l'aquila ad ali spiegate e la Croce di Ferro. Gli uomini cantano a piena voce il *Deutschland über Alles*.

Dinanzi alla Brigata inquadrata, il Capitano Ehrhardt ricorda la storia breve e terribile del corpo franco. L'animo di coloro che sono a conoscenza dell'ordine di scioglimento è pieno di amarezza. Scriverà uno dei Volontari:

Per questo Noske abbiamo fatto tutto. Alla parata di Wünsdorf ci aveva detto, guardandoci negli occhi: "Voi avete, riportato l'ordine nella nostra cara patria. Non lo dimenticherò mai. Veglierò su di voi". Ed ora voleva sciogliersi e gettarci sul lastrico![174]

Effettivamente, per contrastare la propaganda antigovernativa della *Nationale Vereinigung,* Noske aveva solennemente assicurato che non avrebbe mai abbandonato i corpi franchi. I Volontari hanno dunque ragione di considerarsi volgarmente traditi.
In un silenzio carico di tutta l'angoscia e la collera di questi uomini beffati, il Generale von Lüttwitz prende la parola:

Io non tollererò che mi si tolga una truppa cosà bella in un momento tanto tempestoso[175].

Gli risponde una formidabile ovazione. I Volontari comprendono che il Comandante in capo impedirà il loro scioglimento. Ma con questa dichiarazione, il Generale von Lüttwitz ha passato il Rubicone. Fino a quel momento le sue pazzie non avevano avuto conseguenze di rilievo, né lo impegnavano necessariamente all'azione. Ora però non gli è più possibile tornare indietro, a meno di smentirsi e di perdere ogni credito. Dalla prova di forza che egli impegna con il governo attraverso il rifiuto di procedere allo scioglimento della Brigata Ehrhardt, uno solo dei due potrà uscire vincitore.
Il dilemma nel quale von Lüttwitz si è appena impelagato non sfugge al Colonnello Arens, capo della polizia di sicurezza di Berlino. Non gli sorride affatto l'idea di affrontare con i suoi 9.000 uomini i terribili lanzichenecchi della brigata Ehrhardt. Decide di parlare al Comandante in capo e di metterlo in guardia contro un tentativo di putsch che condurrebbe al disastro. Gli chiede se almeno può contare sull'appoggio dei partiti di destra.
Un po' piccato, Lüttwitz risponde che non vi ha pensato affatto a causa della avversione che nutre per la fauna parlamentare. Il 3 marzo 1920, accetta tuttavia di incontrare Heinze e Hergt, leader dei due principali gruppi conservatori al Reichstag. A loro volta, questi predi-

---

[174] Rudolf Mann, *Mit Ehrhardt durch Deutschland*, Berlino 1921, p. 134.
[175] Hermann Ehrhardt, *Kapitän Ehrhardt*, Friedrich Freska 1924, p. 170.

cono il fallimento di un tentativo di colpo di Stato che sarebbero comunque costretti a condannare. Si preparano! – dicono – a chiedere lo scioglimento dell'Assemblea per procedere a nuove elezioni, e sono convinti che la destra le vincerà; alla vittoria seguirà la costituzione di un nuovo gabinetto composto da tecnici. Così gli scopi perseguiti dal generale verranno raggiunti, ma per vie legali. Von Lüttwitz non è affatto convinto da questo discorso. Preferisce contare sui propri Battaglioni. Ed ognuno resta sulle rispettive posizioni.

Noske comincia a preoccuparsi delle voci di sedizione. Proprio come Lüttwitz, la *Nationale Vereinigung* cospira alla luce del sole, a Berlino circola la lista di un, governo dittatoriale presieduto dal *Generallandsohaftsdirektor* Kapp. Come misura precauzionale, Noske decide di sottrarre la Brigata Ehrhardt al comando del Generale von Lüttwitz e di porla sotto l'autorità dell'Ammiraglio von Trotha.

Il comandante in capo reagisce immediatamente. Se si lascia togliere il comando del *Freikorps* di Ehrhardt, perde la sua carta migliore e tutti i suoi progetti vanno a monte. Chiede immediata udienza al presidente del Reich.

Ebert lo riceve il giorno stesso, 10 marzo, alle ore 18, alla presenza di Noske e dei Generali von Oven e von Oldershausen.

La fine *silhouette* inguainata nella giacca della divisa su cui brilla la croce *Pour le Mérite*, Lüttwitz dardeggia una dura occhiata sulla faccia massiccia del Presidente:

"Esigo", dice, scandendo bene le parole, "che i congedi vengano sospesi e che la brigata Ehrhardt passi agli ordini del *Gruppenkommando I...*"

Noske lo interrompe:

"Nessun Generale", dice con voce tagliente, "ha il diritto di porre condizioni al governo. La Brigata Ehrhardt resterà agli ordini dell'Ammiragliato. La riduzione degli effettivi sarà eseguita alla lettera ed io eliminerò senza esitare ogni Generale sul quale gravi il minimo sospetto di slealtà nei confronti delle autorità legali".

A sua volta Ebert interviene per chiedergli che cosa intenda fare. Sconcertato un momento dalla domanda, Lüttwitz si ricorda del programma dei capi conservatori Heinze e Hergt: "Esigo l'elezione di una nuova assemblea, la designazione, da parte di tutto il popolo, di un nuovo Presidente e la costituzione di un governo apolitico di tecnici devoti agli interessi dello Stato".

Noske lo interrompe di nuovo: "La discussione è durata abbastanza. Lei si inganna, generale, se crede di avere la *Reichswehr* dalla sua.

Una insurrezione armata provocherebbe gravi disordini, ma verrebbe impietosamente schiacciata"[176].

Secondo Ebert e Noske, il Generale von Lüttwitz ormai può solo dare le dimissioni. Ma l'indomani, a guisa di dimissioni, essi apprendono che una estrema agitazione regna alla *Nationale Vereinigung*. Noske ordina di arrestare Kapp, Pabst e Schnitzler. Ma quando gli agenti della polizia di Sicurezza si presentano a Schellingstrasse gli uffici sono vuoti. I cospiratori sono stati avvertiti da un poliziotto.

I dadi di ferro continuano a ruotare, fra lo strepito delle armi che vengono preparate.

Informato del mandato di cattura spiccato contro i dirigenti della *Nationale Vereinigung*, von Lüttwitz corre a rifugiarsi a Döberitz, all'ombra delle baionette di Ehrhardt. Reticolati di filo spinato e mitragliatrici impediscono l'accesso al campo.

Venuto a conoscenza di questi preparativi, Noske invia sul posto l'Ammiraglio von Trotha, dal quale ormai dipende la Brigata, per ricondurla alla ragione. Prima di partire l'Ammiraglio telefona al Capitano Ehrhardt per annunciare il suo arrivo.

Subito questi tiene un breve consiglio di guerra con von Lüttwitz. È ormai deciso che la Brigata marcerà la notte successiva su Berlino. Ogni resistenza sarà spezzata con la forza. I membri del governo verranno arrestati. Nell'attesa, gli uomini vengono mandati a dormire per non suscitare i sospetti dell'Ammiraglio.

Quando von Trotha giunge a Döberitz, poco dopo le 22, trova l'accantonamento addormentato.

"Mi si assicura", dice al Capitano Ehrhardt, "che avete intenzione di muovere su Berlino questa notte stessa".

Il Capitano sorride con indulgenza: "Signor Ammiraglio, potete vedere da voi che i miei uomini dormono".

"Mi affido alla vostra parola, Ehrhardt. Voi sapete quale schiacciante responsabilità vi assumereste se vi prestaste ad un colpo di forza".

Credendo terminata la sua missione l'Ammiraglio va a rendere conto a Noske dell'ispezione compiuta:

"È tutto calmo, assicura. Il campo è addormentato. Ma naturalmente, tutto può cambiare da un momento all'altro".

Un'ora dopo, preceduta da una Compagnia d'assalto, la Brigata Ehrhardt si muove in direzione di Berlino.

---

[176] Il dialogo è riportato da Erich-Otto Volkmann, *La Révolution allemande*, Ed. Plon, p. 278.

Il putsch di Kapp

Raramente un'impresa così seria è stata affrontata con tanta leggerezza[177]. In un saggio famoso, il cui valore storico non è pari alla qualità letteraria, Malaparte ha scritto:

Il colpo di Stato di Kapp è una lezione per tutti coloro che concepiscono la tattica rivoluzionaria come un problema di ordine politico e non di ordine tecnico[178].

È un'affermazione che fa molto onore ai congiurati, che non concepirono la tattica né come un problema tecnico né come un problema politico. Essa non esisteva affatto. Furono gli avvenimenti ad imporsi. E mai i putschisti si mostrarono capaci di dominarli.
Nel concatenamento di questi avvenimenti il ruolo dei *Freikorps* fu determinante. Ernst von Salomon, che visse questa avventura e la cui testimonianza è insostituibile per ricostruirne l'atmosfera drammatica, ha scritto:

Ci sentivamo a tal punto decisi, che la cosa ci appariva addirittura semplice. Non avevamo imparato a trastullarci con i problemi; pensammo dunque che bisognava agir subito, giacché in quel momento eravamo più forti delle cose, e perciò le cose ci sopraffecero. La decisione si manifestò in ottomila uomini; non erano di più, ma potevano bastare; erano infatti gli unici pronti a perseguire una decisione fino alle sue ultime conseguenze. Avevamo in mente una sola cosa, che bisognava combattere, e che sarebbe stato un combattimento duro. E poiché sapevamo che il combattimento sarebbe stato duro, puntammo tutto sul combattimento, non sulla decisione che l'avrebbe seguito, non su ciò che quella decisione avrebbe finalmente reso valido e prezioso. Eravamo convinti che noi, soltanto noi, dovessimo avere il potere, per volontà della Germania. Ci sentivamo noi stessi la Germania[179].

Ernst von Salomon non fa parte della Brigata Ehrhardt: si trova a Stade, in una "Comunità di lavoro" creata dai sopravvissuti del *Freikorps* di Amburgo e della *Divisione di Ferro*. Nei giorni precedenti il putsch scrive:

gli ufficiali davano la caccia ai corrieri che facevano la spola tra Berlino e Stade, e i corrieri raccontavano di sciocche e aride trattative fra il Generale

---

[177] Il putsch dei Generali ad Algeri, nel marzo 1962, presenterà numerose analogie con quello di Kapp.
[178] Curzio Malaparte, *Technique du coup d'Etat*, Ed. Grasset, 1931, p. 109 (tr. it., *Tecnica del colpo di stato*).
[179] Ernst von Salomon, op. cit., p. 119-121

Lüttwitz e Noske, di merchanteggiamenti, pretese e promesse, di diritti acquisiti e simili polverose idiozie; rivelavano un sordido miscuglio di idee lampeggianti, di interessi e cupidigie. La cosa si presentava male, e noi temevamo che finisse con un compromesso. Eravamo tuttavia pronti a marciare in ogni caso, anche senza Lüttwitz e Kapp. E forse contro di loro[180].

Il Generale von Lüttwitz non misura certo l'abisso che lo separa dai giovani proscritti, ma conosce la loro fanatica risoluzione. Per restare alla loro testa egli è costretto all'azione.
Questa si presenta nelle peggiori condizioni. Wolfgang Kapp, al quale inizialmente è affidata la parte politica dell'operazione, ritiene che l'iniziativa sia prematura. Egli non può nemmeno essere avvertito del passaggio all'azione perché il 12 marzo si trova nella Prussia Orientale con il suo amico Maggiore Fleischer, ex comandante della *Landeswehr* baltica, per ottenere l'aiuto di August Winning[181]. Piomberà per caso a fianco di Ehrhardt e Lüttwitz, all'alba del 13 marzo, all'angolo della *Charlottenburger Chaussee* e della *Siegesallee*!
A parte la Brigata Ehrhardt, i *Freikorps* non sono stati avvisati del passaggio all'azione. Il Capitano Pabst si era sforzato di federare queste diverse unità, ma invano: la feudalità dei *Freikorps* non riconosceva alcun sovrano.
Il Capitano Berthold, capo del *Freikorps* bavarese nel *Baltikum,* scrive il suo biografo

era troppo consapevole delle sue qualità per mettersi alle dipendenze di un più piccolo *Führer*. Egli perseguiva i suoi piani e non seppe nulla del putsch finché non avvenne[182].

Acquartierato con il suo *Freikorps* nel Meclemburgo, Rossbach, benché legato a Ehrhardt, ignora che il suo camerata marcerà su Berlino nella notte del 13 marzo. Ed è lo stesso per Röhm a Monaco.
Il Sottotenente Schmidt ha raccontato come la notizia del colpo di Stato giunse al *Freikorps* von Hindenburg, di cui egli era l'ufficiale aggiunto:

Il 10 marzo avevamo celebrato l'anniversario della nostra costituzione. Il Feldmaresciallo ci aveva fatto visita. Le libagioni si prolungarono talmente che gli ufficiali e gli uomini non andarono a dormire prima del mattino del 13 marzo. Il telefono interruppe improvvisamente il mio più bel sogno. Erano le 4 del mattino. Alla vigilia, per la prima volta, ci erano pervenuti dei rapporti

---

[180] Manfred von Killinger, *Das waren Kerle,* Monaco 1944, p. 96.
[181] August Winning, ex Commissario del Reich per il *Baltikum*.
[182] Gengier, *Kampfflieger Rudolf Berthold,* Berlino 1934, p. *190*.

che in termini vaghi parlavano di un colpo di Stato che sarebbe avvenuto a Berlino. Non sapevamo esattamente cosa stesse accadendo.

Ma lo sapeva lo stesso generale von Lüttwitz? In quell'alba luminosa del 13 marzo 1920 egli è solo un Generale privato del suo comando. Non ha potuto riunire tutti gli ufficiali del suo Stato Maggiore. Il suo stesso genero, il Maggiore Hammerstein, lo rinnega. I parlamentari più favorevoli all'Esercito hanno condannato in anticipo il suo colpo di forza.
Peggio ancora: fin dalle prime ore il putsch è compromesso da una disgraziata iniziativa del Capitano Ehrhardt.

È un giornalista a caccia di notizie il primo a dare l'allarme, Appostato in prossimità del campo di Döberitz, ha visto uscire l'automobile dell'Ammiraglio von Trotha. L'accantonamento sembra in quel momento perfettamente calmo. Ma, una mezz'ora dopo, è percorso da una insolita attività. Le baracche si illuminano, la brezza porta suoni di voci e nitriti di cavalli. Verso le 23, i cavalli di frisia che sbarrano l'ingresso al campo vengono spostati. La Brigata si mette in marcia.
Avvertito per telefono, Noske convoca i Generali von Oldershausen e von Oven, ed anche il Colonnello Wetzell. Essi ricevono l'ordine di portarsi dinanzi ai ribelli per farli ritornare indietro.
L'auto dei tre ufficiali incrocia la Compagnia d'assalto della Brigata verso mezzanotte. Ma il Capitano Ehrhardt è ancora al campo, dove si sta riposando in vista della pesante giornata che lo attende. I Generali proseguono il loro cammino verso Döberitz.
Svegliato brutalmente, Ehrhardt afferra la sua *Luger*: "In alto le mani!", grida. La qualità dei suoi visitatori non lo trattiene.
A memoria di ufficiale tedesco, non si è mai vista una cosa simile, un tale peccato contro lo spirito: Generali minacciati dalla pistola di un giovane ufficiale.
"Non sparate!", grida il Generale von Oven, "Il governo ci manda per negoziare".
Ehrhardt abbassa l'arma ma non l'abbandona.
"Negoziare? Non è compito mio farlo. Io obbedisco agli ordini del mio superiore, il Generale von Lüttwitz. Ciò che è in moto non si fermerà".
"Volete provocare una lotta fratricida con la Reichswehr?"
"Credete che si arriverà a questo?"
"Certamente"
"In tal caso", riprende il Capitano dopo un pesante silenzio, "io non ho il diritto di rifiutare una possibilità di accordo. Le mie truppe avanze-

ranno fino a Tiergarten. Là aspetterò la risposta alle nostre condizioni".
Rapidamente scarabocchia le richieste che ha sentito pronunciare nei giorni precedenti dal generale von Lüttwitz: elezione di un nuovo presidente del Reich, nomina di un governo di tecnici al di sopra dei partiti, reintegrazione del generale von Lüttwitz alla testa del *Gruppenkommando I*, nomina da parte di quest'ultimo di un nuovo ministro della *Reichswehr*.
Tende la carta:
"Aspetterò la vostra risposta fino alle 7 del mattino. Poi, nulla potrà fermarmi".
Alle 7 del mattino, il governo avrà avuto il tempo di lasciare Berlino dopo aver preso le prime misure difensive.

Dopo aver inviato i suoi emissari incontro ad Ehrhardt, Noske ha convocato al ministero della *Reichswehr* un vertice di capi militari. È l'una del mattino. Con voce rotta il ministro lascia esplodere il suo rancore. Questa notte non reca forse la condanna della politica pesantemente assunta da più di un anno? Ma egli non è uomo che si lasci sommergere dalla amarezza. Combatterà l'insurrezione bianca come ha combattuto quella dei rossi. Se il sangue deve scorrere, scorrerà. Quelli che vogliono seguirlo alzino la mano.
Su una dozzina di presenti, si levano due mani: quella del generale Reinhardt, ministro della Guerra di Prussia, e quella del suo Capo di Stato Maggiore, il comandante von Gilsa.
Tutti gli sguardi si volgono allora verso il Generale von Seeckt, capo del *Truppenamt,* l'ex Stato Maggiore Generale disciolto in applicazione del Trattato di Versailles e ricostituito camuffandolo sotto questo nome. Egli è soprannominato la "Sfinge col monocolo". Il Feldmaresciallo Hindenburg e il Generale Groener lo hanno indicato a Noske, al momento di ritirarsi dalla scena, come loro successore per mantenere la tradizione in seno alla nuova Armata. Von Seeckt è in una parte mal rischiarata della stanza. Il suo occhio blu e gelido si sofferma su ognuno dei Generali, poi si fissa su Noske. Con voce dolce prende la parola: "La Reichswehr non spara sulla Reichswehr! Avrebbe intenzione, signor Ministro, di tollerare che delle truppe che hanno combattuto insieme contro il nemico si diano battaglia dinanzi alla Porta di Brandeburgo? Sarebbe la fine del corpo degli ufficiali".
"Allora mobiliterò la polizia", dice Noske.
Il Generale von Seeckt sorride con indulgenza: "La polizia fa causa comune con i putschisti".
Noske tempesta, si infuria, parla di tradimento, poi sospende la conferenza con una minaccia di suicidio.

Ha scritto il Segretario fiorentino:

Perché intra le altre cagioni che ti arreca di male l'essere disarmato ti fa contennendo: la quale è una di quelle infamie dalle quali il principe si deve guardare, come di sotto si dirà. Perché da un armato a uno disarmato non è proporzione alcuna; e non è ragionevole che chi è armato obbedisca volentieri a chi è disarmato, e che il disarmato stia sicuro intra servitori armati. Perché essendo nell'uno sdegno e nell'altro sospetto, non è possibile operino bene insieme. E però un principe che della milizia non si intenda, oltre alle altre infelicità, come è detto, non può essere stimato dai suoi soldati, né fidarsi di loro[183].

Il Generale von Seeckt è ormai l'arbitro della situazione. Pur prevedendo il fallimento del putsch, non può condannarne a caldo gli autori con il rischio di alienarsi il corpo degli ufficiali. Imponendo la neutralità della *Reichswehr* mantiene l'Esercito al di fuori di un conflitto doloroso, riservandosi di portare il suo appoggio al governo legale nel momento opportuno. Questo rifiuto dello scontro violento si incontra d'altra parte con la preoccupazione del presidente del Reich.
Alle 3 del mattino i ministri sono riuniti nello studio di Ebert. Noske dipinge con tinte fosche la situazione dell'esercito. Avendo perduto la fiducia nel corpo degli ufficiali, propone nella sua stizza di armare delle milizie operaie. Ebert rifiuta questo suggerimento. Non vuole offrire ai putschisti una guerra civile in cui potrebbe affermarsi la loro superiorità tecnica. Bisogna combatterli su un terreno che non sia il loro: quello delle masse, attraverso lo sciopero generale.
Approvata questa decisione, i ministri salgono sulle loro automobili. Il governo si trasferisce a Dresda, sotto la protezione del Generale Maercker, lasciando a Berlino solo i sottosegretari di Stato ed il Generale von Seeckt.
Erzberger, che la vigilia ha dato le dimissioni, si rifugia in un convento. Duecento deputati che si trovano nella capitale fuggono a loro volta. Berlino è in balia dei *Freikorps*.
Alle 7, non avendo ricevuto risposta al suo ultimatum, il Capitano Ehrhardt dà l'ordine di marcia. Un chiaro sole di primavera saluta i giovani *Reiter* al loro ingresso a Berlino. Passano sotto la Porta di Brandeburgo con tutte le bandiere spiegate al vento.
Il quartiere dei ministeri, la Cancelleria, i ponti e le principali strade vengono occupati senza sparare un sol colpo.
Quando la città si sveglia, la bandiera imperiale sventola sugli edifici pubblici. La Repubblica di Weimar sembra dissoltasi.

---

[183] Niccolò Machiavelli, *Il Principe,* cap. XIV.

È vero che non vi è stata alcuna resistenza; non vi è stata però nemmeno alcuna acclamazione. I berlinesi, fremendo, vedono il ritorno degli elmetti con la svastica. Gli uomini che pattugliano le strade non sorridono, il loro volto dagli occhi di pietra reca le tracce lasciate dalla guerra. Impugnano il fucile carico. Al cinturone portano una pesante pistola nella custodia di cuoio o di legno e tre micidiali bombe a mano.
I vecchi nemici della Germania accolgono il putsch con ostilità non dissimulata. Vi si vede la mano dello Stato Maggiore Generale e la condanna della politica di clemenza reclamata da alcuni. scrive *"Le Temps"*, organo ufficiale del Quai d'Orsay, nel suo numero del 14 marzo 1920

Ora che il pronunciamento è avvenuto tutta la storia tedesca di questi ultimi mesi diventa particolarmente chiara e logica. Le interminabili discussioni che hanno ritardato la ratifica della Pace, la propaganda contro la Francia a proposito dei prigionieri di guerra, l'esplosione di furore organizzata quando gli Alleati hanno reclamato la consegna dei colpevoli, il trionfo di Helfferich su Erzberger, le aggressioni contro le commissioni interalleate di controllo, erano niente altro che manovre di approccio ed i sintomi della controrivoluzione. Si sono davvero ingannati quelli che hanno creduto che alcune concessioni avrebbero allontanato il pericolo. Al contrario queste concessioni ce lo hanno fatto piombare addosso.

Con indosso l'abito da cerimonia e sul capo un *Zylinderhut,* Kapp si stabilisce alla Cancelleria. Alcuni degni rottami dell'Impero guglielmino costituiscono il suo entourage. Ma questo non rappresenta certo quel "governo di tecnici" che figurava nel programma del putsch. Per il momento, i "tecnici" aspettano di sapere da che parte soffierà il vento. Wolfgang Kapp deve contentarsi in tutto e per tutto del suo addetto stampa, Trebitsch-Lincoln, personaggio più che equivoco, raccomandato dal Colonnello Bauer. Fedele alla vecchia tradizione dei cospiratori reazionari, il braccio destro di Ludendorff sembra avere il dono di circondarsi di avventurieri.
Questo Trebitsch-Lincoln, che si presenta bene e parla a braccia, è nato nel ghetto di Paks, sulle rive del Danubio, nel 1879. Destinato a diventare rabbino, è costretto ad interrompere gli studi talmudici in seguito ad alcune speculazioni sfortunate per la sua famiglia. Prosegue gli studi all'Università di Budapest. A causa di una sconvenienza che commette deve rifugiarsi ad Amburgo, dove viene assunto da una missione battista. Pieno di entusiasmo, abbraccia questa confessione e va a predicare il Vangelo in Inghilterra, in Francia ed in Canada, dove abbandona la chiesa battista per la High Church, più danarosa.

Si fa naturalizzare inglese ed aggiunge al suo cognome quello di Lincoln. Il reverendo Lincoln si vede affidare una parrocchia dal conte di Kent, nella quale conosce un certo Harold Beckett che lo introduce in una setta iniziatica. Perde la sua parrocchia, passa con i Quaccheri, poi si affilia alla massoneria della cui gerarchia sale rapidamente i gradini. Lo troviamo poi ai Comuni come deputato liberale di Darlington, ma la sua elezione viene annullata per falso elettorale. Pesantemente indebitato, deve fuggire precipitosamente. Cerca fortuna nei giacimenti di petrolio della Galizia, poi in Romania e lavora per l'*Intelligence Service*. Al momento dello scoppio delle ostilità, nell'agosto 1914, si trova a Londra dove entra in contatto con spie tedesche. Sul punto di essere scoperto, fugge negli Stati Uniti dove è pronto a tutto. Consegnato agli inglesi, viene condannato per spionaggio a tre anni di carcere. Nel novembre 1918, espiata la condanna, raggiunge Berlino. Seduce con la sua vertiginosa eloquenza il Colonnello Bauer e si assicura la fiducia della moglie del generale Ludendorff che coltiva con passione le scienze occulte. Incaricato di una missione segreta presso l'ex Kaiser e Kronprinz, prende parte a tutti i complotti di cui Ludendorff, Wolfgang, Kapp ed il Generale von Lüttwitz saranno gli artefici[184].
L'ex allievo della scuola rabbinica sarà l'addetto stampa dei nobilucci di provincia, un po' antisemiti, per tutta la durata del putsch. La sua influenza sulle folle tedesche non sarà pari a quella che esercita nella cerchia dei vecchi reazionari. Questi signori non conoscono più del loro insolito portavoce l'uso della propaganda.
Kapp ed i suoi amici resteranno dunque muti. Non hanno nulla da dire a quel popolo che vogliono governare. Un manifesto, redatto come la nota di servizio di un ministero, sarà l'unica manifestazione del loro pensiero. Quanto ai giornali, la loro pubblicazione è sospesa.
Tuttavia nelle prime ore il putsch sembra segnare qualche punto. Quando il 13 marzo, verso mezzogiorno, le automobili governative giungono a Dresda, il presidente Ebert, Noske e gli altri ministri vengono accolti dal Generale Maercker. Dopo averli salutati, questi si scusa di doversi assicurare delle loro persone "in esecuzione degli ordini del suo superiore, il Generale von Lüttwitz". Dinanzi alla loro sorpresa e all'indignazione, Maercker precisa:

È mio dovere vegliare sulla vostra sicurezza.

Poi si ritira. Preoccupati per questo atteggiamento più che ambiguo,

---

[184] La movimentata carriera di Trebitsch-Lincoln è particolarmente rievocata da Werner Gerson, *Le Nazisme société secrète*, Parigi 1969, p. 73-99 e 275-283.

Ebert ed i membri del governo ritengono prudente lasciare Dresda. Raggiungono Stuttgart dove sono sicuri della lealtà del generale Bergmann.

A Berlino, von Lüttwitz sembra più a suo agio nelle funzioni di capo militare che Kapp in quelle di capo politico. Installatosi al ministero della Reichswehr, prende una serie di misure al fine di collocare nei posti chiave ufficiali devoti al movimento. Destituisce il ministro della Guerra di Prussia, affida al generale Wrisberg la direzione dei servizi del ministero; il Generale von der Goltz sostituisce von Seeckt al vertice *Truppenamt*. Il Colonnello Reinhardt, che il governo aveva destituito, assume il comando della regione di Berlino in sostituzione del generale von Owen.

Poi Lüttwitz telefona ai capi dei *Freikorps* per chiedere loro di tenersi pronti a marciare su Berlino.

Il 13 marzo, a mezzogiorno, gli Stati Maggiori, la polizia e le truppe del *Gruppenkommando I* si sono schierati con i putschisti. Le forze del *Gruppenkommando II* (Germania meridionale) sono meno impegnate. Tuttavia il Generale Möhl, comandante le forze della *Reichswehr* in Baviera, è schierato con i putschisti. Nei giorni seguenti appoggerà i *Freikorps* e le milizie dell'*Orgesch* che rovesceranno il governo socialista di Hoffmann e imporranno un gabinetto di destra, favorevole alla restaurazione dei Wittelsbach, presieduto da Gustav von Kahr.

Eppure a partire dal 14 marzo ad eccezione della Baviera, il putsch batte il tempo, dunque fa passi indietro. I deputati di destra si sono pubblicamente dissociati dal movimento. La stampa riporta il telegramma inviato ai governi dei *Länder* dal gabinetto rifugiatosi a Stuttgart:

Un tentativo di putsch, effettuato da irresponsabili avventurieri dietro i quali non c'è alcun serio uomo politico, ha costretto il governo a lasciare Berlino per evitare spargimenti di sangue. Il governo costituzionale è l'unico in grado di evitare il sangue. Noi invitiamo le autorità a mantenere i rapporti di servizio con noi e ad astenersi da ogni relazione con i responsabili del colpo di stato a Berlino[185].

Nella mattinata il comitato dirigente del partito socialista, in esecuzione degli ordini di Ebert, fa distribuire dei volantini che proclamano lo sciopero generale[186].

Il tono di questa proclamazione incendiaria firmata da Ebert, Bauer,

---

[185] Citato da Werner Maser, *Naissance du parti national-socialiste allemand*, Ed. Fayard, Parigi 1967, p. 149.
[186] Citato da Robert Waite, op. cit., p. 169-170.

Noske, Schlidke, Schmidt, David, Müller e Wels non è affatto diverso da quello usato dagli spartachisti contro i *Freikorps*:

Lavoratori, compagni di Partito! C'è stato un putsch militare. I pirati del *Baltikum* che temono di essere sciolti hanno tentato di rovesciare la Repubblica e di instaurare una dittatura con Lüttwitz e Kapp.
Lavoratori, compagni! Non abbiamo fatto la Rivoluzione per vederla liquidare da un Reggimento di pirati. Non negozieremo con i criminali del Baltico [gli aggettivi indicano in quale considerazione il governo teneva gli uomini che lo avevano difeso].
Lavoratori, compagni! Il lavoro di un intero anno sta per essere distrutto. La vostra libertà, pagata così cara, sarà soppressa. Ecco perché sono necessarie le misure più severe. Nessuna fabbrica deve funzionare finché durerà la dittatura Ludendorff [il paragone è qui volontariamente fatto per risvegliare i cattivi ricordi della guerra; in effetti dietro le quinte c'è Ludendorff].
Abbandonate il lavoro, tutti in sciopero! Soffocate la carica reazionaria. Combattete con tutti i mezzi per la Repubblica. Dimenticate le discordie meschine. Non vi è che un mezzo per impedire il ritorno di Guglielmo II: paralizzare ogni attività economica. Che nessun proletario appoggi la dittatura militare. Sciopero generale! Proletari, unitevi! Abbasso la controrivoluzione!

I sindacati fanno propria immediatamente questa parola d'ordine che riceve anche l'appoggio del Centro (cattolico) e del partito democratico (conservatore).
Nel primo pomeriggio le fabbriche cominciano a chiudere i cancelli. Alle 17 lo sciopero generale è in atto su tutto il territorio del Reich. Mai la Germania ha visto una simile mobilitazione. Ma bisogna pur dire che mai un governo aveva invitato i lavoratori allo sciopero[187]. Gli automezzi pubblici non circolano, le stazioni diventano deserte, i negozi vengono chiusi, i servizi pubblici non sono più assicurati: non c'è acqua, né gas, né elettricità. Gli infermieri abbandonano gli ospedali. Nella notte dal 14 al 15 marzo Berlino piomba nell'oscurità. Per le strade deserte si sente solo il passo cadenzato delle pattuglie della Brigata Ehrhardt, che marciano alla luce di pile e di lanterne. Una calma assoluta regna nei sobborghi operai.
Alba del 15 marzo. Berlino si sveglia senza acqua, senza latte, senza pane e senza giornali. L'interruzione delle comunicazioni con il resto della Germania e la chiusura dei negozi hanno tagliato i viveri. Tuttavia la città è tranquilla.

---

[187] In effetti, l'ordine di sciopero non venne sottoscritto dal governo, ma dai membri del partito socialista che erano rispettivamente presidente della Repubblica, cancelliere, ministro della *Reichswehr*, ecc., il che, per l'opinione pubblica, era lo stesso.

Preso nella trappola di questa resistenza inafferrabile, Kapp si sforza di ripristinare alcuni servizi pubblici per mezzo di volontari che però non sono né abbastanza numerosi né abbastanza competenti. I putschisti non hanno nemmeno la possibilità di farsi sentire perché i giornali non escono più. L'occupazione delle tipografie da parte della truppa non risolve niente; manca l'elettricità per far andare le rotative.
Nel pomeriggio una certa agitazione comincia a manifestarsi nei sobborghi, sull'esempio delle regioni tradizionalmente favorevoli agli estremisti di sinistra.
La sera del 13 marzo i comunisti, potenti nella Ruhr, hanno proclamato uno sciopero generale che diviene ben presto rivolta armata.
L'indomani, a Wetter-an-der-Ruhr, un distaccamento del *Freikorps* Lichtschlag viene massacrato dalla folla.
Il 15 marzo si combatte a Leipzig, Magdeburg, Chemnitz, Halle, Kiel, Francoforte sul Meno, Stassfurt, Hettstedt, Bitterfeld.
Nella giornata del 16 la situazione peggiora. Si verificano ovunque manifestazioni di collera immediatamente sfruttate dagli spartachisti.
A Heimfeld, nei pressi di Harburg, i soldati del 9° Reggimento del Genio rinchiudono i loro ufficiali e distribuiscono armi ai manifestanti. Un *Freikorps* di Veterani del *Baltikum*, comandato dal Capitano Berthold, l'aviatore delle 55 vittorie, grande invalido di guerra, è assediato nella scuola. I soldati ammutinati e le milizie rosse, appoggiati da migliaia di manifestanti armati, assaltano l'edificio. Dopo che hanno esaurito le munizioni e molti di loro sono stati uccisi, i Volontari devono arrendersi. La folla schiumante si scaglia contro gli uomini disarmati; molti saranno feriti. Il Capitano Berthold che ha rifiutato di togliersi i gradi e la croce *Pour le Mérite* è assassinato sul posto. Il corpo nudo e sanguinante viene gettato in una fogna, la testa mozzata, le braccia strappate dal torso, i, piedi schiacciati. Il popolaccio danza intorno al cadavere martoriato.
Nella notte dal 16 al 17 marzo, a Berlino, il Reggimento di pionieri acquartierato nella *Köpenickerstrasse,* rispondendo all'appello lanciato la vigilia da Noske ai "soldati della *Reichswehr*", imprigiona i suoi ufficiali. Dovrà intervenire un Battaglione della Brigata Ehrhardt a colpi di mortaio per liberare i prigionieri. La polizia di sicurezza di Berlino fa sapere che non è più solidale con i putschisti e chiede le immediate dimissioni di Kapp.
La mattina del 17 marzo si apprende che il Generale Maercker si è schierato con il governo legittimo. Scrive Lüttwitz:

Improvvisamente la situazione era divenuta estremamente grave. Non potevo più fidarmi della maggior parte delle truppe di Berlino, né dei loro capi. Non bisognava più pensare a battersi con la forza. La brigata Ehrhardt bastava a mantenere l'ordine fra la popolazione sollevatasi, ma non poteva, nello stesso tempo, far fronte alle altre truppe e alla polizia. Non mi restava che affrettare i negoziati con i capi dei partiti e liquidare il caso[188].

Il Capitano Pabst, che si è sforzato di riannodare i fili con gli ambienti politici, riferisce che i capi dei partiti rifiutano ogni negoziato finché Kapp resterà alla Cancelleria.
Piegato dalle prove degli ultimi giorni, il *Generallandschaftsdirektor* si arrende senza lottare. In un breve comunicato dichiara terminata la sua missione e rimette il potere nelle mani del generale von Lüttwitz.
A mezzogiorno un taxi attende dietro la Cancelleria. Qualcuno vi getta un pacco di carte e qualche effetto annodato in un panno. Accompagnato dalla figlia in lacrime, Wolfgang Kapp, curvando il grande corpo sfinito, sale a sua volta sull'automobile. Il taxi li conduce all'aeroporto di Tempelhof.
L'aereo che li porta verso la Svezia incrocia un piccolo apparecchio che atterrerà a Berlino. È un simbolico cambio della guardia? Due uomini ne discendono: uno, grosso e gioviale, si dice negoziante in carta. Del secondo si distinguono solo gli occhi straordinariamente profondi; si dichiara contabile. Dietrich Eckart e Adolf Hitler, inviati dai *Freikorps* bavaresi, vengono da Monaco per informarsi della situazione e studiare un'azione comune. Si recano immediatamente alla Cancelleria dove li riceve Trebitsch-Lincoln occupato a fare le valigie. "Filiamo", dice Hitler al suo compagno. "Con un ebreo di mezzo, non poteva certo riuscire"[189].
Tuttavia, prima di ritornare a Monaco, Hitler si trattiene a Berlino per prendere contatti con le organizzazioni nazional-rivoluzionarie e pangermaniste del nord della Germania. Non è ancora il tempo di uno di quei *Bildungsoffiziere* istituiti dal Capitano Röhm nei Reggimenti bavaresi per lottare contro l'infiltrazione comunista. Ma l'ufficiale istruttore Hitler ha conquistato la fiducia del suo capo, fino al punto di essere diventato l'agente di esecuzione politica dei *Freikorps* in Baviera. Là dove gli altri si arenano goffamente egli riesce. Ciò che gli altri intravedono confusamente, egli sa esprimerlo con una semplicità luminosa. Insomma, è dotato e sa di esserlo. Queste nuove relazioni saranno per lui cariche di conseguenze.
Dopo la partenza di Kapp, von Lüttwitz si installa alla Cancelleria per qualche ora.

---

[188] Citato da Benoist-Méchin, op. cit., tomo II, p. 104.
[189] Amsler, *Hitler,* Ed. du Seuil, Parigi.

Una delegazione dei più autorevoli ufficiali della guarnigione ha chiesto di parlargli. Appena entrati, von Lüttwitz manifesta loro l'intenzione di restare alla Cancelleria più tempo che sia possibile. Allora il Colonnello Heye, aggiunto del Generale von Seeckt, gli risponde brutalmente che si inganna se crede di avere ancora dalla sua le truppe della guarnigione.

Dopo una breve esitazione von Lüttwitz minaccia di far arrestare l'insolente. Ma deve interrompere il colloquio per incontrarsi con una delegazione di parlamentari con i quali il Capitano Pabst si sforza di negoziare una fine onorevole.

Approfittando della sua assenza, i generali decidono di accelerare i tempi e di sostituire il Generale von Lüttwitz con un ufficiale non compromesso nel putsch: il Generale von Seeckt.

Indignato, il Capitano Ehrhardt, che assiste al conciliabolo, si precipita a cercare Lüttwitz per avvertirlo di questa fellonia. Egli ha fatto circondare la Cancelleria da una Compagnia di assalto e si dichiara pronto ad arrestare seduta stante i Generali.

Ma Lüttwitz si sa perduto: ringrazia Ehrhardt e scrive la sua lettera di dimissioni. Poi, scortato dal suo ufficiale di ordinanza, sale su una potente automobile e svanisce nel crepuscolo. Il suo amico il principe Lynar lo nasconderà, poi lo farà passare in Ungheria dove trionfa la controrivoluzione dell'Ammiraglio Horthy.

Il 17 marzo, sul finire del pomeriggio, il cancelliere Bauer annuncia ai parlamentari riuniti a Stuttgart che il tentativo Kapp-Lüttwitz è definitivamente fallito. Il Generale von Seeckt è nominato capo del *Gruppenkommando I*.

Intanto in alcuni sobborghi di Berlino violenti scontri si svolgono tra le pattuglie dei *Freikorps* ed i manifestanti armati. Il Sottotenente Kay, studente in diritto, mobilitato alla fine della guerra, volontario nel corpo dei Cacciatori di Maercker, poi combattente nel *Baltikum* con il *Freikorps* di Amburgo, viene ucciso dinanzi al palazzo municipale di Schöneberg.

Il compito più urgente è far evacuare le truppe ribelli da Berlino. Von Seeckt convoca Ehrhardt, il quale accetta di ritirarsi a Charlottenburg senza incidenti, a patto che la sua Brigata non venga disarmata.

Il sole che qualche giorno prima aveva salutato l'ingresso gioioso dei *Freikorps* nella capitale ha ceduto il passo ad una lugubre pioggia. Il 21 marzo la lunga colonna si snoda per l'ultima volta sotto i *Linden*.

Sui marciapiedi la folla si ammassa, ostile; dapprima silenziosa, si fa ardita allo spettacolo della ritirata. Sarcasmi ed ingiurie piovono ben presto da tutte le parti. I Volontari contraggono rabbiosamente le dita sui fucili carichi.

Quando la retroguardia gira l'angolo della Porta di Brandeburgo, diversi colpi vengono sparati dalle finestre di un edificio. I soldati si accasciano, raggiunti dalle pallottole. I Volontari che li circondano tolgono la sicura e sparano sulla folla che si disperde urlando di spavento. Il cavallo di un ufficiale, terrorizzato, si impenna: l'uomo, della Marina, cavaliere di fresca data, cade pesantemente al suolo. Credendo che il loro Capitano sia stato ucciso, gli uomini della Compagnia scaricano i fucili sui fuggitivi. I cadaveri si ammucchiano nella hall dell'hotel *Adlon*.
Sfogata la loro collera, gli uomini ritornano nei ranghi. Un breve ordine, e la marcia riprende nel silenzio rotto solo dal suono cadenzato delle scarpe chiodate sull'asfalto.
Malgrado la sua mediocrità, il colpo di stato di Kapp fa data e resta come l'esempio stesso della congiura mal preparata e mal condotta, il fallimento di uomini fuori del loro tempo.
Forse questo pessimo putsch nel 1848 sarebbe riuscito ed avrebbe ristabilito con la forza una monarchia spazzata via da una rivolta di piazza. Le masse non erano ancora entrate nella storia. Ma nella Germania industriale e socializzata di dopo il 1918, il putsch era condannato in anticipo. Il Generale Maercker ha avuto ragione di rilevare che Kapp e Lüttwitz vedevano la Germania con un ritardo di cinquant'anni[190]. Chi controlla Berlino non controlla anche la Germania.
Tuttavia è nel Sud, in Baviera, che il putsch avrà degli strascichi durevoli di un'immensa portata, poiché permetteranno la nascita del nazionalsocialismo hitleriano.
Anche nell'esercito le conseguenze di questo meschino colpo di stato saranno considerevoli. La frattura, percepibile nel passato, fra i tradizionalisti ed i giovani nihilisti nati dall'avventura del *Baltikum* è ormai totale.
I combattenti che la sera del 21 marzo evacuano Berlino, rovesciano il loro odio non sugli scioperanti e sul governo ma sui capi incapaci ai quali si erano affidati ed ai quali rimproverano una mentalità da vegliardi e da borghesi simile a quella che odiavano nel regime di Weimar. Ha scritto Rudolf Mann, volontario della brigata Ehrhardt[191]:

Che cosa fecero i generali? Non fecero che cercare di conservare lo spirito della vecchia casta degli ufficiali. Il cuore di quegli uomini di Stato Maggiore non era stato indurito dalla guerra. Avevano visto la guerra, ma non l'avevano sentita dentro di sé. Essi avevano paura, paura per la loro pelle,

---

[190] Generale Maercker, op. *cit.*, p. 363
[191] Rudolf Mann, op. *cit.*, p. 188-189.

paura per il loro posto. Mi sembra di sentirli ancora: "Non bisogna sparare! Proibisco ogni manifestazione di forza!"[192]. Ma quanto sarebbe stato preferibile che vi fossero state delle fucilate! Vanitosi, prudenti ed ancora prudenti. Ecco cosa sono.

Friedrich Heinz, altro componente della Brigata, è ancor più esplicito:

Il governo di Kapp indietreggiò dinanzi alla prospettiva di mettere contro il muro una mezza dozzina di generali, di sottosegretari di Stato e di parlamentari. Invece di far questo, occupò alcuni edifici pubblici per tenervi sterili discussioni. Ma il sangue è il cemento della rivoluzione. Chiunque indietreggia dinanzi all'idea di farlo scorrere non è un rivoluzionario ma un borghese divenuto pazzo[193].

Sotto l'intenzionale brutalità questa immagine illustra bene ciò che separa i conservatori, scervellati come Lüttwitz o accorti come Seeckt, dai giovani lanzichenecchi. Non si tratta di differenza di metodi; è una differenza irriducibile, di mentalità e di comportamento. I primi, per bisogno di comodità, credono al rispetto delle convenienze per resuscitare i valori tramandati. I secondi hanno dentro di sé la ferocia dei barbari. Con Ernst Jünger[194], essi sentono che "l'ordine umano di evo in evo deve rituffarsi nell'ardente caos onde risorgerne rinnovellato".

---

[192] Unica eccezione il Generale von der Goltz, che nel pomeriggio del 16 marzo diede l'ordine di fucilare gli scioperanti recalcitranti. Questo ordine venne immediatamente annullato da von Lüttwitz.
[193] F. W. Heinz, *Die Nation greift an,* Berlino 1932, p. 91.
[194] Ernst Jünger, *Sulle scogliere di marmo,* Mondadori, 1942, pp. 62-63.

La rottura con la Reichswehr

Poco prima che l'avventura putschista giunga a termine il Maggiore von Stephani, il Generale Ludendorff, il Colonnello Bauer e il Capitano Pabst si mettono in borghese e riescono a fuggire da Berlino. Il Colonnello Bauer passa in Ungheria e il Capitano Pabst in Austria[195].
Saggia precauzione perché la repressione contro i putschisti ed i loro partigiani si scatena soprattutto nel nord della Germania.
Vengono spiccati mandati di cattura contro il Generale von Lüttwitz, il Generale von der Goltz, l'Ammiraglio Lewetzow e gli altri autori del colpo di mano. Il Sottotenente di Vascello Canaris, che ha sostenuto il putsch quale membro del gabinetto Noske, viene tenuto agli arresti per diversi giorni. L'Ammiraglio von Trotha sarà portato dinanzi ad una commissione d'inchiesta. I Generali Maercker, von Estorff, von Lettow-Vorbek, von Owen, i colonnelli von Wangenheim e von Ledebour vengono collocati a riposo. La *Nationale-Vereinigung* è disciolta. Il 24 marzo Noske viene costretto a dare le dimissioni.
Fin dal 18 marzo 1920 il Generale von Seeckt, ansioso di allontanare dalla *Reichswehr* i fulmini della repressione, indirizza un proclama agli ufficiali.

Da molteplici segni vedo che molti componenti della *Reichswehr* ancora non hanno compreso chiaramente in quale situazione ci hanno messo i recenti avvenimenti dovuti all'iniziativa di individui isolati, sviati da una politica miope confinante con il tradimento. La tragica legge delle avventure di quel genere è di far pagare alla massa innocente l'errore di alcuni esaltati. Tuttavia non posso negare né nascondere che anche nelle nostre file sono stati commessi dei gravi errori; errori che chiedono una riparazione. Se non lo ammettiamo noi stessi, se non facciamo la nostra autocritica e se non allontaniamo noi stessi le pecore rognose, non dovremo poi lamentarci se ci saranno imposte dall'esterno delle misure riparatrici. Io non sono disposto né a tollerare di nuovo simili fatti, né a dimenticare quelli che sono stati commessi. Non vi è posto, nella *Reichswehr*, per soldati che hanno attentato all'onore militare[196].

Questo proclama provoca l'indignazione degli ufficiali compromessi nel putsch, senza comunque soddisfare i partiti di sinistra. Il presidente Ebert e il cancelliere Bauer se ne contentano, tuttavia, perché un nuovo pericolo minaccia la fragile Repubblica. I comunisti credono

---

[195] Naturalizzato sotto il nome di Peters, assumerà la direzione dell'*Heimatbund* nel Tirolo e della *Heimwehr* austriaca
[196] Citato da Benoist-Méchin, *Histoire de l'Armée allemande,* tomo II, p. 112, Albin-Michel, edizione del 1964.

sia venuto il momento di prendersi la rivincita e di spazzare via il potere socialista scosso dal putsch. Nella Ruhr, paralizzata dallo sciopero generale, le masse comuniste prendono le armi.
Ancora una volta il presidente Ebert dovrà rivolgersi all'esercito per salvare la propria esistenza e preservare la Germania dal caos.
Gli autori favorevoli all'estrema sinistra hanno rimproverato a Ebert di non aver colto l'occasione del mancato putsch e dell'ondata di antimilitarismo abbattutasi sul paese in seguito ad esso per

creare una forza armata veramente repubblicana sulla quale avrebbe potuto contare negli anni incerti e difficili che lo attendevano[197].

Un tale esercito sarebbe stato immediatamente dominato dai comunisti, come nel novembre 1918. Ebert non ha scelta. È costretto a continuare la sua politica di equilibrio, che pratica dalla Rivoluzione di novembre, fra i militari e l'estrema sinistra. La Germania del 1920 non ha ancora trovato la sua stabilità. È in piena effervescenza rivoluzionaria. I fucili dominano ancora le schede elettorali. Poco importa che dalle urne esca una maggioranza centrista. Il potere sta nella piazza, e se lo disputano le milizie rosse e le coorti con l'elmetto dei *Freikorps*.
L'alleanza fra il governo e la *Reichswehr*, per quanto condizionata sia. è indispensabile alla sopravvivenza della Repubblica. E sarà questa alleanza a salvare il governo, perché nella Ruhr le milizie operaie, controllate dagli spartachisti, proclamano la dittatura del proletariato.
Gli articoli 42 e 43 del Trattato di Versailles hanno imposto la creazione nella Ruhr di una zona smilitarizzata, profonda 50 chilometri, lungo i territori occupati dagli Alleati. La Germania può quindi mantenervi solo delle guarnigioni ridotte, in attesa della totale smilitarizzazione che dovrà avvenire entro il 10 aprile 1.920, tre mesi dopo l'entrata in vigore del *Diktat*. Su questo territorio, i partiti di estrema sinistra si sentono sicuri, vi hanno stabilito il loro quartier generale, vi organizzano milizie armate e preparano una nuova sommossa[198].

Così, quando il 13 marzo 1920 il governo in fuga proclama lo sciopero generale, i comunisti lanciano un appello alla popolazione della Ruhr:

---

[197] Robert G. L. Waite, op. cit., p. 168-169.
[198] L'attività degli estremisti nella Ruhr è soprattutto ricostruita nelle opere di Hans Spethmann, *Die Rote Armee an Ruhr und Rhein: Aus den Kapptagen,* Berlino 1930, e di Paul Wentzcke, *Ruhrkampf,* Berlino 1930.

Lavoratori! Compagni! Il regime di Ebert e Noske è caduto. La borghesia, da cui dipendeva questo governo, si sbarazza dei suoi servi. La cricca dei militari che ci ha trascinato alla guerra e l'ha poi perduta tanto vergognosamente, prenderà il potere. Lavoratori, compagni! È venuto il momento di agire per impadronirsi del potere... Noi non ci batteremo per il governo di Ebert e di Noske. Abbasso i traditori del socialismo! Abbasso i servi della borghesia! Viva la dittatura del proletariato! Lavoratori, compagni! Alle armi![199]

Mülheim e Dortmund si sollevano. I magazzini di armi e di munizioni delle fabbriche Krupp vengono saccheggiati. In ventiquattro ore. i rossi mettono in campo diverse dozzine di migliaia di uomini armati nella zona parzialmente smilitarizzata[200]. Fra essi figurano molti ex combattenti dei *Freikorps*, spinti dal loro nihilismo ad accelerare in questo modo il crollo della società borghese che odiano. È il caso di un veterano del *Baltikum*, Schmitz, di cui Ernst von Salomon ha ricordato la partenza nel gennaio 1920:

L'accompagnai alla stazione. "A te posso dirlo", mi sussurrò, "vado nella Ruhr, ad arruolarmi nell'esercito rosso. La rivolta arriverà laggiù". Io annuii. "Rimescoleremo un po' il sangue, laggiù", proseguì Schmitz, e tutti e due ci mettemmo a ridere ripensando a Kay. "Arrivederci, comunque", diss'io, "anche se dovessimo ritrovarci sulle barricate decidiamo fin d'ora, se proprio dovrà accadere, che in considerazione della vecchia amicizia ci conterremo di ammaccarci il muso". Ma Schmitz rispose ridendo, "No, se ai troveremo di fronte tanto peggio. Sai bene che è il primo colpo che conta!".

E von Salomon conclude con una punta di amarezza:

Così mi chiuse la bocca. Infastidito potei solo osservare che ne avevo maledettamente abbastanza di sparare. Ci stringemmo le mani affettuosamente ma con un po' d'imbarazzo, poi Schmitz partì.[201]

Il 14 marzo l'esercito rosso passa all'offensiva. A Wetter il Capitano di artiglieria Hasenclever, del *Freikorps* Lichtschlag, viene circondato con i 117 uomini della sua batteria da migliaia di manifestanti armati. Mentre le sirene della città suonano, il distaccamento viene travolto. Il Capitano Hasenclever e 64 dei suoi uomini sono massacrati sul posto.

I sopravvissuti vengono trascinati verso la prigione e accoppati con il calcio dei fucili.

---

[199] Questo appello, firmato dal partito comunista tedesco (*K.P.D.-Spartakusbund*), è riprodotto in fac-simile in *Freikorpskämpfer,* cit., p. 365.
[200] Le cifre variano: 50.000 secondo Karl Severing, 100.000 secondo il rapporto della Reichswehr, 80.000 secondo von Oertzen, 120.000 secondo gli stessi comunisti.
[201] Ernst von Salomon, op. cit., p. 155.

Altri sanguinosi incidenti si verificano a Dinslaken, Recklinghausen e Wesel. Le città industriali della Ruhr cadono ad una ad una in mano all'esercito rosso. Remscheid, Dortmund e Hagen sono occupate il 18 marzo, Düsseldorf e Essen il 19. Quest'ultima città è teatro di un altro sanguinoso dramma. Una quarantina di Volontari, agli ordini del Capitano Weissenstein, difendono la riserva di acqua. Dopo una vivace sparatoria, a corto di munizioni, il Capitano alza bandiera bianca. Viene cessato il fuoco. Appena Volontari escono allo scoperto li accoglie una scarica di fucileria. L'ufficiale cade, colpito a morte, insieme a una ventina dei suoi uomini. I sopravvissuti vengono portati al mattatoio e squartati a colpi di ascia[202].

Preoccupato da questa nuova ondata di atrocità il governo del Reich mette le unità della zona neutra sotto il comando del generale Freiherr von Watter. Tuttavia rifiuta di dargli pieni poteri e delega per questo un deputato socialista, Karl Severing, *Reichskommissar* della Westfalia dal 1919. Giudicando insufficienti le sue forze, il Generale von Watter chiede rinforzi. Nei giorni seguenti diversi *Freikorps* vengono inviati nella Ruhr.

La facilità con la quale si sono impadroniti del bacino minerario inganna un po' gli estremisti. Il capo dei comunisti di Dortmund proclama, con l'abituale enfasi:

Quando si leggerà nella storia del mondo la lotta del proletariato, la vittoria della Ruhr verrà subito dopo il trionfo russo...[203]

Il 23 marzo in tutto il bacino viene proclamata la dittatura dei Soviet. Il generale von Watter chiede l'autorizzazione per intervenire a liberare le piccole guarnigioni minacciate dall'esercito rosso. Il governo rifiuta, ritenendo non esaurite tutte le possibilità di conciliazione. Invia due ministri, che affiancheranno il *Reichskommissar* per discutere i negoziati con i rappresentanti dei sindacati operai della Ruhr.

I negoziati iniziano il 24 marzo a Bielefeld. Severing ed i suoi interlocutori giungono ad un compromesso in base al quale le milizie comuniste verranno disarmate ed i *Freikorps* disciolti. Una tregua di dieci giorni entrerà immediatamente in vigore per permettere l'applicazione di queste decisioni, il *Reichskommissar* non tiene conto solo di una cosa, né le milizie rosse né i *Freikorps* sono rappresentati nella discussione.

---

[202] Cfr. Hans Spethmann, op. cit., e *Das Buch von Deutschen Freikorpskämpfer*, p. 397 e s. I nazionalsocialisti faranno di questo serbatoio un santuario ed onoreranno il nome del Capitano Weissenstein, dimenticando per la circostanza che non era ariano.
[203] Hans Spethmann, op. cit., p. 84.

Fin dal giorno successivo gli accordi vengono violati. I rossi ammassano le loro truppe nella regione di Hagen, mentre i *Freikorps* convergono verso il Quartier Generale di von Watter, a Münster.

Il 27 marzo la guarnigione di Wesel, comandata dal Generale Kabisch, è assalita da una folla armata, cinque volte superiore di numero. Temendo che possano ripetersi i massacri di Wetter e di Essen, il Generale von Wetter ordina ad alcuni Reggimenti di marciare sul Wesel. Alle 14 le loro avanguardie penetrano nella zona smilitarizzata.

In nome degli Alleati il 31 marzo Millerand indirizza una nota di protesta a Berlino, accusando il governo tedesco di violare gli articoli 43 e 44 del Trattato di Versailles.

Nel frattempo i *Freikorps*, suddivisi in tre gruppi, si apprestano all'assalto.

La regione di Weser-Münster è affidata alla 3ª Brigata di Marina von Loewenfeld ed ai *Freikorps* Schulz, Rossbach (precedentemente sciolto), Faupel, Kühme, Lützow, Aulock, ed a quelli di Düsseldorf e di Libau.

Ad est di Münster e di Dortmund si concentrano i *Freikorps* von Pfeffer (disciolti nel Baltico), von Hindenburg, Gabcke, Haas, Severin, quelli della Westfalia, di Göttingen, del Münster e gli studenti-volontari di Hannover.

Il fronte sud è tenuto dalla Brigata von Epp, composta dal Reggimento Leupold, dai *Freikorps Oberland,* von Owen, Battaglioni di Volontari Godin, Krauss e Hasenmayer.

Il 3 aprile un incidente dà fuoco alle polveri. Le milizie operaie attaccano a Pelkum un'unità della Brigata del generale Ritter von Epp.

Questi, ignorando le consegne dei rappresentanti del governo, dà l'ordine di marciare su Dortmund.

A loro volta gli altri *Freikorps* penetrano nella zona neutra. Le resistenze sono impietosamente schiacciate. Scrive Margarete Buber-Neumann:

La popolazione, che i comunisti avevano terrorizzato, si abbandona ad una cieca vendetta: denuncia tutti gli estremisti di sinistra che hanno preso parte a saccheggi, a violenze o ad assassini[204].

Sorprese da questa inattesa offensiva e dall'appoggio che ad essa presta la popolazione, le formazioni rosse si danno alla fuga o si arrendono senza combattere. L'8 aprile il bacino minerario è completamente liberato.

---

[204] M. Buber-Neumann, op. cit., p. 31

I *Freikorps* sfogano sull'estrema sinistra la rabbia che si portano dentro dopo la folle impresa di Kapp. Vengono costituite delle corti marziali che non servono, comunque, ad evitare le esecuzioni sommarie[205]. Ha scritto nel suo *Diario* il conte Kessler:

Giunge la notizia che il pacifista Paasche è stato assassinato nella sua proprietà dai soldati della Reichswehr. Naturalmente "in fuga" (come si diceva sotto Diaz in Messico e sotto Noske a Berlino); e senza dubbio il fatto sarà ancora perseguito dal "tribunale militare competente". Oggi in Germania la sicurezza delle personalità politiche sospette è meno garantita che nelle repubbliche più corrotte dell'America del Sud o della Roma dei Borgia. Il che non impedisce che la vita esteriore sia brillante malgrado la miseria economica, che la folla dei profittatori di guerra aumenti incessantemente, e che nascano solide fortune. Per costoro nessun prezzo è troppo elevato, nessun piacere è troppo caro. È il male alla radice che mina l'albero così fiorente; ancora non si nota nulla sulle sue foglie o sui suoi fiori, ma un bel giorno crollerà di colpo.[206]

Nel grigiore dell'alba di martedì 6 aprile, tre giorni dopo l'intervento dei *Freikorps* nella zona neutra, 20.000 soldati francesi e marocchini occupano Francoforte sul Meno e Darmstadt. Questa brutale misura di rappresaglia fa sì che tutti siano contro i francesi. Ha scritto Harry Kessler:

Con una disgustosa ipocrisia, [i francesi] si eleggono a difensori degli operai tedeschi contro il militarismo prussiano. D'altra parte, il governo tedesco è stato, in tutta questa faccenda della Ruhr, di una inettitudine senza esempio. Ha fatto di tutto per seminare ovunque pretesti di diffidenza nei suoi confronti.[207]

Bisogna riconoscere, a discolpa del gabinetto, che il suo compito non è facile. Appena salvatosi da un putsch militare, deve affrontare una sommossa comunista, poi un ultimatum della Francia insieme ad un'occupazione del territorio. Non potendo utilizzare la forza, il potere deve venire ad una transazione.
Tuttavia l'intervento francese giunge a proposito: giustifica tutte le misure che saranno prese per sbarazzarsi dei *Freikorps* che ancora una volta hanno salvato la Repubblica[208].

---

[205] Von Oertzen valuta ad un milione il numero dei morti e dei feriti comunisti durante le due prime giornate dell'intervento. Op. cit., p. 419.
[206] H. Kessler, op. cit., p. 118-119.
[207] H. Kessler, op. cit., p. 117.
[208] L'intervento francese nella Ruhr fu vivamente criticato dagli inglesi. In una nota di

Il 27 aprile il governo rifiuta al generale von Watter l'autorizzazione a spegnere i focolai della resistenza comunista nel nord del Bergisches Land. Le sue dimissioni vengono accettate con prontezza, senza una parola di riconoscenza.

Alla fine del mese di maggio, malgrado le assicurazioni che sono state date, la brigata Ehrhardt viene disciolta ed il suo capo deve fuggire in Austria; successivamente ritornerà in Baviera, ma sotto falso nome. Il 31 maggio vengono sciolti tutti i *Freikorps*. È il prezzo che il Generale von Seeckt, *Heer Führer* (comandante in capo), paga per dimostrare la lealtà della nuova *Reichswehr* che sta edificando in applicazione del Trattato di Versailles[209].

Il *Diktat* fissa a 100.000 uomini, di cui 4.000 ufficiali, gli effettivi di questo esercito. Il Generale von Seeckt avrà solo l'imbarazzo della scelta! Ma che caso di coscienza, che dramma! Nel 1920, 350.000 uomini e 40.000 ufficiali sono sotto le armi, nei vecchi Reggimenti dell'esercito imperiale o nei *Freikorps*. Da questa selezione, che scarterà tre uomini su quattro e nove ufficiali su dieci, nasceranno odi mortali. Perché se i prescelti non conosceranno più preoccupazioni materiali ed avranno la vita assicurata nell'ambiente militare che amano, gli altri saranno costretti ai peggiori estremi per sopravvivere miseramente in una Germania che li rifiuta e precipita nella crisi economica. La "Notte dei Lunghi coltelli" nel giugno del 1934 ed il conflitto che opporrà la *Wehrmacht* e la *Waffen-SS* durante la seconda guerra mondiale, saranno le conseguenze spesso sanguinose, sempre drammatiche, di questa frattura nell'Esercito.

Il Generale von Seeckt vuole che la nuova Reichswehr sia ordinata, estranea alla politica o piuttosto, al disopra delle mischie politiche. Dirà von Seeckt ai partiti:

Non toccate la *Reichswehr*. L'Esercito serve lo Stato e solo lo Stato, perché l'Esercito è lo Stato![210]

Con un tale programma, l'Esercito non potrà assolutamente più avere tentazioni putschiste. Dovrà dedicarsi esclusivamente ai suoi compiti militari e civici, e preparare il giorno in cui – von Seeckt non ne dubita – l'Esercito nazionale rinascerà. E sarà un Esercito di capi, *Führerheer*, rigorosamente selezionati.

---

protesta indirizzata a Millerand, Lord Curzon giustificò l'azione del generale von Watter. I *Freikorps* vennero rapidamente ritirati dalla Ruhr e le truppe francesi evacuarono Francoforte e Darmstadt il 17 maggio 1920.

[209] Le strutture della *Reichswehr* saranno definite dalla legge del 23 marzo 1921.

[210] Hans von Seeckt, *Gedanken eines Soldaten*, Berlino 1929, p. 116.

Questo scopo può essere raggiunto solo giocando senza reticenza la carta della legalità. Non che la "Sfinge col monocolo" sia un seguace della socialdemocrazia o del regime di Weimar:

A Noske sembra tanto poco sicuro quanto a Lüttwitz.[211]

Ma per costruire quello strumento della rinascita tedesca quale deve essere la *Reichswehr*, il Generale von Seeckt ha bisogno di una lunga tregua. Gli occorre tempo, silenzio e calma. Ogni agitazione gli appare dunque disastrosa e suscettibile di compromettere il suo piano. Tanto peggio se le forme costituzionali del momento non gli piacciono: avrà tutto il tempo di modificarle quando la Germania sarà ritornata all'antica potenza. Nell'attesa, il parlamento di Weimar rappresenta un eccellente paravento dietro il quale lui ed i suoi potranno lavorare.
Questo concetto dell'azione è violentemente combattuto dai lanzichenecchi, non solo perché non vi hanno un posto, ma anche perché è estraneo alla loro mentalità. Von Seeckt è un freddo calcolatore, essi sono dei passionali. Non possono comprendersi.
Nella nuova *Reichswehr* non vi sarà dunque posto per i *Freikorpskämpfer*. I Rossbach, i Pabst, gli Heydebreck ne saranno inesorabilmente esclusi. Scriverà von Seeckt per giustificarsi:

I *Freikorps* avevano raccolto nelle loro file tutti gli elementi dell'esercito imperiale che erano ancora pronti a battersi e a sacrificarsi per il loro paese. Tanto che la loro struttura, la loro qualità, erano molto diverse e dipendevano, quasi sempre, dalla personalità del loro capo. La genesi e la composizione davano loro un carattere di banda di lanzichenecchi, che non li destinava affatto a servire da base all'esercito nuovo. I *Freikorps* hanno considerato il mio atteggiamento nei loro confronti come una manifestazione di ingiustizia e di ingratitudine. Chiunque la pensa così dimentica che il nuovo edificio esige fondamenta particolarmente solide e deve essere organizzato seguendo un piano metodico al quale i *Freikorps* non potevano adattarsi né per la loro composizione né per la loro struttura. Si trattava di fare opera di pace, e tutti coloro che avevano compiuto brillantemente il loro dovere durante il periodo eccezionale che aveva seguito la guerra non erano necessariamente qualificati per questo compito[212].

In queste parole è detto tutto. I guerrieri devono cedere il posto ai militari. I giovani capi distintisi nei combattimenti devono inchinarsi dinanzi ai brevetti di Stato Maggiore. L'esercito tradizionale e professionale riprende i suoi diritti, non sa che farsene dei "Capitan Co-

---

[211] H. Kessler, *Carnets,* cit., p. 119.
[212] Hans von Seeckt, *Die Reichswehr,* Leipzig 1933, p. 14-15.

nan"²¹³ che popolano i *Freikorps*. Tanto più che questi Conan sognano una rivoluzione che farebbe impallidire di gelosia i rossi più estremisti.

La guerra aveva completamente modificato la composizione del corpo ufficiali. Nell'agosto 1914 questo si componeva di 22.112 ufficiali attivi e di 23.230 della riserva. Dopo la battaglia della Marna, 11.357 ufficiali in servizio, cioè più della metà, erano stati uccisi²¹⁴.

Per colmare questo vuoto spaventoso, l'Alto Comando fece ricorso alla formazione accelerata di ufficiali della riserva (*Einjährig-Freiwilligen*) che avevano una ridotta esperienza del fronte. Così, durante la guerra, più di 200.000 furono promossi contro tutte le tradizioni, ci si rassegnò anche a dare le spalline a uomini venuti dalla gavetta. Tuttavia, perché la forma fosse salva e per preservare l'omogeneità sociale del corpo ufficiali, era sottinteso che queste nomine erano temporanee *(Offizierstellvertreter)*.

Questi nuovi promossi al di fuori delle regole tradizionali (cioè le regole del tempo di pace) non furono mai accettati dalla vecchia casta militare, ed essi stessi non si considerarono ufficiali a tutti gli effetti. Questo si spiega soprattutto, scrive Droz, con

la considerazione tutta particolare di cui godeva [a quell'epoca] il servizio militare presso la nazione tedesca. La carriera di ufficiale è quella più considerata, e questa considerazione si traduce anche nella vita di tutti i giorni: quando un civile incontra un ufficiale per la strada, sul marciapiede, gli cede il passo. L'ufficiale della riserva, in particolare, gode di un considerevole prestigio, ed i gradi di ufficiale della riserva sono dati agli appartenenti alla borghesia. Ne sono assolutamente esclusi gli ebrei e, in generale, le persone che si sospetta abbiano opinioni di sinistra²¹⁵.

Nel novembre 1918, 270.000 tedeschi hanno il grado di ufficiale dell'esercito imperiale: di questi, solo pochissimi sono ufficiali attivi formati secondo la tradizione. Per questi uomini, in maggioranza giovani e di gradi subalterni, Sottotenenti, *Oberleutnant* o Capitani, la disfatta, la pace in un paese in rivolta, significa la brutale perdita dei privilegi, dei poteri e della considerazione riservata alle spalline.

Furono i primi a costituire i *Freikorps* dove talvolta servirono come semplici soldati, pur conservando il loro grado.

---

[213] Personaggio tipico creato da Roger Vercel nel famoso romanzo che porta questo nome.
[214] Karl Demeter, *Das deutsche Heer und seine Offiziere* Berlino 1930, p. 220.
[215] J. Droz, *Le Nationalisme allemand de 1871 à 1939*, Centre de Documentation Universitaire, 1963, p. 18.

Questi ufficiali non interessano il Generale von Seeckt: la nuova *Reichswehr* non sa che farsene. La nuova *Reichswehr* sceglierà i suoi quadri fra i sopravvissuti della vecchia scuola e formerà a sua volta gli ufficiali secondo gli antichi principi. Questo ritorno alle tronfie tradizioni del corpo degli ufficiali imperiali sarà tanto più brutale in quanto le "cattive abitudini", le maniere da lanzichenecco, come dice von Seeckt, sono antiche e risalgono anch'esse ai disordini causati dalla guerra. Il che conferma che lo scoppio di un grande conflitto è un disastro per i militari di carriera di tutti gli eserciti. La brutale realtà e l'impietosa selezione dei combattimenti sconvolgono immancabilmente il silenzioso balletto che gli ufficiali del tempo di pace conducono senza rischio attorno ai sottili meccanismi della tabella di avanzamento.

Il grande capovolgimento nella mentalità dei giovani ufficiali tedeschi che formeranno i *Freikorps* non è causato solo dal gran numero di nuove promozioni al di fuori delle regole della casta, ma anche dall'apparizione verso il 1916, delle *Stosstruppen*[216]. Quando, dopo la battaglia della Marna ed il fallimento del piano Schlieffen, la vecchia strategia della guerra di movimento fu abbandonata per la guerra di posizione, il comando tedesco tentò di mettere a punto una tattica per lo sfondamento delle trincee. Le esperienze dell'autunno 1914 sul fronte delle Argonne furono un fallimento. Il prezzo da pagare in vite umane era davvero troppo elevato.

Fu allora che il Capitano Rohr, il cui nome doveva divenire celebre negli annali militari, ideò un tipo di unità di *élite,* equipaggiata in modo speciale e addestrata ad "azioni d'assalto" nelle linee nemiche ad aprire un passaggio per la fanteria: le *Stosstruppen,* chiamate anche *Sturmbataillone.*

Il Capitano Rohr fece equipaggiare i suoi uomini di un elmetto di acciaio di sua invenzione – il famoso *Stahlhelm* – e di un armamento leggero: carabine corte, lanciafiamme portatili, pistole, pugnali e bombe a mano[217].

Dopo un periodo di intenso addestramento e di esercizio su bersaglio reale, le sue prime *Stosstruppen* vennero utilizzate sul fronte della Somme. I risultati furono così soddisfacenti che l'alto comando estese

---

[216] Su questo punto si possono consultare Hellmuth Gruss, *Aufbau und Verwendung der deutschen Sturmbataillone im Weltkrieg,* Berlino 1939; Franz Schauwecker, *Im Todesrachen Die deutsche Seele im Weltkrieg,* Halle 1919; Ernst Jünger, *Tempeste d'acciaio* (la traduzione italiana è stata pubblicata dalle Ed. del Borghese); id. *La Guerre notre Mère,* Parigi 1934.

[217] Oltre alla mitragliatrice *MG 08/15* su bipiede e in seguito l'innovativo moschetto automatico *Bergmann MP 18*, NdC.

l'iniziativa del Capitano Rohr a tutto l'Esercito a partire dell'ottobre 1916.

Il coraggio ed il rischio che queste unità correvano furono compensati con eccezionali privilegi: ricevettero il teschio d'argento (*Totenkopf*) una volta riservato ad alcuni Reggimenti di *élite* della Cavalleria; gli uomini potevano portare la pistola, prerogativa degli ufficiali; il rancio era migliore, i permessi più frequenti.

Le *Stosstruppen* godevano di una grande autonomia. I loro baraccamenti, posti lontano dietro le linee, avevano delle comodità che i combattenti delle trincee ignoravano. Trasportati in camion fino al luogo dell'assalto, effettuavano la loro missione durante le offensive.; poi i sopravvissuti tornavano nelle retrovie, a riposarsi. Questi privilegi naturalmente suscitavano veementi gelosie fra le unità regolari. Ha rilevato Franz Schauwecker:

Anche nell'aspetto esteriore il combattente dello *Sturmbataillon* è diverso: non marcia mai con il fucile in spalla, ma con una carabina senza cinghia; ha le ginocchia ed i gomiti protetti da pezze di cuoio; non porta cartucciera ed infila nelle tasche le cartucce; incrociati sulle spalle ha due tascapani per le bombe a mano... Passa così, sotto un nutrito fuoco, da una buca all'altra degli obici. Si arrampica e si insinua come un ladro, si mette sottoterra come un animale, mai scoraggiato, mai sorpreso... Sempre in movimento, accorto, si affida solo alla propria destrezza per uscire da qualsiasi situazione, per profittare di tutti i vantaggi. È un uomo nuovo. Un uomo che spinge le qualità umane ad una tale intensità e le associa così armoniosamente e tuttavia così violentemente che non vi è che una sola parola per descriverlo: un guerriero[218].

Gli ufficiali della vecchia casta non condividono questo entusiasmo per lo spirito ed il comportamento delle *Stosstruppen*. L'antica *Kadaverdisziplin* vi è rimpiazzata da legami di cameratismo suggellati nel sangue, un insieme di rude cordialità, di stima e di fedeltà, inimmaginabile in tempo di pace. Spesso gli ufficiali, i sottufficiali e gli uomini della truppa si danno del "tu" fra loro. In effetti gli *Sturmbataillon* avevano già quell'aspetto di bande di lanzichenecchi tanto rimproverato, poi, ai *Freikorps*.

Lo storico della *Stosstruppe* Markmann, il cui capo aveva solo diciannove anni, ha illustrato bene quale formidabile rivoluzione spirituale aveva provocato nel vecchio ordine militare prussiano l'istituzione delle *Stosstruppen*:

---

[218] F. Schauwecker, op. cit., p. 282-283.

Markmann – ha scritto – sapeva esattamente fin dove poteva arrivare con i suoi uomini. Per essi, egli non era l'ufficiale che li comandava: era il loro *Führer* ed essi erano i suoi camerati! Avevano in lui cieca fiducia e l'avrebbero seguito fino all'inferno.[219]

Questo quadro ispira invincibilmente gli uomini del famoso *Freikorps* di Amburgo, il cui grido di guerra *Hummel! Hummel!*[220] e lo stendardo scarlatto erano leggendari in tutto il *Baltikum*. Scrive von Salomon[221]:

Si erano fatti crescere lunghe capellature e lunghe barbe e salutavano solo gli ufficiali che conoscevano e che erano loro simpatici. Era un grande onore per un ufficiale essere salutato da un amburghese: quel corpo di matti non ubbidiva infatti a nessun regolamento militare; non era stato costituito con la forza e non subiva violenze. Riconoscevano solo la volontà del loro capo ed anche costui era un prodotto della forza motrice degli amburghesi. Era pericoloso camminare sui piedi anche a un solo amburghese: l'imprudente si attirava subito addosso tutta la masnada. Il bottino apparteneva a tutti dosi come l'audacia era stata comune. E quando gli amburghesi si scontravano con i bolscevichi – e questo accadeva spesso, perché dovunque un ordine paralizzava i fronti gli amburghesi facevano la guerra di propria iniziativa – avevano gli uni per gli altri lo stesso rispetto amichevole, mortale, e se per caso uno della schiera offendeva le leggi ferree del clan, un tribunale di guerra emetteva una sentenza spicciativa e dopo aver sepolto il ribelle gli amburghesi col più grande disprezzo di ogni burocrazia riprendevano la marcia cantando l'inno dei pirati[222].

L'inquadramento delle *Stosstruppen* era nettamente più rigido di quello delle altre unità, in ragione di un ufficiale o sottufficiale ogni tre uomini. Questa formula aveva condotto a selezionare in tutto l'esercito un numero considerevole di ufficiali di meno di venticinque anni, sportivi, accorti, arditi, inesorabili. L'armistizio del novembre 1918 scatenò sulla Germania precipitata nel caos questa muta arrogante e furiosa di giovani capi senza occupazione. Ben presto si ritrovarono nei *Freikorps* ad insufflare negli ultimi arrivati lo spirito nuovo forgiato nei combattimenti. Come ha scritto Ernst Jünger, per essi

questa non è una fine. È solo l'appello al potere. È la fucina che forgerà il mondo in nuovi modelli e secondo nuove relazioni. Le nuove forme devono

---

[219] Hoppener-Flatow, *Stosstrupp Markmann greift ani*, Berlino 1939, p. 95.
[220] È il saluto cordiale che usano gli abitanti del grande porto anseatico.
[221] Ernst von Salomon, op. cit., p. 69-70.
[222] L'aria di questa canzone è stata ripresa dai paracadutisti francesi (che vi hanno adattato altre parole) nel loro canto *Debout les Paras*.

essere foggiate con il sangue ed il potere deve essere afferrato con mano energica[223].

Al ritorno in Germania, alla fine del 1918, questi uomini sono posseduti dalla rabbia di distruggere. Non pensano affatto a servire la Repubblica: sognano di metterla a ferro e fuoco. Gerhardt Rossebach, uno dei più famosi capi di *Freikorps*, futuro comandante della S.A., poi in contrasto con Hitler, ricorda crudamente questa sete di volenza:

Riunire degli uomini per farne dei soldati, attaccar briga, bere, gridare e sfondare finestre, distruggere e ridurre in pezzi ciò che deve esser distrutto. Essere senza scrupoli e inesorabilmente duri. L'ascesso sul corpo malato della Nazione deve essere inciso e tormentato fino a farne sprizzare il bel sangue rosso. E bisogna lasciarlo scorrere un po', questo sangue, finché il corpo sia purificato[224].

La violenza di questi propositi è il riflesso della violenza dell'epoca. Ammutinamenti, massacri, sommosse sono lo scenario familiare di questi uomini lanciati nella guerra fin dall'adolescenza. È troppo viva in essi la convinzione di aver portato la Germania a forza di braccia durante questi anni per non credere nella loro missione. Ha scritto Ernst von Salomon:

Il Reich si stendeva aperto come un campo lavorato, era pronto ad accogliere qualsiasi semenza. Ed il solo grano al quale permetteremo di germinare, deve essere per noi il frutto dei nostri sogni. Tale era la nostra ferma volontà[225].

---

[223] Ernst Jünger, *La guerre notre Mère*, cit.
[224] Citato da Robert Waite, op. cit., p. 51-52.
[225] Ernst von Salomon, op. cit., p. 214.

La politicizzazione dei Freikorps

Sulla terra tedesca, così fertile di cospirazioni, dopo il 1918 le società segrete e le associazioni nazionalistiche fioriscono a gara fra loro. A giudicare da quante sono, più di un centinaio, si potrebbe presumere che esse vantino complessivamente un considerevole numero di effettivi. In realtà, i loro aderenti sono spesso affiliati a più organizzazioni e sarebbe illusorio sommarne il numero per valutare la forza di queste società. Uno dei loro avversari[226] parla di 200.000 membri, e la cifra non è esagerata perché si riferisce a un periodo di grandi mobilitazioni passionali e politiche. Solo una di queste organizzazioni, la *Verband Nationalgesinnter Soldaten (V.N.S.)*, l'Associazione dei soldati nazionalisti fondata dal Maggiore von Stephani, ex capo del *Freikorps* di Potsdam, vanta 150.000 membri. Messa fuori legge e disciolta nel 1922, la *V.N.S.* rinascerà sotto il nome di *Völkischer Soldatenbund*.
Una panoramica di queste associazioni basta a dare un'idea del loro pullulare e delle difficoltà incontrate dalle autorità di Weimar per costringerle a rispettare loro la legge: Società di ginnastica del Popolo tedesco, *Alte Kameraden, Bund Arminius, Wandervogel völkischer Bund, Bartelsbund,* Associazione degli amici dell'Edda, Club dei Fedeli, Lega della Rinascita tedesca, *Nibelungen Bund, Deutscher Orden,* Società degli scrittori tedeschi, Società per l'assistenza rurale e locale, *Bismarkbund, Jung Preussen, Adler und Falke, Deutsvölkischer Studentenverband,* ecc.[227]

La loro sfera di influenza varia molto. Alcune associazioni hanno un peso reale. Per esempio, la *Jungdeutsch Orden o Jungdo,* il cui reclutamento e l'attività della quale sono inizialmente quelli di un *Freikorps*, partecipa ai combattimenti in Alta Slesia nel maggio-giugno 1921. Dopo lo scioglimento dei *Freikorps* il suo capo, il Sottotenente Mahraum, la trasforma con l'obiettivo di reclutare adolescenti, e le imprime anche uno stile offensivo che favorisce il suo successo.
La più influente di queste società è senza dubbio la *Deutschvölkischer Schutz-und-Trutzbund (S-und-T)*, che non è una società segreta né un gruppo attivistico, ma una potente centrale di propaganda. Essa contribuirà a rendere popolare nella Germania di Weimar un virulento antisemitismo.

---

[226] Gumbel, op. cit
[227] Cfr. Uwe Lohalm, *Völkischer Radikalismus,* Amburgo 1970

Adolf Hitler, pur criticando il suo conservatorismo, le renderà omaggio nel *Mein Kampf*:

Ebbe il grande merito di riproporre la questione ebraica e di considerarla in sé. Grazie ad essa, l'antisemitismo cominciò, durante l'inverno 1918- 1919, a mettere lentamente radici[228].

Ha scritto Edmond Vermeil:

[È] un grave errore immaginare Hitler ed i suoi seguaci intenti ad organizzare, per primi, in Germania, la feroce propaganda antisemita che si conosce. Questa propaganda datava dall'anteguerra. La Germania aveva sempre nutrito sentimenti antisemiti, a causa dei facili successi che gli ebrei ottenevano in essa e del posto elevato che occupavano nelle professioni più importanti[229].

Il 13 settembre 1918 il congresso dell'attiva Lega pangermanista[230], presidente della quale è il dottor Heinrich Claß, decide di istituire una commissione per l'esame della "questione ebraica" e più precisamente per l'impostazione di un'azione propagandistica contro la crescente influenza degli ebrei in Germania negli ambienti intellettuali, politici e finanziari. Della commissione fanno parte Theodore Fritsch e Alfred Roth del *Reichshammerbund*, Paul Langhane del *Deutschvölkischer Partei* e lo scrittore nazionalista Adolf Bartels.
La rivoluzione di novembre, i tentativi spartachisti di rivolta, la "repubblica dei Consigli" di Baviera, il caos nel quale precipita la Germania, alimentarono brutalmente, se non giustificheranno, l'antisemitismo latente di una parte dell'opinione pubblica. La maggior parte dei capi rivoluzionari, *gauchiste* e spartachisti, sono israeliti. A Berlino, Liebknecht, Rosa Luxemburg, Leo Jogisches, Paul Lév, Haas e Landsberg; a Monaco, Kurt Eisner, Lipp, Laudauer, Töller, Lévine e Leien; a Magdeburgo, Brandès; a Dresda, Lipinsky, Geyer e Fleissner; nella Ruhr, Markus e Levinsohn; a Bremerhaven e Kiel, Grunewald e Kohn; nel Palatinato, Lilienthal e Heine; in Lettonia. Ulmanis, ecc. Anche il rappresentante di Lenin in Germania, Karl Ra-

---

[228] Adolf Hitler, *Mein Kampf*, edizione francese cit., p. 557.
[229] Edmond Vermeil, *L'Allemagne*, Ed. Gallimard, 1945, p. 302
[230] La Lega pangermanista, *Alldeutscher Verband*, era stata fondata nel 1891 da Alfred Hugenberg. Benché il numero dei suoi aderenti non abbia mai superato i 30.000, la sua influenza fu notevole, soprattutto sulla stampa. Elevò il sentimento patriottico al suo più alto livello e si sforzò di lottare contro la liberalizzazione del regime guglielmino. A questo proposito si può consultare l'opera di Uwe Lohalm, *Völkischer Radikalismus*, cit.

dek, è ebreo. Gli uomini di punta della commissione d'inchiesta istituita dal governo socialista per screditare Hindenburg e Ludendorff, sono Kohn, Gothein e Zinsheimer, tutti e tre ebrei. L'elenco potrebbe continuare per un pezzo ed è facile e seducente per l'opinione pubblica nazionalistica considerare gli ebrei come responsabili della disfatta e della rivoluzione. Saranno accusati anche di esserne i profittatori, poiché gli ebrei sono numerosi fra gli speculatori che costruiscono folgoranti fortune sulla rovina della Germania, grazie, in parte, ai loro legami internazionali. Scriverà Hellmut Andics:

Gli ebrei erano i bolscevichi che, dopo aver cacciato l'Imperatore e proclamato la Repubblica, nascosti dietro i partiti di sinistra tiravano tutti i fili. Gli ebrei erano i profittatori di guerra che avevano accumulato milioni mentre i soldati crepavano di miseria al fronte. Gli ebrei, sempre gli ebrei, erano gli speculatori che si arricchivano della miseria del dopoguerra. Nei dancing che sorgevano ovunque, gli adolescenti di una aristocrazia decaduta si mettevano all'asta dopo che i loro genitori avevano liquidato gli ultimi gioielli di famiglia. Figlie di generali spacciavano liquori, mentre ufficiali di cavalleria, si aggrappavano ai campanelli per vendere il *Sekt*, lo spumante tedesco. Il loro universo era sprofondato ed il mondo dei nuovi ricchi li schiacciava. Questo mondo formicolava di speculatori di ogni tipo; spiccavano tuttavia gli ebrei e sotto il loro nome venivano compresi tutti gli altri[231].

Il 16 e il 17 febbraio i ventisei dirigenti della Lega pangermanista si riuniscono a Bamberg. La Lega è l'unica organizzazione di destra che abbia resistito alla burrasca. Sarà dunque l'unica ad insorgere contro il nuovo stato di cose, a preconizzare la lotta contro il regime nato dalla disfatta e contro "l'influenza perniciosa e distruttrice degli ebrei, problema razziale e niente affatto religioso". A questo fine, facendo leva sulla commissione speciale per la "questione ebraica" essa decide di creare un organismo parallelo, il *Deutschvölkischer Schutz-und-Trutzbund* (*S-und-T*).
Sotto l'impulso di Alfred Roth, il nuovo movimento si svilupperà ampiamente. Per simbolo adotta anch'esso la croce gammata, come diversi altri movimenti e cenacoli nazionalisti: la *Reichshammerbund* l'aveva già adottata nel 1914. Anche la società *Thule*, fondata in Baviera nel 1912 dal barone Rudolf von Sebottendorff e che si pone scopi analoghi a quelli del *S-und-T*, ha adottato la svastica. Questo simbolo solare e indo-europeo opponibile alla croce cristiana[232], non seduce

---

[231] Hellmut Andics, *Histoire de l'antisémitisme,* Ed. Albin- Michel, p. 215.

[232] Nell'ultimo sermone di Natale che pronuncerà prima di morire, il papa Pio XI evocherà *Una croce nemica della croce di Cristo*

solo i tedeschi: i fratelli Tharaud nella loro opera *Quand Israël n'est plus roi,* rivelano che Maurice Barrés lo amava:

La prima volta che ho sentito parlare di questo antico simbolo è stato sulle rive della Mosella. Come tutti gli anni, passavo il mese di settembre a Charmes, a casa di Barrés. In quel periodo egli lavorava alla storia dei fratelli Baillard, ma non aveva trovato un titolo che lo soddisfacesse. Quasi tutti i pomeriggi facevamo una passeggiata sulla collina di Sion-Vaudémont, dove non solo vedeva un antichissimo passato lorenese, ma un territorio dove i nostri antenati celtici avevano portato con sé i loro più antichi pensieri.
Ed in queste passeggiate completamente animate dal romanzo che egli preparava, cercavamo sempre quel famoso titolo... Una sera, ritornando a Charmes, trovammo nel vestibolo un antico armoire lorenese che Barrès aveva acquistato qualche giorno prima. Sul pannello centrale vi era un disegno strano, proprio quei due bastoni sagomati che io vedevo per la prima volta. "Eccolo, Tharaud, il nostro titolo!" mi dice Barrès d'improvviso mostrandomi la svastica. A questa idea non diede seguito, ed il romanzo *Svastica* divenne *La Collina ispirata.* Ma io comprendo benissimo il pensiero che l'aveva guidato quel giorno. Egli precorreva Hitler, faceva di quella croce un simbolo della razza. La svastica costituiva per lui il simbolo di ciò che vi era di più sacro e di più misterioso nell'anima della vecchia collina dove salivamo tutti i giorni[233].

Per qualificare la loro ideologia, il *S-und-T* ed i movimenti pangermanisti adottano dopo il 1918 il neologismo *völkisch,* che in francese, impropriamente è stato tradotto con "razzista". Parola, questa, che oltre ad aver assunto un senso negativo, esprime solo in parte il significato di *völkisch.*
Il *S-und-T* ne dà una sommaria definizione: ciò che "concerne il popolo, appartiene al popolo, nasce dal popolo". Nel *Mein Kampf* [234] Hitler, che riprenderà questo termine, comincia con il criticare l'imprecisione. Il significato di esso cambia nei modi più diversi secando chi lo usa.

Appare così poco definito, può essere interpretato in tanti modi ed in pratica essere sfruttato come la parola "religioso"

Tuttavia il futuro *Führer* gli attribuisce un contenuto reale:

La concezione völkisch concede spazio al valore delle diverse razze umane. Non crede affatto alla loro eguaglianza; al contrario, riconosce la loro diversità ed il loro valore più o meno elevato [...] Essa contempla non solo la diffe-

---

[233] Jérôme e Jean Tharaud, *Quand Israël n'est plus roi,* Ed. Plon, 1933, p. 155-156.
[234] Adolf Hitler, *Mein Kampf,* edizione francese cit., p. 376-381

renza del valore delle razze, ma anche la diversità del valore degli individui [...], ristabilisce quindi il libero gioco delle forze che deve condurre il progresso attraverso la selezione. Così, un giorno, una umanità migliore, dopo aver conquistato il mondo, vedrà aprirsi liberamente dinanzi a sé tutti i campi di attività.

Questa concezione risulterà particolarmente seducente per quegli emarginati e declassati che sono divenuti i vecchi soldati sotto Weimar, poiché propone di sostituire l'élite sociale, alla quale essi non possono pretendere di appartenere nel regime borghese nato dalla rivoluzione, con l'élite razziale che li pone di primo acchito in una nuova nobiltà. Spengler esprime questo rovesciamento dei valori con urna formula lapidaria:

Una potenza può essere abbattuta solo da un'altra potenza, non da un principio, e non ve ne è nessun'altra contro il denaro. Il denaro sarà dominato e soppresso solo dal sangue[235].

Lo sforzo propagandistico del *S-und-T* diretto verso gli ex combattenti ed i *Freikorps*, incontra dunque un'eco molto favorevole. I membri del *S-und-T* invitano i Volontari nella propria famiglia, allacciano con essi relazioni personali e, attraverso di loro, fanno circolare volantini ed opuscoli fra gli uomini delle unità. Anche diversi ufficiali della brigata Ehrhardt aderiscono a *S-und-T* a Wilhelmshaven all'inizio del 1919, e fra questi colui che assassinerà Erzberger, il Sottotenente Karl Tillesen. Questa propaganda viene intensificata durante l'inverno 1919-1920, quando la brigata stabilisce il suo acquartieramento invernale al campo di Döberitz. È in questo momento che gli uomini adottano la croce gammata e la dipingono sugli elmetti.
Il Capitano Ehrhardt rimane estraneo, a causa delle sue posizioni reazionarie e del poco interesse che nutre per le idee, mentre i suoi colleghi ed i subalterni si politicizzano sempre più ed adottano l'orientamento *völkisch* del *S-und-T*.
I combattimenti in Alta Slesia, nel 1921, accentuano questa inclinazione: la croce gammata viene adottata da molti *Freikorps* come segno di unione. La si dipinge sui muri e si canta: "Non abbiamo bisogno di una repubblica di ebrei." Il *Mörder Hymne* contro With e Rathenau viene composto in Alta Slesia e risuonerà in tutta la Germania.
Quando nel gennaio 1923, il *S-und-T* viene sciolto, conta quasi 200.000 membri, e le idee che essi intendevano diffondere ormai

---

[235] Oswald Spengler, *il tramonto dell'Occidente,* p. 114 dell'edizione francese (Gallimard).

camminano da sé. Altri le sfrutteranno ampiamente[236]. Tuttavia i venerabili dirigenti della Lega pangermanista saranno considerevolmente superati dal movimento che hanno contribuito a far nascere. Sono rimasti monarchici e conservatori, mentre i *Freikorps* non lo sono più, anche ammesso che lo siano mai stati.
Un ufficiale tanto devoto alla famiglia di Prussia quanto lo era il Sottotenente Peter von Heydebreck, dichiara senza incertezze: "Avevo perduto la mia fiducia nella reazione"[237]. Ernst Röhm è categorico:

Non saremo salvati da un ritorno al passato, dalla reazione. Né avremo maggiori possibilità di salvezza ubbidendo ad eccellenze e a generali inariditi[238].

Il comun denominatore di tutti questi uomini appare chiaramente dalle loro proposte e dalla lettura delle loro memorie: è il rifiuto del mondo *bürgerlich*, del mondo borghese, di tipo liberale o socialista. Il giornale "*Der Viking*", pubblicato a partire dal 1921 dai veterani della brigata Ehrhardt, proclama: "Essere *völkisch* vuol dire essere socialista".

La rivolta di novembre non ha portato niente di nuovo – deplora Ernst von Salomon – Non abbiamo visto nessun rivolgimento tanto meno una rivoluzione. Tutti i vecchi valori sono di nuovo qui, non erano mai spariti, ma ora ci appaiono senza la vernice scintillante che la validità conferiva loro prima della guerra. Chiesa, scuola, mercato, società, tutto è ancora qui esattamente come prima. Solo l'esercito si è sfasciato, ed era ciò che c'era di meglio in tutto l'anteguerra. E i capi... lasciamo stare. Scorri un po' i nomi e i visi degli uomini politici e dei ministri. Abbiamo perduto la guerra sotto la vecchia classe governante. Siccome la nuova è come la vecchia: si nutre delle stesse parole (hanno solo giocato un po' ai quattro cantoni), soggiace alle stesse imposizioni e agli stessi doveri, questa classe non può compensare la perdita della guerra. Ho motivo di credere che non lo vuole nemmeno. È giusto quello che dicono i comunisti, cioè che oggi governa apertamente la stessa borghesia che fino al 18 novembre governava sott'acqua. Dunque non abbiamo avuto una rivoluzione, e di conseguenza non possiamo combattere la rivoluzione [...] Se la rivoluzione non è stata fatta, che ci rimane? Dobbiamo farla, ecco[239].

---

[236] Diversi importanti esponenti del movimento nazista furono membri del *S-und-T*, soprattutto Julius Streicher, che diventerà *Gauleiter* di Norimberga, Dietrich Eckart, primo direttore del *Völkischer Beobachter*, organo del partito, Alfred Rosemberg, Reinhardt Heydrich, Wilhelm Murr, governatore della Turingia; Manfred von Killinger, veterano della Brigata Ehrhardt e futuro ministro-presidente della Sassonia, ecc.
[237] Peter von Heydebreck, *Wir Wehrwölfe*, Leipzig 1931, p. 121.
[238] Ernst Rohm, *Geschichte eines Hochverräters*, Monaco 1934, p. 280.
[239] Ernst von Salomon, *I proscritti*, cit., pp. 193-194.

È lo stesso sentimento che esprime, brutalmente uno dei più qualificati portavoce di questa generazione:

L'ordine è il nemico comune... La distruzione è il solo programma che risponda alle esigenze dei nazionalisti[240].

In effetti questa condanna del mondo borghese è di molto anteriore alla guerra. Si manifestò negli ultimi anni del XIX secolo, con la nascita di un irresistibile movimento fra la gioventù tedesca. Questo periodo vede lo sviluppo intenso dell'industrializzazione, la crescita di un proletariato strappato alla terra, l'artificiale espansione dei centri urbani. Per reazione, le angustie del mondo industriale, la tristezza, la miseria e la noia delle città, l'invadente burocrazia del regime guglielmino, provocano una spontanea rivolta nei giovani[241].

La sua manifestazione più tipica e più vasta sarà il *Wandervogel* (letteralmente: "uccello migratore"): è un movimento di rifiuto e di fuga dinanzi alla città alla quale viene opposta la vita della natura, il lavoro dei campi, le marce libere nella campagna e nel sottobosco, la discesa dei fiumi in *kayaks*.

Ne uscirà un mito esplosivo perché la riscoperta della Germania e della natura attraverso la marcia è riservata ai giovani. L'altra razza, quella degli adulti, marcisce nelle sue città piene di fumo, con i desideri insoddisfatti e la fede avvizzita.

L'adolescente che marcia sulle strade e sui viottoli si appropria del paese. *Wandern,* è un altro modo di sentire e di vedere il mondo; significa arricchirsi liberandosi dell'intellettualismo, ritornando alla natura, alla realtà fisica dell'uomo. I piedi battono il suolo al ritmo del sangue. I canti che accompagnano queste marce prestano all'evasione una certezza gioiosa.

Il movimento della gioventù contesta in blocco i valori borghesi del mondo degli adulti. Cerca la sua ispirazione ed i suoi esempi non nella rivoluzione liberale del 1848, ma nella guerra di liberazione della Prussia del 1813. Al credo razionalista oppone uno slancio mistico e, come Gneisenau, pensa che

Non può esservi elevazione del cuore senza disposizioni poetiche.

Il futuro Capo di Stato Maggiore di Blücher, scrivendo nel 1809, aggiungeva:

È sulla poesia che baserò tutta la vita.

---

[240] Ernst Jünger, citato da Robert Waite, op. cit., p. 270
[241] L'opera più competa su questo argomento è quella di Ziemer e Wolf, *Wandervogel und Freideutsche Jugend,* Bad Godesberg 1961.

Per differenziare questo ideale dalla cultura liberale che disprezza, uno dei portavoce del *Wandervogel*, Gustav Wynecken, crea il termine *Jugendkultur*. Egli dichiara che per raggiungere questa "cultura della Gioventù" bisogna combattere senza tregua la scuola, la famiglia, la chiesa e ritrovarsi, purificati, nelle libere comunità dei *Jugendgeistes*. Queste comunità, comunque, non hanno alcuna omogeneità. Come tutti i grandi movimenti spontanei di rivolta giovanile, prendono le forme più diverse secondo la personalità dei loro fondatori. Alcune preconizzano una esuberanza sessuale senza freni, altre un rigido ascetismo; vi si trovano vegetariani ed epicurei, atei e fondatori di sette religiose, pacifisti e nazionalisti. Ma al di là di queste differenze, il movimento è unito dal rifiuto totale dell'universo *bürgerlich* e dal possente desiderio di fondere gli impulsi individuali nella, comunità mistica del *Volk*. Le chiuse relazioni sociali del mondo degli adulti sono sostituite dal cameratismo e dalla sottomissione al *Führer* designato da un interno richiamo per stabilire i legami misteriosi e irrazionali della comunità.

Io non so di chi sono il *Führer* – dirà Wynecken – ma so di essere *Führer*, anche se nessuno mi ha scelto come capo.

Fin dalla primavera i collegiali, gli studenti, gli apprendisti sembrano rispondere ad un misterioso richiamo della natura, tanto forte come quello che spinge le oche selvatiche verso il largo. Attraverso i paesi tedeschi in cui le tradizioni popolari si sono mantenute vigorose, essi ritrovano la poesia, dimenticata delle sorgenti e dei boschi, dei canti e delle danze del villaggio. Assaporano la deliziosa vertigine delle forze segrete della terra germanica.
Quando la natura si risveglia, i *Wandervogel,* ragazzi e ragazze, vagando in piccoli gruppi, il sacco in spalla, le gambe nude dei pantaloni di cuoio, i capelli e la pelle abbronzata cantano in coro le canzoni dei marinai e dei soldati. È possibile incontrarli sugli arenili del Brandeburgo, lungo le spiagge del Baltico, per i sentieri delle Alpi e della Foresta Nera. Al calare della sera sembrano presi da una strana esaltazione. Il capo dà un ordine. Si fermano nei pressi di un riparo per la notte. Ben presto arde un fuoco da campo ed essi siedono intorno alla fiamma che crepita. I loro volti tesi e seri si illuminano mentre una voce appena uscita dall'infanzia scandisce con forza un testo degli autori preferiti. Spesso è Nietzsche, che dice loro:

Ciò che cade, bisogna spingerlo. Tutto ciò che è di oggi cade e soccomberà.

Oppure Stefan George:

Voglio la lotta, l'uomo nudo e senza vergogna con la spada in mano. Dietro, le stelle che si spostano verso est, e davanti, il vento fra le alte erbe...

Questo poeta avrà una considerevole influenza sulla generazione della guerra; si dirà perfino che ogni soldato porta nella giberna l'opera di Stefan George. Egli canta un ideale di vita al tempo stesso impegnativo e libero. Per ora il ritorno alla spontaneità tedesca soffocata da un razionalismo che le è estraneo. Al disgustoso mondo borghese liberale, avido, volgare e superficiale, oppone una visione della vita eroica e rischiosa, dove il culto della bellezza del corpo liberato si armonizza con una concezione aristocratica della società.
A molti giovani tedeschi la guerra apparirà come una decisiva resa dei conti fra l'idea che essi si fanno della cultura e la concezione liberale che fonda la società sulle virtù del negozio e della procedura.
Hans Thomas – vent'anni allo scoppio del conflitto – scriverà più tardi, sull'influente rivista *Die Tat* di cui sarà uno degli animatori:

Ciò che importa è che degli uomini abbiano fatto questa suprema esperienza, abbiano vissuto ciò che la borghesia debole conosceva solo per aver sentito dire, come una finzione.

Quelli che hanno vissuta la terribile esperienza della guerra non ne sono ritornati sempre temprati ed induriti. La grande maggioranza dei sopravvissuti desidera solo l'oblio, la pace, il riposo e – in una parola – quella esistenza borghese tanto diffamata dal movimento della gioventù. Lo straordinario successo del romanzo *All'ovest niente di nuovo* di Remarque, tanto in Germania che in Francia, testimonia bene questa aspirazione.

Tuttavia – protesta Günther Gründel – nessuno può seriamente sostenere che questa opera descriva l'avventura della Grande Guerra così come la giovane generazione del fronte l'ha vissuta e sofferta. In nessuna parte del libro si ritrova l'eroico slancio dei combattenti: tutto vi si svolge sul piano inferiore degli istinti meno elevati dell'uomo. Scritto con una certa forza suggestiva ed in un linguaggio accessibile a tutti, questo libro ha potuto colpire un così vasto pubblico solo perché la massa vi ritrova con gioia la propria mediocrità[242].

In effetti questo romanzo non esprime i sentimenti caotici, violenti o contraddittori della generazione dei *Freikorps*.

---

[242] Günther Gründel, *La mission de la jeune génération,* Ed. Pion, 1933, p. 85.

Chiunque conosca all'ingrosso la letteratura tedesca del decennio 1920-1930 – osserva Edmond Vermeil – sa quale carattere stranamente apocalittico presenti. La giovane generazione di quell'epoca visse una straordinaria atmosfera di rivoluzione, di totale capovolgimento dei principi ereditati, di tutti i valori giudicati eterni. Questa rivoluzione coinvolgeva l'ordine borghese nella sua totalità. Accendere l'incendio, proiettare su un mondo in putrefazione le visioni apocalittiche a costo di qualsiasi conseguenza[243].

E questo è ciò che vogliono i giovani lanzichenecchi.
Per uno strano paradosso, i *Freikorps* che combattono i comunisti per conto dei borghesi di Weimar sono in effetti più vicini ai primi che ai secondi. Essi si battono, forse, prima di tutto perché piace loro la lotta; devono sfogare rabbia e violenza su un avversario della loro misura. Raramente nei loro ricordi ci si imbatte nell'odio per i comunisti, e mai nel disprezzo. Invece, è prorompente il disgusto per i borghesi, i politicanti, gli intellettuali, gli affaristi e gli ebrei. Nei confronti delle masse scomposte che li fronteggiano, riprendono volentieri la formula di Bismarck:

Su una folla di abbrutiti in collera, bisogna sparare senza rimorsi e senza intimazioni.

Ma per quella aristocrazia della rivoluzione rappresentata dai combattenti comunisti capita loro di provare una qualche simpatia. È perché, in un certo senso, sentono di far parte di una stessa famiglia. In genere, il loro anticomunismo è solo un alibi.
Rievocando l'avventura di Rossbach nel *Baltikum,* il suo biografo scrive:

Il suo atteggiamento non era filobolscevico, era semplicemente tedesco. Una cappa antibolscevica era stata gettata sull'impresa per mascherarla agli occhi dell'Intesa.

Comunisti e *Freikorps* hanno in comune la volontà di distruggere la Repubblica di novembre, e fino al 1924 ci proveranno diverse volte. Ma mai insieme, per buona sorte della fragile democrazia tedesca. È proprio ciò che lamenta Ernst von Salomon facendo parlare uno dei personaggi di *La città,* uno dei suoi romanzi:

Te lo dico io quello che si deve fare: mettere insieme le giovani truppe di tutti i campi (nazionalisti e bolscevichi) e, con l'aiuto di questi Battaglioni uniti, mandare, al diavolo i ladri della grande industria e della finanza con il loro

---
[243] Edmond Vermeil, *L'Allemagne,* cit., p. 295.

corrotto seguito di cacciatori di merda e di cacciatori di melma, e poi stabilire come legge suprema la sola legge decente, il cameratismo. Chiamalo socialismo o nazionalismo, me ne frego del tutto[244].

L'ex Capitano Hermann Göring molto più tardi confiderà:

Per quanto mi riguarda personalmente, ero pronto, fin dall'inizio, a partecipare a qualsiasi rivoluzione, da qualunque parte venisse[245].

Anche l'antisemitismo è dimenticato a vantaggio di una certa stima per alcuni coraggiosi capi spartachisti. Così, Friedrich-Wilhelm Heinz, pur giustificando l'esecuzione sommaria di Rosa Luxemburg e di Karl Liebknecht, ritiene che "entrambi superano della testa e delle spalle i socialisti" del genere di Ebert e Scheidemann[246].
Manfred von Killinger, che ama la qualifica di "bolscevichi di destra" sovente applicata ai *Freikorps* dalla stampa borghese, conduce la sua *Sturmkompanie* in Polonia, dopo lo scioglimento della brigata Ehrhardt nel 1920 Combatterà a fianco dell'esercito rosso contro quello polacco appoggiato dalla Francia.
Questa tentazione di un'alleanza con la Russia bolscevica contro l'occidente sarà largamente condivisa dai nazionalisti tedeschi. Scrive Victor Serge, ex agente del Komintern:

Il comunista ardente ed il patriota segretamente affiliato alle leghe militari sono quasi d'accordo: Versailles è un nodo scorsoio per la nazione tedesca. Sventura alla Francia, sventura alla Polonia, sventura, sventura al capitalismo! La Germania industriale e la grande Russia agricola possono, salvando se stesse, salvare il mondo. La santa guerra rivoluzionaria diverrà possibile[247].

Nel febbraio 1919 Karl Radek, rappresentante di Lenin in Germania, viene arrestato a Berlino e rinchiuso nella prigione di Moabit. La sua cella si trasforma in un salotto: i visitatori, oltre ai suoi compagni, ai comunisti tedeschi, sono soprattutto i rappresentanti della nuova Repubblica, il ricchissimo e potente Walter Rathenau e lo scrittore Maximilien Harden. Ma egli riceve anche i rappresentanti degli ambienti nazionalisti, come il Colonnello Bauer, Capo di Stato Maggiore di Ludendorff e futuro organizzatore del putsch di Kapp, l'Ammiraglio von Hintze e il barone Georg von Reibnitz, presso il quale dopo essere sta-

---

[244] Ernst von Salomon, *La Ville,* Ed. Gallimard, 1933, pp. 195-196.
[245] Dichiarazione resa al processo di Norimberga
[246] Heinz, *Die Nation greift an,* cit., p. 30
[247] Victor Serge, *Le Tournant obscur,* Parigi 1951, p. 8.

to liberato soggiornerà alcune settimane.

Tutti questi visitatori vanno ad esprimergli la loro simpatia per la nuova Russia, la cui politica di indipendenza nei confronti dell'Intesa li riempie di ammirazione. L'idea di un'alleanza contro la Polonia appoggiata dalla Francia viene chiaramente formulata. La Germania e la Russia non siedono forse tra le cosiddette nazioni civili?

Fin dalla sua scarcerazione, Radek incontra il conte Ernst zu Reventlow[248], direttore della rivista "*Reichwart*". Questo austero junker, così diverso dall'emissario sovietico dal fare equivoco, anima un circolo "nazional-bolscevico" frequentato da scrittori come Hans Grimm, Möller van der Brück e Ernst Jünger. Reventlow spiegherà poi le intenzioni del gruppo:

I nazional-bolscevichi volevano la salvezza della Germania attraverso l'impeto del bolscevismo, ma di un bolscevismo posto sotto l'emblema nazionale e sotto una direzione nazionale. Un gran numero di ufficiali tedeschi, appartenenti per la maggior parte alle classi più giovani, condividevano questa tendenza. Ad essi si aggiungeva un gruppo di personalità formatesi all'Università che affermavano di sapere con certezza, in virtù delle leggi della logica e dell'etnologia, che questa strada avrebbe infallibilmente condotto alla salvezza. Le cose venivano presentate così: energiche personalità prenderanno la direzione delle masse bolsceviche; con l'aiuto di Mosca, rovesceranno il regime di novembre e aboliranno la costituzione di Weimar. In seguito, il popolo sollevato caccerà il nemico dal paese.[249]

In quale misura una tale iniziativa poteva favorire la politica sovietica? Il conte Reventlow risponde, prendendo ad esempio la guerra russo-polacca del 1920:

Sostenni che da parte tedesca si dovesse cooperare e così contemporaneamente distruggere lo Stato polacco. Allora avevamo abbastanza truppe organizzate ed abbastanza armi[250].

Nella primavera del 1923 i negoziati intavolati dal generale von Seeckt, capo della *Reichswehr*, e dal suo omologo per l'Armata rossa, sfociarono in un'alleanza militare segreta. Con l'aiuto dei sovietici, alcuni ufficiali tedeschi saranno iniziati alle nuove armi di cui il Trattato di Versailles proibisce l'importazione e la fabbricazione in Germania. Al momento dell'occupazione della Ruhr da parte dell'esercito france-

---

[248] Dapprima ostile ad Hitler, il conte Reventlow si schiererà con il partito nazionalsocialista nel 1927.
[249] Citato da Margarete Buber-Neumann, *La Révolution mondiale,* Ed. Casterman.
[250] È esattamente ciò che farà nel 1939.

se nel 1923, diverse centinaia di ex appartenenti ai *Freikorps* raggiungono le centurie comuniste che hanno ricevuto l'ordine di allinearsi sulle posizioni nazionalistiche e partecipare alla resistenza. Karl Radek dà il segnale di questo nuovo orientamento durante la riunione dell'esecutivo allargato del Komintern, a Mosca, il 20 giugno 1923. Il suo discorso è dedicato ad un ufficiale dei *Freikorps*, il Sottotenente Schlageter, veterano del *Baltikum* e dei combattimenti in Alta Slesia, militante del giovane partito nazionalsocialista, fucilato dai francesi per aver compiuto un'azione di sabotaggio.

Il suo predecessore alla tribuna, Klara Zetkin, ha appena denunciato il pericolo del fascismo. Radek comincia il suo intervento con queste parole:

Non ho ben seguito il ragionamento di Klara Zetkin. Durante tutto il suo discorso sulle contraddizioni del fascismo non ho fatto che pensare a Schlageter e al suo tragico destino... Ricordatevi di lui, mentre prendiamo politicamente posizione di fronte al fascismo. Non dobbiamo tacere il destino di questo martire del nazionalismo tedesco, non dobbiamo sbarazzarcene con belle parole. Schlageter, il coraggioso soldato della contro-rivoluzione, merita che noi, soldati della rivoluzione, gli rendiamo l'omaggio dovuto agli uomini d'onore.

Radek prosegue rivolgendosi agli estremisti di destra, ricorda le guerre di liberazione della Prussia, Gneisenau, Scharnhorst e Yorck, poi conclude:

Faremo di tutto perché uomini come Schlageter, pronti a dare la vita per una causa collettiva, non siano dei viaggiatori perduti nel nulla, ma indichino il cammino verso un avvenire migliore per l'umanità intera[251].

Nel corso degli anni questi sforzi interessati di riavvicinamento, conosceranno fortune alterne. Si vedranno diversi esponenti dei *Freikorps* passare al comunismo, in particolare il Capitano Beppo Römer, fondatore nel 1919 a Monaco, insieme al Capitano Röhm, di una associazione segreta rivoluzionaria, il "Pugno di Ferro", l'*Eiserne Faust*, divenuto uno dei capi del *Freikorps Oberland,* e membro del partito nazista. Nella stessa epoca, nel 1931, lo *Zer-Apparat,* organizzazione segreta del partito comunista tedesco, converte il Sottotenente Scheringer, incarcerato per aver fondato una cellula nazionalsocialista presso la guarnigione di Ulm. Scoppia lo scandalo, seguito dalla pubblicazione di un manifesto firmato da sette ufficiali, fra cui il conte Stenhock-Fermor, ex del *Baltikum.*

---

[251] Cfr. Margarete Buber-Neumann, op. cit..

Lo stesso anno il *K.P.D.* acquisisce una recluta di prima classe rappresentata da Bruno von Salomon, organizzatore delle rivolte contadine nello Schleswig-Holstein, e fratello dell'autore dei *Proscritti*.
Simili colpi di fulmine avverranno di nuovo dopo la conquista del potere da parte di Hitler, nel 1933. Il nuovo cancelliere confida allora a Hermann Rauschning:

Ci sono più cose che ci legano ai comunisti di quante ce ne separino. E, al disopra di tutto, il sentimento rivoluzionario. Io ne ho sempre tenuto conto ed ho ordinato che gli ex comunisti fossero subito ammessi al Partito. Il socialdemocratico ed il sindacalista piccolo-borghese non saranno mai nazionalsocialisti, ma il comunista lo sarà sempre[252].

In effetti dozzine di migliaia di comunisti saranno ammessi nelle SA, a tal punto da far guadagnare ad esse il soprannome di "bistecche naziste", brune fuori, rosse dentro[253].
Il socialismo nazionale, l'integrazione del proletariato con la nazione, richiamano numerosi scrittori all'indomani del 1918, particolarmente Arthur Moeller van den Bruck e Oswald Spengler. È il socialismo prussiano, ascetico e militare, che disciplina le masse e non si piega alla loro volgarità, e che pratica l'austera religione del servizio pubblico.
Se in Prussia si rispettano l'ufficiale ed il funzionario, se si amano l'uniforme ed i gradi, ciò non è dovuto ad una disposizione gregaria e subalterna, ma al fatto che queste funzioni ed i loro segni distintivi simbolizzano la subordinazione delle opinioni individuali agli interessi dello Stato.
In uno scintillante libretto, Jean Grosjean presta al Feldmaresciallo Gneiseneau queste parole:

Dal giorno in cui la Prussia è stata la mia luce, ho compreso che essa è la salvezza di tutti, è la scuola della fedeltà. La Prussia non è né un riparo né un nido. Esige tutto senza promettere nulla in cambio. La si ama perché ci ignora. Ci si dedica ad essa perché non paga.

Ed il vecchio Generale Tauenzien aggiunge:

La Prussia non è una nazione, è il volto puro e grave della vita[254].

---

[252] Hermann Rauschning, *Hitler m'a dit,* Parigi 1939.
[253] Il colore bruno, quello della camicia delle SA, simbolo del nazismo.
[254] Jean Grosjean, *Clausewitz,* Ed. Gallimard, 1972, pp. 25-26 e 14.

Fra il militarismo ed il socialismo della Prussia vi è una differenza di parole non di sostanza.

Nessuno che non sia servitore dello Stato non comanda e non obbedisce al posto che gli è affidato.
Lo Stato prussiano moderno è concepito da Spengler come la autorità economica suprema che deve organizzare la produzione e la consumazione, regolare lo scambio dei beni

in virtù di principi impersonali ed in nome di una missione divina[255].

Questa Prussia ideale, Sparta della Marca di Brandeburgo, quella di Schlüter, di Gilly, di Stein, si oppone alla Germania molle, triviale e corrotta di Weimar. Per essa il liberalismo ed il marxismo sono polluzioni mentali, degenerazioni del corpo sociale. Contrappone loro un ordine poetico, la sua profonda religiosità tesa verso una concezione ed una pratica ascetiche del dovere. Restaurare questa tradizione implica la rivoluzione: il socialismo prussiano, – spiega il Sottotenente Erwin Kern, futuro assassino di Rathenau –

Un socialismo in tutti i campi per mezzo del quale, con l'unione più stretta, con l'estremo sacrificio possibile per la comunità tedesca non si spezzerà soltanto la tirannia economica, un socialismo che ci farà anche ritrovare l'intima disciplina, la fermezza spirituale che il diciannovesimo secolo ci tolse. Noi combattiamo per questo socialismo, e chiunque si sottrae a questa lotta ci è nemico. Sì, sono tutti eccellenti tedeschi, tutti patrioti fervidi. Quando dicono con tutto il loro sentimento "tedesco "intendono esattamente ciò che dava il tono al secolo passato, esattamente ciò che scatenò la grande guerra, certo in nessun caso ciò che fa da leva alla nostra azione. Il contrario, del resto, sarebbe assurdo! Tra loro e noi non è possibile una riconciliazione; essi sono incapaci dell'estremo coraggio. Se esiste una forza che è nostro compito distruggere con tutti i mezzi, è l'Occidente, è la classe tedesca che si è lasciata estraniare da esso[256].

---

[255] Edmond Vermeil, *Doctrinaire de la révolution allemande,* Nouvelles Editions Latines, 1948, p. 102.
[256] Cfr. Ernst von Salomon, *I Proscritti,* cit., p. 311.

Freikorps illegali e Comunita' di lavoro

La copia del decreto di scioglimento balla un istante fra le mani del funzionario incaricato di notificarla. L'uomo in nero esita fra l'indignazione ed il panico. Piantato dinanzi a lui, Gerhard Rossbach, ex Sottotenente della Reichswehr, sputa il suo disprezzo: "Fonderò nuove associazioni più in fretta di quanto il governo possa scioglierle!"
La *Freiwillige Sturmabteilung Rossbach* (Sezione d'Assalto Volontari di Rossbach) era stata sciolta una prima volta al ritorno dal *Baltikum,* nel dicembre 1919. Per andare in aiuto dei suoi camerati, sotto le mura di Riga, Rossbach aveva accumulato gli atti di ribellione; ma gli ufficiali incaricati di perseguirlo, spesso, dentro di sé, lo approvavano. Profittando del disordine dei tempi, Rossbach evita l'arresto. Fa di più: rifiuta pubblicamente di sottomettersi al decreto di scioglimento e propone i servizi del suo *Freikorps* attraverso annunci pubblicitari.
Diversi grandi proprietari terrieri di Meclemburgo si offrono di alloggiare i *Freikorps*. Il Capitano Pabst, ancora di stanza a Berlino a quell'epoca, riesce a mantenere il versamento del soldo agli uomini, benché siano stati radiati dai registri della *Reichswehr*[257]. In seguito, sempre per merito del Capitano Pabst, verseranno sussidi la *Nationale Vereinigung* e gli ambienti che preparano il colpo di stato di Kapp.

Quando scoppia il putsch, il Generale von Lettow-Vorbeck fa appello a Rossbach per reprimere lo sciopero e la costituzione di centri operai rurali nel Meclemburgo. Le cose vengono condotte piuttosto rudemente, secondo la sua abitudine: gli assembramenti sono sciolti con la forza ed i caporioni traditi dinanzi alla corte marziale. Di questi, tre verranno condannati a morte ed immediatamente giustiziati[258]. Il caso sarà giudicato otto anni più tardi, il 18 marzo 1928, dinanzi al tribunale di Stettino: Rossbach ed i suoi uomini saranno assolti.
Dimenticando per un momento i suoi torti, il governo lo invia controvoglia nella Ruhr ad affrontare la rivolta comunista seguita alla pazza impresa di Kapp[259]. Il *Freikorps* interviene a Essen piuttosto duramente. Regolata la questione della Ruhr, il *Freikorps* viene di nuovo disciolto nel maggio 1920.
Con l'appoggio discreto di alcune autorità della *Reichswehr*, soprattutto del Tenente Generale von Weber, comandante la regione di Stettino, Rossbach trasforma il suo *Freikorps* in Comunità di Lavoro (*Ar-*

---

[257] E. J. Gumbel, op. cit., p. 126.
[258] Idem, p. 126-128.
[259] Vedi capitolo precedente.

beitsgemeinschaft), che riceve l'aiuto della Lega agraria di Pomerania (*Pommersche Landbund*), presieduta da von Bodunngen. Poco dopo essersi disperso nei campi della regione, al *Freikorps* vengono consegnati dei grossi colli contenenti dei "pezzi distaccati". Sono le armi che ritornano dalla Ruhr; accuratamente ingrassate e nascoste, vengono depositate a Güstrow.

Contemporaneamente Rossbach apre un locale notturno a Berlino, il *Tiergarten Club,* 18 Hohenzollernstrasse[260]: a copertura dietro la quale si nasconde il quartier generale dell'organizzazione. È una piattaforma girevole su cui si scambiano le informazioni, su cui gli emissari dell'attivismo prendono i contatti.

In tempi così incerti il *Pommersche Landbund* e le autorità locali della Reichswehr sono ben contenti della presenza di una tale truppa d'assalto. Rossbach mette a punto un piano di emergenza in caso di disordini. Gli uomini sono ospitati nei grandi latifondi della regione-partecipano ai lavori della terra, continuando a mantenere la loro organizzazione, la disciplina e proseguono nell'addestramento militare. Vengono allestiti depositi clandestini di armi. In ogni momento il *Freikorps* è pronto a riunirsi ed a partire.

Non solo Rossbach non si è piegato allo scioglimento, ma, assumendo il comando di tutte le organizzazioni di autoprotezione della Pomerania si è ben presto procurato quasi 4.000 uomini ai suoi ordini. Questo non si spiegherebbe senza lo stato di disorganizzazione della Germania, l'autonomia dei *Länder,* le agitazioni endemiche e la fragilità delle frontiere orientali alle quali si temono continue incursioni polacche.

La nuova *Reichswehr*, che non ci tiene affatto a vedere un Rossbach nelle sue file, ma che ne riconosce l'utilità, è stupita del fatto che egli si mantenga all'esterno. Lo si può far intervenire senza rischio di compromettere il governo del Reich.

Questa non è tuttavia l'opinione delle autorità civili che danno la caccia ai depositi di armi. Per evitare le denunce, i *Freikorps* impongono la legge del silenzio con il terrore e l'assassinio. Ed è a buon motivo che si parlerà di una nuova *Vehme,* con riferimento al misterioso tribunale del Medio Evo. Uno dei "giudici" sarà Edmund Heines, futuro *Gruppenführer* delle SA di Slesia, eliminato durante la "Notte dei lunghi coltelli", il 30 giugno 1934. Una delle vittime sarà un ex istitutore, Kadow, sospettato di essere una spia dei comunisti.

---

[260] Cfr. Arnolt Bronnen, *Rossbach,* Berlino 1930, p. 97. Senza condividere gli orientamenti dei *Freikorps*, questo scrittore fu uno dei primi ad interessarsi alla loro tragedia. Sarà poi lo stesso Bronnen ad introdurre il giovane Ernst von Salomon presso il grande editore Rowohlt.

Sarà soppresso nel 1923, nella regione di Parchim. Il tesoriere della sezione locale del *Völkischer Partei,* incaricato anche delle questioni amministrative dell'ex *Freikorps,* risulterà coinvolto nella vicenda e imprigionato. Diventerà una delle più alte personalità del III Reich: si chiama Martin Bormann. Un capo di acquartieramento del Mecklemburgo, Rudolf Höss, complice di questa esecuzione, sarà condannato a dieci anni di carcere nel 1924. Futuro componente delle SS, la sua esperienza del mondo carcerario gli sarà fatale: grazie ad essa sarà designato per assumere, durante la Seconda guerra mondiale, la direzione del campo di concentramento di Auschwitz...
Sotto le pressioni degli Alleati, il governo scioglie le Comunità di Lavoro in base alla legge del 22 marzo che è in applicazione degli articoli 177 e 178 del Trattato di Versailles.
Dopo i combattimenti in Alta Slesia del maggio 1921 il *Freikorps* Rossbach sarà ancora sciolto, e le armi dovranno essere consegnate alla Commissione di disarmo controllata dagli Alleati. Dare una simile disposizione significa non conoscere Rossbach: egli farà rientrare i suoi uomini nei loro campi di Pomerania e troverà il mezzo per mandar via le armi, imballate come "materiale agricolo".
Prima della fine dell'anno, il 16 novembre 1921, un decreto ordinerà di nuovo lo scioglimento dei *Freikorps* illegali e più precisamente l'*Oberland* e quelli di Rossbach, Heydebreck e Aulock.
Mai a corto di espedienti, Rossbach darà alla sua organizzazione lo statuto di una società di mutuo risparmio, la *Sparvereinigung,* con sede a Kalsow, nel Meclemburgo, e sezioni in Pomerania, nel Mecklemburgo, in Slesia. Gli uomini sono impiegati come guardie campestri, guardiacaccia, guardie forestali. Sono suddivisi in *Gau* (regione), *Kreis* (distretto) e *Abschnitt* (circoscrizione). Ogni uomo dipende da un *Abschnittführer,* questi da un *Kreisleiter* dipendente a sua volta da un *Gauführer.* In seguito, le SA e le SS riprenderanno questi appellativi. Una parte dei salari è prelevata per alimentare la cassa centrale.
Nondimeno, il finanziamento dell'organizzazione presenta innumerevoli difficoltà. Ma Rossbach è un uomo pieno di risorse, e mentre tante altre Comunità di Lavoro vegetano nella miseria e poi spariscono, le sue sono fiorenti. Innanzi tutto, egli fa leva sul prestigio del suo nome. Alcuni industriali patrioti versano i sussidi più facilmente a un romantico eroe, la cui gloria si riflette su; di loro, nel segreto del loro cuore, che a degli sconosciuti. I grandi maestri di fucina della Ruhr, Hugo Stinnes, Fritz Thyssen e il consigliere Kirdorf partecipano a questo sforzo, contrariamente a Krupp. Ma questo non è sufficiente e, soprattutto, questa manna è irregolare e incerta.
Rossbach ricorre ad altri espedienti non privi di humour.

La legge del 1920 sul disarmo delle popolazioni prevedeva una indennità contro la consegna di "qualsiasi arma legittimamente acquistata". Nel caso dei *Freikorps*, non vi era alcun dubbio sulla legittimità del possesso. Rossbach si sbarazza dei suoi ferrivecchi in cambio del premio. Giunge anche a vendere armi alle milizie polacche dell'Alta Slesia. I suoi *Sturmtruppen* le vanno poi a riprendere con la forza per rivenderle, più tardi, ad altri polacchi. "Tutto filava a puntino", commenta il biografo di Rossbach[261].

L'ufficio centrale dell'organizzazione è camuffato a Berlino-Wannsee da agenzia di investigatori privati, la *Deutsche Auskunftei,* Agenzia tedesca di informazioni, che, fra le altre cose, propone investigazioni, organizzazione di viaggi, compiti di controllo.

Il suo programma precisa:

Ufficio principale: Berlino Wannsee, Otto Erichstrasse 10, aperto giorno e notte, telefono: Wannsee 613 e 793. Succursali: Berlino W 62, Bayeruther-strasse 10, aperto dalle 10 alle 16, telefono: Steinplatz 11663. Agenti e rappresentanti inviati su semplice richiesta. Servizio automobilistico privato da Berlino o dalla stazione di Wannsee. Referenze bancarie: Kraus & C., Berlin Industrie und Landwirtschaft Bank, Berlino. Servizio di ricerca criminale: ispettore di polizia Wilss (in pensione). Sezione politica: direttore, Sottotenente Rossbach (in pensione) e comandante von Berthold (in pensione). Informazioni borsa e operazioni finanziarie: direttore, L Eberhardt. Servizio di guardia e di protezione: Sottotenente D. H. Lukas (in pensione). Sezione giudiziaria: comandante Bartold (in pensione), Kurt Oscar Bark, redattore[262].

Naturalmente queste attività preoccupano le autorità. L'11 novembre 1922, Rossbach viene arrestato per complotto contro la sicurezza dello Stato e la sua "Società Mutua" è sciolta cinque giorni più tardi dal ministro Severing. Per niente preoccupato, fin dal 18 novembre Rossbach, già rilasciato, fonda l'Unione per l'informazione agricola (*Verein für Landwirtschaftliche Berufsbildung*) che a sua volta sarà sciolta il 24.

Tuttavia il governo esita ad impiegare i grandi mezzi. Non è sicuro di poter impunemente in avvenire fare a meno dei *Freikorps* che tante volte gli hanno salvato la vita pur sognando di rovesciarlo. I rossi non hanno rinunciato ai loro progetti insurrezionali e le frontiere dell'Est sono sempre fragili di fronte all'aggressività polacca. La nuova Reichswehr di 100.000 uomini è troppo debole per affrontare da sola tutti questi pericoli.

---

[261] Bronnen, op. cit., p. 62.
[262] Cfr. Paul Winckler, *Allemagne Secrète,* Parigi 1946, p. 130.

Così, dopo i combattimenti in Alta Slesia, Gardnauer, ministro degli Interni del Reich, riceve Rossbach per dargli questo consiglio:

Disperdetevi, ma restate pronti[263].

Quando arriva il nuovo ordine di scioglimento, Rossbach è a Monaco per celebrare con i suoi uomini il quarto anniversario della fondazione del suo *Freikorps*. La capitale della Baviera era allora il rifugio di tutto quel mondo di attivisti che in Germania era al bando. Dinanzi agli ex del *Baltikum,* mentre viene spiegato lo stendardo nero su cui campeggia la sua cifra, Rossbach prende la parola:

Siamo stati sciolti e tuttavia esistiamo sempre. Posso garantirvi che ben presto creeremo delle piccole Baviere nei punti più contaminati del Reich. Ma per riuscire a far ciò, bisogna mettere un termine al disordine dei gruppi nazionali e delle innumerevoli società rivali. Bisogna fondare una organizzazione potente ed unificata, che, sola, potrà mettere fine al marcio di oggi. Ci occorrono baionette e *camicie nere*[264]. In Baviera avrete presto l'occasione di agire e spero che potremo continuare in Prussia!

L'organizzazione unificata e potente sarà il partito nazionalsocialista, con il quale Rossbach sta prendendo contatti. Egli ne diventerà il rappresentante nel Meclemburgo ed avrà un ruolo importante nella creazione delle SA (*Sturmabteilung*), il cui stesso nome si ispirerà direttamente alla tradizione dei *Freikorps* e delle celebri *Stosstruppen* della guerra[265].
La Brigata Ehrhardt o 2ª Brigata di Marina rifiuta con la stessa decisione di sottomettersi all'ordine di scioglimento. Fino al putsch di Kapp aveva conservato il suo statuto particolare. Eliminato il pericolo comunista nella Ruhr, il Generale von Seeckt prese la decisione di scioglierla. Ciò nonostante il capo della *Reichswehr* troverà in Ehrhardt un interlocutore; il che non accadrà mai con un Rossbach, divenuto rivoluzionario. Ehrhardt resta un reazionario con pochi scrupoli dinanzi alla violenza, ma assetato di ordine. A causa della sua partecipazione al putsch, von Seeckt non può offrirgli un posto nella nuova *Reichswehr*; comunque Ehrhardt sarà il suo uomo di fiducia in seno ai *Freikorps* clandestini ed alle società segrete.

---

[263] Cfr. Schmidt-Pauli, op. cit..
[264] Le *camicie nere* sono un'allusione ai *Fasci* italiani ed al loro Duce, Mussolini, che un mese dopo si sarebbero impadroniti del potere a Roma.
[265] Citato da Robert Waite, op. *cit.,* p. 196

Più precisamente, diventerà una sorta di Sergente reclutatore dell'*Abwehr*, dove dominano i suoi vecchi camerati dell'ex *Kaiserliche Marine* (Marina imperiale) e che più tardi uno di loro, il futuro Ammiraglio Wilhelm Canaris, dirigerà.

Rifugiatosi a Monaco sotto falsa identità, Ehrhardt mantiene i contatti con i camerati grazie ad una rete clandestina, l'*Organisation Consul*, la famosa O.C. dei processi della *Vehme*. Creerà anche l'Associazione degli ex ufficiali di Ehrhardt *(Bund ehemaliger Ehrhardtoffiziere).* Successivamente fonderà la *Viking Bund,* a ricordo del *Drakkar* che costituiva l'insegna della sua brigata. Questa società relativamente segreta finirà sotto la giurisdizione del partito nazionalsocialista che Ehrhardt si sforzerà di utilizzare come tante altre associazioni nazionaliste, per sostenere la politica occulta della *Reichswehr*. Si scontrerà con qualcosa di troppo grosso, in un campo che chiaramente non è il suo: quello della politica. Romperà dunque con Hitler prima del putsch del novembre 1923.

Fonderà la *Sportverein Olympia*, una società sportiva all'ombra della quale si riuniranno gli ex membri del suo *Freikorps*. Le società sportive saranno spesso utili per dissimulare attività molto poco olimpiche. Rossbach avrà la sua, la *Turnerschaft Ulrich von Hutten*. Più tardi, Hitler stesso farà ricorso a questo sotterfugio per fronteggiare lo scioglimento delle SA.

Il *Viking Bund,* minacciato di scioglimento nel 1926, sopravviverà fino al 1928; sarà lo stesso Capitano Ehrhardt a mettere fine ad esso quando ormai i suoi uomini si sono aggregati alla *Reichswehr* ed il suo servizio di informazioni, al partito nazionalsocialista o allo *Stahlhelm,* o hanno abbandonato la lotta.

L'aiuto concesso in alcune circostanze dalla *Reichswehr* ai *Freikorps* clandestini trova spesso la spiegazione nella simpatia di un ufficiale per i suoi vecchi camerati. L'esempio più caratteristico è certo quello del Capitano Röhm: grazie alla protezione del suo capo, il Generale Ritter von Epp, lui lanzichenecco, lui così poco ortodosso è incorporato nella nuova *Reichswehr*. Sia allo Stato Maggiore del Generale che a quello della 7ª Divisione, non cesserà di appoggiare i complotti che si tramano in Baviera e anche di partecipare ad essi. Tutto questo fino al putsch di Monaco!

Il Generale Maercker, espulso dall'esercito dopo il tentato colpo di stato di Kapp, conserverà l'autorità sui suoi uomini, incorporati nella *Reichswehr*, con la pubblicazione di un giornale, il "*Landesjäger Zeitung*". In seguito creerà una associazione analoga allo *Stahlhelm,* il *Landesjäger Bund,* per mantenere vivo lo spirito di corpo della sua unità.

Il Colonnello Reinhardt conosce una sorte analoga. Von Seeckt incorpora in blocco la sua unità nella Reichswehr, con cui forma la 15ª Brigata, ma senza di lui. Ritiratosi nella sua proprietà della Prussia Orientale, tenta subito di costituire un nuovo *Freikorps*, naturalmente illegale. Nel maggio 1921 potrà inviare un Battaglione a combattere in Alta Slesia. Dopo aver partecipato alle attività dello *Stahlhelm*, entrerà nella SS, diventerà *Oberführer* di Berlino sotto il III Reich e sarà incaricato di mettere al passo i vecchi *Freikorps*.

Il *Freikorps* del Maggiore Hubertus von Aulock si opporrà allo scioglimento nel 1920; nel maggio 1921 si ricostituisce per combattere in Alta Slesia. Rifiutando un'altra volta di sottomettersi all'ordine di scioglimento, si trasforma in Comunità di Lavoro forestale nel Riesengebirge. Insomma, farà come i Volontari di Heydebreck, i feroci *Werwölfe,* i Lupi mannari, che trovano alloggio nei possedimenti del conte Brühl, mentre il loro capo stabilisce il suo quartier generale in un vecchio castello. I lavori dei campi sono intervallati da esercitazioni militari. La sera si ritrovano tutti intorno al monumentale camino del castello ed in questo scenario medievale illuminato dalle luci danzanti delle fiamme evocano l'ordine nuovo dei guerrieri e dei contadini che sognavano di costruire sulle rovine del vecchio mondo.

Per la prima volta – scrive Heydebreck nelle sue memorie – la mia rude vita di lanzichenecco conobbe qualche mese di pace ininterrotta dopo i lunghi anni di lotta della guerra e del dopoguerra[266].

Nel maggio 1921 non resisterà all'appello dell'Alta Slesia, poi aderirà al partito nazionalsocialista nel 1923 e diventerà deputato al Reichstag. *Truppenführer* delle SA di Stettino, finirà sotto i colpi dei suoi camerati il 30 giugno 1934.

La tentazione di creare delle Comunità di Lavoro agricole, le *Arbeitsgemeinschaften,* si diffonde largamente dal momento in cui l'esistenza legale dei *Freikorps* è minacciata. Questi falansteri militari mantengono vivo il cameratismo dei combattenti e costituiscono senza dubbio l'unico mezzo per tenersi pronti a riprendere la lotta. Per questi eterni adolescenti, per questi emarginati, essi sono un rifugio ed una protezione contro le difficoltà e le aggressioni di una società civile ostile e disprezzata. E sono, infine, la risposta alla tendenza germanica alla colonizzazione militare.

---

[266] Peter von Heydebreck, *Wir Wehrwölfe*: Erinnerungen eines Freikorpsführer, Leipzig 1931, pp. 82-83.

Il piano del Generale von der Goltz per il *Baltikum* lo troviamo applicato nei possedimenti della Prussia Orientale, della Pomerania e della Slesia.

Fra i primi vi è il Maggiore Bischoff, che al ritorno dal Baltico si sforza di organizzare i suoi uomini in gruppi di lavoratori nelle proprietà dei membri del *Landbund* prussiano. D'altronde, nemmeno Noske era contrario: egli vedeva in questa formula un felice diversivo alla vitalità di quei combattenti ribelli.

Tuttavia l'accoglienza dei proprietari terrieri non è sempre generosa e alcune Comunità di Lavoro dovranno affrontare terribili difficoltà malgrado l'accanimento dei loro membri. La tragica epopea del piccolo Capitano Wiese ne è un commovente esempio.

Novembre 1919. Il *Freikorps* Diebitsch ripiega nella neve e nel vento gelido attraverso la Curlandia. Intorno si aggirano le bande di lettoni e lituani. Il Capitano Wiese, avvolto in un mantello roso dalle tarme, troppo lungo per lui, si tiene al centro degli uomini della sua Compagnia. Riferisce uno di questi:

Nel rapporto di cameratismo che esiste fra il capo ed i suoi uomini, è evidente che ognuno è disposto a gettarsi nel fuoco per l'altro. Regnano un vero cameratismo ed una vera autodisciplina. Non sono i gradi che fanno rispettare gli ordini, ma una forte fiducia tra uomo e uomo.

Il Capitano Wiese era uscito dalla Scuola dei *Soldatensiedlungsverband* della Curlandia. L'entusiasmo del *Verbandsführer,* il barone von Manteuffel, si era trasmesso a lui. Ma ora che cosa resta di questo entusiasmo? Con i suoi camerati ricorda la sua vocazione di soldato-contadino in Prussia Orientale, nella regione di Thorn, dove affluiscono i sopravvissuti del *Baltikum*. Ma qualche giorno dopo, bisogna evacuare Thorn, abbandonare la terra e la popolazione tedesca ai polacchi. Gli uomini vorrebbero restare, malgrado gli ordini, per opporsi all'invasione polacca. Ed ognuno considerava questo abbandono come un tradimento ed un disonore.

Il *Freikorps* von Diebisch si muove verso Königsberg, gli uomini rifiutano di separarsi: vogliono costituire delle Comunità di Lavoro agricolo. Il Capitano Wiese e gli altri ufficiali propongono i loro servizi ai grandi proprietari del Meclemburgo. Il 27 gennaio 1920, uno di questi si offre di ospitare due ufficiali e 50 soldati sulle sue terre, promettendo lavoro. Rinasce la speranza. Ma per poco. Quando il distaccamento Wiese arriva nel possedimento, gli viene concessa un porcile abbandonato e allagato.

Quando, più tardi, il Capitano Wiese parlerà di questa accoglienza, la collera lo farà ancora tremare.

All'inizio dell'estate, d'accordo con la *Reichswehr*, trova una nuova sistemazione nella regione di Meppen, con promessa di cessione di terre. L'accoglienza della popolazione, che vede nel Capitano e nei suoi uomini degli intrusi e dei concorrenti, è piuttosto fredda. Tuttavia rimangono, sistemandosi nelle terre più ostili, lontani, nelle paludi. Qui costruiscono le loro baracche. Tutte le mattine Wiese parte con i suoi uomini, gli attrezzi in spalla, verso la torbiera: vuole dare l'esempio, dimostrare che la volontà può tutto, che nessun lavoro è umiliante, soprattutto quando esso porta a divenire padroni di una terra. Ma una volta di più, malgrado le promesse fatte, questa speranza sarà delusa. La riduzione di effettivi della Reichswehr provoca la soppressione dell'aiuto governativo agli Arbeitskommandos formati nella regione. Il lavoro penoso e la vita ingrata che hanno sopportato per mesi sono stati inutili. Ormai non ci si darà più nemmeno la pena di far loro delle promesse, e tutto quello che riceveranno sarà un'alzata di spalle di pietà.

Wiese ed i suoi uomini leggono gli annunci dei giornali nella speranza di trovare la possibilità di restare uniti, su una terra propria, perché questo è il loro unico desiderio. Non trovando nulla, sono costretti a separarsi ed a cercare ognuno la propria fortuna. E questa sarà la cosa più dura.

Il Capitano Wiese trova lavoro in una tenuta come sorvegliante della mietitura, ma si ammala. In autunno ritorna nelle paludi, dove tutti lo guardano con meraviglia: somiglia così poco al raccoglitore di torba!

In una lettera ad uno dei camerati descriverà questo calvario:

Nelle baracche faceva freddo ed il nutrimento dei contadini della landa, piselli al lardo e lardo con piselli, era piuttosto pesante. Oltre a questo, torba, torba! Un bel mattino, vedo una figura avanzare verso di me nella landa. Riconosco Fritz, il mio ultimo ragazzo del Baltikum, che era rimasto con me nella palude nel 1920. Mi dice "Sono venuto a cercarla, lei deve venire con noi"[267].

L'ex Capitano Wiese è finalmente sottratto alla disperazione della solitudine e della miseria da una Comunità di Lavoro che è riuscita ad imporsi ed a sopravvivere.

Friedrich Glombowski, volontario della *Sturmabteilung Heinz* conobbe una sorte analoga.

---

[267] Testimonianza del Dr. Franz Wiemers Borchelhof, in *Das Buch vom deutschen Freihorpskämpfer*.

Nel 1931 il suo ex capo, Heinz Oskar Hauenstein riesce a far finanziare l'istituzione di una scuola di capi di campo di lavoro a Dresda. Glombowski accorre. Qualche mese dopo, assume l'incarico in un campo di lavoro nei pressi di Leipzig:

> Non mi è facile descrivere il cambiamento spirituale e fisico avvenuto in me durante questo periodo. A poco a poco, cessavo di essere quel cumulo di detriti umani che ero divenuto durante i lunghi anni di inattività. A Leipzig costruimmo un grande sbarramento. A Gelsenkirchen coltivammo una grande distesa di terra. Sopra il campo garriva la grande bandiera nera con l'insegna del nostro Freikorps[268].

Glombowski raccoglie i frutti di una delle imprese più durature e meno conosciute dei *Freikorps*, quella dei campi di lavoro organizzati con il tacito accordo del governo e della Reichswehr a partire dal 1925. Finanziati dall'iniziativa privata, talvolta dallo Esercito, essi accolgono adolescenti volontari per grandi lavori nei possedimenti dell'Est e del Nord-Est, in Sassonia, nel Meclemburgo, in Pomerania, il cui fine è cacciare i lavoratori stagionali polacchi ed impedire la loro definitiva sistemazione in quei luoghi. Mettono a disposizione una mano d'opera gratuita per imprese che il Reich non riesce a finanziare. Assicurano una educazione nazionalista, di cui la Germania vinta saluta i benefici. Permettono il camuffamento di una formazione militare della gioventù che il Trattato di Versailles proibisce.

Il terreno era stato involontariamente preparato dal movimento della gioventù nato alla fine del XIX secolo, del quale il *Wandervogel* era stata la manifestazione più tipica. La prima guerra mondiale, lungi dall'indebolire o dallo spegnere questo movimento, lo rinforza e gli dà un senso che aveva posseduto solo sporadicamente. Il poeta Walter Flex, uno degli esponenti della giovane generazione, canta la fraternità delle battaglie, prolungamento della fraternità delle gite del tempo di pace. Con Stefan George, Ernst Jünger e tanti altri, Flex idealizza la guerra, vede in essa la sorgente primitiva di energia e di coraggio, la prova per eccellenza. Scrive Ernst Jünger:

> Mai quelli delle retrovie comprenderanno che si possa stimare l'avversario e tuttavia combatterlo, non in quanto individuo, ma per un puro principio. Né comprenderanno mai che si possa difendere un'idea con tutte le risorse dello spirito e della forza bruta, senza escludere i lanciafiamme e gli attacchi con il gas. Su questo punto si può discutere solo con dei veri uomini[269].

---

[268] Friedrich Glombowski, *Organisation Heinz: Das Schicksal der Kameraden Schlageters*, Berlino 1934, *p. 239*
[269] Ernst Jünger, *La guerre nostre mère*, cit..

La disfatta del 1918 dà una nuova dimensione al lirismo della patria e del guerriero. La Germania è stata vinta senza essere schiacciata ed il soldato tedesco si è comportato bene. In contrasto, il debole regime di Weimar ispira solo disprezzo. È una Repubblica di vecchi. Gli avvocati ed i politicanti che si azzuffano senza credervi attorno a compromessi equivoci, non hanno alcuna possibilità di chiamare a sé una generazione giovane cresciuta nel culto degli eroi. La gioventù si rivolge ai "veri uomini", spartachisti e *Freikorps*. L'attivismo puro e lo stile dei *Freikorps* prevarranno sulle tesi degli spartachisti. I capi dei *Freikorps* hanno una grande superiorità. Sono rimasti dei *Wandervogel* attaccati al mondo dell'adolescenza; al suo spirito di gruppo, ai suoi entusiasmi, alle sue follie ed alla sua poesia. Odiano il mondo degli adulti, timorato, individualista, che predica bene e razzola male, simbolizzato da Weimar. Numerosi studenti raggiungono i *Freikorps*, dove possono arruolarsi. Quelli che non partono guardano spesso i compagni con invidia. Nell'atmosfera dell'epoca, le imprese di questi avventurosi eroi si accaparrano l'ammirazione dei giovani. Ernst von Salomon potrà dire che i lanzichenecchi

godevano una fama quasi leggendaria. La gioventù di tutte le regioni si riuniva intorno ad essi, attirata dalla magia del loro nome[270].

I *Freikorpsführer* non ignorano questa ammirazione, che è la loro migliore rivincita sulla società che li emargina. Ben presto essi si fanno protettori ed anche capi di gruppi che si ispirano al loro esempio. Ex ufficiali della brigata Ehrhardt fondano la *Knappenschaft*. Il generale von der Goltz appoggia la *Jungdeutsche Order*. Werner Lass crea lo *Sturmvolk* e il *Bund Deutscher Jungvolk*. Il Sottotenente Georg Mumme, del *Freikorps* Gerstenberg, fonda l'*Akademischer Heimatsdienst* che recluta studenti per l'Alta Slesia e poi per la *Reichswehr Nera*.

Il movimento più importante lo crea l'infaticabile Rossbach, che gli dà il nome di Schill, giovane eroe delle guerre di liberazione del secolo precedente: *Schilljugend*.

Organizzai gli *Schilljugend* – confiderà Rossbach al suo biografo – per mantenere viva la tradizione dei Freikorps. La gioventù tedesca doveva essere rifatta ex novo ed educata, secondo le precise parole di Ernst Jünger, su basi nazionaliste, socialiste, autoritarie e militaristiche. Lo *Schilljugend* aiutò a purificare tutto il movimento della gioventù tedesca. Lo purgammo di tutti gli elementi puramente intellettuali ed attirammo intorno a noi gli elementi più attivi[271].

---

[270] Ernst von Salomon, *Nahe Geschichte,* Berlino 1936, p. 99.
[271] Bronnen, op. cit., p. 172.

La stessa volontà ed un identico spirito animano i campi di lavoro destinati ai fanciulli ed agli adolescenti che Rossbach, Hauenstein ed altri creeranno in seguito. Questi campi, diretti da ex componenti di *Freikorps*, vedranno sfilare dozzine di migliaia di giovani tedeschi, che costruiranno opere d'arte, prosciugheranno paludi, raccoglieranno messi, rinfoltiranno foreste. Dopo il lavoro vero e proprio al quale dedicano la metà della giornata, fanno esercizi militari, istruzione di tiro, sport e formazione ideologica. Gli istruttori sono dei combattenti che portano sul loro camiciotto il ricordo delle loro campagne; Croce di Ferro, Croce del Baltico, Aquila di Slesia. E sono professori ben più seducenti del personale insegnante delle scuole e dei collegi. I colori del *Freikorps* sventolano al di sopra del campo. Grandi scritte ricordano ciò che un giovane tedesco non deve dimenticare: *Versailles muss fallen*, o il grido di guerra del *Baltikum: Nach Ostland vollen wir fahren!* (*Cavalcheremo verso l'Est!*). La sera, intorno al fuoco della veglia, i lanzichenecchi evocano il ricordo degli eroi morti e la loro voce si confonde con i canti dei giovani camerati.

Giorno verrà in cui la nuova bandiera della Germania sostituirà sull'albero del campo quella dei *Freikorps*. Gli antichi istruttori spesso saranno spariti, chiamati ad altri compiti o emarginati, o anche epurati. Ma lo stile e lo spirito resteranno vivi.

La creazione di questi campi sotto l'ala protettrice dei vecchi avversari di Weimar non si spiega senza le complicità di cui beneficiano i *Freikorps* illegali, soprattutto presso i loro ex camerati della *Reichswehr*. Queste complicità, tuttavia, hanno dei limiti, come si vedrà nel caso della *Reichswehr Nera*.

La scissione provocata nell'Esercito fra la *Reichswehr* di 100.000 uomini e i *Freikorps* clandestini, in effetti non è sentita nello stesso modo dalle due parti. I lanzichenecchi provano solo disprezzo per coloro che indossano la livrea dei "criminali di novembre"[272]. Di contro, gli ufficiali della Reichswehr non possono non sentirsi a disagio di fronte ai loro ex camerati che proseguono la lotta senza beneficiare di alcun conforto morale e di alcuna sicurezza materiale. Ma, a parte questi sentimenti, qualche altra cosa, di più pratico, anima gli ufficiali: i *Freikorps* clandestini costituiscono un esercito di riserva, agguerrito, che è possibile mobilitare in qualunque momento.

I combattimenti per la difesa dell'Alta Slesia, nel maggio 1921, dimostreranno la fondatezza di questo calcolo.

---

[272] Appellativo corrente negli ambienti nazionalisti che ricordava le vergognose origini della Repubblica di Weimar: la disfatta e la rivoluzione dinanzi al nemico.

I combattimenti in Alta Slesia

È il 4 maggio 1921. Lanciato verso Est, il treno ruggisce nella notte. Scossi dal sobbalzo regolare, i controllori fanno il loro lavoro, vagamente inquieti. Con occhio sospettoso osservano i giovani dai capelli biondi e dal volto duro che sonnecchiano, stretti fra commessi viaggiatori e commercianti panciuti. Con i loro vecchi camiciotti, le scarpe scalcagnate e i pantaloni rattoppati, hanno un'aria di famiglia o di muta. Trascinano zaini e talvolta lunghi involti strettamente legati. Gli altri li guardano e ridono dolcemente.

Quelli appena saliti si avvicinano, strizzano gli occhi per risvegliare un ricordo e bisbigliano una domanda come chiedessero un'informazione:

"Non eri con Heydebreck?"

"No, con Pfeffer"

"In Curlandia, anche?"

"Sì, prima di Mitau".

Si danno grandi pacche sulle spalle, si stringono per fare un po' di posto al camerata e spingono i mangiatori di tartine.

Alla stazione di Leipzig il treno è preso d'assalto da uno sciame di giovani abbronzati, in *Lederhose*[273]. Portano piccole piume sui cappelli di feltro e parlano bavarese. Trascinano lungo i corridoi dei vagoni pacchi cilindrici avvolti in tela cerata e casse di legno, grandi come bare. Agli sportelli, gli altri chiedono loro:

"Cannone o mitragliatrice?"

"Fatti i cavoli tuoi! Prima *Sturmfahne Oberland*"[274].

A Dresda gli ultimi posti liberi vengono occupati da un gruppo di studenti stranieri, in divisa verde e coltello da caccia: tutta una classe, professore in testa. Con enormi precauzioni sistemano delle grosse ceste, dicendo ai controllori, sempre più inquieti:

"Materiale di agrimensura per le foreste della Alta Slesia".

Prima della frontiera gli isolati hanno costituito una Compagnia ed eletto i loro capi.

A Breslau un incidente: un piccolo capostazione si agita. Il treno non partirà; gli ordini sono ordini. Ex militari, essi certo capiranno.

Timorosamente, i commessi viaggiatori ed i negozianti si eclissano. Appoggiati agli sportelli, i Volontari gridano qualcosa che si riferisce alla moglie del capostazione. Alcuni discendono, con aria innocente.

---

[273] Le tipiche brache di cuoio portate soprattutto in Baviera.
[274] *Sturmfahne*: Compagnia.

Il berretto gallonato della *Reichsbahn*[275] sparisce dietro gli abiti grigi, il gruppo si serra. Il treno guarda in silenzio. Poi il gruppo si apre: il piccolo capostazione riappare, con il berretto di traverso e il viso congestionato. Fa un gesto. Il treno riparte. I Volontari cantano: *Monica, Kleine Monica...*
A Namslau, in Alta Slesia, il treno si vuota. La città formicola di soldati: passano sezioni al passo cadenzato, Si sentono ritornelli di marce. Su arie terribili si canta di fiori e di fanciulle. Poche uniformi. Elmi austriaci, cappelli da contadini si mescolano ad *anorak* e abiti da caccia, a scarponi ma anche a calzature di vernice. Chi ha un'arma la porta ostentatamente. Molti hanno solo un fucile da caccia; altri un randello di legno, una baionetta, un pugnale o una vecchia sciabola. Certo non somigliano ad una truppa, ma lo spirito è quello.
Ovunque, in tutto il Reich, si tengono riunioni e conferenze. Un'ondata di parole per l'Alta Slesia. Loro, non hanno nulla da dire: sono venuti a battersi. Arrivano qui, con distintivi delle loro associazioni e le divise. Membri dello *Stahlhelm* e dello *Jungdo*, combattenti del *Baltikum*, putschisti di Kapp, volontari del *Landesjäger*. Sono arrivate al completo associazioni di studenti, e *Arbeitsgemeinschaft*[276], contadini, soldati, operai, giovani impiegati. Baltici, svedesi, finlandesi, tirolesi, transilvani, pomerani, saaresi, tutte le tribù germaniche. Scriverà uno di questi[277]:

Un terzo almeno di questi uomini li avevo già incontrati in qualche posto, in uno dei combattimenti del dopoguerra tedesco. E se qualcuno non l'avevo proprio incontrato, costui aveva certo un amico che mi conosceva o che conoscevo io, oppure avevamo combattuto sullo stesso terreno, e dopo tre minuti di conversazione eravamo informatissimi l'uno dell'altro.

Alla stazione di Namslau diversi vagoni piombati sono in sosta su un binario morto. I documenti di trasporto dichiarano: "pezzi di macchine". Durante la notte i vagoni vengono aperti, le casse sventrate: ogni uomo avrà un *Mauser* ma niente cartucce.
Prima dell'alba un piccolo commando, guidato da von Salomon e Schlageter, forza il magazzino delle munizioni della guarnigione.
Un cannone rimorchiato da un camion di una birreria, imbottito di munizioni, fa il suo ingresso trionfale nella città. Il conducente del camion racconta di aver tranquillamente attraversato, con il suo insolito rimorchio, tutta la Sassonia e la Slesia.

---

[275] *Reichsbahn:* Ferrovie del Reich.
[276] Comunità di lavoro.
[277] Ernst von Salomon, *I proscritti*, cit., p. 251.

Indossa una divisa al disopra di ogni sospetto: quella degli *Schupo*[278].
In poche ore si riuniscono i *Selbstschutz,* Compagnie di volontari, attratti dal rischio e dal combattimento, senza che nessuno abbia dato l'ordine di marciare e senza altra meta che l'Alta Slesia.
La Slesia entra nella storia verso la fine del X secolo. Eppure, la vallata dell'Oder era stata scoperta e sfruttata dai Romani ai quali aveva aperto la strada delle fertili pianure dell'Ucraina e del Mar Nero. Nei primi secoli della nostra era, la Slesia è un mosaico di tribù germaniche e slave, più o meno sottomesse al regno della Grande Moravia (Boemia).
Nel 1139, Bolesbas il Grande, re di Polonia, conquista questo territorio. Nel 1139, dopo sanguinosi conflitti, la Slesia raggiunge l'indipendenza e fino al 1918 non avrà più alcun legame con la Polonia.
Il XII secolo segna l'inizio dell'influenza germanica. Con l'asse settentrionale che passa attraverso la Prussia Orientale ed i paesi Baltici viene aperta la seconda via dell'espansione germanica verso Est.
Federico Barbarossa crea i due ducati di Slesia, Ratibor e Breslau, e la regione prospera rapidamente grazie ai costruitoli, ai mercanti ed ai contadini tedeschi.
Ma un secolo dopo i nipoti di Gengis-Khan, alla testa di un potente esercito mongolo, invadono la Slesia schiacciando gli eserciti europei condotti da Enrico il Pio.
Questo disastro non preoccupa gli imperatori germanici, tutti dediti alla politica italiana. Dopo il riflusso mongolo, nel 1337 la Slesia ritorna alla corona di Boemia e quando questa, nel 1536 sarà annessa all'impero asburgico, la Slesia diventerà austriaca. Lo resterà fino al trattato di Berlino del 1742, in seguito al quale l'imperatrice Maria Teresa la cederà a Federico II di Prussia.
L'espansione germanica riprende con forza. Militari, funzionari, mercanti, proprietari terrieri vengono dalla Prussia in gran numero. Non si mescolano alla popolazione slava: tradizioni, lingua, religione, cultura li separano. Mentre i prussiani protestanti diventano la maggioranza in città, gli Slavi cattolici conservano la preminenza nelle campagne.
Fino al 1860 la popolazione germanica non smette di progredire. Poi, con l'inizio dell'industrializzazione e la scoperta che nella regione di Kattowitz, in Alta Slesia, il sottosuolo è particolarmente ricco di carbon fossile, ferro e zinco, tutto cambia. In cinquant'anni questo paese esclusivamente agricolo cambia profondamente: si scavano miniere, si costruiscono fabbriche e alti forni. Una fitta rete di canali e di strade

---

[278] Poliziotto incaricato dell'ordine pubblico.

ferrate segna il territorio. L'Alta Slesia diventa, ad est del Reich, ciò che è la Ruhr all'ovest.

Questa enorme rivoluzione esige una considerevole mano d'opera. I tecnici ed il personale direttivo vengono dalla Prussia, mentre i minatori, gli operai delle fonderie e delle fabbriche sono forniti dall'immigrazione della popolazione polacca, che in quaranta anni aumenta dell'80 per cento.

Sempre in questo periodo nasce un nazionalismo polacco, e le due popolazioni che coabitano in pace entreranno a poco a poco in contrasto per questo fermento di passioni. Nel 1912 la Slesia invia al Reichstag cinque deputati polacchi, che fanno blocco con quelli di Posen. La creazione di uno Stato polacco sulle rovine della Russia e degli Imperi centrali, nel 1918, distrugge definitivamente il vecchio equilibrio.

Dal 1772 la Polonia era smembrata ed il suo vecchio territorio, anch'esso frutto di conquiste, suddiviso fra la Russia, la Prussia e l'Austria. Con il favore della guerra mondiale e grazie alla vittoria alleata, un notevole agitatore nazionalista, Josef Pilsudski, ricostituisce uno Stato polacco.

Nato nel 1867 in una famiglia della piccola nobiltà lituana, Pilsudski si consacra giovanissimo alla lotta clandestina contro la Russia per l'indipendenza della Polonia. Viene imprigionato diverse volte. Autoritario, appassionato di problemi militari, pone le basi, prima del 1914, per la costituzione di una *Legione polacca* clandestina nella Galizia austriaca. È convinto che solo una guerra mondiale permetterà la creazione di uno Stato polacco. Allo scoppio del conflitto vede nella Russia – dove vivono i due terzi dei polacchi – il nemico principale. Se la Germania e l'Austria riusciranno a sconfiggerla, e poi, a loro volta, saranno sconfitte dagli Alleati, la Polonia potrà riacquistare l'indipendenza. Le democrazie occidentali sono favorevoli a quest'idea a causa della loro ostilità per gli imperi europei. Negli Stati Uniti non si può ignorare il peso elettorale dei quattro milioni di immigrati polacchi. In Francia si auspica la nascita di qualcosa che bilanci la potenza tedesca. La *Legione polacca* combatte quindi dapprima a fianco dell'Esercito austriaco, pur conservando i propri corion.

Dopo la sconfitta russa ed il trattato di Brest-Litovsk, la Germania riconosce l'indipendenza della Polonia russa nel quadro di una sovranità germanica. Per Pilsudski ed i suoi seguaci non basta: vogliono l'indipendenza totale e sognano di estendere i confini del futuro Stato fino alle frontiere ultime dell'emigrazione polacca negli imperi tedesco ed austriaco. Pilsudski, che nel frattempo si è autonominato maresciallo, punta dunque ormai sulla disfatta tedesca.

Uomo previdente, dopo il 1915 ha creato la *Polska Organizacja Wojskowa* (P.O.W.), l'Organizzazione militare polacca clandestina.
I tedeschi lo arrestano e lo rinchiudono a Magdeburgo. Una parte della *Legione polacca,* comandata da Josef Haller, raggiunge la Francia attraverso il Baltico. Cresciuta a dismisura attraverso il reclutamento dei polacchi immigrati, ben presto potrà opporre 100.000 uomini sul fronte tedesco dell'Ovest.
L'8 novembre 1918 il cancelliere Max di Baden fa liberare Pilsudski, ed il 10 novembre questi entra a Varsavia accolto da un'immensa folla. Il "consiglio di Reggenza", creato dai tedeschi nel 1916, lo nomina capo di Stato, poi dà le dimissioni.
Si è fatto tutto il possibile per la Polonia?
Il tredicesimo dei "Quattordici punti" di Wilson, che riassume gli scopi di guerra americani, reclama la costituzione di uno

Stato polacco indipendente... abitato da una popolazione indiscutibilmente polacca, ai quale sarà garantito accesso libero e sicuro al mare.

Il comitato americano incaricato di studiare le frontiere corrispondenti a questa definizione non era giunto alla fine delle sue difficoltà. I confini del regno di Polonia, prima della suddivisione del 1772, inglobavano popolazioni baltiche, ucraine, ceche e tedesche. La loro unica legittimità era nella conquista, non nelle frontiere naturali[279].

All'indomani dell'armistizio, la Polonia, che non ha ancora frontiere, intraprende la lotta su più fronti, – scrive Maurice Baumont –. Ai quattro punti cardinali, le frontiere, tutte contestate, sono divenute teatro di scaramucce nel corso delle quali i polacchi, i cui appetiti territoriali sono immensi, scambiano colpi di fucile con quasi tutti i loro vicini, tedeschi, russi, ucraini, cechi, lituani[280].

Queste campagne di conquista ottengono l'incondizionato appoggio della Francia, e ciò si spiega: la alleanza con la Russia zarista aveva costituito fino al 1914 una delle colonne della politica estera della

---

[279] Per quanto riguarda l'accesso al mare, si arriverà a dividere la Prussia Orientale dalla Germania per mezzo di un "corridoio", quello di Danzica, porto la cui popolazione è composta per il 90% da tedeschi. La creazione di uno stato polacco così artificiale, realizzato a costo di tante ingiustizie per i suoi vicini, ha in sé tutte le condizioni di un futuro conflitto. A questo proposito si possono consultare: Richard M. Watt, *Les Dents du Dragon,* cit.; Benoist-Méchin, *Histoire de l'Armée allemande* cit., tomo I e II; Jacques Mordal, *Versailles ou la paix impossible,* cit.; Hugh S. Wabson, *Eastern Europe between the wars,* 1918-1941, Cambridge 1945; Maurice Baumont, *La faillite de la paix,* cit..
[280] Maurice Baumont, *La faillite de la paix,* cit., p. 80.

Terza Repubblica. Dopo il 1917, a causa delle incertezze che gravano sulla Russia bolscevica, la Francia si sforza di creare una cintura di Stati in grado di sostituire la Russia nel minacciare la Germania da Est. A Parigi ci si ricorda di una frase di Bismark:

Il giorno in cui l'aquila bianca della Polonia riprenderà il suo volo, l'aquila nera della Russia riceverà un colpo fatale.

La Francia appoggia dunque fortemente la creazione della Polonia e della Cecoslovacchia; sosterrà le loro rivendicazioni territoriali più ingiustificate su regioni abitate da una maggioranza tedesca. Agendo così, dimentica le passioni nate in patria per la perdita dell'Alsazia e della Lorena.
Le prime incursioni polacche avvengono a Posen, l'ex Poznan, fin dal dicembre 1918. Questa città tedesca dal 1772, conta una maggioranza polacca che vive in buon accordo con la popolazione tedesca. I prussiani hanno portato la prosperità in questa provincia; molti dei loro grandi personaggi vi sono nati, fra cui Hindenburg e Ludendorff. Appare inconcepibile abbandonare queste ricchezze create dal lavoro germanico e vedere trasformare i 700.000 tedeschi della provincia in cittadini di seconda classe nel loro paese improvvisamente annesso da una potenza ostile.
Per assicurare la difesa delle frontiere orientali del Reich, l'Alto Comando costituisce nel 1918 il *Grenzschutz Ost* (Forza di difesa delle frontiere orientali), che è però paralizzato dalla situazione interna del Reich. La rivoluzione spartachista sembra trionfare a Berlino e le truppe del fronte si dissolvono da sole o si ammutinano al ritorno in Germania.
Nel 1918, il giorno di Natale, mentre il Generale Lequis assapora il suo disastroso fallimento dinanzi al Palazzo di Berlino, il pianista Pederewski, rappresentante negli Stati Uniti del comitato nazionale polacco, è accolto a Posen sotto un cielo grigio da una folla in delirio. La bandiera rossa e bianca di Polonia è issata sui monumenti coperti di neve. Con l'assenso degli Alleati, unità del *P.O.W.* pattugliano la città, Per gli ufficiali della guarnigione tedesca, questo inimmaginabile spettacolo è considerato come un'insurrezione di cittadini tedeschi che bisogna schiacciare con la forza. Ma c'è da fare i conti con i Soviet dei soldati "lavorati" dagli agenti polacchi che promettono loro una smobilitazione immediata. Il tentativo di repressione è un fallimento. Dopo cinque giorni di confuse scaramucce, il *P.O.W.* è padrone della città. La maggior parte dei soldati tedeschi è fuggita all'Ovest o si è arresa. Il generale von Bock und Polach, colpito da una depressione ner-

vosa, è catturato. I civili tedeschi che hanno resistito ai polacchi vengono massacrati.

In tutta la provincia proseguono i combattimenti, mentre arrivano i primi *Freikorps* di volontari tedeschi formati in maggior parte da intraprendenti ufficiali, come von Brandis, von Brussow, von Diebitsch, Ferth e Rossbach. Si combatte a Bromberg, Beutschen, Hohensalza, Argenau, Königshutte che il *Jäger-Bataillon* di von Chappuis riconquista. Il 28 gennaio 1919, il *Freiwillige Sturmabteilung Rossbach*[281] si impadronisce di Culmsee.

Il 16 febbraio 1919 il Maresciallo Foch invia in nome degli Alleati un ultimatum al governo Ebert, esigendo l'immediato ritiro delle truppe tedesche da Posen. Gli Alleati si rendono garanti del colpo di forza polacco: il Reich è troppo debole per non piegarsi. Ma i polacchi non rispettano l'armistizio e non smettono di bersagliare le posizioni tedesche.

Negli ultimi giorni del 1918 i polacchi si comportano in Alta Slesia come a Posen: il *P.O.W.* si impegna a trasformare la rivoluzione spartachista, che si è estesa in tutta la provincia, in sollevamento nazionale. Da Breslau a Ratibor la bandiera rossa e bianca sventola su tutto il territorio. La reazione tedesca è più viva che a Posen. *Freikorps* nascono dalle rovine dell'Esercito imperiale e si concentrano a Breslau e a Francoforte sull'Oder. Come ovunque, sono dei giovani ufficiali che ne prendono il comando: i sottotenenti Paulsen, von Velsen e il Capitano Kühme[282].

Nel febbraio 1919, fra la neve ed il fango ghiacciato cominciano le prime operazioni di rastrellamento. Avvisati dai polacchi, gli Alleati si oppongono ai progetti tedeschi. Come già a Posen, il maresciallo Foch impone un armistizio e traccia una linea di demarcazione che le truppe tedesche non dovranno superare, sotto pena di dure sanzioni per la Germania. Questa linea di demarcazione concede tutta la regione industriale ai polacchi e deve servire come frontiera provvisoria in attesa di una decisione del Consiglio supremo interalleato o Consiglio dei Dieci.

I polacchi portano i loro sforzi sul piano diplomatico per far riconoscere definitivamente questa linea di demarcazione, ed il loro delegato al Consiglio interalleato si impegna con veemenza nel tentativo.

Americani e inglesi, dapprima favorevoli alle rivendicazioni polacche, sono ben presto sciocati dalle intenzioni apertamente espansionisti-

---

[281] Chiamato anche *Freiwillige Grenzschutz Kompagnie*.
[282] Rispettivamente capi dei *Freikorps* Paulssen dell'*Oberschlesisches Freiwillige Korps* (costituito dalle associazioni professionali dell'Alta Slesia), e Hasse Kühme.

che della Polonia. Solo la Francia non se ne preoccupa, il che farà dire a Wilson in un momento di scoraggiamento:

La Francia ha un interesse in Polonia: dare ad essa i territori ai quali non ha diritto con il solo scopo di indebolire la Germania[283].

Esasperato dalle costanti recriminazioni polacche, il premier britannico, Lloyd George, il 7 maggio getta in piena seduta questa frase:

Chi sono dunque i polacchi per permettersi di criticare gli Alleati? Durante la guerra hanno combattuto (nella misura in cui l'hanno fatto!) principalmente in campo tedesco. Mai nessun preciso impegno per le frontiere è stato preso dagli Alleati. Cinque anni fa i polacchi erano una nazione soggetta, senza alcuna prospettiva di ritrovare da sola la libertà. L'ha acquisita unicamente perché vi sono stati un milione e mezzo di morti francesi, un milione di inglesi, 500.000 italiani e non so quanti americani. La Polonia ha conquistato la libertà non con i propri sforzi, ma con il sangue degli altri. Come altre giovani nazioni dell'Europa centrale, offre il doloroso spettacolo di impossessarsi di territori altrui e di imporre ad essi quella tirannide di cui lei stessa ha sofferto per secoli[284].

Finalmente Wilson impone l'idea di un plebiscito in Alta Slesia per stabilire la frontiera secondo la volontà espressa dagli abitanti stessi, a seconda di come vorranno essere: tedeschi o polacchi.
Varsavia si spaventa e decide di precipitare le cose prima del plebiscito, dal quale non si aspetta nulla di buono. I polacchi non hanno alcuna intenzione di suddividere l'Alta Slesia, mentre i tedeschi, volenti o nolenti, accettano il principio in virtù dello articolo 88 del Trattato di Versailles.
Il *P.O.W.* prepara minuziosamente una rivolta armata che gli permetterà di impadronirsi dei punti chiave del paese. I polacchi sono convinti che gli Alleati non interverranno contro di loro. Convogli armati si dirigono verso l'Alta Slesia. Una viva agitazione si accende nei grandi centri.
Nella notte dal 16 al 17 agosto 1919, alle 2 del mattino, le sentinelle tedesche che fanno la guardia al deposito di artiglieria di Paprotzan sono assalite di sorpresa. Gli insorti si impadroniscono di diversi cannoni e di una gran quantità di munizioni.
Il giorno dopo in tutto il territorio compaiono manifesti del *P.O.W.* che invitano all'insurrezione.

---

[283] Citato da Richard Watt, op. cit., p. 318
[284] Citato da Richard Watt, op. cit., p. 321

Il 18 agosto i tedeschi proclamano lo stato d'assedio in tutta la regione. Nella tarda serata i *Freikorps*, posti sotto il comando del generale Höfer, scatenano una controffensiva in tre direzioni.
Josef Bulla, Capo di Stato Maggiore degli insorti, valuta le forze che si contrappongono a 15.369 volontari tedeschi e 21.799 miliziani del *P.O.W.*[285]. I primi *Freikorps* costituiti all'inizio dell'anno sono stati rinforzati dalla Brigata Ehrhardt, dalla 3ª Brigata di Marina von Loewenfeld, dai *Freikorps* Kornatzky, Hasse e Dohna, e dal distaccamento del Colonnello Tüllmann.
Sconcertati dalla prontezza e dall'energia della risposta tedesca, gli insorti perdono terreno. Il 23 agosto le truppe tedesche hanno raggiunto tutti i loro obiettivi. A meno di una settimana dal suo esplodere, la seconda insurrezione polacca è schiacciata.
Il *P.O.W.* però non è stato spazzato via: i suoi miliziani si sono dispersi, le armi sono state nascoste nei depositi clandestini E l'incendio riprenderà con tanta più forza perché sarà attizzato dalla vendetta.
L'11 febbraio 1920 la Commissione interalleata di controllo prende in consegna l'amministrazione dell'Alta Slesia. La Commissione è presieduta da un francese, il Generale Le Rond, favorevole di primo acchito ai polacchi. Gli sono a fianco un inglese, il Colonnello sir Harold Parcival, e un italiano, il Generale de Marinis. Le Rond ha al suo comando 11.500 soldati francesi, 2.000 italiani e più tardi quattro Battaglioni britannici per assicurare l'ordine durante il plebiscito.
Le truppe tedesche evacuano tutto il territorio.
Non avendo alcuna fiducia nella Commissione di controllo interalleata, i capi dei *Freikorps* ed i rappresentanti della popolazione tedesca decidono di creare una forza clandestina di autodifesa, destinata a prevenire una terza insurrezione polacca: il *Selbstschutz*. Parallelamente costituiscono una *Spezial Polizei*, semiclandestina, il cui comando è affidato al capo della *Stosstruppe* della brigata di Marina von Loewenfeld, Heinz-Oskar Hauenstein. Questo ex sottufficiale comanderà in seguito lo *Sturmabteilung Heinz* durante i combattimenti del 1921. I suoi uomini, soprattutto il Sottotenente Paul Schultz si faranno onore nella *Vehme* della *Reichswehr Nera*. Egli stesso dirigerà nel 1923 le operazioni di sabotaggio nella Ruhr. Hauenstein si distinguerà nella cattura di uno dei capi del *P.O.W.*, Hajock. Cattura di un cadavere, perché i suoi metodi sono sbrigativi.
I suoi avversari gli rimprovereranno 200 esecuzioni sommarie di terroristi del *P.O.W.* prima del plebiscito[286]. Hauenstein scrollerà le pe-

---

[285] Citato da Benoist-Méchin, op. cit., tomo II, p. 171
[286] Cfr. Gumbel, op. cit., p. 137

santi spalle e sorriderà allora sotto i baffi, eludendo la questione. Forse conosceva la ricetta dell'*Intelligence Service*: mai smentire. Nella sua leggenda entrano così tutte le sparizioni misteriose, tutti i fatti inesplicabili, tutto ciò che è frutto del caso o semplice coincidenza.

Nei due campi si fanno sforzi immensi per vincere il plebiscito, che si svolgerà il giorno dell'equinozio della primavera del 1921. Centosessantamila tedeschi nati in Alta Slesia e costretti in seguito ad emigrare partecipano al voto; il regolamento elettorale lo prevede. I risultati danno una confortevole maggioranza ai tedeschi: il 59,6 per cento dei suffragi, ossia 707.554 voti contro i 478.802 a favore della Polonia[287].

Esplosione di gioia in tutto il Reich; l'Alta Slesia resterà tedesca poiché così ha deciso la maggioranza della popolazione. Questa però non è l'opinione degli Alleati. Perché il 40% della popolazione, costituito da polacchi, dovrebbe essere costretto a stare sotto i tedeschi? Il Trattato di Versailles prevede la ripartizione del territorio in base ai risultati. Resta solo da applicarlo.

Ciò che sembrava tanto semplice in teoria, diventa uno spaventoso rebus nella realtà. L'esame dei risultati del plebiscito comune per comune dimostra che la frattura non è netta, fra due parti distinte, polacca e tedesca, ma è sotto forma di inestricabile puzzle di piccole isole etniche incastrate le une nelle altre. Alcune città sono a maggioranza tedesca, ma la campagna intorno è polacca. Le città con maggioranza polacca sono talvolta le più vicine alla frontiera del Reich e, inversamente, borghi germanici sono vicinissimi alla frontiera polacca. Alcune miniere si trovano divise in vari tronconi, oppure isolate 'dalle ferrovie e dai canali che le servono. I complessi industriali si trovano sbriciolati in particelle inutilizzabili.

Preoccupati dalle decisioni degli Alleati che li priveranno di una parte importante di questo territorio tanto agognato, i polacchi decidono di ricorrere di nuovo alla forza. La presenza di un alto commissario francese e l'assenza di truppe tedesche permette loro di sperare in un immediato successo. Nessuno verrà a sloggiarli quando avranno raggiunto le rive dell'Oder.

Sotto la spinta di Korfanty, ex deputato al Reichstag, impetuoso agitatore nazionalista, nominato per la Polonia Commissario al Plebiscito, il *P.O.W.* viene riorganizzato e potenziato dall'afflusso di soldati dell'Armata Haller rimpatriati dalla Francia. Questa organizzazione costituisce un vero esercito con uno Stato Maggiore di 243 membri[288].

---

[287] Anche senza l'apporto dei voti dei tedeschi della Slesia costretti all'emigrazione, i polacchi sarebbero stati in minoranza

[288] Benoist-Méchin, op. *cit.*, tomo II, p. 176

Prudentemente si installa in territorio polacco, a Sosnovice, località distante quattro chilometri dalla frontiera dell'Alta Slesia. Una fitta rete copre completamente il territorio. I depositi di armi vengono potenziati da importanti stock provenienti da partite consegnate a suo tempo dalla Francia alla Polonia perché questa potesse far fronte all'offensiva sovietica del 1920.

I preparativi di sollevamento non sfuggono alla popolazione tedesca né alla *Spezial Polizei* di Hauenstein. A loro volta, le unità del *Selbstschutz* si rinforzano.

Prendendo il pretesto da questo fermento, il Generale Le Rond fa arrestare all'alba del 25 aprile i capi dei gruppi tedeschi di autodifesa. Ormai i polacchi hanno via libera.

Il lunedì 2 maggio del 1921, organizzato dal *P.O.W.*, scatta in tutta la zona industriale uno sciopero generale[289] che dà all'atto di forza la parvenza della spontaneità. L'indomani Korfanty, abilmente sconfessato da Varsavia, fa affiggere un proclama che chiama alla rivolta armata. È un chiaro incitamento al massacro dei tedeschi:

Trasferisco alla corte marziale [?] il diritto di giudicare e di punire gli insorti – scrive, riferendosi ai tedeschi che si difenderanno – come pure i civili che saranno catturati dai nostri uomini[290].

La rivolta si abbatte sul territorio senza difesa come un'ondata immensa. Gli odi accumulati da due anni esplodono con ferocia selvaggia: tedeschi vengono appiccati ed orrendamente torturati prima di essere uccisi, i loro cadaveri mutilati saranno trovati in posizioni grottesche o ignobili. Villaggi ed interi quartieri vengono consegnati alle bande polacche che saccheggiano, incendiano, violentano, assassinano tutti quelli che sono tedeschi[291].

Varsavia sconfessa Korfanty, ma lascia passare le armi ed i rinforzi per le truppe. Treni blindati, convogli di munizioni penetrano in Alta Slesia. "La frontiera fra la Polonia e l'Alta Slesia è aperta come il ponte di Londra", scrive il corrispondente del "*Time*" (10 maggio 1921).

La Commissione interalleata proclama lo stato d'assedio nelle città, ma poi, divisa sulle misure da prendere, si limita in un primo tempo ad emettere proclami lenitivi[292].

---

[289] Il giorno prima la Commissione interalleata, riunita a Oppeln, aveva annunciato ufficialmente la suddivisione dell'Alta Slesia decisa dagli Alleati, senza però fornire precisazioni.

[290] Citato da Benoist-Méchin, op. cit., p. 179

[291] Cfr. *Das Martyrium der Deutschen in Oberschlesien Gewaltakte des Polen während des 3. Ausftandes Oberschlesien im Mai und Juni 1921*.

[292] L'atteggiamento equivoco del generale Le Rond, conforme alla politica del suo

La sera del 5 maggio gli insorti sono padroni di tutto il territorio.
La vigilia, la stampa tedesca del pomeriggio porta in tutto il Reich la notizia della rivolta. Immediatamente, senza accordarsi e senza aver ricevuto alcun ordine, migliaia di giovani si mettono in cammino verso l'Est. I *Freikorps* clandestini, camuffati da *Arbeitsgemeinschaften* nelle proprietà del Meclemburgo, della Pomerania, della Prussia Orientale e della Baviera, si ricostituiscono istantaneamente. Le armi vengono tirate fuori dai nascondigli. In treno, a piedi, con mezzi di fortuna, i volontari convergono a marce forzate verso l'Alta Slesia.

La frontiera era in fiamme e chi ha confidenza col fuoco si rende conto che vi è una sola cosa da fare: soffocarlo[293].

Fin dal 5 maggio nel nord del paese, vicino a Krappitz, Hauenstein trasforma la sua *Spezial Polizei* in *Sturmabteilung* (sezione d'assalto) e recluta volontari. Albert Schlageter, veterano del *Baltikum*, prenderà in seguito il comando della Compagnia di mitraglieri di questa unità. Come segno di riconoscimento Hauenstein sceglie la croce gammata, che i suoi uomini applicano agli elmetti.
La sera stessa il *Freikorps* si mette in marcia verso le linee polacche. Sono circa le 22 quando, davanti a Cogolin, prende contatto con il nemico.
Gli uomini della 1ª Compagnia sono distesi nei fossati, lungo la strada. Si sente il crepitio ininterrotto delle mitragliatrici. Un breve comando: "Spegnete le sigarette. Seguitemi senza rumore".

Le case senza luci sorgono come fantasmi. Gli uomini inciampano attraversando cortili e orti. D'improvviso, il muro di un cimitero si leva dinanzi agli uomini del primo gruppo e si perde nelle tenebre.
Alt!
La silhouette dell'ufficiale passa da un uomo all'altro. La sottile rete della truppa si estende nella notte. Il volontario Glombowski[294] si ri-

---

governo, provoca una violenta reazione del Premier Lloyd George ai Comuni, il 13 maggio 1921:
Senza attendere un accordo fra i governi la popolazione polacca, guidata da Korfanty, è insorta e ci ha posto dinanzi al fatto compiuto. È una brutale sfida al Trattato di Versailles, che può anche essere cattivo, può anche essere duro, ma l'ultima in Europa ad avere il diritto di lamentarsene è la Polonia! Dinanzi ad una tale situazione, o gli alleati agiscono per far rispettare il Trattato, o permettono ai tedeschi di farlo. Non è giusto proibire alla Germania il diritto di ristabilire l'ordine, in quello che è ancora suo territorio, in attesa della decisione finale.

Citato da Robert Waite, p. 228.

[293] Ernst von Salomon, *Le Questionnaire*, p. 157 (tr. it. *Io resto Prussiano*).
[294] Friedrich Glombowski, in *Das Buch vom deutschen Freikorpskämpfer*, cit., p. 267.

trova solo: "Fa attenzione, soprattutto all'alba. Quei cani arrivano attraverso i campi senza preavvertire".
Da quale direzione possono arrivare i polacchi? Glombowski non ne ha la minima idea. Tira fuori una sigaretta. L'ufficiale riappare: "Non puoi proprio fare a meno di fumare?"
Comincia a piovere. Senza mantello né telo da tenda, Glombowski ben presto è zuppo. Massaggiandosi, fa qualche movimento ginnico. Il suo vicino si arrampica fino a lui:
"Hai un po' di Schnapps?"
"Un goccio".
Un agente di collegamento corre lungo il muro
del cimitero: "Adunata del gruppo nella cappella".
All'interno della costruzione si sta bene, ma si sente un disgustoso odore di piedi. Nell'oscurità, Glombowski si abbandona su un mucchio di paglia. Stretto contro il suo vicino, non riesce ad assopirsi. Quell'insopportabile odore non sembra disturbare il suo vicino che dorme con i pugni serrati. Una voce grida dalla porta: "Chi vuole del caffè caldo venga fuori!"
All'aria fresca Glombowski si sente rinascere.
Grida:
"Che puzza là dentro!"
"Certo, imbecille! Ti sei disteso vicino ai maccabei!"
"Che? polacchi morti?"
"Il cimitero è stato tutto il giorno sotto il fuoco. Li hanno messi là in attesa di poterli sotterrare..."
Fin dal loro arrivo nel territorio, i volontari isolati ed i *Freikorps* illegali vengono trasformati in *Selbstschutzen* e immediatamente inviati sui tre fronti. Al nord, sull'asse Kreuzburg-Rosenberg, con i *Freikorps* Rossbach e von Hindenburg. Nelle regioni boscose del centro per formare degli squadroni mobili. A sud, nel settore di Cosel, dove si scontrano violentemente con le milizie del *P.O.W.* solidamente trincerate.
Il 16 maggio 1921, rifacendosi al costume del *Thing* degli antichi germani, i capi dei *Freikorps* si riuniscono nel castello di Löwen per eleggere il loro comandante in capo. Questi dovrà rispondere delle proprie azioni solo ai rappresentanti della popolazione dell'Alta Slesia riuniti in comitato centrale e soprattutto ai propri pari. Il governo del Reich sconfessa i volontari, chiude la frontiera, ma si appella

a tutte le potenze della civiltà, della ragione e della coscienza del mondo[295].

---

[295] Discorso pronunciato da Walter Rathenau, ministro dei Danni di guerra, durante

I giovani *Reiter* riuniti nella grande sala a volta del castello di Löwen, all'estremo limite del mondo germanico, testimoniano un atteggiamento irriducibilmente diverso.

Fra quelli che erano partiti, ansiosi di battersi e pronti a morire, per l'Alta Slesia, non uno si era deciso per difendere la santità dei trattati. Non uno marciava nei ranghi per appellarsi alle forze della morale, della saggezza e della coscienza – risponderà Ernst von Salomon –. E se qualcuno tra loro vide "sospeso nel cielo un eterno diritto inalienabile", si trattò del diritto della gioventù di cercar giustizia nella vendetta. Per la prima volta nel dopoguerra tedesco si svolgeva infatti qui un combattimento libero da ogni problematica, che rispondeva al grido dei nostri cuori e uccideva istantaneamente ogni dubbio. Quella terra era tedesca, la minacciavano, e noi marciavamo per riconquistarla[296].

L'assemblea dei capi dei *Freikorps* — comprendente fra gli altri Heydebreck, Rossbach, Horadam, von Arnim, Martin, Schmidt, Hauenstein, Magnis, von Chappuis, Hübner, von Aulock, von Velsen e Christensen, – designa all'unanimità quale comandante in capo il Generale Höfer: un uomo scaltro ed equilibrato la cui autorità è già riconosciuta dal Comitato centrale della popolazione tedesca.
Il comandante in capo divide le sue forze in due gruppi: quello del sud è affidato al generale von Hülsen, già capo dei *Selbstschützen;* quello del nord al Tenente Colonnello Grützner.
Più di ogni altra cosa Höfer teme scontri fra i suoi uomini ed i contingenti alleati (circa 15.000 uomini). Il generale Le Rond cerca solo un pretesto per fare causa comune con i polacchi. Il comandante in capo decide dunque di attendere il consenso della Commissione di controllo interalleata, ma, spinto da Heydebreck e dal Maggiore Horadam, il Generale von Hülsen si oppone fermamente a questo progetto. La Commissione interalleata non darà mai l'autorizzazione. Occorre agire senza perdere tempo. Anche il successo più piccolo rinforzerà la posizione morale, politica e militare dei *Freikorps*. Ed anche la Commissione interalleata dovrà tenerne conto. Aggiunge von Hülsen:

L'eventualità di un fallimento non deve spaventarci. Dirò di più: dobbiamo essere pronti a correre il rischio. La situazione ci obbliga a passare immediatamente all'offensiva, se non altro per strappare all'avversario l'iniziativa delle operazioni[297].

---

una riunione a Berlino il 22 maggio 1921.
[296] Ernst von Salomon, *I proscritti,* cit., p. 247.
[297] Cfr. Bernhard von Hülsen, *Der Kampf um Oberschlesien und sein Selbstschutz,* Stuttgart 1922.

Il Generale Höfer finisce con l'essere del parere del suo luogotenente sostenuto dai delegati della popolazione, ed il gruppo Sud può passare all'offensiva.

Quale primo obiettivo, Hülsen decide la conquista della catena di colline che domina la vallata e la riva sinistra dell'Oder: una massa scoscesa che sorge dalla piana e si allunga per 20 chilometri. Nel punto più alto sorge un convento, santuario nazionale degli Slesiani: l'Annaberg. La conquista di questa posizione tenuta dal *P.O W.* eliminerebbe la minaccia polacca sulla città di Cosel e farebbe saltare il catenaccio che chiude l'accesso alla zona industriale. Inoltre la conquista dell'Annaberg avrebbe una immensa ripercussione morale: apparirebbe come un segno di speranza nella notte tedesca.

Il 21 maggio, alle una e trenta del mattino, i *Freikorps* prendono posizione. Il generale von Hülsen dispone complessivamente di 3.000 uomini ripartiti in due colonne: quella del Maggiore von Chappuis composta di tre *Sturmbataillone* (Lenisca, Winkler, Berghof) e dei *Werwolf* di Heydebreck; la colonna del Maggiore Horadam, capo del *Freikorps Oberland,* comprende anche la *Sturmabteilung* di Hauenstein. Gli effettivi sono troppo ridotti perché possa essere prevista una riserva.

Alle 2,30 le due colonne si lanciano all'attacco. La sorpresa non ha l'effetto previsto: nei pressi delle colline i *Freikorps* sono accolti da un nutrito fuoco. Senza artiglieria, andare avanti significa morire. Per ore la colonna von Chappuis è inchiodata al suolo dal tiro delle posizioni fortificate polacche.

Tuttavia i bavaresi di *Oberland* hanno occupato le prime altitudini; respingono un contrattacco polacco con le bombe a mano e liberano la colonna von Chappuis.

I volontari del Maggiore Horadam mantengono un ritmo infernale su questo terreno scosceso, coperto di cespugli. Nella mischia si impadroniscono di due cannoni e li rivolgono contro i polacchi.

Quando il sole comincia ad illuminare la cresta delle colline, i *Freikorps* sono ai piedi dell'Annaberg. Gli ordini ricevuti prevedono una sosta per riformare le unità prima dell'assalto, ma il Maggiore Horadam ed i suoi luogotenenti, Oestreicher, Finsterlin, Siebringhaus e Hauenstein ritengono pericoloso aspettare. Senza esitare si lanciano immediatamente per le salite della collina sacra, alla testa dei loro uomini.

A metà strada incontrano un villaggio fortificato, Oleschka. I due cannoni, che vengono portati a spalla, prendono posizione sotto il tiro dei polacchi ai quali sono stati tolti. Nel frattempo Horadam, con otto dei suoi montanari, scala la parete scoscesa dietro il villaggio e piomba alle spalle dei difensori attaccandoli con le bombe a mano. I polacchi si arrendono o fuggono.

A mezzogiorno i volontari circondano la cima. Vedono la guglia del convento risplendere nel sole. Galvanizzati da questa visione, dimenticano la stanchezza, la fame e la sete che attanaglia loro la gola. Si precipitano sugli ultimi difensori. Alle dodici e dieci minuti l'Annaberg è conquistato!

I vincitori hanno percorso 30 chilometri in dieci ore, combattendo sul peggiore dei terreni. Alcuni avevano l'elmetto di acciaio, altri semplici cappelli. I vecchi scarponi sono un lusso; quasi sempre hanno degli stivaletti malridotti o scarpe basse. Nessuna divisa. Abbottonano gli abiti borghesi per dare loro un'aria marziale o inalberano vecchi stracci militari il cui *Feldgrau* volge al grigio. Uno dei capi dei gruppi, il Sergente Maggiore Sepp Dietrich, corto di gambe ma con una faccia da duro, diventerà celebre come organizzatore della *Leibstandarte Adolf Hitler*. *Obergruppenführer SS*, comanderà brillantemente la 6ª Armata *Panzer* SS alla fine della seconda guerra mondiale.

"Oh! Annaberg! – canterà più tardi uno dei *Lieder* della Gioventù Hitleriana, – *onore del* Volk *tedesco!*".

Quando la notte scende sulle colline, i canti di gioia, intorno ai fuochi dei bivacchi, salgono alle labbra dei giovani lanzichenecchi. "Il successo di questa giornata superava tutte le nostre speranze", scriverà il Generale von Hülsen. L'Annaberg si addormenta.

Triste risveglio: il 24 maggio il presidente Ebert emana un decreto che proibisce il reclutamento dei *Freikorps*. Pene di due anni di prigione e 100.000 marchi di ammenda colpiranno gli organizzatori o i membri dell'organizzazione[298].

I volontari non si aspettano lodi, ma non immaginavano certo che il loro eroismo sarebbe stato paragonato ad un crimine[299].

Nel cuore dei combattenti dei Freikorps e di coloro che avevano conquistato l'Annaberg, divenne chiaro che la liberazione della Germania presupponeva

---

[298] Questa misura la pretesero gli Alleati dopo il loro ultimatum del 5 maggio 1921. Secondo Ebert, il decreto non colpiva solo i *Freikorps* dell'Alta Slesia ma anche le *Einwohnerwehren*, organizzazioni armate estranee alla *Reichswehr*. I Volontari non vorranno mai credere che solo una semplice e sfortunata coincidenza lo ha fatto promulgare due giorni dopo la vittoria dell'Annaberg.

[299] Robert G. L. Waite, uno degli storici più severi dei *Freikorps*, racconterà:

È innegabile che il loro intervento concorse a salvare questa parte dell'Alta Slesia che più tardi ritornerà alla Germania. Bisogna anche riconoscere che in questa campagna, più che in nessun'altra, la loro motivazione principale era un patriottismo sincero e disinteressato.

(*Vanguard of Nazism,* cit. p. 231).

innanzi tutto il rovesciamento del parlamentarismo occidentale e del sistema liberal-marxista nel suo insieme[300].

I polacchi risentono duramente della sconfitta. La loro terza rivolta, malgrado le condizioni iniziali eccessivamente favorevoli, è minacciata. Korfanty cambia i suoi piani per evitare una disfatta completa: in un proclama riconosce l'autorità della Commissione interalleata, si pone sotto la sua protezione e si impegna ad eseguire i suoi ordini.
Il generale Le Rond prende a pretesto questo passo per esigere l'evacuazione dell'Annaberg, importante posizione strategica. Il generale Höfer rifiuta con alterigia: "Sarebbe un disonore per me abbandonare una posizione conquistata dai miei uomini a viva forza".
Poi offre la sua collaborazione per aiutare la Commissione interalleata a cacciare gli insorti. Il Generale Le Rond crede di soffocare: "Non posso certo fare dei *Freikorps* tedeschi i gendarmi dell'Intesa!"
Certo, sarebbe una cosa alquanto umoristica; e l'alto commissario sembra totalmente sprovvisto di umorismo. Ritiene che i *Freikorps* abbiano pericolosamente rafforzate le loro posizioni ed è deciso ad ottenere immediatamente il loro ritiro. In effetti, ci si batte in tutti i settori.
A Lischna, nel momento stesso in cui il *Freikorps Oberland* raggiunge la cima dell'Annaberg, una Compagnia di studenti (*Selbstschutz Studentenkompanie*) affronta il fuoco dei polacchi. Strani studenti.

Quei giovani avevano lasciato le aule dell'Università per andare alla guerra e, dopo essere stati soldati per quattro anni, erario ritornati ai loro studi. Avevano appena ripreso il lavoro che già ripartivano per la guerra, questa volta in Alta Slesia.

Tuttavia

non c'era da aspettarsi gloria. Il campo di battaglia era anonimo, cioè proibito, non esisteva nei bollettini ufficiali... Erano uomini che avevano comandato Compagnie durante la Grande Guerra; qui, rientravano nei ranghi[301].

Quel 22 maggio 1921 la loro unità si ferma nel sole risplendente, al centro delle foreste di querce. Fa caldo. Gli uomini si sono svestiti. Riposano, interamente nudi, distesi sul suolo sabbioso, l'arma a portata di mano. Uno di loro veglia, accosciato dietro un fucile mitragliatore. La sonnolenza generale vince anche lui.

---

[300] F. H. Heinz, *Deutscher Aufstand*, Stuttgart 1934, p. 88.
[301] Ernst von Salomon, *Le Questionnaire*, cit., p. 156.

Improvvisamente giungono i polacchi.

Nascosti nel folto della foresta hanno formato una linea di attacco ed ora corrono attraverso un campo di grano che li separa, dai corpi distesi. Per fortuna sparano troppo presto, caricando in avanti e gridando.

Gli studenti piombano sulle armi, senza perdere tempo a vestirsi.

L'istinto del soldato, acquisito durante la guerra, si risveglia istantaneamente. Hanno imparato che chi si ripara dietro una trincea è un uomo morto. Dinanzi all'assalto, per sopravvivere bisogna attaccare.

I corpi nudi si rivestono di fucili e di cinturoni con giberne: solo di questo. Ne escono da tutte le parti. Ed è uno strano spettacolo questo balletto di corpi bianchi sotto il sole che sembra svolgersi al ritmo rabbioso delle detonazioni.

Non ve n'è nemmeno uno, di questi corpi, che non sia segnato dalle cicatrici: risaltano sui dorsi e sulle spalle, bianche, rosse o grinzose, alcune larghe come il braccio. Questi studenti sfregiati dal duello della guerra, questi universitari senza una gamba o senza un braccio, corrono verso il nemico, offrendo lo spettacolo fantastico delle loro carni e delle loro membra ferite. Uno di questi non ha avuto il tempo di rimettere la protesi alla gamba e si appoggia al calcio del suo fucile come fosse un'asta per saltare in avanti, spinto dai muscoli della gamba sana.

Malgrado le minacce del Generale Le Rond e gli ordini di prudenza del generale Höfer, i *Freikorps* continuano a ripulire il paese. Gli ufficiali britannici, vagamente complici, consigliano loro di mandare al diavolo quei *damned white niggers* ("fottuti negri bianchi"), termine poco lusinghiero sulle loro labbra e che designa istintivamente le truppe di Korfanty ed il contingente francese.

Nel Sud, il Generale von Hülsen ed il Tenente Colonnello Magnis, che nel 1919 comandava un *Freikorps* dinanzi a Monaco, effettuano dal 4 al 6 giugno una vasta operazione di accerchiamento nella regione di Cosel. Prese in un'immensa trappola di fuoco, le colonne degli insorti ricorrono alle mitragliatrici.

Invece, nella zona industriale e densa di foreste del Nord, le operazioni incontrano una resistenza accanita da parte dei polacchi che dispongono di artiglieria e di treni blindati. Il *Freikorps* Hindenburg cade in un'imboscata l'8 giugno: i quattro quinti dei suoi effettivi vengono annientati. Nella regione di Rosenberg, Rossbach tenta violentissimi contrattacchi.

Mentre gli insorti continuano a ricevere materiale e rinforzi dalla Polonia, i *Freikorps* sono totalmente privi di soccorsi. La frontiera del Reich è ermeticamente chiusa. La loro situazione diventa critica, tanto più che il 4 giugno il Generale Le Rond ha lanciato un ultimatum ingiungendo al generale Höfer di evacuare le città della zona industriale. Comincia per i *Freikorps* un'esperienza che ricorda quella degli ultimi giorni del *Baltikum.*

Disorganizzati, inseguiti, rinnegati, i nostri attraversavano le città su cui incombevano la polvere di carbone, la fame e la disperazione. Piccoli manipoli riuniti non dal caso ma dal grido della nazione, quei giovani, che il diavolo e la morte non dimenticavano: i mistici della loro patria immeschinita, povera, sporca di fuliggine, combattevano in questa zona, brillavano nel buio delle notti lacerate dai colpi, sempre pronti, sempre disposti a osare l'estremo; strisciavano, spiati dal tradimento, negli angusti canali delle strade; fra mucchi di scorie e apparati di raffreddamento, si smarrivano nei pozzi, si arrampicavano sui tetti, si ammassavano agli inizi delle strade maestre, e proteggevano, misconosciuti, disprezzati, le città, difendendole contro le schiere degli insorti che si aggiravano davanti alle porte; contro la Commissione Interalleata e contro le Divisioni di guardia francesi, contro la *Apo* polacca e contro la vigliaccheria dei cittadini pacioni, degli impiegati sleali, contro la borghesia speculatrice[302].

Dopo difficili trattative, il 20 giugno viene raggiunto un accordo fra la Commissione interalleata ed i tedeschi. Proprio in quel giorno gli insorti polacchi hanno evacuato la regione di Ratibor per ripiegare in Polonia. Con la morte nell'anima il Generale Höfer accetta di ritirare le sue truppe. Il 5 luglio la zona del plebiscito è evacuata.
Come al ritorno dal *Baltikum,* i *Freikorps* sono attesi alla frontiera del Reich non da fanfare, ma da unità della polizia incaricate di disarmarli e di disperderli. Per sfuggire a queste misure alcuni *Freikorps* resteranno clandestinamente in Slesia con la complicità della popolazione.
Il 24 novembre 1921 il ministero degli interni del Reich ordina lo scioglimento dei *Selbstschutzen*. Poco dopo un'altra ordinanza proibisce gli *Arbeitsgemeinschaften* in Slesia.
Quando ciò accade alcuni *Freikorps* si sono già dispersi da soli; altri sono ritornati nella clandestinità in cui vivevano prima del loro arrivo in Alta Slesia. Camuffati in Comunità agricole di lavoro, vegliano religiosamente sui loro depositi di armi. Il corpo *Oberland,* disperso nella regione di Neustadt, solo nel 1922 rientrerà in Baviera dove, proscritto, si trasformerà in *Oberland Bund.* Lo *Sturmabteilung Heinz,* il cui capo, Hauenstein, sfugge di mano agli assassini del *P.O.W.*, si piazza sulla riva destra dell'Oder, von Aulock trova un rifugio per i suoi uomini nel Riesengebirge, Heydebreck amministra delle concerie

---

[302] Ernst von Salomon, *I proscritti,* cit., p. 260.

per i suoi *Werwolf* negli sfruttamenti forestali di Kandrzin. Rossbach raggiunge la vecchia tana di Pomerania.

Alla fine del 1921, la Società delle Nazioni per conto della quale il Consiglio dei Dieci si è incaricato della questione, dopo interminabili dibattiti stabilisce in Alta Slesia[303] una frontiera definitiva fra la Polonia e la Germania che coincide praticamente con il fronte dei *Freikorps*, dopo la conquista dell'Annaberg e l'offensiva di Rossbach nel Nord, cioè i due terzi del territorio. Per i volontari, è una clamorosa conferma. Sono portati a pensare che senza il loro intervento la debolezza del governo, la rapacità della Polonia e la complicità degli Alleati avrebbero consacrato l'amputazione totale di quella terra tedesca.

Il regime di Weimar non avrà per loro nessuna gratitudine. E dentro di se tutti questi uomini bramano la vendetta.

---

[303] La SdN nell'ottobre 1921 attribuì i due terzi dell'Alta Slesia fra cui la ricca regione industriale di Kattowitz, alla Polonia. Nel 1939, dopo la sua vittoria sulla Polonia, il Terzo Reich prenderà possesso di tutta l'Alta Slesia. Conquistata dall'Armata rossa nel 1945, l'Alta Slesia sarà affidata all'amministrazione polacca dalla conferenza di Potsdam, sotto la riserva delle disposizioni del trattato di pace (sempre non firmato). Una parte considerevole della popolazione tedesca fuggirà dalla regione dinanzi all'avanzata dei russi. Tuttavia si ritiene che circa 700.000 tedeschi vivano ancora oggi nell'Alta Slesia sotto la dominazione polacca.

La Vehme punisce i traditori

La prima vittima è un deputato socialista della estrema sinistra (U.S.P.D,) al *Landtag* di Baviera, Gareis, nemico dichiarato dei movimenti nazionalisti. Viene ucciso il 9 giugno 1921, prima che terminino i combattimenti in Baviera.

Tre mesi dopo, la seconda vittima. Questa volta è un personaggio importante. Si tratta di Mathias Erzberger, capo del partito del Centro cattolico. Nel pomeriggio del 26 agosto 1921 Erzberger passeggia nei dintorni di Griesbach, nella Foresta Nera, insieme ad un suo amico, il deputato Diehl. Cade dolcemente una pioggia sottile. Nella bruma tiepida due figure indistinte li seguono da lontano. Si avvicinano: sono due giovani con gli occhi chiari: "È lei Mathias Erzberger?"

"Sì", risponde il ministro, sorpreso.

Saltano fuori due pistole. Erzberger fa un gesto derisorio con il suo ombrello per proteggersi, mentre il suo compagno se la svigna. Le armi fanno fuoco. Il ministro muore sul colpo. Diehl è ferito a un braccio ma riesce a fuggire.

L'assassinio di Erzberger, nota Maurice Baumont[304]

provocherà un sussulto di gioia in molti suoi compatrioti che festeggeranno come eroi i suoi giovani assassini.

Ex istitutore, deputato al Reichstag a ventotto anni, Mathias Erzberger si era imposto molto presto in seno al partito del Centro cattolico, il *Zentrum*. E certo non per il suo fascino. Personaggio volgare e mal fatto, con le gambe corte ed il volto grassoccio, non ispirava alcuna simpatia. La sua personalità irradiava una tale avidità ed una tale brutalità da fare paura. Con le sue frasi mal formate ammucchiava gli argomenti come soldati in battaglia. Nei dibattiti la sua causticità implacabile era temuta.

Certo sin dal 1917 che la Germania sarebbe stata sconfitta, si presenta come l'uomo della pace. Nel novembre 1918 guida la delegazione tedesca dinanzi alla commissione d'armistizio. È la disfatta a fare la sua fortuna: diventa capo dello *Zentrum*, vice cancelliere del Reich e ministro delle Finanze. Si fa ardente difensore del Trattato di Versailles quando gli stessi socialisti pensano di respingerlo. Ormai, l'uomo è segnato.

---

[304] Maurice Baumont, op. *cit.*, p. 38

Nel suo diario, alla data del 23 giugno 1919, Harry Kessler annota:

Unanime era la collera contro Erzberger... Ho paura che faccia la fine di Liebknecht.[305]

Nell'ottobre 1919, nell'Alta Slesia, gli uomini della brigata Ehrhardt adottano come parola d'ordine:
"Erzberger!"
"Becchino!"
Subisce un primo attentato il 26 gennaio 1920: uscendo dal Tribunale dove si era recato per un processo intentatogli dal capo nazionalista Helfferich, un ex cadetto, Olwig von Hirchfeld gli spara due colpi di pistola che lo feriscono gravemente.
Gli assassini del 2 agosto 1921 saranno meno maldestri. Sono i sottotenenti Heinrich Tillesen e Heinrich Schultz, ex volontari della brigata Ehrhardt, poi del *Freikorps Oberland,* membri dell'associazione nazionalista *Schutz und Trutz*. Riescono a sfuggire alla polizia. Le loro tracce saranno seguite in Baviera, poi in Ungheria. Rifugiatisi presso uno dei capi nazionalisti – Gömbs, futuro ministro della Guerra vengono rintracciati da una spia. Il governo dello Ammiraglio Horthy rifiuta la loro estradizione.
Il Capitano Manfred von Killinger, loro ex superiore gerarchico nella Brigata Ehrhardt, viene arrestato perché sospettato di aver procurato passaporti falsi per la fuga. Dopo nove mesi di detenzione[306] viene rilasciato per mancanza di prove. La stampa di sinistra assicura che dietro il paravento della *Bavarian Wood Product Company,* che von Killinger dirige a Monaco, si cela una potente organizzazione clandestina[307] la cui sfera di azione non si limita alla Germania. Si accusa von Killinger anche di far pervenire armi ai nazionalisti irlandesi del *Sinn Fein* in lotta contro l'Inghilterra[308].
Per la prima volta, in occasione del suo processo, si parla di una misteriosa organizzazione segreta la cui sigla insanguinata susciterà il timore o la speranza: O.C. Un documento finito nelle mani della po-

---

[305] Harry Kessler, op. cit., p. 101.
[306] Nel 1929 sarà eletto deputato nelle liste dei nazionalsocialisti al *Landtag* della Sassonia; *Gruppenführer* SA, svolgerà importanti compiti sotto il Terzo Reich. Nominato ministro del Reich in Romania, si suiciderà, al momento dell'ingresso delle truppe sovietiche a Bucarest.
[307] Gumbel, op. cit., p. 40.
[308] "*Manchester Guardian*" del 10 dicembre 1926. Killinger avrebbe ricevuto peil questa consegna 22.500 marchi oro, il 17 agosto 1921, mentre era ancora in carcere.

lizia elimina ogni dubbio sulle intenzioni dell'organizzazione. Vi sono scritte queste parole: "La *Vehme* punisce i traditori".

Il tribunale segreto della *Vehme*, il *Vehmgericht*[309], si confonde con l'eredità romantica del Medio Evo germanico. Esso compare, si pensa, in Westfalia nel XII secolo. Il Santo Impero germanico è nel caos, minato dalla politica italiana dell'Imperatore e dalle sue contese con il papato. Gli ordini imperiali restano lettera morta e le antiche corti di giustizia sono scomparse: ognuno regola i propri conti da solo se la forza glielo permette. È l'epoca del *Faustrecht*, il "diritto del pugno".

I primi tribunali della *Vehme* nascono spontaneamente per sostituire la giustizia latitante. Come la cavalleria, sono un istituto tipicamente germanico. Basano la loro esistenza sugli uomini liberi, *Freiherr* ("barone" in tedesco moderno), gli uomini che portano un'arma (ed i sigilli dei *Vehmgericht* rappresentano sempre una o due spade). Questi cavalieri si riuniscono in segreto per rendere una giustizia pronta e rude, immediatamente eseguibile, e, contrariamente alla leggenda, gli arrestati non subiscono necessariamente la morte. In seguito il termine di uomini liberi si estenderà ai borghesi delle città, che parteciperanno ai tribunali della *Vehme*. Intorno al Gran Giudice, *Stuhler*, o signore indipendente, *Freigrat*, sono altri sei giudici liberi, *Freischöffen o Wissenderen* (iniziati), nobili o scabini. I *Freischöffen* partecipano all'elaborazione del giudizio come pure alla sua esecuzione. Sono contemporaneamente giudici, poliziotti e carnefici. Mentre i tribunali risiedono esclusivamente in Westfalia, i *Freischöffen* sono sparsi in tutta la Germania e formano una confraternita tanto più temibile perché segreta.

Con il tempo la procedura si complica e presenta un apparato volutamente terrificante:

Che le mani del traditore siano legate, – si legge nel Libro del Diritto di Wigand del 1349 – i suoi occhi bendati, che egli sia gettato sul ventre, la sua lingua strappata, che una tripla corda sia attorcigliata intorno al suo collo e che egli sia appeso sette piedi più in alto di un uccello impetuoso[310].

L'esistenza dei tribunali è conosciuta, ma il loro funzionamento è segreto e senza appello. Dipendono direttamente dall'Imperatore, il quale nel XIV secolo delega i suoi poteri all'arcivescovo conte di Colonia che diventa lo *Stuhler* supremo. Nel XV secolo l'istituto decadrà per il

---

[309] Sull'origine controversa del termine, vedi Jean-Pierre Bayard, *Les Francs-Juges de la Sainte-Vehme*, Parigi 1971, p. 102-103.
[310] Citato da Albert Homberg, *Die Entstehung der Westfälischen Freigrafschaften*, Münster 1953.

diffondersi della corruzione dovuta all'acquisto delle cariche ed a causa dell'ostilità dei poteri ai quali non è sottoposto. Istituzione desiderata e stimata dal popolo, era stata ben accolta da tutte le classi della società, ad eccezione di quella dei nobili irrequieti e vendicativi[311].

La letteratura del periodo romantico, – per esempio Goethe e Heinrich von Kleist[312] – accrediterà i cliché terrificanti che oggi ornano la leggenda della *Vehme*.

Ed i giustizieri del 1922 riprenderanno proprio questa immagine impressionante: anch'essi costituiscono un tribunale segreto in cui sono sia giudici che boia; anch'essi emettono sentenze terribili. E vittime ne sono i traditori della Germania e i traditori della organizzazione. Come quelli della primitiva *Vehme*, i tribunali nascono spontaneamente, frutto di un'epoca di violenza e di passione.

La famosa O.C., l'*Organizzazione Consul*, è nata a Monaco, fondata dal Capitano Ehrhardt. Colpito da mandato di cattura il 15 maggio 1920 per aver partecipato al putsch di Kapp, Ehrhardt raggiunge la Baviera, l'unico Stato in cui il putsch abbia avuto conseguenze durevoli. Il governo costituito dal monarchico Gustav von Kahr è apertamente favorevole agli ex *Freikorps*, e per i proscritti la Baviera costituisce un porto sicuro dove sono al riparo dei tribunali del Reich.

Ehrhardt si rade la barba da lupo di mare, indossa abiti civili e si fa passare per il rappresentante di una ditta di materiale ottico. Il prefetto di polizia Pöhner gli procura un passaporto falso. Diventa il *Consul Eichwald*. Ecco perché gli ex appartenenti alla brigata si diranno membri dell'*Organisation Consul*, l'O.C.; rivelerà in seguito uno dei suoi membri, amico intimo del Capitano Ehrhardt:

Il segreto dell'*Organisation Consul* era semplicissimo. Il Trattato di Versailles aveva limitato l'esercito tedesco a 100.000 uomini; allo stesso tempo aveva formalmente proibito di ricostituire uno Stato Maggiore generale. Poiché la forma organica era stata così stupidamente distrutta, bisognava incorporare in altro modo i servizi senza i quali un esercito, seppure tanto piccolo, non può nulla. I compiti della sezione operativa potevano a rigore essere assunti dall'Alto Comando, l'organizzazione ed i trasporti erano attribuiti al ministero della *Reichswehr*. Restava la sezione informazioni militari, l'*Abwehr*, che non poteva essere collocata da nessuna parte, nessun budget era previsto per essa. Fu allora la Marina del Reich, particolarmente ben preparata per un simile compito, ad occuparsi di, questo settore. Il corpo degli ufficiali dell'ex

---

[311] J. P. Bayard, op. cit., p. 236.
[312] Soprattutto nella tragedia di Goethe *Götz von Berlichingen mit der Eisernen* e in *Käthchen von Heilbronn* di Kleist.

Marina imperiale era particolarmente omogeneo: si componeva soprattutto di uomini che conoscevano il mondo e che si erano di nuovo dispersi ai quattro venti. Si poteva contare su di essi quando si trattava di compiere un dovere patriottico, e naturalmente non percepivano alcuna retribuzione. L'O.C. era, né più né meno, un settore dell'*Abwehr* che si ricostituiva. "Quando lo seppi, – aggiunge Ernst von Salomon – *le* mie illusioni crollarono. Avevo visto nel Capitano una specie di salvatore della patria, un eroico ribelle; seppi che era un uomo in servizio comandato, una pedina nella lotta delle potenze[313].

In effetti, Ehrhardt non ha nulla del rivoluzionario. Auspica il ritorno all'ordine distrutto dalla rivoluzione di novembre. Ben presto comprende che operazioni come il putsch di Kapp non hanno alcuna possibilità di sfociare nella desiderata restaurazione. Dopo essersi violentemente scontrato con il Generale von Seekt, fa onorevole ammenda e scopre la similarità delle loro vedute. I due ufficiali si incontrano e si comprendono. Decidono che Ehrhardt sarà l'uomo dello Stato Maggiore nei gruppi nazionalisti e nei *Freikorps* clandestini; si sforzerà di raggrupparli tutti affinché siano in grado di innescare in Baviera la miccia di una restaurazione nazionale, d'accordo con il governo von Kahr.
D'altra parte l'O.C., cioè l'ex Brigata, disciolta dal Reich sarà al servizio dello Stato Maggiore per certe missioni segrete nei territori tedeschi occupati dagli Alleati e soprattutto in Romania: costituzione e sorveglianza di depositi clandestini di armi, puntuali azioni che potevano consistere anche nell'assassinio.

Questa atmosfera di attività clandestina dava un particolare slancio alle diverse imprese, ma superava il limite fra ciò che era veramente voluto e ordinato e ciò che poteva risultare da una iniziativa individuale[314].

In parole povere, questo significa che Ehrhardt era spesso superato dalle iniziative dei suoi uomini.
È in Alta Slesia che si stabilisce il contatto, automaticamente, fra gli attivisti dispersisi altre volte. Qui si ritrovano gli adepti della nuova *Vehme*. Coinvolti in tutte le lotte del dopoguerra, braccati da un regime che deve ad essi la sua esistenza, rinnegati dai ceti medi che vedono in essi dei "bolscevichi di destra" tanto pericolosi quanto quelli di sinistra, sono terribilmente soli. Agiranno dunque per loro conto, senza ordine, senza Stato Maggiore, spinti dal desiderio di vendetta.

---

[313] Cfr. Ernst von Salomon, *Le Questionnaire,* Ed. Gallimard, 1953, p. 321
[314] Ernst von Salomon, *Le Questionnaire,* cit. p. 317

Essi si sentirono stretti da un legame più solido dei giuramenti di fedeltà e degli statuti delle società, avvinti dal ritmo identico che pulsava nelle loro vene[315].

La loro arma sarà il terrore, la provocazione, la punizione. Sono maturi per il terrorismo, ultima risorsa dei movimenti di radicale contestazione.

Al ritorno dall'Alta Slesia danno il grasso ai fucili, nascondono granate e pistole e riprendono il lugubre cammino dell'ufficio, dell'officina e dell'università. Disseminati su tutto il Reich, presenti in tutte le professioni, membri di tutte le associazioni nazionaliste, si passano le notizie, forniscono informazioni, ospitano gli agenti in missione, procurano materiale. Un solo pensiero li anima e dà loro la forza di continuare:

La *Vehme* punisce i traditori.

Immersi nella folla degli esseri anonimi e degli appetiti mediocri, non si lasciano divorare. Estranei ai sogni della massa, "portano con sé un'atmosfera fremente di inquietudine".

Si acuiva in loro la coscienza che riconoscere le leggi di uno stato significa riconoscere lo stato stesso. Li aveva a un tratto illuminati l'intuizione che una volontà nuova esigesse leggi nuove, formulate nei cervelli in continuo fermento dei combattenti solitari, leggi che davano una spaventosa responsabilità, sopportabile solo da chi era allenato al sacrificio pieno. Questi uomini si spingevano fino all'inesorabile conclusione che non basta, per sacrificarsi, dar la vita, ma che bisogna dare anche ciò che è più alto della vita stessa, l'onore e la coscienza. [...] Così agivano, uomini dinamici in un'epoca dinamica...[316]

Quanti erano? Un pugno. Rossbach e Heines nel Meclemburgo; Paul Schultz con la *Reichswehr Nera* a Küstrin; Hauenstein e Schlageter nella Ruhr, i fratelli Tillesen, Manfred von Killinger, i sottotenenti Kern e Fischer; Heinz, Plaas e qualche altro, sparsi per il Reich. Annota in questo periodo il conte Kessler nel suo diario[317]:

Perché l'assassinio politico sia efficace come un segnale perché risplenda di immensa luce sul mondo politico, è necessario che spicchi su un fondo etico di rigida morale.

.

---

[315] Ernst von Salomon, *I proscritti,* cit., p. 273
[316] Ernst von Salomon, *I proscritti,* cit., pp. 273-274.
[317] H. Kessler, op. cit., p. 138.

La nuova *Vehme* la imporrà nelle proprie file, implacabilmente[318]. Dinanzi ai tribunali, dove molti di loro saranno trascinati, rivendicheranno fieramente le azioni compiute trasformandosi in accusatori, come testimonia la replica di uno di loro, August Blum[319]:

> Lei, signor Avvocato generale, afferma che è dimostrato senza ombra di dubbio che ho commesso un assassinio. Lei chiede la mia testa in nome della Giustizia, la Giustizia dello Stato in nome del quale lei parla. Ma questo Stato non è il mio Stato e la sua Giustizia non è la mia Giustizia. Quell'uomo – la mia vittima – di cui lei ha tanto vantato l'umanità e per l'assassinio del quale ha chiesto con tanta eloquenza il castigo, quella vittima era un volgare traditore. Meritava la morte. Non ho alcun timore a pronunciare le parole che la impressionano: sì, ho ucciso! Lei, signor Avvocato generale, ed i suoi figli ed ogni tedesco dovreste baciare le nostre mani invece di perseguirci per assassinio. Lei tratta me ed i miei camerati come comuni assassini, come criminali. Ma io le dico che se c'è un colpevole, questo sono io ed io solo, perché io ho dato l'ordine di uccidere, chiaramente e senza possibilità di errore. Ordine, truppe, soldati, leggi della guerra! Noi siamo dei soldati, non dei criminali! Lei avrebbe dovuto partecipare a tutti i combattimenti di frontiera, all'est e all'ovest. Se l'avesse fatto, non sarebbe ora qui a profferire delle scipitaggini melodrammatiche. Non parlerebbe di "liberare il popolo da pericolosi avventurieri", non parlerebbe di "banditi senza princìpi". Lei non può imporsi a noi con il verdetto del suo cuore. Noi siamo giovani. Abbiamo sofferto molto e siamo pronti a soffrire ancora molto di più. Siamo solo una parte di quella gioventù che è già penetrata del nostro spirito e che sa che verrà il momento in cui distruggeremo lo Stato, il suo Stato, signor Avvocato generale![320]

Il finanziamento delle operazioni è assicurato dal "sistema D". D'altronde si è già visto come procedeva Rossbach. Un ingegnoso mezzo è messo a punto da von Salomon, assunto all'ufficio cambio

---

[318] Ne *I proscritti* Ernst von Salomon ha fatto il racconto allucinante dell'esecuzione di un traditore, alla quale egli stesso aveva partecipato. Il "condannato" se la cavò, comunque, con qualche ferita.

[319] Cfr. K a m p f, *Lebensdokumente deutscher Jugend von 1914-1934*, Leipzig 1934.

[320] Si ignora il numero delle esecuzioni eseguite da questi tribunali della nuova *Vehme*. L'unica fonte conosciuta è sospetta. Si tratta dell'opera di E. J. Gumbel, tradotta in francese con il titolo *Les grands crimes politiques en Allemagne 1919-1929*, Gallimard 1931. L'autore non nasconde il suo partito preso. Per lui, gli assassini sono condannabili o scusabili a seconda ch'essi siano stati commessi dall'estrema destra o dall'estrema sinistra. Questo sommario manicheismo lo porta a valutare in 354 le vittime della *Vehme* nel periodo considerato. Ma si basa su testimonianze partigiane o tendenziose. Procede per amalgama fra fatti e situazioni senza alcun rapporto fra loro. Per esempio, imputa ai *Freikorps* clandestini il tentativo di assassinare von Seeckt compiuto invece dal *T-Apparat* del *K.P.D.*, l'organizzazione terroristica del partito comunista. Vedere a questo proposito Margarete Buber-Neumann, *La Révolution mondiale*, Ed. Casterman, 1971

della stazione di Francoforte sul Meno: approfittando dell'inflazione galoppante e del mutare continuo dei corsi, intasca da viaggiatori stranieri, in cambio di marchi freddamente sottostimati, divise forti come dollari, franchi svizzeri, lire, sterline. Poiché il titolare dell'ufficio ha ordinato di suddividere le operazioni per evitare le tasse che colpiscono le grosse somme, egli registra tante piccole operazioni che evitano ogni controllo. La differenza fra il corso ufficiale e quello che di propria iniziativa egli applica permette di alimentare le casse della rete diretta dal Sottotenente di Vascello Erwin Kern.

Von Salomon e Kern si sono conosciuti il 7 aprile 1920, il giorno dopo l'ingresso delle truppe francesi a Francoforte sul Meno. La truppa è accampata sulla Schillerplatz. Tiratori senegalesi e Cacciatori a piedi hanno formato dei gruppi. Gli uomini si trascinano dietro le loro mani. Dinanzi a loro, accanto all'ingresso ai W.C. sotterranei riservati alle signore, un giovanissimo ufficiale francese con il suo frustino si diverte a far scendere i passanti che si dirigono verso la fermata del tram. Affetta una insolente galanteria nei confronti delle donne e delle ragazze. Questo gioco sembra divertirlo molto[321].

Un giovanotto si fa avanti: ha il volto liscio di collegiale ed occhi grandi e foschi. Cammina con sicurezza, ignorando la presenza dell'ufficiale francese e non cercando di passare alla larga da lui, come fanno gli altri. Quando gli è davanti, l'ufficiale grida qualche cosa. L'altro continua con indifferenza. Allora l'ufficiale diventa rosso. Si slancia dietro il giovane e lo frusta sulla schiena.

Il giovane si volta bruscamente: strappa il frustino dalle mani dell'ufficiale e lo sferza; poi spezza il frustino e lo getta ai piedi del francese. La folla grida.

L'ufficiale vacilla e porta la mano alla guancia segnata. Con una bestemmia si lancia sul giovane che resta fermo, le gambe larghe e un po' piegate. Quando l'ufficiale piomba su di lui, egli fa con tutto il corpo muscoloso un movimento improvviso: l'ufficialetto si ritrova sospeso per aria, orizzontalmente fra le forti braccia del tedesco che lo porta tre passi più avanti e lo getta per le scale dei W.C. per signore. Poi il giovane si aggiusta la giacca e la cravatta e passa fra un gruppo di ufficiali francesi che fanno ala, sorpresi.

Un grido sale dalla folla. All'improvviso tutti si mettono a correre verso il centro della piazza sommergendo i soldati. Alcuni colpi vengono esplosi dalla parte dell'ex *Hauptwache* (corpo di guardia) trasformato in caffè. La folla si disperde, inseguita dai soldati.

---

[321] Questa scena è descritta da Ernst von Salomon ne *I proscritti*, cit., e ne *L'Illustration* del 17 aprile 1920.

Ernst von Salomon, spettatore ammirato della scena, si nasconde sotto l'androne di un palazzo seguito da un altro fuggiasco. Voltandosi, von Salomon riconosce il giovane di poco prima.
"È formidabile quello che ha fatto!"
"Vuole aiutarmi?"
Gli tende la mano:
"Mi chiamo Erwin Kern".
Nei due anni che seguono il giovane dagli occhi foschi, ex alfiere di vascello e membro della Brigata Ehrhardt, diventerà uno dei primi attivisti della Germania. È a lui che si ricorre: per far passare armi ai gruppi del Sud Tirolo, per organizzare attentati ad Amburgo, per far evadere il Sottotenente Dithmar, imprigionato dai francesi come "criminale di guerra". Ben presto i rapporti di polizia rigurgitano di accuse contro un ex ufficiale di marina il cui nome comincia con la lettera K.
Kern possiede l'arte della provocazione, sfumata da scrupoli morali. Per accentuare la psicosi della *Vehme* redige degli pseudo-statuti un po' deliranti, firmati O.C., e li abbandona in evidenza presso un antico rifugio, fra armi fuori uso. La polizia e la stampa cadono nella trappola e la voce di un temibile complotto prende corpo.[322]
Organizzatore di un attentato fallito contro l'ex ministro socialista Scheidemann, quello stesso che aveva proclamato la Repubblica il 9 novembre 1918, Kern è il primo a riconoscere il coraggio del vecchio politicante nel corso di questa operazione mal condotta.
Von Salomon avrà grosse difficoltà a fargli accettare il denaro proveniente dalle sue truffe effettuate per finanziare la rivoluzione, poiché Kern teme tali sistemi possano corrompere coloro che li usano.

Sempre con tre nuovi piani almeno in testa e uno in tasca pronto per l'esecuzione, sempre in viaggio, sempre portando con sé un vento fresco, egli bruciava intanto di un fuoco interno le cui fiamme non sopportavano vicino nessuna forma di pigrizia[323].

Le lunghe conversazioni che ha con i camerati che gli sono più vicini, Fischer, Plaas, Heinz e von Salomon, rivelano insieme lo studente idealista ed il teorico implacabile della violenza.
La conferenza di Ginevra sta per terminare. Sono i primi giorni del giugno 1922. Per la prima volta si sono riuniti i rappresentanti dell'Intesa, quelli della Russia sovietica e della Germania, questi ulti-

---

[322] Alcuni storici vi credettero, come Robert Waite che lo cita ampiamente come un autentico documento.
[323] Ernst von Salomon, *I proscritti, cit.*, pp. 275-276.

mi guidati dal ministro degli Affari Esteri Walther Rathenau. La firma degli accordi di Rapallo fra il sovietico Cicerin ed il tedesco Rathenau è il primo atto libero che la Germania si permetta dal 1918.
In una camera di Berlino dove sono riuniti Kern, Fischer e von Salomon, la notte è trascorsa agendo come una droga sull'animo dei tre giovani. Con la sua complicità sono state pronunciate quelle parole che alla luce del giorno si trattengono per pudore e per riservatezza. Ernst von Salomon ha diciannove anni. Ha partecipato a quasi tutti i grandi combattimenti del dopoguerra, dal *Baltikum* all'Alta Slesia, dalla repressione berlinese al putsch di Kapp. Erwin Kern ha cinque anni più di lui, ed ha conosciuto la guerra[324].
"Mai mi è accaduto di provare, come in queste giornate, l'attesa dolorosa di un vasto rivolgimento. Ho la sensazione che tutto lo sforzo del nostro tempo sia proteso verso questo scopo. Se si decide qualcosa, noi che faremo?"
Queste parole sono salite alle labbra del cadetto, sgranate a fatica, come il riflesso di un pensiero che si cerca.
"Non possono esservi cambiamenti essenziali al di fuori delle forze di cui noi siamo espressione. Non può accadere né noi lo tollereremmo", risponde Kern.
"Che cos'è che ci dà diritto ad una tale fede, ad una simile audacia? Noi che non possediamo altra forza se non quella della nostra volontà, noi che non sappiamo che uccidere e distruggere, che non conosciamo altra scienza se non quella della congiura, che non abbiamo altra esperienza oltre quella dei nostri fallimenti, noi che siamo perseguitati e che perseguitiamo, che odiamo e siamo odiati, noi che nessuno riconosce e che siamo talvolta disgustati dalle nostre azioni, saremmo noi veramente degli eletti?"
"Cos'è che ci dà la fede malgrado tutto? La nostra stessa attività, l'essere in grado di svolgere questa attività. Uomini come noi che vincono battaglie senza gloria, che si sono battuti nelle disfatte senza esserne toccati, uomini così sono sempre l'emanazione del Futuro. Io non posso credere che una forza muoia prima di essersi esaurita".
Tacciono. Von Salomon accende una lampada gialla che disegna fantastiche ombre al di sopra di una cassa di granate.
"Perché siamo diversi? Perché esistono uomini come noi, tedeschi come noi, estranei al gregge, alla massa degli altri tedeschi? Usiamo le stesse parole e tuttavia non parliamo la stessa lingua. Quando ci chie-

---

[324] Questo dialogo è ricostruito in base a quanto si narra ne *I proscritti* (da pag. 305 a pag. 315 dell'edizione italiana citata) ed alle osservazioni fatte da von Salomon all'autore.

dono: 'Che cosa volete?', non possiamo rispondere. È una domanda senza senso per noi. E se tentiamo di dare una risposta, non ci comprendono. Quando quelli che ci stanno di fronte dicono 'interesse', noi rispondiamo 'purificazione'".
Dopo un istante, Kern concorda:
"Esiste una tirannia alla quale noi non potremo mai sottometterci: quella delle leggi economiche. È completamente estranea alla nostra natura. Ci è insopportabile perché è quella di un rango troppo inferiore. Quello del ragionamento materialistico. Quello dove bisogna scegliere senza esigere delle prove. Il senso della gerarchia dei valori o lo si possiede o non lo si possiede. E con chi nega questa gerarchia ogni discussione è impossibile".
"Quelli che oggi, in Germania, parlano di riconciliazione, di riparazione, di giustizia internazionale, di coscienza universale, credono ai benefici della tirannia economica".
"E noi, noi crediamo che degli avversari non possano avere stima l'uno per l'altro se non sono coscienti del rispettivo valore, se non sono consapevoli di ciò che li distingue e li oppone".
"È questo che rende irriducibile il nostro disaccordo".
"Ciò che rende irriducibile la nostra opposizione", riprende Kern, "è che quelli là vogliono fare una Germania ad immagine delle democrazie occidentali mentre noi vogliamo una Germania definitivamente libera dall'Occidente. Noi non invochiamo il Diritto, non invochiamo la Giustizia. Noi non ci appelliamo alla coscienza dell'universo. Noi riteniamo che un popolo debba realizzarsi fino al limite delia sua forza e non debba rinunciare impunemente alla pretesa di dominare fin dove riesce ad estendersi".
"Gli unici a farlo, oggi, sono i russi. Dicono "rivoluzione mondiale" e significa espansione russa. Tuttavia, anch'essi sono ammalati di spirito occidentale di marxismo e liberalismo, le due schifose facce della tirannia economica".
"Sì, vecchio mio, ma in Russia le influenze straniere non hanno le conseguenze che hanno qui. I tedeschi hanno sempre lottato per raggiugere una concezione del mondo specificamente germanica. I russi conoscono solo la lotta fra concezioni diverse straniere. Ma loro se ne fregano. Assimilano, digeriscono, trasformano tutto. Russificano, ecco il termine esatto. Il vangelo della rivoluzione mondiale è diventato quello di un nuovo fanatismo russo. E come è efficace! Hanno sbarazzato i loro territori degli eserciti stranieri. Hanno invaso la Polonia. Costruiscono una nazione e la loro idea si irradia sul mondo".
"Diventiamo comunisti!", sbotta von Salomon.
"Per far questo bisognerebbe essere russi. Ma unirsi ai comunisti tede-

schi significa condannarsi al fallimento. I comunisti tedeschi sono dei fanatici russi. Essi non possono vincere. Farebbero ciò che hanno fatto i russi: adatterebbero la teoria alla nazione. E questo i russi non lo permetterebbero ed i comunisti tedeschi, che rifiutano la loro nazione, non lo vorrebbero".
"Allora, che fare? Non possiamo metterci ai margini del mondo! Non possiamo attendere all'infinito l'avvenimento che ignoriamo!"
"Nevrosi da attivismo".
"Piantala! Quello che facciamo ora non mi basta".
"È vero. Napoleone era generale a venticinque anni".
"Piantala con le tue buffonate. Se lo sai, dimmi in che modo possiamo afferrare il mantello di Dio se ci passa accanto".
Kem lo guarda ed il suo volto sembra d'improvviso scavarsi.
"Ciò che ribolle in noi fermenta anche altrove. Il Reich si distende, aperto come un campo arato. È pronto ad accogliere qualsiasi seme. Ma il solo grano a cui noi permetteremo di germinare dovrà essere il frutto dei nostri sogni. Se ora non rischiamo il tutto per tutto, forse per secoli sarà troppo tardi. Noi non sopportiamo i pesi dei piani e dei sistemi. Noi siamo pura azione, con tutta la brutalità della forza primitiva. Per questo dovremo essere noi a fare il primo passo, ad aprire la prima breccia. Dovremo sparire dopo aver compiuto il nostro compito. Noi non siamo destinati a governare, ma a dare l'impulso".
Le sue parole sono cadute nel silenzio. Kern prosegue, in piedi.
"Ciò che abbiamo fatto fino a questo momento ha avuto un effetto stimolante, ma non basta. Colpo su colpo, tutti i principali rappresentanti di una politica che bisogna abolire ad ogni costo sono caduti, ma noi abbiamo colpito le membra, non la testa, non il cuore".
Nuovo silenzio. Poi, sordamente:
"Ho intenzione di uccidere l'uomo che supera tutti quelli che stanno intorno a lui".
"Rathenau?" mormora von Salomon, con voce sorda.
"Rathenau", ripete Kern. "Il sangue di quell'uomo deve separare irriducibilmente ciò che deve essere separato per sempre".

Sul campo d'azione più democratico e più impersonale possibile, dove il pubblico sovrano, riunito in assemblee di azionisti, decide a norma di statuto nomine e sospensioni di salario, nel corso di una generazione si è formata una oligarchia chiusa come quella dell'antica Venezia. Trecento uomini, che si conoscono tutti, dirigono i destini economici del mondo e cercano dei successori nel loro entourage.

Walther Rathenau scrive queste righe nel 1909 con orgogliosa esultanza[325]. A trentacinque anni, egli è divenuto uno dei trecento: è presente nel consiglio di amministrazione di 84 grandi imprese e dirige la più potente fra queste, l'A.E.G., che ha ereditato da suo padre e che eroga l'elettricità in Germania, in Inghilterra, in Svizzera, in Spagna in Italia, nell'America del Sud e in Russia

Tuttavia nella Germania imperiale quest'uomo potente è un cittadino di seconda classe. È ebreo ed invisibili barriere lo mantengono ai margini di una società che egli invidia e disprezza insieme. Eppure, avrebbe potuto abbattere queste barriere: abiurando. Rifiutò l'abiura non per convinzione religiosa – se ne era liberato – ma per dignità.

Questa ascendenza, questo particolarismo nel quale si chiude con orgoglio, suscita in lui un drammatico dualismo. Ostile alla guerra, dirigerà l'Ufficio delle materie prime e diventerà il dittatore dell'economia tedesca durante il conflitto: organizza il lavoro obbligatorio, deporta lavoratori belgi verso le fabbriche tedesche. Senza di lui la Germania non avrebbe potuto combattere.

E lui, che non nasconde il suo disprezzo per gli Hohenzollern e l'antica aristocrazia tedesca, lui abita nel castello della regina Luisa.

Questo pacifista considera l'armistizio del novembre 1918 come "la più catastrofica bestialità dei tempi moderni" e preconizza: la levata in massa che lo Stato Maggiore ritiene impossibile.

Dopo essersi levato contro il Trattato di Versailles, diventa il campione della sua leale applicazione; nel 1921 accetta il ministero dei Danni di Guerra nel gabinetto Wirth e firma con la Francia un accordo di versamenti in natura.

Questo capitalista si sente attirato dal comunismo nel quale vede l'avvenire, la fine delle patrie, l'avvento di un mondo razionale, fondato su scelte economiche.

Quest'uomo che affetta una grande sicurezza di sé è un

temperamento malinconico, ossessionato sin dall'infanzia dal presentimento della fatalità[326].

Perché quest'uomo ricco e potente è soffocato dall'angoscia. Per fronteggiare questa debolezza intima egli giunge ad architettare una teoria secondo la quale il coraggio e la paura sono i due princìpi fondamentali che si oppongono nell'essere umano. Spingendo più lontano il suo pensiero, afferma che questi princìpi sono distintamente incarnati dal-

---

[325] Articolo pubblicato nel "*Neue Freie Presse*" del Natale 1909, citato da *L'Illustration* del 22 aprile 1933.
[326] Benoist-Méchin, op. cit., tomo II, p. 212.

le due razze-simboli che si affrontano nella storia, scrive il suo ex collaboratore, il conte Kessler

Qualunque credito, si conceda a questo mito di una razza della paura, bruna ed intellettuale, in opposizione ad una razza bionda dominatrice, valorosa e senza intelletto, il fatto che Rathenau creda a questo mito e ne faccia il punto di partenza della sua filosofia assume il valore di una confessione.

Grazie a questa teoria, si vendica e lascia parlare il suo risentimento:

Quando mai un uomo biondo, figlio degli dèi del nord, ha fatto qualche cosa di grande nel campo del pensiero e dell'arte?

chiede Rathenau formulando implicitamente una risposta poco convincente. Ma, contemporaneamente, questo "figlio di una razza bruna schiava e timorosa" prova una torbida attrazione per i giovani signori di quella "razza bionda e coraggiosa" fra i quali verranno reclutati i suoi assassini.
Da quando ha preso la sua decisione, Kern è cambiato. Lui, sempre attivo e gaio, diviene pensoso. Non che abbia il presentimento della sua fine prossima, ma l'ampiezza dell'atto e le conseguenze di esso lo colmano di gravità. Sa di assumersi una incalcolabile responsabilità dinanzi alla Storia. Sa che l'atto richiede la sua stessa distruzione, ma soprattutto lo espone ad essere incompreso. Le sue ragioni sono troppo alte. Alcuni istanti prima degassassimo, Ernst von Salomon gli chiede: "Se riescono a prenderci, quali motivi dovremo dare?"
Con una gaiezza simulata Kern risponde:
"Se vi prendono, gettate tranquillamente tutta la responsabilità su di me. È logico. A nessun prezzo dovete dire la verità. Dite una cosa qualsiasi, non ha importanza. Dite qualcosa che la gente è abituata a leggere sui giornali del mattino. Se volete, dite che Rathenau era uno dei Savi di Sion o che ha fatto sposare sua sorella a Radek; insomma, un'idiozia qualsiasi. Dite tutto quello che volete, ma ditelo nel modo più piatto; solo così potranno comprendervi. Il motivo che ci ha spinti non lo comprenderanno mai"[327].

---

[327] Cfr. Ernst von Salomon, op. cit., p. 250. La spiegazione data comunemente dai contemporanei ed anche dagli storici è l'antisemitismo degli autori dell'omicidio. A questo proposito viene ricordata una canzone dei *Selbstschutzen* dell'Alta Slesia: *Uccidiamo Walther Rathenau il maledetto, l'ignobile ebreo*.
È certo che l'antisemitismo fu uno dei denominatori comuni del movimento nazionalista e dei *Freikorps*. Tuttavia, nulla lascia supporre che sia intervenuto chiaramente nel movente di Kern e dei suoi camerati. Ernst von Salomon lo ha chiaramente spiegato in *Le Questionnaire* (pp. 108-109) ed ha fermamente insistito con l'autore su que-

La vigilia dell'attentato i congiurati trascorrono la serata insieme a Berlino. È una veglia d'armi. Erwin Kern, con la forza della riflessione e della volontà, è pervenuto ad uno stato di grande distacco. Ha trasmesso questo suo stato d'animo a Herman Fischer, ex ufficiale, divenuto ingegnere e responsabile dell'O.C. per la Sassonia, che porta nel volto la determinazione noncurante della generazione del fronte. Kern è un intellettuale spinto ad agire dalla forza dei suoi sentimenti e delle sue riflessioni. Fischer è prima di tutto un uomo d'azione.
Il terzo uomo, Werner Techow, ventun anni, già appartenente alla Compagnia d'assalto della Brigata Ehrhardt, è uno dei membri dell'O.C. di Berlino. Nipote di un eroe del 1848, appartiene ad una famiglia di magistrati berlinesi. Solo lui mostra un certo nervosismo. Il suo ruolo nell'attentato sarà essenziale, poiché egli guiderà la potente automobile fornita da un industriale di Freiberg, nella Sassonia, Johann Küchenmeister, membro dello *Schutz und Trutzbund*.
La pistola automatica *Mauser* fornita da Christian Ilseman, segretario della sezione dello *Schutz und Trutzbund* di Schwerin, è stata provata alcuni giorni prima in modo soddisfacente. Sarà Kern ad usarla, mentre Fischer completerà il lavoro con le bombe a mano.
L'*équipe* è ben rodata: da tre settimane Kern ha imposto ai due camerati una vita rigorosamente comunitaria. Si sono preparati come per un rito religioso.
Sabato 24 giugno 1922. Diario del conte Harry Kessler:

Alle 11.30 Guseck entra nel mio ufficio e dice che Ossietzky ha telefonato in quel momento per dire che Rathenau è stato assassinato. La notizia mi ha scioccato. Il Reichstag deve essere sciolto immediatamente, bisogna finalmente regolare i conti con gli assassini della destra... Con questo assassinio inizia un nuovo periodo della storia tedesca[328].

Racconto di un testimone oculare dell'attentato, il muratore Krischbin, pubblicato dal "*Vossische Zeitung*"[329]:

Verso le 10.45 due auto discendono la Königsalles, provenienti dalla direzione di Hundekehle. Nella prima, che teneva il centro della carreggiata e procedeva ad andatura meno sostenuta, vi era un signore seduto sul sedile posteriore. Lo si vedeva molto distintamente, perché la vettura era interamente sco-

---

sto punto. Si deve rilevare che il suo libro *I proscritti*, scritto in piena ascesa del nazionalsocialismo (1929-1930), non contiene una sola riga antisemita né disprezzo per Rathenau. Abbondano, invece, i rilievi che presentano questi come un personaggio superiore e talvolta perfino simpatico.
[328] Conte Kessler, op. cit., pp. 160-162.
[329] Riportato da *L'Illustration* del 22 aprile 1933.

perta, senza capote. Nella seconda vettura, una grossa torpedo a sei posti, grigio scuro, anch'essa scoperta, vi erano due signori in giacca di cuoio e berretti intonati che lasciavano appena vedere il loro volto.
Erano ambedue senza barba e senza occhiali da auto. La Königsalles a Grunewald è una strada molto frequentata dalle auto e non si notano tutte quelle che passano. Noi abbiamo notato questa grossa vettura perché le belle giacche di cuoio degli occupanti ci avevano colpito. La grossa vettura raggiunse la più piccola che aveva rallentato, quasi sui binari del tram, per prendere la doppia curva sulla destra, e la spinse violentemente verso il lato sinistro della strada, dove eravamo noi. Quando la grossa vettura fu a circa una mezza lunghezza dinanzi all'altra, e poiché l'occupante di quest'ultima guardava verso destra se c'era pericolo di collisione, uno dei signori con le belle giacche di cuoio si sporse in avanti, trasse una lunga pistola di cui mise il calcio sotto l'ascella[330], e la puntò sul signore seduto nell'altra vettura non ebbe alcun bisogno di mirare, tanto gli era vicino. Io lo vedevo – diciamo così – negli occhi: aveva un aspetto sano e aperto il tipo di ufficiale, come diciamo noi, ero seminascosto, perché il colpo avrebbe potuto raggiungerci. Le detonazioni si susseguirono rapidamente, come quelle di una mitragliatrice. Quando l'uomo che sparava ebbe finito, il secondo si alzò tenendo in mano qualcosa – era una granata "limone" – e la lanciò dentro l'altra vettura. Il signore, colpito al fianco, era già crollato sul sedile. In quel momento l'autista si fermò giusto all'angolo della Erdenerstrasse e gridò: "Aiuto! aiuto!". La grossa vettura partì subito a tutto gas e filò in Wallotstrasse. L'auto con il ferito era ferma al bordo della strada. In quello stesso momento vi fu un'esplosione: la granata era scoppiata., Il signore accasciato sul sedile fece un volo ed anche l'auto fece un piccolo balzo. Accorremmo subito tutti e trovammo sulla strada nove pallottole ed il tappo della granata. Dalla carrozzeria erano saltati pezzi di legno. L'autista rimise in moto, una ragazza salì sulla vettura e sostenne il signore inanimato e forse già morto, e la vettura riprese a tutta velocità la Königssallee, nella direzione da cui era venuta, verso il posto di polizia che è circa 30 metri più lontano, dal lato di Hundekehle.

La ragazza che era saltata sull'auto con tanto sangue freddo era un'infermiera. Helen Kaiser. Al processo dichiarerà: "Rathenau, che sanguinava abbondantemente, era ancora vivo e mi guardò. Ma sembrava già senza conoscenza". L'autista condusse il moribondo direttamente dal posto di polizia alla sua abitazione: qui fu trasportato nello studio e disteso sul pavimento. Quando un domestico si avvicinò per aiutarlo a distendersi, Rathenau aprì ancora gli occhi. Ma il medico, giunto subito dopo, poté solo constatarne la morte. Cinque pallottole erano penetrate nel corpo, la colonna vertebrale e la mascella inferiore erano spezzate.

---

[330] La pistola *Mauser 96* era dotata di una fondina in legno che poteva essere fissata all'arma quale calciolo.

Racconterà il conte Kessler:

Il giorno dopo lo vedemmo allo stesso posto, nella bara aperta, la testa leggermente inclinata verso destra, con un'espressione molto calma e tuttavia qualche cosa di indicibilmente tragico nel volto tanto devastato, ferito, morto. Sulla parte lacerata del volto era stato posto un fazzoletto che ne copriva tutta la parte inferiore fino alla corta barba grigia.
Quando i giornalai gridarono con voce eccitata la notizia per le piazze – scrive von Salomon – quando per qualche secondo il tumulto delle strade morì per risorgere di nuovo con ritmo alterato, sembrò che l'eco di quei colpi lontani incombesse minacciosa su tutte le teste. [...] E siccome tutti gli uomini che popolavano quel giorno soggiacquero improvvisamente alla stessa forza misteriosa, ebbero gli stessi pensieri, gli stessi timori e cercarono con la stessa fretta palpitante di sfuggire alla confusione, sulle masse covò, preannunziatore del panico, il vapore balenante che fa urlare il sangue, solo che una parola, un tono più alto spezzino la tensione.

Nei giorni seguenti la folla invade le strade: muraglie umane dominate dalle bandiere rosse della Rivoluzione e nere-rosso-oro della Repubblica. Mai in Germania vi è stata una manifestazione simile. Più di un milione di uomini sfilano per Berlino il giorno dei funerali di Rathenau, mentre il lavoro si ferma in tutto il Reich. L'atmosfera è piena del rombo della collera. La repressione si abbatte sui movimenti nazionalisti. Il Reichstag vota – nel caos – una legge per la difesa della Repubblica dopo che il cancelliere Wirth ha proclamato nel suo discorso: "Il nemico è a destra".
Al momento delle manifestazioni di Berlino, Kern e Fischer sono ancora in città e si mescolano alla folla che chiede la loro testa. Techow si è nascosto presso uno zio che, più tardi, lo consegnerà alla polizia.
A 100 metri dal luogo dell'attentato, la loro vettura è andata in panne: non funziona la pompa dell'olio. Techow apre il cofano ed i tre uomini cercano il guasto. In quel momento sbucano all'angolo della via alcune auto della polizia: vedono la vettura posteggiata tranquillamente lungo il marciapiede e passano a tutto gas, senza prestarvi attenzione.

Kern e Fischer avevano seguito la loro via oscura. Attraversarono il mondo che era adesso sconsacrato per loro, e portando con serietà mortale il segno di Caino furono inghiottiti dalle ombre che il loro stesso gesto proiettava[331].

Un canotto a motore deve raccoglierli, nei pressi di Warnemünde, e condurli in alto mare fino ad uno yacht; devono essere sbarcati in Svezia, dove gli ex *Freikorps* contano sicure amicizie. Sviati dal succedersi degli avvenimenti e dalle difficoltà del viaggio, sbagliano il

---

[331] Ernst von Salomon, op. cit., p. 329.

giorno dell'appuntamento: quando non vedono il canotto nel luogo fissato credono di essere stati abbandonati.

Cominciano a vagare come bestie selvagge, nascondendosi in case abbandonate, camminando la notte, nascosti il giorno nei fossati. I camerati lanciati alla ricerca per aiutarli non riescono a trovare le loro tracce. Finalmente raggiungono il castello di Saaleck, nei pressi di Bad Kösen, di proprietà dello scrittore Hans Wilhelm Stein, dove qualche mese prima avevano nascosto il Sottotenente Dithmar dopo l'evasione dal carcere di Naumburg.

Una pace immensa entra in loro. Sentono di arrivare alla fine del loro cammino personale, in questo *Burg* di granito che domina la vallata della Saale, nel silenzio tutto risonante di mormorii di acque e di foglie.

Il governo ha promesso un milione di marchi per la loro cattura. Il 17 luglio 1922 la polizia riceve una denuncia.

Due poliziotti di Halle sono inviati sul luogo per verificare l'informazione. Quando entrano in una delle due torri, si trovano davanti la pistola di Kern.

"Non sparate!", balbetta uno dei poliziotti. "Ho famiglia!".

Kern abbassa l'arma e grida: "Scappa, miserabile!".

Qualche ora dopo, il castello è accerchiato da una Compagnia di *Schupos* armati di mitragliatrici. I due uomini non hanno tentato di fuggire. Per il loro ultimo incontro con la grande ombra dei campi di battaglia, hanno scelto questo scenario bello e selvaggio.

Si è levato il vento: furiosi turbini sferzano le vecchie mura della torre. Banchi di nubi passano sopra le montagne. Le raffiche trascinano rami e foglie. Un alone fosco circonda il castello che si leva come uno spettro.

Malgrado la tempesta, la folla si ammassa nella vallata e sulle colline che portano a Saalbeck: avida, non vuole perdere nulla della caccia bestiale.

I poliziotti si appostano nella seconda torre. Si vedono apparire i due volti giovani e biondi. Il vento porta lembi di parole: "Viviamo e moriamo per le nostre idee. Altri verranno dopo di noi!".

Gli *Schupos*, che nessuno minaccia, aprono il fuoco. Erwin Kern è raggiunto alla tempia da un colpo sparato da quel poliziotto al quale il mattino stesso egli aveva risparmiato la vita. Herman Fischer lo porta sul letto e gli chiude gli occhi. Poi si distende sull'altro, appoggia la canna della pistola alla propria tempia: quella dove Kern è stato colpito[332]. La detonazione rimbomberà fino alla vallata.

---

[332] Cfr. il rapporto dei poliziotti citato da Ernst von Salomon, op. cit., p. 339.

La Reichswehr Nera

L'anno 1919 aveva visto potenziare la polizia locale incaricata sia di mantenere l'ordine minacciato dagli spartachisti, sia di difendere le frontiere orientali. Dopo la liberazione di Halle e Brunswick il Generale Maercker aveva costituito un corpo di guardie civili. A Magdeburgo Franz Seldte organizza i *Selbsthilfe* dai quali uscirà lo *Stahlhelm*. Ben presto appaiono i *Volkswehren*, incaricati del servizio di polizia nelle città; gli *Zeitfreiwillingen*, o volontari per l'emergenza, in grado di rinforzare le file della Reichswehr in caso di disordini; i *Technische Nothilfe*, composti da ingegneri, studenti, specialisti vari capaci, in caso di scioperi insurrezionali, di far funzionare i servizi pubblici. Da aggiungere, poi, numerose guardie per le comunicazioni o *Verkehrswehr*, guardiacoste o *Küstenwehren*, ecc.

Di tutti questi reparti ausiliari armati, i più importanti sono gli *Einwohnerwehren* o unità di difesa interna, istituiti su tutto il territorio del Reich da un'ordinanza di Noske del 25 aprile 1919. Secondo Benoist-Méchin, i suoi effettivi superano il milione. Poi, in applicazione del Trattato di Versailles che limita le forze armate a 100.000 uomini, il governo camufferà gli *Einwohnerwehren* facendoli passare dalla competenza del ministero della *Reichswehr* a quello degli Interni. Noske lo ha chiaramente spiegato, nella sua circolare del 5 luglio 1919 indirizzata ai capi di queste formazioni[333]:

La futura esistenza degli *Einwohnerwehren* è minacciata dalle condizioni di pace. Secondo l'art. 177 del Trattato, l'organizzazione di unità di difesa interna è proibita senza eccezioni. Per poterli mantenere con il consenso dell'Intesa, dovremo spogliarle di ogni caratteristica militare. Le autorità civili dovranno dunque prenderne il comando. Tuttavia, compiuta la smilitarizzazione, sarebbe auspicabile che degli ufficiali aiutassero le autorità civili con i loro consigli... ulteriori disposizioni saranno oggetto di messe a punto orali.

Benché queste unità siano molto lontane dallo spirito dei *Freikorps*, questi ne approfittano, soprattutto dopo lo scioglimento, ed i loro ufficiali si trasformeranno spesso in "consiglieri", come raccomandano le istruzioni di Noske. Sarà loro facile attingere dai depositi di armi e trovare fra gli effettivi degli *Einwohnerwehren* in caso di necessità.

In Baviera il sistema si svilupperà maggiormente. Il Generale von Epp, comandante la 21ª Brigata della *Reichswehr* ed il suo ex aiutante,

---

[333] Citato da Robert Waite, op. cit., pp. 199-200.

il Capitano Röhm, divenuto Capo di Stato Maggiore della *Kommandantur* di Monaco, vi vedono il mezzo di costituire una potente milizia nazionale, *"un esercito di cittadini con il fucile carico nell'armadio"*[334]. Il bollente Capitano trova per questo compito degli aiutanti di grandi capacità: Escherich, consigliere delle Acque e Foreste, membro del *Volkspartei* bavarese, il geometra in capo Rudolf Kanzler, ed il Tenente Colonnello in congedo Herman Kriebel. Insieme, essi organizzeranno la più potente milizia armata dell'epoca, l'*Orgesch*, Organizzazione Esterich[335], suddivisa in *Ortwehr* (sezione), *Kreis* (distretto), *Gau* e *Gruppe*. I comandanti ricevono gradi che saranno mantenuti dal partito nazionalsocialista: *Gauleiter, Gruppenführer,* ecc. I volontari affluiscono e, fra questi, uno studente di agraria dall'aria timida e dal curioso sguardo di miope: Henrich Himmler.

Il Capitano Röhm costituisce depositi di armi dove raccoglie materiale prelevato dai magazzini della
Reichswehr a camion interi. Ogni membro dell'*Orgesch* riceve un fucile *Mauser Gewehr 98,* 250 cartucce, bombe a mano ed un elmetto di acciaio. Ogni *Ortwehr* è dotato di mitragliatrici ed ogni *Gau* è rinforzato da due Batterie di artiglieria.

Il 1° dicembre 1919 gli Alleati esigono dal governo del Reich lo scioglimento di queste milizie e la consegna delle loro armi. Una legge dell'8 agosto 1920 sul disarmo della popolazione e lo smantellamento dei depositi di armi, in principio dà loro soddisfazione. Ma la Baviera rifiuta di sottomettervisi. Dopo diverse intimazioni, il 5 maggio 1921 gli Alleati pongono un ultimatum, minacciando la Germania di gravi sanzioni. Il governo bavarese, allora, acconsente: vengono consegnati 179.000 fucili alla Commissione alleata di controllo. Ma poiché all'*Orgesch,* da parte della *Reichswehr,* erano state consegnate 400.000 armi, nei depositi clandestini ne restano ancora 221.000.

Nel frattempo l'*Orgesch* si è diffusa in tutta la Germania, dopo un incontro con gli *Einwohnerwehren* del nord a Regensburg, nel maggio 1920, proprio mentre vengono sciolti i *Freikorps*. In un certo senso, questa milizia ingloba i *Freikorps* e fornisce ai loro quadri un terreno favorevole al raggiungimento degli obiettivi.

---

[334] Frase di Konrad Heiden, ripresa da Heinz Höhne, *L'Ordre noir,* Ed. Casterman, Parigi 1968, p. 21.
[335] Più tardi Rudolf Kanzler si separerà dal dr. Esterich per fondare una propria organizzazione, l'*Orfeo* (organizzazione Kanzler), che assorbirà un gran numero di piccoli gruppi nazionalisti del Tirolo, dell'Austria e della Carinzia. Dopo il 1923 Rudolf Kanzler fonderà la *Heimwehr* austriaca con il concorso del Capitano Pabst, rifugiatosi in Austria dopo il putsch di Kapp.

Gli uomini dei *Freikorps* – scrive uno di questi – vi si uniranno perché queste guardie procuravano loro le armi e l'occasione di trasformare le unità in organizzazioni più adatte al loro temperamento di attivisti. Gli uomini che vivevano il nazionalsocialismo prima che questo fosse organizzato, formarono le loro milizie e si distaccarono dall'*Orgesch*. Continuarono la tradizione dei *Freikorps* e della loro lotta contro lo spirito e la lettera di Weimar[336].

Costituita dapprima per difendere la Repubblica di Weimar, l'*Orgesch* sarà utilizzata dai suoi avversari di destra. Troverà un difensore inatteso in Monsignor Pacelli, il futuro Pio XII, allora nunzio apostolico a Monaco. Testimone della rivoluzione rossa, Monsignor Pacelli pensa che delle buone baionette più che delle buone parole ne impediranno il ritorno. Spingerà dunque il Vaticano ad intervenire presso Briand perché gli Alleati moderino le loro esigenze[337]. Questi passi non potranno impedire l'ultimatum alleato del 5 maggio 1921, ed il governo del Reich, seguito finalmente da quello della Baviera, il 24 maggio 1921 decreterà lo scioglimento degli *Einwohnerwehren* e dell'*Orgesch*. La maggior parte dei depositi di armi, allora, sarà presa in carico dai *Freikorps* clandestini e da una nuova forza di riserva camuffata, conosciuta con il romantico nome di *Reichswehr Nera,* guidata da un lanzichenecco, il Maggiore Buchrücker[338].

Il 30 settembre 1920 il Maggiore Buchrücker viene radiato dai quadri della *Reichswehr* perché possa dedicarsi all'inquadramento dell'*Orgesch* nel Brandeburgo: incarico più adatto al suo temperamento che non il rigido servizio della "super gendarmeria" del Generale von Seeckt. Ex comandante del 1° Battaglione del *Freikorps* Eulenburg, creato nel febbraio 1919 a Potsdam, il Maggiore partecipa, l'anno stesso, ai primi arruolamenti contro gli irregolari polacchi in Alta Slesia, e vi assapora il gusto della libertà, del rischio e dell'azione clandestina. Quando, nel 1921, l'*Orgesch* viene sciolta, si ritrova senza occupazione e rifiuta di veder scomparire lo strumento che ha creato. Concepisce allora un, abile piano con cui aggira le esigenze degli Alleati e la legge tedesca.

Il Maggiore propone ai suoi ex camerati del *Wehrkreis III* della *Reichswehr* (regione di Berlino-Brandeburgo), di costituire un organismo militare incaricato di ammassare e distruggere le armi occultate,

---

[336] F.-W. Heinz, *Die Nation greift an,* Berlino 1932, pp. 114-117.
[337] Cfr. Werner Maser, op. cit., p. 209.
[338] Su Buchrücker si possono consultare Benoist-Méchin, *Histoire de l'Armée allemande,* ed. 1964, tomo II, pp. 268-292; Robert Waite, op. cit., pp. 239-254; Maggiore Buchrücker, *Im Schatten Seeckts. Die Geschichte der Schwarzen Reichswehr,* Berlino 1928; Gumbel, op. cit., pp. 165-256.

in applicazione della legge dell'8 agosto 1920 sul disarmo della popolazione civile. Dietro questo paravento l'organismo selezionerà il materiale in buono stato e lo nasconderà in depositi clandestini. Dichiarerà il Maggiore Buchrücker al suo processo:

Bisognava dare l'impressione di raccogliere materiale bellico, selezionarlo e distruggerlo. Ciò doveva celare ciò che realmente accadeva: la creazione di truppe di riserva. Non si trattava di distruggere il materiale bellico, ma di raccoglierlo e metterlo in buono stato. Ed erano dei soldati a fare questo lavoro, non dei funzionari civili.

Buchrücker aggiunge:

Questi soldati avevano un secondo compito essenziale. I loro distaccamenti si componevano di nuclei attivi e di riservisti o volontari in licenza, sparsi nel paese e che esercitavano una professione civile. I distaccamenti costituivano i nuclei, che comprendevano un numero relativamente elevato di ufficiali e di sottufficiali. In caso di mobilitazione, i volontari in licenza di questi distaccamenti dovevano raggiungere i nuclei. Venivano accettati solo volontari disposti a rispondere ad un ordine di mobilitazione e di fare dei periodi di istruzione. L'addestramento avveniva in caserme della Reichswehr che dovevano restare segrete[339].

Questi distaccamenti vengono chiamati *Arbeitskommando;* dipendono da un servizio speciale, il *Truppenverstärkungs-Abteilung,* e la loro sorveglianza è affidata al Tenente Colonnello von Bock, Capo di Stato Maggiore del *Wehrkreis III.*
La direzione effettiva di essi è affidata al Maggiore Buchrücker in seguito ad una scrittura privata firmata con la *Reichswehr*. A lui si unisce il Sottotenente Paul Schulz, anch'egli ingaggiato con un contratto. Ambedue hanno esperienza di vita clandestina. Si sono conosciuti nell'Alta Slesia dove hanno organizzato i gruppi di autodifesa contro i polacchi. Il Sottotenente Schulz è un ex sottufficiale che, per la sua condotta esemplare, le ferite ed il coraggio, si è guadagnato le spalline durante la guerra, per decisione speciale del Kaiser. Essendosi dimostrato troppo favorevole al putsch di Kapp, è stato espulso dalla *Reichswehr*. Ritorna in Alta Slesia al tempo dei grandi combattimenti del 1921, e si lega alla maggior parte degli ufficiali dei *Freikorps*. Avrà, soprattutto con Rossbach, Hauenstein e Heydebreck, occasione di collaborare con loro per impiantare depositi di armi e reclutare i volontari della *Reichswehr Nera.*

---

[339] Gumbel, op. cit., pp. 205-206.

Il primo *Arbeitskommando* viene istituito nella fortezza di Küstrin, posizione chiave della difesa tedesca ad est. Gli altri saranno costituiti solo nella primavera del 1923. Ma prima della fine dell'estate già ne esistono nella guarnigione di Berlino, Spandau, Hahneberg, Potsdam, Jüterborg, Rathenow, Perleberg, Schwedt, Francoforte sull'Oder, Fürstenwalde, Zullichau, Lubben e Döberitz. Nel 1923 diversi avvenimenti modificano l'atteggiamento delle autorità tedesche verso i *Freikorps*.

L'anno 1923 è uno dei più foschi per la Germania del dopoguerra Fin dal novembre 1922 il governo francese aveva messo a punto un piano per l'occupazione della Ruhr, e Parigi aspettava solo che Berlino le fornisse il pretesto necessario. Nella prima settimana del gennaio 1923, la Germania si trova nell'impossibilità di consegnare 140.000 pali telegrafici: fornitura che rientra nel quadro delle "riparazioni" previste dal Trattato di Versailles. Poincaré coglie l'occasione al balzo e l'11 gennaio 1923 le truppe francesi e belghe occupano la Ruhr.

Questa aggressione suscita enorme indignazione in tutta la Germania. Il cancelliere Cuno proclama la resistenza passiva, I funzionari ignorano gli occupanti. Le miniere, i cantieri e le fabbriche chiudono. Le ferrovie vengono sabotate. I ponti saltano. Ufficiali francesi vengono uccisi in pieno giorno. La paralisi della regione rende impossibile l'approvvigionamento di viveri per la popolazione.

La guerra con la Francia sembra inevitabile. Per una volta, il Generale von Seeckt perse il suo sangue freddo: fremente di collera, dichiarò all'ambasciatore britannico: "La strada da Dortmund a Berlino non è lunga, ma passerà fra torrenti di sangue"[340].

Approfittando della situazione, i polacchi pretendono una rettifica della loro frontiera. Da parte sua, la Lituania si impadronisce della città di Memel nella Prussia Orientale.

La Repubblica di Weimar dimostra tutta la sua incapacità a difendere con i propri mezzi la Germania. Ancora una volta si rivolge ai suoi temibili alleati, i *Freikorps*.

Il 7 febbraio 1923, al termine di una conferenza che riunisce rappresentanti del governo e della *Reichswehr*, si decide di costituire segretamente un esercito di riserva appoggiandosi alle Comunità di lavoro, alle società sportive e alle altre organizzazioni che fanno da paravento ai *Freikorps*. Questa decisione è conosciuta sotto il nome di *accordo Seeckt-Severing*, ed è indispensabile alla comprensione della situazione politica e del clima psicologico in cui nasce la *Reichswehr Nera*.

Gli *Arbeitskommando* vivono nell'ossessione della delazione, della

---

[340] Citato da Robert Waite, op. cit., p. 239.

indiscrezione. Per il loro carattere illegale e per le rigorose disposizioni del Trattato di Versailles non possono sopravvivere se non in un rigoroso segreto. La selezione dei membri ne è la prima condizione. Inizialmente, il reclutamento viene fatto dapprima su raccomandazione: sono richieste solide referenze ed un passato di combattente nazionalista. Ma l'aumento degli effettivi determinato dall'accordo Seeckt-Severing provoca nel 1923 un rilassamento della selezione. Per prevenire tutte le indiscrezioni involontarie ed i tradimenti, che potrebbero esserne la conseguenza, il Sottotenente Paul Schulz, forte dell'esperienza fatta in Alta Slesia, istituisce un "distaccamento speciale" incaricato del servizio di polizia e della giustizia interna. Una giustizia spicciativa. Ogni tradimento – o qualsiasi azione considerata come tale – viene automaticamente punito con la morte.

Si paragonerà questo *Kommando* speciale ad un tribunale della *Vehme*. È composto da tre sottufficiali in cui Schulz ha totale fiducia; sono i *Feldwebel* (Sergenti) Hermann Fahlbusch, Heinz Büsching, maestro di boxe, e Erich Klapproth, sopravvissuto ai campi di prigionia giapponesi. Già la figura di questi giustizieri è terrificante: alti e muscolosi, hanno un aspetto da far svenire un boia. Un solo gesto di *Peulchen,* come essi chiamano il Sottotenente Schulz, e i tre giganti si abbattono sulla preda.

Il 31 marzo 1923 il *Feldwebel* Willi Legner, del distaccamento di Jüterbog, accusato di aver rubato sei pistole per venderle, è ucciso con un colpo al capo dal *Feldwebel* Büsching[341].

Il 22 giugno 1923 i *Feldwebel* Büsching e Klapproth giustiziano a colpi di pistola una recluta, Paul Gröschke, del distaccamento di Kustrin, sospettato di appartenere al partito comunista[342].

Il 18 luglio 1923, il *Feldwebel* Wilms, della guarnigione di Spandau, accusato di furto e di delazione a vantaggio dei comunisti, è assassinato dai *Feldwebel* Fahlbusch e Klapproth. Il suo corpo viene gettato nel fiume Havel e sarà ritrovato solo alcuni giorni dopo[343].

Il sottufficiale Alfred Brauer, assegnato al distaccamento di Kustrin, è colto sul fatto, ai primi del luglio 1923, mentre nasconde due pistole. Viene arrestato ed il comandante dell'*Arbeitskommando* di Kustrin lo invia alla Compagnia di disciplina del forte Gorgast. Il 2 agosto il *Feldwebel* Fahlbusch arriva in automobile e prega Brauer di accom-

---

[341] Il caso finirà ai tribunali il 24 settembre 1928, quando Büsching sarà scomparso.

[342] Il caso sarà giudicato dal tribunale di Landsberg il 3 novembre 1926. Klapproth sarà condannato a 15 anni di carcere. Büsching riuscirà a fuggire.

[343] Il caso finirà dinanzi al tribunale di Berlino il 26 marzo 1927. Il sottoTenente Schulz e i *Feldwebel* Flahlbusch e Klapproth saranno condannati a morte. Graziati, beneficeranno dell'amnistia del 1930.

pagnarlo. Arrivato nella foresta, scende. Nel momento in cui Brauer apre la portiera a sua volta, gli dà un terribile colpo di martello sul cranio, poi, caricatosi il corpo sulle spalle, lo sotterra poco lontano. Il cadavere sarà scoperto dieci giorni dopo ed il caso sarà giudicato il 27 ottobre 1926 dal tribunale di Landsberg. Rifugiatosi negli Stati Uniti, Fahlbusch sarà estradato nel 1923 e beneficerà dell'amnistia del 1930.
Il 3 settembre 1923 il Sottotenente Sand, del distaccamento di Döberitz, accusato di tradimento, è giustiziato a colpi di pistola dai *Feldwebel* Fahlbusch e Büsching[344].
Queste cinque esecuzioni segnano l'esistenza della *Reichswehr Nera*, portata, come tutte le organizzazioni segrete ed i movimenti di resistenza, a sopprimere tutti i membri che rischiano di compromettere la sicurezza dell'insieme. Grazie a queste misure implacabili, il segreto sarà ben conservato.
All'inizio del settembre 1923, la *Reichswehr Nera* conta quattro Reggimenti di tre Battaglioni ciascuno, più quattro Battaglioni autonomi e diverse unità di servizio. In totale, può mobilitare 20.000 uomini destinati a coprire la frontiera orientale del Reich, di fronte alla Polonia.
Nel corso dell'estate la resistenza della Ruhr comincia a dare segni di debolezza, mentre l'esercito francese ha riorganizzato i servizi tecnici ed i trasporti. Gli industriali, preoccupati dalla lunga interruzione della produzione, tentano approcci con gli occupanti. Nel frattempo, il marco precipita vertiginosamente.
Focolai di rivolta comunisti lasciano prevedere sommosse in Sassonia, in Turingia e ad Amburgo. Il governo – ormai è chiaro – messo alle strette da ogni lato, si piegherà alla Francia.
Per il Maggiore Buchrücker ed i suoi camerati, questa capitolazione è impensabile. Bisogna dunque agire per costringere la Germania alla fermezza. Poiché i civili, ancora una volta, hanno fallito, bisogna obbligare il presidente Ebert a formare un gabinetto di guerra con il ministro della Reichswehr, Gessler, ed il Generale von Seeckt. Un governo simile rinforzerà i poteri dell'esercito, darà ai capi dei *Freikorps* il posto che essi meritano ed incorporerà la *Reichswehr Nera* nell'esercito regolare... Almeno, questa è l'illusione di Buchrücker e dei suoi.
La situazione interna appare loro propizia ad un colpo di forza: disordini, rovina della classe media, collera contro gli speculatori, passione nazionalista, tutto concorre al discredito del regime di Weimar. Questa analisi è condivisa, se non incoraggiata, da Heinrich Class, presidente della Lega pangermanista e già compromesso nel putsch di Kapp.

---

[344] Il processo sarà sospeso in seguito all'amnistia del 1930.

Per realizzare il suo programma alquanto ingenuo, il Maggiore, il 15 settembre, dà l'ordine di mobilitazione generale alle sue unità, perché siano pronte ad agire nella notte fra il 29 e il 30. A sua discolpa, bisogna riconoscere che l'atteggiamento delle autorità della Reichswehr non poteva che incoraggiarlo nelle sue illusioni. Durante questo mese di settembre l'esercito ribolle di impazienza e di collera mal contenuta. Quando lo Stato Maggiore del *Werkreis III* ed il Colonnello von Bock vengono a sapere della mobilitazione della *Reichswehr Nera,* non cercano affatto di opporvisi. E Buchrücker prende questo silenzio per una tacita approvazione.

Ma una decisione inattesa del presidente Ebert fa crollare il piano dello sfortunato Maggiore. Il 26 settembre 1923 il cancelliere Cuno si piega alla Francia e proclama la fine della resistenza passiva nella Ruhr. Immediatamente Monaco proclama lo stato di emergenza che prelude ad un tentativo di secessione della Baviera. Per fronteggiare questa situazione il presidente Ebert, richiamandosi all'art. 48 della Costituzione, proclama lo stato di assedio in tutta la Germania. Il ministro della Reichswehr ed il Generale von Seeckt si trovano investiti di poteri esecutivi.

Se la Reichswehr ha avuto dei motivi per sostenere i progetti del Maggiore Buchrücker, li perde in un colpo solo. Cosciente dell'inutilità di un colpo di forza, il Maggiore ordina ai suoi uomini di disperdersi.

Questi sono di tutt'altro parere. I volontari, che si sono riuniti pieni di entusiasmo, rifiutano di disperdersi. Sono stanchi del lavoro ingrato che si esige da loro. Non si fermeranno certo ora che sono così vicini al successo.

Il Capitano Stennes, futuro capo della SA di Berlino, poi oppositore di Hitler, comandante del 4° Battaglione, dà il segnale della ribellione. Gli uomini eleggono loro guida un ex ufficiale della Brigata Ehrhardt, il Maggiore Günther, il quale, dopo aver raggiunto il suo ex capo a Monaco in piena effervescenza, annuncia che è pronto a marciare su Berlino.

Il 30 settembre alle 16 Buchrücker apprende che il ministro della *Reichswehr* ha ordinato il suo arresto. L'esercito lo abbandona e lo rinnega. Si trova costretto ad una tragica scelta: se si lascia arrestare, i suoi uomini vorranno vendicarlo e scorrerà il sangue; se marcia su Berlino, sarà la stessa cosa. Dopo aver esaminato questo problema insolubile, il Maggiore prende una decisione che equivale ad un suicidio. Si screditerà per risparmiare i suoi uomini. Con tanto coraggio quanto abilità, pensa di simulare l'esecuzione del putsch previsto, e di farlo in modo tale che esso fallisca rapidamente e senza spargimento di sangue. Per far questo sceglie il distaccamento meno politicizzato e più lontano da Berlino: quello di Küstrin. Vi giunge nella notte del 30 settembre ed arringa i suoi uomini: "Voi siete l'avanguardia, siete voi che darete il segnale della grande guerra di liberazione. Ci impadroniremo dei depositi di armi della guarnigione e marceremo su Berlino!".

L'indomani, mentre i suoi uomini si dirigono verso i magazzini di armi, si fa introdurre, solo e disarmato, nell'ufficio del Colonnello Gudowius, comandante la fortezza di Küstrin, per comunicargli le sue intenzioni. È immediatamente messo agli arresti e Gudowius ordina di sparare sul distaccamento della *Reichswehr Nera*. Buchrücker grida allora ai suoi uomini di arrendersi.

Il simulacro di putsch di Küstrin finisce senza che venga sparato nemmeno un colpo. Saputo del fallimento di Buchrücker decidono di piegarsi.

La *Reichswehr Nera* è sciolta ed il suo capo condannato a dieci anni di fortezza per alto tradimento. Ne uscirà dopo quattro anni, grazie all'amnistia del 1927. Come molti dei suoi camerati, raggiungerà allora il partito nazionalsocialista, ma seguirà poco dopo Otto Strasser nel suo tentativo di scissione. Sarà internato in un campo di concentramento dopo l'avvento del Terzo Reich. Il Capitano Stennes diventerà *Gruppenführer* S.A. di Berlino. Nel 1931 tenterà un putsch interno contro Goebbels ed Hitler, e sarà sostituito dall'ex Sottotenente Paul Schulz. Altri due ufficiali della *Reichswehr Nera*, Hayn e Ernst, diventeranno anch'essi *Gruppenführer* SA e saranno soppressi con Röhm durante la purga di Augsburg, organizzatore degli *Arbeits-Kommando*, diventerà il capo del famoso *Arbeitsdienst*, o Servizio di Lavoro, sotto il Terzo Reich. Un altro ufficiale della *Reichswehr Nera*, George Mumme, veterano del *Freikorps* Gerstenberg, che reclutava studenti per la *Reichswehr Nera*, diventerà uno dei responsabili dell'Associazione dei giuristi nazionalsocialisti.

Gran parte dei volontari si rifugeranno, portandosi dietro le armi, nei grandi possedimenti del Meclemburgo. Il Sottotenente Paul Schulz nel 1924 vi creerà 16 comunità agricole, e riceverà grosse somme dalla Federazione tedesca degli imprenditori, per mezzo del suo rappresentante, il deputato nazionalista Meyer. Perché, malgrado la loro sedizione, i volontari dell'ex *Reichswehr Nera* restano indispensabili: sussistono ancora le cause che hanno richiesto la loro organizzazione. Ipocritamente, si fa dunque indirettamente appello ad essi per difendere la frontiera orientale del Reich.

In un patetico discorso che pronuncerà al Reichstag nel 1926, l'ex cancelliere Josef Wirth (svergognato dai *Freikorps*) paragonerà la

Germania del 1923 alla Prussia assediata di Federico il Grande:

In quelle ore fatidiche – griderà – il governo fece il suo dovere patriottico effettuando i necessari preparativi sulla frontiera occidentale. Noi organizzammo la difesa e creammo una guardia di frontiera composta di volontari...[345]

Dopo la conquista del potere da parte di Hitler, quando la Germania si sarà liberata delle coartazioni del *Diktat* di Versailles, la *Wehrmacht* riconoscerà la collaborazione della *Reichswehr* e degli ex *Freikorps* nella resistenza:

Fu possibile conservare considerevoli stock di munizioni, non requisite dal nemico, e di creare così la condizione prima per la formazione di una grande e nuova Forza Armata nazionale. Solo nel 1923 il sistema cominciò a funzionare; Poiché il Reichstag rifiutava i fondi necessari a questa attività di resistenza, furono l'agricoltura e l'industria che fornirono il denaro. A partire dal 1925, il ministero della *Reichswehr* organizzò e coordinò l'insieme di quelle attività clandestine, sotto la denominazione di *Landesschütz*. Questo organismo ben concepito aveva il compito di nascondere il materiale bellico e di addestrare truppe di riserva[346].

---

[345] Citato da Robert Waite, op. *cit.*, p. 244.
[346] Maggiore Gerhardt Thomée, *Der Wiederaufstieg des deutschen Heeres 1918-1938*, Berlino 1939, p. 72 e seguenti.

Il Re di Monaco

La voce dello sconosciuto agitatore continuava senza sosta:

Deutschland Erwache! Germania, svegliati!

Lo sconosciuto agitatore ha un nome che risuona sulle labbra come un colpo di pistola: Adolf Hitler.
Quelli che l'hanno sentito parlare anche una sola volta non possono dimenticarlo, nota un avversario, il giornalista Konrad Heiden[347].
Il Sottotenente Rudolf Hess, del *Freikorps* von Epp, è conquistato fin dal primo incontro, nel 1920. Il Capitano Ehrhardt, pur senza cedere al fascino, riconosce: "Sa parlare". Sottinteso: sa ciò che noi non sappiamo: farsi comprendere dalle masse, riserva di caccia dei socialdemocratici e dei comunisti.
Il Capitano Hermann Göring, decorato dell'ordine *Pour le Mérite*, ultimo comandante della famosa squadriglia *Richthofen,* lo sente parlare una sera del novembre 1922, in Königsplatz, a Monaco. L'indomani confida alla giovane moglie Karin:

Sono con quell'uomo, anima e corpo[348].

Durante lo stesso mese di novembre altri tre lanzichenecchi, e non dei minori, si lasciano affascinare da quella voce. Il famoso Rossbach, Heinz Hauhenstein e Albert Schlageter. Eppure, sono uomini che credono più ai fatti che alle belle frasi. Aderiscono sul campo al partito nazionalsocialista.
Ernst Hanfstaengl, erede delle celebri edizioni d'arte, figlio e nipote di consiglieri dei duchi di Sassonia-Coburgo-Gotha, ex allievo di Harvard, amico del futuro presidente Roosevelt, subisce un analogo choc il 22 novembre 1922, al Kinderkeller. La grande sala è colma di un pubblico formato da mezze-paghe, gente del ceto medio e soprattutto giovani, quasi adolescenti. Hanfstaengl c'è venuto per semplice curiosità, spinto dall'addetto militare dell'ambasciata degli Stati Uniti a Berlino. Scriverà nelle sue memorie:

Ero stato colpito, al di là di ogni espressione, dall'intervento magistrale e dalla personalità di Hitler. A dispetto della sua aria di provinciale, mi sembrava avesse delle vedute molto più ampie degli altri uomini politici tedeschi che

---

[347] Konrad Heiden, *Der Führer*, Zurigo 1936.
[348] Butler e Young, *Goering, tel qu'il fut,* Ed. Fayard, Parigi.

avevo avuto occasione di incontrare. Impiegai molto tempo ad addormentarmi quella notte, tanto le impressioni della serata mi avevano sconvolto internamente[349].

Gli avversari del futuro *Führer* fanno dell'ironia sul suo metodo oratorio. Mimano volentieri una scenetta: nel corso di una riunione politica, un contraddittore rimprovera ad Hitler di accalorarsi troppo. Questo para, scandendo bene le parole, con un'ombra di canzonatura:
"Mi è stato obiettato che non si possono attaccare i *Tank* con dei bastoni".
Il tono aumenta:
"Ma io vi dico..."
E al parossismo della passione:
"chi non avrà il coraggio di attaccare i *Tank* con dei bastoni non arriverà a nulla!"
La folla è in delirio.
È una caricatura. In realtà, a quell'epoca Hitler parla posatamente, senza sbraitare né abbaiare, come poi farà spesso più tardi. Hitler usa una gamma molto ricca di allusioni maliziose, di formule umoristiche e di immagini divertenti per screditare quelli che egli giudica responsabili delle disgrazie della Germania. Nessuno è risparmiato, né il debole Kaiser del 1918, né i responsabili della rivoluzione di novembre, né i repubblicani di Weimar, né gli Alleati: "Le uniche ricchezze che non hanno potuto rubare, sono le tombe dei nostri soldati!"
Il suo sarcasmo piove sui separatisti bavaresi e sul particolarismo dei cattolici del sud, ostili ai protestanti del nord. Egli oppone la loro meschinità d'animo al cameratismo del fronte: "Noi non chiediamo ad un ferito quale sia la sua religione prima di portargli soccorso".
Facendo leva sulla corda della fierezza patriottica, porta l'esempio di Mustafà Kémal in Turchia e di Mussolini che è riuscito a compiere la sua "marcia su Roma".
Attacca i profittatori di guerra e soprattutto gli ebrei, rimproverando loro di fare del mercato nero e di ingrassarsi a spese dei poveri. Denuncia in essi i corruttori del *Deutschtum*:

Nella produzione artistica e letteraria non vi è sozzura, non vi è ostentazione di inverecondia in cui non entri un ebreo. Quando si incide uno di questi ascessi purulenti, si trova immancabilmente, come i vermi in un cadavere in putrefazione, un piccolo ebreo tutto stordito dalla luce che lo inonda[350].

---

[349] Ernst Hanfstaengl, *Hitler, les années obscures,* Ed. de Trévise, Parigi 1967, pp. 28 e 29.
[350] Cfr. *Mein Kampf,* Monaco, Edizione del 1942, p. 81.

Scriverà Hanfstaengl:

Hitler parlava il linguaggio familiare delle trincee. Senza cadere nell'uso del gergo, aveva l'arte di indirizzarsi ai suoi ascoltatori come se fosse uno di loro. Per descrivere le difficoltà della donna di casa che manca di denaro per nutrire la sua famiglia, trova esattamente le parole che lei stessa pronuncerebbe. Gli altri oratori [dell'epoca] erano volentieri condiscendenti, davano la penosa impressione di cercare di mettersi all'altezza del loro pubblico. Hitler possedeva il dono inestimabile di esprimere i pensieri di questo pubblico. Aveva anche l'abilità, per istinto o per calcolo, di indirizzarsi specialmente alle donne che, dal 1920 rappresentavano un fattore completamente nuovo nella politica. L'ho visto spesso affrontare delle sale nelle quali vi erano numerosi oppositori decisi a turbare la riunione con le loro domande e i loro rilievi. Cercando allora di consolidare la sua posizione, egli ricordava i problemi dell'approvvigionamento, le difficoltà domestiche e lodava il grande buon senso delle, sue ascoltatrici, il che aveva invariabilmente l'effetto di scatenare gli applausi della parte femminile del pubblico. Da quel momento la partita era vinta[351].

Hitler ha l'intuizione, la risposta pronta, la franchezza, la malafede, la facondia, l'aggressività, il fuoco interiore, la voce calda dei grandi tribuni. Ha una straordinaria capacità di captare il modo di pensare e le reazioni affettive degli altri, quel sesto senso che alcuni chiameranno le sue "antenne medianiche".
Di aspetto bizzarro, vestito con discrezione e senza ricercatezza, esiste solo attraverso la parola. In stato di riposo, nulla differenzia la sua fisionomia da quella di un commesso viaggiatore. Dal momento in cui inizia a parlare, tutto cambia. La maschera alla Baudelaire si anima, l'occhio ipnotizza, la voce seduce.
Gli piace schiacciare, può soggiogare, ma eccelle nel sedurre. Coloro che l'hanno avvicinato a quell'epoca, hanno tutti ricordato il suo fascino sfumato dalla leggerezza viennese, il suo temperamento bohémien unito ad un raffinato senso artistico. La sua conversazione è brillante, spiritosa, talvolta caustica, servita da una memoria inesauribile. Così, quel "meno-che-niente" sarà presto adottato dai frequentatori dei salotti più mondani di Monaco. È Julien Sorel che abbaglia le signore de Rênel e Derville... Hitler è "covato" dal poeta Dietrich Eckart, accarezzato dalla moglie dell'editore Hugo Bruckmann, nata principessa Cantacuzène, adulato da Hélène Bechstein, la moglie del celebre fabbricante di pianoforti berlinesi. Per lui sono aperte le case dei figli di Richard Wagner, di Max-Erwin Scheubner-Ritcher, un barone baltico rifugiatosi a Monaco che avrà un ruolo di primo piano nei successi del

---

[351] Ernst Hanfstaengl, op. cit. pp. 67-68.

giovane partito nazionalsocialista. Attraverso le sue numerose relazioni troverà aiuto soprattutto presso la granduchessa di Coburgo, imparentata con la famiglia imperiale russa, che farà da collegamento fra l'ex Quartier Mastro Generale Ludendorff e Hitler. E proprio a casa del barone Hitler incontrerà, nel 1923, uno dei suoi futuri finanziatori, Fritz Thyssen.

Il talento di quest'uomo singolare si rivela improvvisamente nelle settimane che seguono la riconquista di Monaco da parte dei *Freikorps*, nel maggio 1919. Fino a quel momento il Caporale Hitler vegeta al deposito del 2° Reggimento di fanteria bavarese. Egli osserva i rivoluzionari ed impara. Tutt'al più, i suoi superiori rilevano che ha poca simpatia per la "Repubblica bavarese dei Soviet".

Appena liquidato il potere bolscevico, la *Reichswehr* bavarese organizza una Sezione di stampa e propaganda, diretta dal Capitano Karl Mayr[352], che assicurerà l'epurazione e il controllo delle unità. Il Caporale Hitler è arruolato in questa unità come *V-mann,* uomo di fiducia. Ben presto viene notato il suo dono naturale di oratore e lo trasferiscono al *Kommando* di istruzione incaricato del campo di Lechfeld, diretto da Rudolf Beyschlag. Una delle sintesi dei rapporti fatti dagli stessi soldati la dice lunga in proposito:

Le esposizioni storiche di Herr Beyschlag non trovarono, da lontano, la stessa eco delle esposizioni piene di fuoco di Herr Hitler, con esempi presi dalla vitai di ogni giorno. I discorsi e gli interventi del secondo trascinarono tutti gli ascoltatori...[353]

Herr Hitler viene così nominato *Bildungsoffizier,* ufficiale istruttore.
Nei primi giorni del settembre 1919 il Capitano Mayr gli chiese di fare un'inchiesta su una piccola associazione patriottica, il Partito dei lavoratori tedeschi, *Deutsche Arbeiter Partei* (*D.A.P.*), sorto dalla società *Thule* per combattere l'influenza marxista e le "infiltrazioni ebree" nella classe operaia. Questo gruppuscolo è diretto a Monaco da un autentico lavoratore, il meccanico Anton Drexler, ma alle sue spalle ci sono gli intellettuali della società *Thule,* che manovrano i fili, il giornalista Karl Herrer, Paul Tafer, Dietrich Eckart, Gottfried Feder e Dietrich Krohn. Essi hanno una biblioteca "nazionalsocialista" di 2.500 volumi. Ed Hitler la utilizzerà.

---

[352] Mayr favorirà la nascita del partito nazionalsocialista. In seguito si orienterà verso la social democrazia, diventerà deputato al Reichstag e finirà nel 1945 nel campo di Buchenwald.
[353] Citato da Werner Maser, *Naissance du Parti national-socialiste allemand,* Fayard, 1967, p. 95.

Il 12 settembre Hitler assiste come osservatore con altre 46 persone ad una riunione del *D.A.P.*, nel retrobottega della birreria Sterneckbräu a Monaco. Sonnecchia dolcemente, cullato dal pacato suono delle voci di conferenzieri senza slancio, quando all'improvviso un professore, di nome Baumann, si leva per preconizzare la separazione della Baviera dal Reich. Hitler fa un salto. In un'appassionata improvvisazione, volge lo scarso uditorio a suo favore. Alla uscita, Drexler gli consegna un opuscolo ed un invito per una riunione del comitato direttivo, quattro giorni dopo.

Seduti intorno ad un tavolo sbilenco rischiarato da una debole luce a gas, quattro giovani lo saluteranno con cordialità. Dopo la lettura del verbale della precedente riunione, e quella del rapporto finanziario (in cassa ci sono 7 marchi e 50 pfennings) viene proposto ad Hitler di entrare a far parte del comitato direttivo come settimo membro, con la funzione di dirigente della propaganda[354].

Il *Bildungsoffizier* non è entusiasta. Scriverà nel *Mein Kampf*:

Spaventoso, spaventoso. Un club codino della peggior specie. Mi conveniva entrarci? Dopo due giorni di discussioni con me stesso e di penose riflessioni, finii con il decidermi a saltare il fosso. Questa fu la risoluzione decisiva della mia vita. Non potevo né dovevo più tornare indietro. Accettai dunque di divenire membro del partito dei lavoratori tedeschi[355].

Ha trent'anni.
Se si deve credere al suo amico di infanzia August Kubizek[356], Hitler

---

[354] Sarà il 7° membro del comitato direttivo ed il 55° membro del partito, con la tessera n. 555, poiché la numerazione cominciava dal 501.

[355] Il Partito dei lavoratori tedeschi (*D.A.P.*) diventerà il partito nazionalsocialista dei lavoratori tedeschi (*N.S.D.A.P.*) nel febbraio 1920.

[356] Molte cose sono state scritte sull'infanzia, la giovinezza ed il destino di Adolf Hitler, e soprattutto delle asinerie. Trenta anni dopo la sua morte, le opere dedicate a lui sono ancora dominate dalle passioni partigiane. Somigliano stranamente a quelle opere britanniche consacrate all'*Ogre* (*l'Orco corso*, soprannome dispregiativo dato a Bonaparte) dopo la caduta di Napoleone I. Bisogna tuttavia segnalare l'importante lavoro di ricerca di Werner Maser pubblicato in Francia con il titolo *Naissance du Parti national-socialiste allemand* (Fayard, 1967). Sfortunatamente, la vasta documentazione nuoce alla chiarezza del testo. L'opera di Görlitz e Quint, *Adolf Hitler*, pubblicata in Francia da Livre Contemporain nel 1960, soffre del difetto inverso: la mancanza di riferimenti. Come materiale grezzo di investigazione psicologica resta il *Mein Kampf*, benché la traduzione francese corrente, pubblicata da Sorlot, sia poco fedele. Infine, si hanno a disposizione le testimonianze di quelli che gli furono vicini. Scritte generalmente dopo il crollo del Terzo Reich, esse devono essere utilizzate con le riserve d'uso, essendo talvolta i ricordi inframmezzati da commenti di circostanza. Fra le più interessanti tradotte in francese sono da ricordare August Kubizek, *Adolf Hitler, mon ami d'enfance*, Gallimard. 1967; Hans Bauer, *J'étai pilote de Hitler*,

sentì fin dall'infanzia la vocazione del tribuno e del grande riformatore politico. A quindici anni è tutto chiaro. È un ribelle, in rivolta contro suo padre, contro i suoi maestri, contro la decadente società austriaca degli Asburgo. Si dedica interamente al nazionalismo tedesco predicato da numerosi oratori e pubblicisti. Sogna di avere un ruolo nell'unificazione del mondo germanico. E questo sogno non lo abbandonerà mai. Più tardi, a Vienna, scopre l'estenuante lotta per l'esistenza, come artista e come operaio. Dagli anni del duro apprendistato datano il suo antisemitismo, il suo odio per i marxisti – che egli vede all'opera nei cantieri – e le sue idee sulla propaganda e l'azione politica. La guerra e la rivoluzione accelereranno la realizzazione dei sogni della sua adolescenza.

Il suo rifiuto della famiglia e della scuola, la bohème dell'epoca viennese, poi la guerra e la disfatta fanno di Adolf Hitler prima uno spostato, poi un fanatico rivoluzionario. Rifiuta l'ordine borghese, e se talvolta sembra scendere a patti con esso è solo per servirsene e rovesciarlo. Considera l'antica aristocrazia, la grande industria e la casta degli ufficiali come irriducibili avversari.

Ma egli non condivide affatto il credo egalitario. Il suo socialismo è quello della Prussia, un socialismo militare, nato dal suo stesso sangue e dalle sue letture. Ed anche il suo nazionalismo non è solo quello di un uomo amante delle marce militari. Germania, per lui, significa un certo modo di vivere, di sentire, di comportarsi. La sua passione nazionalista si fa più forte dinanzi all'assalto che dei costumi ed una morale stranieri portano quotidianamente contro il *Deutschtum*. È un giovane che soffre. Lo spettacolo che gli offrono l'Austria di prima del '14 e la Germania dal 1918 ne fanno uno spettro vivente. Da questo tormento scaturiranno le fiamme che faranno ardere l'universo.

Nel novembre 1918 il Caporale Hitler è ricoverato in ospedale: colpito dai gas al fronte, ha perso l'uso della vista. Viene a sapere, colpo su colpo, della rivoluzione di Berlino, dell'abdicazione del Kaiser e della disfatta.

Ha scritto nel *Mein Kampf*:

I giorni, ed ancora di più le notti che seguirono furono orribili. Sapevo che

---

France-Empire, 1957; Arno Breker, *Paris, Hitler et moi,* Presses de la Cité, 1970; Albert Speer, *Au coeur du III Reich,* Fayard, 1971; Feldmaresciallo Keitel, *Souvenirs, lettres et documents,* Fayard, 1963. Ci si può anche rifare ai ricordi di numerosi militari e uomini politici tedeschi ed a quelli dei diplomatici stranieri, di stanza in Germania sotto il Terzo Reich. Infine, si consulterà con profitto l'opera d'insieme di Werner Maser, *Nom: Hitler, prénom: Adolf,* pubblicata in Francia nel 1973 da Plon.

tutto era perduto [...] In quelle notti senza sonno, sentivo in me l'odio contro i responsabili del disastro. Fu allora che presi coscienza del mio vero destino. Decisi quindi di divenire un uomo politico.

Scriverà in seguito Georges Bernanos, che non è stato certo un suo ammiratore:

La potenza di Hitler, è nata dall'umiliazione tedesca, dalla Germania avvilita, marcia, dissolta del 1922. Ha il volto della miseria tedesca, trasfigurato dalla disperazione; il volto della disfatta tedesca, quando gli innominabili, gli intoccabili reporters dei due mondi potevano concedersi per un Luigi il laido piacere di veder danzare fra loro – rossetto, cipria e profumo come una tragica maschera, le anche ed il ventre vuoto dondolanti – le figlie degli eroi morti, mentre Poincaré, il piccolo causidico dalle viscere di stoppa, dal cuore di cuoio, faceva fare la minuta agli uscieri[357].

Quanti ragazzi, alla fine dell'infanzia, non hanno intensamente desiderato un grande destino? Sogni presto svaniti. Per Hitler, una ostinazione fuori del comune, qualità e difetti singolari, ma anche un'epoca eccezionale, decisero altrimenti.
Quale periodo più favorevole, in effetti, di quello dei due decenni aperti dalla prima guerra mondiale? Dei figli di un calzolaio georgiano e di un doganiere austriaco, essa farà il successore degli zar di Russia ed il nuovo Lutero coronato del Reich tedesco. Il prezzo da pagare sarà costituito dalle enormi atrocità, come quelle già avvenute un secolo prima per la Rivoluzione francese e le guerre dell'Impero. Ma Stendhal non per questo rinunciò a cantarne la gloria scomparsa, dimenticando gli orrori e rifiutando la tranquillità della Restaurazione. Sei anni dopo Waterloo, in una lettera al suo amico Mareste, egli giustificherà la contestazione del suo tempo con la nostalgia dei

duecentomila Julien Sorel che popolano la Francia, e che hanno l'esempio dell'ascesa del tamburo duca di Belluno, del sottufficiale Augereau, di tutti gli scrivani di notaio divenuti senatori e conti dell'impero…

Le folgoranti promozioni delle rivoluzioni sovietica e nazionalsocialista, in Russia e in Germania, non saranno da meno di quelle della Rivoluzione francese e dell'Impero.
L'aspetto del borghese male infagottato che accorre alle riunioni di Monaco, tradisce l'ex soldato.
Hitler è fatto della stessa lega degli uomini dei *Freikorps* che pullula-

---

[357] Georges Bernanos, *Les grands cimitières sous la lune,* Ed. Plon, 1938, p. 347 (tr. it. *I grandi cimiteri sotto la luna*).

no in Baviera. Arruolato nel 1914, ha fatto tutta la guerra in prima linea, sempre volontario per le missioni più richieste. Ferito diverse volte, riceve la Croce di Ferro di seconda classe, poi quella di prima classe, decorazione che difficilmente viene concessa agli uomini di truppa. L'orrore del campo di battaglia ha fatto di lui un uomo duro, non un pacifista.
Questo Hitler degli anni Venti è una curiosa mescolanza: l'artista ed il bohémien del periodo viennese si sovrappongono al soldato di prima linea degli anni di guerra. È un nottambulo che dimentica gli appuntamenti, fugge le costrizioni e si compiace nelle discussioni di caffè, circondato da ammiratori ed ammiratrici. È notte fonda quando finalmente raggiunge il suo miserabile alloggio, il cane lupo alle calcagna, scortato da guardie del corpo con la mano sulla pistola.
Come i *Freikorpskämpfer,* anche Hitler giudica gli uomini a seconda che abbiano o no fatto l'esperienza della guerra. Se i fondatori del piccolo partito dei lavoratori tedeschi, Harrer e Drexler, sono degli oratori meschini e fanno vegetare il loro movimento, è perché non si sono

formati all'unica scuola che sappia trasformare in uomini gli esseri di natura delicata, che non hanno fiducia in se stessi – spiegherà Hitler –. Ambedue erano tagliati nello stesso legno, incapaci non solo di avere in cuore la fede fanatica nella vittoria del movimento, ma anche di superare, con volontà ed energia incrollabili, gli ostacoli che potevano opporsi alla marcia dell'idea nuova. Un tale compito poteva essere adatto solo ad uomini il cui corpo e la cui anima, rotti alle virtù militari, corrispondevano a questa immagine: agili come levrieri, coriacei come cuoio, duri come l'acciaio Krupp[358].

Hitler si sforza anche di attirare nel piccolo partito uomini simili, che, dapprima, sono i suoi ex camerati del periodo di guerra, poi dei volontari che le sue attività di *Bildungsoffizier* gli avevano fatto conoscere. Questo reclutamento viene effettuato in perfetto accordo con i suoi superiori, soprattutto il Capitano Mayr ed il Capitano Röhm, ufficiale aggiunto del generale Ritter von Epp, capo dei *Freikorps* che hanno liberato Monaco[359]. Immersi nella guerra civile, questi ufficiali sanno che non si lotta contro il bolscevismo solo con le mitragliatrici. Essi sono decisi a favorire la riconquista delle masse, la loro "nazionalizzazione" come dice Röhm, il quale non tarda a riconoscere le capacità eccezionali di Hitler. Dirige verso di lui un fiotto incessante di ufficiali, di sottufficiali e di soldati, di membri delle milizie di autodifesa, come l'*Orgesch,* e degli ex *Freikorps.* Così, nell'ottobre 1920, gli ex

---
[358] Adolf Hitler, *Mein Kampf,* edizione francese, p. 355.
[359] Hitler sarà definitivamente radiato dall'esercito il 31 marzo 1920.

appartenenti alla *Divisione di Ferro,* che tanto si è distinta nel *Baltikum,* aderiscono in blocco al *N.S.D.A.P.*
Philipp Bouhler, uno dei primi membri del Partito, ha così descritto quelli che si uniscono ad Hitler all'inizio della sua attività:

Non si pensi a persone presentabili: avevano tutti un aspetto rude, da avventurieri. Ad unirsi a lui furono, primi fra tutti, alcuni soldati del suo Reggimento... Si preferiva il tipo robusto provvisto di cervello, combattivo, pugni solidi, capace di colpire forte. Una tacita regola prescriveva di assumere nelle apparizioni in pubblico un aspetto il più fiero, il più marziale possibile[360].

Questo stile non può certo dispiacere alle mezze paghe dei *Freikorps* che si rifugiano a Monaco dopo il 1919. I termini che Hitler usa per definire la sua concezione del Partito sono loro familiari. Scrive nel *Mein Kampf*:

La vittoria di una idea sarà facilitata nella misura in cui [...] l'organizzazione sarà più salda, più militare, nel senso almeno che il capo deve poter contare sull'obbedienza assoluta delle truppe che egli conduce al combattimento.

In effetti, fino al 1924, il *N.S.D.A.P.*[361] somiglia più ad una truppa di avventurieri tenuta unita dalla personalità eccezionale del suo, capo, che ad un partito nel senso corrente del termine.
Il carattere militare del Partito si accentua d'altronde con la creazione nell'autunno del 1921 della famosa SA *(Sturmabteilung),* che risponde, contemporaneamente, ad una necessità interna per il giovane Partito e per i piani del Capitano Röhm, grande organizzatore di formazioni armate clandestine in Baviera. La convivenza, in seno al *N.S.D.A.P.,* di gente della classe media rovinata dall'inflazione e di raitri usciti dai *Freikorps,* pone delicati problemi. Così la costituzione di un'organizzazione speciale destinata ai secondi appare opportuna ad Hitler, tanto più che, il 29 giugno 1921, la Baviera ha dovuto sottomettersi alle ingiunzioni degli Alleati e di Berlino. Le organizzazioni di autodifesa, e soprattutto l'*Orgesch,* sono state disciolte, in applicazione del Trattato di Versailles[362]. Il Capitano Röhm decide di utilizzare il partito del suo protetto per camuffarle. Hitler non è difficile da convincere: un tale afflusso di forze rende più solido il suo

---

[360] Philipp Bouhler, *Kampf um Deutschland,* Monaco 1938
[361] *N.S.D.A.P.: Nationalsozialistische Deutsche Arbeiterpartei.* Letteralmente: Partito nazionalsocialista dei lavoratori tedeschi
[362] Il 5 maggio 1921 gli Alleati inviano un ultimatum a Berlino, esigendo lo scioglimento immediato di tutte le milizie. Il 24 maggio Berlino si piega, ma trasmette a Monaco il decreto di scioglimento solo il 29 giugno.

peso politico. I capi dell'*Orgesch*, invece, saranno più reticenti e solo una parte delle loro truppe si unirà alla SA, preferiscono dissimulare i loro effettivi sotto la bandiera del *Bund Bayern und Reich,* meno compromettente. L'inquinamento della SA è affidato ad alcuni ufficiali *dell'Organizzazione Consul*: i sottotenenti Manfred von Killinger, implicato nell'assassinio di Erzberger, e Johann Ulrich Klintzsch. Von Killinger sarà lieto di unirsi ai nazionalsocialisti, mentre Klintzsch si considererà come distaccato e resterà fedele al suo capo, il Capitano Ehrhardt, la cui ostilità ad Hitler andrà aumentando.

Il nome SA è mutuato dal vocabolario militare e precisamente dal ricordo ancora vivo della *Freiwillige Sturmabteilung Rossbach*. Così, quando nel maggio 1923 Hitler deciderà la creazione in seno alla pletorica SA – che egli non controlla interamente – di una truppa a lui devota corpo ed anima, antenata della futura SS, egli la battezzerà *Stosstruppe Adolf Hitler,* con riferimento alle illustri *Stosstruppen*. Quell'uomo e quel tempo non potevano sfuggire alla guerra.

Nel corso di quei primi anni di lotta, i camerati di Hitler danno al loro capo un nome di guerra che è tutto un programma: *Wolf,* lupo. Sa mordere, e gli piace anche. Negli scontri di piazza e in quelli di agitate riunioni, è in prima fila, un frustino di pelle di rinoceronte in mano. Ha solo parole sprezzanti per fustigare quelli che non si battono, i borghesi reazionari dei cenacoli intellettuali,

i nostalgici del tempo antico, quegli uomini dalle parole vuote che racchiudono in formule le idee razziste [...], i cavalieri dai "gladi spirituali", tutti i miseri pezzenti che tengono la loro intellettualità come uno scudo dinanzi ai loro corpi tremanti [...].
Vale più un agitatore qualsiasi – dirà Hitler – che in piedi sul tavolo di una locanda, circondato da avversari, ha il coraggio di difendere virilmente e apertamente la sua maniera di vedere, che non mille di questi individui sornioni mentitori e perfidi[363].

Wolf merita il suo soprannome. Egli applica alla politica i metodi delle truppe d'assalto. Nel 1922 viene incarcerato per aver bastonato sul palco un separatista bavarese. Poco dopo essere stato rilasciato prende la parola in un feudo rosso, a Coburgo, scortato da un forte distaccamento di SA. I comunisti ed i socialisti hanno giurato che non ne uscirà vivo. La sera, i ferrovieri rifiutano di riportare a Monaco il treno su cui sono saliti i nazisti.

---

[363] Adolf Hitler, *Mein Kampf,* edizione francese, pp. 362-363.

Hitler fa agguantare i conduttori dai suoi uomini:

Guideremo il treno da soli. Ma voi farete il viaggio con noi, legati sulla locomotiva. Poiché noi non ne sappiamo niente di come si guida un treno, ci spaccheremo la faccia insieme: ottimo modo per mettere in pratica quel principio di uguaglianza che vi piace tanto.

I macchinisti cedono ed il treno parte.
Dodici anni dopo, divenuto cancelliere del Reich, Hitler non ha messo da parte il personaggio del *Wolf*. Il 30 giugno 1934, stivali e frustino in mano, guida personalmente la sanguinosa purga che decapita la troppo ombrosa SA. Questa operazione, scrive Max Gallo

somiglia più al colpo di mano di una banda di Reiter o di lanzichenecchi la quale, in una Germania da leggenda, agisce con la brutalità di quelle truppe che ai tempi delle Grandi Compagnie devastavano il paese che non all'operazione di polizia di un grande Stato moderno[364].

Simile agli uomini dei *Freikorps* per molti tratti del suo temperamento, Hitler se ne distingue radicalmente per altri. Egli appartiene a quella razza di capi dei quali Lenin diceva che scoprono la vocazione sin dai tempi del collegio. Questa politica attira i lanzichenecchi perché egli parla la loro lingua e non si scontra con i loro sistemi. Ma li preoccupa, anche. Egli avanza tranquillamente su un terreno che li sconcerta. Mentre essi si battono su tutti i fronti della guerra civile ed alle frontiere, armi in pugno, egli mira all'essenziale: il potere sulle masse, il potere politico.
La maggior parte dei, miti, dei riti e dei simboli che saranno in seguito collegati al suo nome, esistevano prima di lui. In larga parte, furono usati dagli stessi *Freikorps*. Il "nazional-socialismo", come nome e come ideologia, apparve fra le popolazioni tedesche di Boemia, di Moravia e dei Sudeti alla fine del XIX secolo. In seguito fu ripreso dagli austriaci, in particolare da Rudolf Jung. La croce veniva usata come emblema da diversi gruppi nazionalisti e antisemiti prima del 1919 e fu adottata da diversi *Freikorps*, soprattutto dalla brigata Ehrhardt nel 1920. L'antisemitismo era già largamente diffuso prima della Prima guerra mondiale. Il ruolo avuto, dopo il 1918, da numerosi ebrei nei tentativi rivoluzionari, come nei traffici di quel tormentato periodo, avrebbe dato a questa ideologia un alimento inesauribile. Una lega come lo *Schutz und Trutzbund*, che fa dell'antisemitismo il suo cavallo di battaglia, conta quasi 100.000 aderenti in Baviera nel 1920.

---

[364] Max Gallo, *La nuit des longs couteaux*, Ed. Laffont 1970, p. 239.

Quanto al *Führerprinzip,* caro alle *Stosstruppen* ed ai *Freikorps*, era già stato reso popolare prima del 1914 dal movimento della gioventù. Lo slogan *Ein Reich, Ein Volk* faceva parte dell'arsenale pangermanista di prima del 1914. Hitler si contenterà di aggiungervi *Ein Führer.* Gli appellativi interni come: *Sturmabteilung, Gau, Kreis, Abschnitt,* usati dalle SA e dalle SS, sono ripresi dal vocabolario del *Freikorps* Rossbach. D'altronde, sarà proprio il Sottotenente Rossbach che "inventerà" e imporrà la camicia bruna in seno alla SA. Le prime bandiere crociate della SA saranno ispirate dalle insegne dei fascisti italiani, come pure il saluto con il braccio destro teso. Invece, sarà ai suoi avversari socialisti e comunisti che Hitler prenderà il rosso delle sue bandiere, dei suoi bracciali, dei manifesti e della scenografia. Sul loro esempio, egli organizzerà, dal momento in cui potrà farlo, massicce dimostrazioni a carattere liturgico. Per la propaganda e l'agitazione, comunisti e socialisti saranno i suoi maestri. Né essi gli perdoneranno di aver usato contro di loro e con maggiore efficacia, i metodi e le tecniche da essi inventati.

Tutti gli elementi che costituiranno il nazismo sono già in là, sparsi, quando Hitler appare nella scena. Non sarà lui ad inventarli. Li riunirà per comporre una sinfonia drammatica e violenta alla quale il suo popolo non resisterà.

Artista della politica, sa d'istinto come prendere gli uomini. Egli affascina, sorprende, divide ed oppone per regnare sul suo *entourage.* È un commediante, furbo e dissimulatore. Ma questo calcolatore è un impulsivo, trascinato dalle sue passioni e dalla sua ispirazione. È sensibile all'adulazione. Nei primi anni il suo egocentrismo non si è ancora trasformato in paranoia, irriducibile vizio dei grandi trascinatori di folle, ma è già nell'aria. Si è spesso visto in lui un taumaturgo, uno di quei personaggi di favola, folli o geni, che turbano il giudizio, affascinano lo storico, preoccupano il contemporaneo scettico, soggiogano masse di seguaci e suscitano l'odio degli avversari. Non a torto confessa egli stesso di essere attratto da altri personaggi dal verbo magico che hanno attraversato la storia come segni di fuoco: Savonarola e Cromwell.

Il 24 giugno 1922, qualche istante prima dell'assassinio di Rathenau, il Sottotenente Erwin Kern sussurra al camerata Ernst von Salomon un ultimo messaggio: "Hitler è l'uomo su cui punto, se saprà cogliere la sua ora"[365].

Kern non dovette essere deluso. È questa la forza di Hitler. Fra tutti i proscritti del fronte, l'unico ad aver fede nella propria missione è lui.

---

[365] Ernst von Salomon, *I proscritti,* cit. p. 323.

Lo dichiara orgogliosamente. Questa superiorità gli vale una immediata autorità su molti. E gli porta anche l'ostilità di alcuni, come il Capitano Ehrhardt che ha diversi scopi. Altri, dopo averlo seguito lealmente, lo abbandoneranno lungo la strada, disgustati da un culto della personalità che li indispone, dalle manovre politiche e da una demagogia che ripugna loro.
Fin dalla sua irruzione nella vita politica, Hitler ha gridato ciò che gli uomini dei *Freikorps*, continuamente ingannati, scoprono a poco a poco, cioè che i loro veri nemici sono più il politicante di Weimar e l'ebreo che non i polacchi, i francesi e gli spartachisti. Così, Hitler si separa radicalmente dai conservatori. Ed a proposito di loro, egli ripete con un sorriso sprezzante: "*Wir müssen die Leute Hineinkompromittieren*. Dobbiamo comprometterli in modo tale da costringerli a marciare con noi".
Nel 1923, al tempo della questione della Ruhr, Hitler combatte violentemente l'*union sacrée* che il governo Cuno ha realizzato intorno a sé proclamando la resistenza all'occupazione francese. L'alleanza dei nazionalisti con il Cancelliere gli sembra che costituisca un evidente pericolo, e lo denuncia seguendo una logica rivoluzionaria. Il suo atteggiamento nei confronti del separatismo bavarese segue la stessa logica. Egli ne è il peggior nemico, ma si sforza di usarlo a suo vantaggio. Non considera forse la Baviera al sicuro dall'influenza dei marxisti, degli ebrei e dei democratici che regnano a Berlino?
Tutto accade nel marzo 1920. Mentre il putsch di Kapp fallisce a Berlino, indirettamente Hitler trionfa a Monaco. Spinto dai capitani Mayr e Röhm, che controllavano gli ex *Freikorps* e la potente *Orgesch*, il Generale von Möhl, capo della *Reichswehr* in Baviera, chiede al ministro-presidente socialista Hoffmann di dimettersi per evitare gravi disordini. Il 16 marzo, durante la 47ª seduta del *Landtag*, Hoffmann dà le dimissioni. Il monarchico Gustav von Kahr, capo del partito popolare bavarese, viene nominato commissario civile.
Il nuovo governo, il cui scopo apertamente dichiarato è far ritornare sul trono i Wittelsbach, combatte i marxisti e favorisce i gruppi di destra o considerati tali. Sotto la protezione del prefetto di polizia di Monaco, Pöhner, e del dirigente della polizia politica, Frick, il piccolo partito nazionalsocialista potrà svilupparsi senza ostacoli.
Non che von Kahr nutra una gran simpatia per il *N.S.D.A.P.* ed il suo capo, il cui estremismo plebeo, il cui pangermanismo e le cui ambizioni gli fanno anche orrore. In una parola, Hitler non è un uomo confacevole. Ma è l'unico propagandista non marxista che riesca a farsi ascoltare dagli operai ed anche dai comunisti. Von Kahr non può ignorare l'influenza ed il peso di questo tribuno. E tenterà di attirare nel

suo gioco quello che viene chiamato, un po' per derisione un po' per ammirazione, il "Re di Monaco". Ma il vecchio politicante troverà molta resistenza. Il Savonarola di Monaco, benché più giovane, è furbo quanto lui.

Nel settembre 1921 il governo von Kahr è costretto a dare le dimissioni. Hitler perde in parte la protezione di cui gode.

Il 4 novembre i socialisti ed i comunisti tentano di opporsi con la forza alla grande riunione organizzata dai nazisti alla Hofbräuhaus, per spezzare una volta per tutte l'ascesa di questo pericoloso concorrente. Nella sala piena di avversari arrivati in anticipo, solo qualche nazista ha potuto trovare posto. La serata sarà il battesimo del fuoco per la SA ed una cocente sconfitta per i marxisti.

Ma il tono è dato. E diventerà ancora più duro dopo l'assassinio di Rathenau. Proclamano i socialdemocratici[366]:

Appena un nazista apre la sua bocca bugiarda, bisogna tappargliela. Ogni manifestazione pubblica dei nazionalisti e dei razzisti deve essere immediatamente dispersa. Gli assassini nazionalisti sono ormai fuori legge!

Infatti, nel giugno 1922, il *N.S.D.A.P.* sarà interdetto in Prussia, Sassonia, Turingia, Schaumburg-Lippe, Hesse, Brunswick, Badén e ad Amburgo. Il 14 marzo 1923 la Corte di Giustizia di Leipzig respingerà la richiesta di annullare l'interdizione. Non importa. Hitler impegna i suoi sforzi in Baviera, e principalmente a Monaco. La risposta delle S.A. alla violenza dei socialdemocratici è salutata qui come la dimostrazione di una salutare determinazione. Finalmente! Un uomo politico dimostra che i russi non ripeteranno impunemente gli orrori del 1918 e del 1919! Favorito da una situazione eccezionale, diretto da un capo abile ed ardito, il *N.S.D.A.P.* continua l'irresistibile ascesa.

Nell'agosto 1922 una grave crisi oppone Berlino e Monaco sull'applicazione della legge per la protezione della Repubblica, votata dopo l'assassinio di Rathenau. Il compromesso al quale si piega il governo bavarese, in Baviera viene considerato un affronto intollerabile. Una enorme manifestazione, organizzata dietro le quinte dal Capitano Röhm con l'aiuto dei nazisti e del blocco bavarese, riunisce più di 60.000 persone a Monaco sulla Königsplatz, il 16 agosto Hitler si fa applaudire, dopo aver salutato la sfilata di sei centurie della SA.

Accadrà allora un avvenimento estraneo alla Germania, ma il cui esempio ossessionerà Hitler ed i suoi per un anno: la marcia su Roma che porta Mussolini al potere, il 28 ottobre 1922.

---

[366] *"Die Volksstimme"*, 26 giugno 1922.

Da quel momento si comincia a gratificare i nazisti con l'appellativo di "fascisti" ed i suoi seguaci chiameranno volentieri Hitler il "Mussolini tedesco".

L'ultimo folle sogno

1923: L'anno terribile.
Nella brumosa mattina dell'11 gennaio, le truppe francesi e belghe poste sotto il comando del Generale Degoutte penetrano nella Ruhr. Poincaré, capo del governo francese, prende a pretesto una mancanza della Germania nelle consegne di legno a titolo di riparazione. L'opinione pubblica francese è divisa. Clemenceau, sospettato di simpatie verso il Reich, è francamente contro questa occupazione. Il maresciallo Foch vede in essa "un orribile ginepraio". I socialisti con Leon Blum ed i radicali con Edouard Herriot denunciano i pericoli dell'iniziativa. Invece la destra, che ignora quasi tutto della situazione tedesca, applaude.
L'azione è risolutamente condotta dal comandante francese, e l'Armata sovietica potrà trarre da essa degli insegnamenti per l'invasione della Cecoslovacchia nel 1968.
Colpo di scena da parte dei tedeschi: il cancelliere Cuno, nominato il 22 novembre 1922, risponde con un appello alla resistenza passiva. Proibisce ai funzionari tedeschi ogni contatto con le autorità di occupazione. A Berlino viene proclamato lo sciopero generale. I treni si fermano, le miniere vengono chiuse, gli altiforni si spengono.
Il Sindacato del carbone, che coordina l'insieme delle attività dell'enorme complesso minerario ed industriale della Ruhr, il giorno prima dell'entrata delle truppe francesi ha lasciato Essen portando con sé gli archivi. La regione è interamente paralizzata. Ogni attività è interrotta.
Dagli operai ai maestri di forgia, tutti sono concordi contro l'occupazione. Un enorme moto di indignazione – come non si è più verificato dopo il 1918 – si leva in Germania.
Il governo francese contrattacca proibendo l'invio di minerale della Ruhr verso la Germania non occupata. Migliaia di ferrovieri e di tecnici sono mobilitati in Francia ed in Belgio per sostituire i dipendenti delle ferrovie tedesche in sciopero.
Poiché gli occupanti rimettono in moto i treni, bisogna impedir a questi di passare. Ben presto diversi ex *Freikorps* si mettono all'opera per la resistenza attiva. Hauenstein[367] e molti dei suoi camerati, fra cui il Sottotenente Schlageter, organizzano sabotaggi ed attentati. L'esercito francese, come tutti gli eserciti di occupazione, risponde con sanguinose rappresaglie di cui i civili, spesso innocenti, fanno le spese.

---

[367] Organizzatore dei *Freikorps* in Alta Slesia.

Fin dal 15 gennaio a Bochum avvengono scontri con la popolazione. I francesi sparano: bilancio: un morto e diversi feriti. L'8 febbraio gli occupanti molestano i passanti a Recklinghausen. Due giorni dopo, scontro a fuoco con i poliziotti tedeschi di Gelsenkirchen: uno di questi muore. Il 16 febbraio, sabotaggio nel porto: Mathias Stinner, un carbonaio, viene affogato. Le autorità di occupazione disarmano la polizia di Essen.

Il 7 marzo l'esercito francese assicura la riattivazione delle ferrovie, ma la popolazione si rifiuta di viaggiare in treno. Tre giorni dopo, attentato a Coblenza. L'indomani, due ufficiali francesi vengono uccisi a Buer. Per rappresaglia, sette civili vengono giustiziati.

Le autorità francesi tentano di suscitare un movimento separatista nel Palatinato e, in mancanza di meglio, si appoggiano a personaggi alquanto equivoci. Uno dei capi di questo movimento, Smeets, è gravemente ferito il 17 marzo dai resistenti. L'indomani, a Essen, un soldato francese viene assassinato. La truppa abbandonata nella città spara sui civili. Il 31 marzo, sempre ad Essen, uno scontro fra un distaccamento francese e alcuni operai della Krupp provoca 13 morti e 20 feriti fra questi ultimi.

Un gruppo sabotatore fa saltare il *Rhein Herne Kanal* nei primi giorni di aprile.

Il 15 aprile il Sottotenente Albert Schlageter mina con la dinamite un ponte ferroviario nei pressi di Calkum. Denunciato da una spia, è arrestato, tradotto dinanzi ad una corte marziale francese e fucilato il 20 maggio 1923.

Questa esecuzione dà alla Germania ed al nazismo un eroe nazionale: Schlageter sarà il martire della liberazione tedesca. Quando il suo corpo sarà trasportato in zona non occupata, per essere sepolto ad Elberfeld, in ogni stazione, lungo il cammino, la folla si riunisce per rendergli un ultimo omaggio. La sua tomba diventerà un luogo di pellegrinaggio. Le associazioni della gioventù vi andranno a prestare il giuramento di fedeltà e di vendetta.

Le autorità di occupazione si sforzeranno di lottare contro questo culto; faranno anche circolare la voce di un tradimento da parte di Schlageter, ma non serve a nulla. Nessuno in Germania vorrà credere che, prima di morire, egli abbia denunciato i camerati.

Il destino di questo giovane ufficiale fu esemplare nella misura stessa in cui lo fu quello di migliaia di altri di quella generazione perduta. Quando scoppia la guerra, nel 1914, Schlageter è studente. Si arruola in un Reggimento di artiglieria. Il suo comportamento dinanzi al fuoco gli vale la Croce di Ferro di seconda classe, poi quella di prima classe. Riceve le spalline sul campo di battaglia. Dopo l'armistizio del 1918 tenta di riprendere gli studi, ma l'appello del *Baltikum* è più forte. Raggiunge il *Freikorps* von Medem, partecipa alla conquista di Riga e combatte fino al termine dell'avventura baltica. Al ritorno raggiunge la III brigata di Marina von Loewenfeld. Poi c'è il putsch di Kapp, la repressione della sommossa comunista della Ruhr nel 1920 e la riconquista della Alta Slesia nel 1921, dove egli comanda la Compagnia di mitragliatrici della *Sturmabteilung* Heinz Hauenstein, e marcia con essa sull'Annaberg.

Al ritorno dall'Alta Slesia si rifugia a Monaco. Là, nella serata del 22 novembre 1922, ascolta Hitler per la prima volta. Conquistato, aderisce al partito nazionalsocialista. Fin dall'annuncio dell'occupazione militare della Ruhr, egli mette un po' di biancheria e la sua pistola in un vecchio zaino e si precipita sul posto per organizzare gruppi di resistenti. Là lo aspetta la fine del suo cammino.

I nazisti non ci metteranno molto ad appropriarsi dell'eroe: era stato dei loro. E sapranno fare buon uso della sua leggenda. Il 24 maggio 1933, decimo anniversario della sua morte, sul luogo della sua esecuzione, a Golzheimer Heide, sarà inaugurato un monumento dal nascente Terzo Reich.

Ma anche i comunisti renderanno onori a Schlageter, presentandolo come un eroe fuorviato. La politica estera sovietica mira, a quell'epoca, ad un'alleanza con la Germania contro la Polonia, la Francia e l'Occidente in generale. L'idea di un'intesa delle due nazioni proscritte, ed anche quella di una rivoluzione nazionalbolscevica tedesca, si fa strada. Alcuni combattenti dei *Freikorps* vi cedono per disperazione. Il terreno sembra propizio ad un nuovo assalto comunista contro la Repubblica di Weimar. Negli ultimi giorni di maggio, il K.P.D. scatena sommosse a Bolchum, Dortmund e Gelsenkischen, nella Ruhr. Ma, contrariamente alle sue previsioni, si scontra con la polizia ed i Volontari armati. Le autorità di occupazione non intervengono.

Nell'attesa, l'esempio di Schlageter ha dato i suoi frutti. I tentativi di sabotaggio si moltiplicano. Nei mesi di giugno e luglio gli autori di diversi attentati sono condannati a morte dalle corti marziali francesi. Il 10 giugno due ufficiali francesi vengono assassinati per le vie di Dortmund. La rappresaglia fa sette morti fra la popolazione civile. Il 24 giugno, a Buer, in seguito ad incidenti con gli occupanti, cinque civili tedeschi vengono uccisi. Il 30 giugno, l'attentato a un treno nei pressi di Duisburg provoca la morte di nove persone ed il ferimento di altre cinquanta.

Tuttavia la resistenza passiva si smorza. Le autorità francesi riescono a riattivare la circolazione ferroviaria malgrado i sabotaggi. Stanchi, gli

operai a poco a poco riprendono il lavoro e diversi industriali intavolano discretamente negoziati con gli occupanti. Non solo il Reich è privo di carbone, ma deve anche provvedere al sostentamento della popolazione della Ruhr condannata alla disoccupazione. La Zecca è costretta a lavorare doppio, e ben presto l'inflazione supera ogni immaginazione Le finanze tedesche crollano provocando la rovina dei risparmiatori ed il fallimento di innumerevoli imprese.
Il gabinetto di Berlino si trova ben presto costretto a dare le dimissioni. Il 13 agosto il cancelliere Cuno è sostituito da Stresemann. Un mese dopo, il 26 settembre 1923, questi annuncia ufficialmente che la Germania rinuncia alla resistenza passiva.
Questa capitolazione è interpretata come una nuova dimostrazione della debolezza e della viltà dei politicanti di Weimar. Tentativi separatisti e sommosse estremiste scoppiano un po' dovunque.
Il 21 ottobre, manovrati dalla Francia, i separatisti renani proclamano la nascita di una Repubblica autonoma ad Aix-la-Chapelle. Lo stesso giorno si impadroniscono degli edifici pubblici a Monaco, Glandbach, Monschau e Bonn, dove la polizia viene disarmata dai militari francesi. Il giorno dopo il movimento continua a Wiesbaden, Trêves, Düren, Mayence e Coblenza. E naturalmente provocando sanguinosi incidenti. La popolazione, in schiacciante maggioranza, è ostile a questo movimento strumentalizzato: si solleva e caccia i separatisti da Aix-la-Chapele e da Bonn. A Mayence questi ultimi sono protetti dagli occupanti francesi che sparano sulla popolazione: il bilancio è di quattro morti e più di venti feriti. Nel Palatinato sono i francesi stessi che proclamano l'indipendenza della Regione, e gli scontri sanguinosi cesseranno solo dopo che i separatisti saranno definitivamente schiacciati, nel febbraio 1924.
Il 9 gennaio 1924 un commando di cinque volontari, appartenente all'O.C. del Capitano Ehrhardt, comandato da Gunther Muthmann, arriva a Spire. Si dirige verso l'hotel Wittelsbacher dove sta pranzando il "presidente della Repubblica autonoma del Palatinato", Heinz-Orbis (Franz Josef Heinz). Mentre i suoi camerati sorvegliano le uscite, Muthmann entra nella sala del ristorante: individua la tavola del "collaborazionista", si avvicina, estrae la pistola. La sua mano non trema. Lo colpisce alle spalle, come si conviene ad un traditore. Prima che gli altri commensali si siano ripresi dallo stupore, Muthmann è uscito dalla sala. I cinque uomini, protetti dalla popolazione, sfuggono alle ricerche delle autorità francesi e raggiungono Monaco.
Ormai nulla potrà impedire la disfatta dei separatisti. La popolazione delle campagne, con l'aiuto degli uomini di Heinz e di Steinacher, taglierà a pezzi i separatisti a Seibengebirge, nel febbraio 1924, met-

tendo fine definitivamente al movimento[368].

Finanziariamente la Germania esce da questa crisi più malconcia che dopo il 1918. Nella loro aridità, le statistiche della Reichsbank sono eloquenti. La disfatta finanziaria tedesca si misura con la fluttuazione del corso del dollaro: al 1° ottobre 1918, il dollaro valeva 4 marchi; il 2 gennaio 1921, è passato a 74 marchi; il 2 gennaio 1922, a 187 marchi. Poi il progresso si accelera. Il 2 gennaio 1923, il dollaro vale 7.260 marchi; il 1° luglio, è passato a 160.000 marchi. Un mese dopo raggiunge il milione e cento mila marchi. Ma non si è ancora visto nulla. Il 4 settembre 1923, ecco il dollaro a 13 milioni di marchi; il 1 ottobre a 242 milioni di marchi; il 1° novembre occorrono 190 miliardi di marchi per ottenere un dollaro. E non è finita. Il 30 novembre il dollaro è a 4.200.000.000.000 di marchi...

Quanti trilioni di marchi saranno necessari nell'ottobre 1923 per affrancare una lettera? Alla cassa di un grande magazzino, racconta Victor Serge[369], una vecchietta trae dalla borsa dei biglietti da 100 marchi dell'anno prima, del tempo di Rathenau.

"Ma non hanno più valore, signora".

"Cosa dice? Non capisco".

La gente scoppia a ridere.

Poco lontano, nei pressi dell'Alexanderplatz, si saccheggia una drogheria, ordinatamente.

"Ehi! Non più di tre scatole di conserva a testa!"

Gli agricoltori rifiutano di vendere bestiame e cereali che vengono loro pagati con carta straccia. Le campagne rigurgitano di viveri e le città muoiono di fame. Il furto diventa il solo modo per sopravvivere.

A Berlino ed altrove non vi sono più strade ricche. Tuttavia i locali notturni restano aperti, e lo resteranno fino all'apocalisse. Fra i tavoli danzano giovani donne nude. Non sono prostitute, ma è possibile averle per due dollari. Hanno fame. Sono le figlie degli ex *Junkers* decaduti.

Per le strade passeggiano a frotte: giovani e vecchie. Alcune inalberano uno sguardo di sfida, altre chinano il volto grigio, schiacciate dalla vergogna.

Vicino a questa miseria nascono fortune al galoppo dell'inflazione. Trafficanti accorrono da tutti i continenti, arraffano le mercanzie, le auto, le case, le imprese. Gli *Schieber* – speculatori – indossano pel-

---

[368] Il 31 luglio 1925 le truppe francesi evacuano la Ruhr mantenendo solo le due teste di ponte. Il 30 luglio 1930 le ultime truppe di occupazione avranno evacuato la Renania ed il Palatinato.

[369] Victor Serge, *Le Tournant obscur*, Ed. des Iles d'or, p. 7.

licce e salgono su smaglianti vetture. La Germania va male, ma gli affari vanno bene. La propaganda nazionalista denuncia gli ebrei, che sono numerosi fra i nuovi ricchi. Ma non sono i soli a profittare della grande situazione. La grande industria cancella i debiti con marchi svalutati.

Ogni giornata è segnata da scioperi, violenze, incidenti sanguinosi. Sembra di essere ritornati alla primavera del 1919. Riappaiono i sopravvissuti delle grandi insurrezioni spartachiste, come Wells e Dittmann. Si estraggono le armi dalle fondine. Ci si scambia la parola d'ordine. Di nuovo, per le strade, si sente il sordo martellamento delle centurie rosse e delle coorti nere.

Nell'ultima quindicina di ottobre si contano 8 morti e 15 feriti gravi a Aix-la-Chapelle, 3 morti e 7 feriti a Berlino, 1 morto e 2 feriti a Erfurt, 3 morti e 16 feriti ad Amburgo, 3 morti e 12 feriti a Essen, 18 feriti gravi a Marienburg, 2 morti a Francoforte sul Meno. Il sangue scorre ad Hannover e a Lubecca, a Brunswick e a Düsseldorf. La Germania sembra alla vigilia di una terza rivoluzione[370].

Per padroneggiare questa situazione e fronteggiare la minaccia di separatismo in Baviera, nella notte dal 26 al 27 settembre 1923 il presidente Ebert ha proclamato lo stato d'emergenza. Tutti i poteri sono passati al ministro della Reichswehr, Gessler, ma in realtà alla "sfinge dal monocolo", il Generale von Seeckt.

Allora, colpo su colpo, scoppieranno l'insurrezione della *Reichswehr Nera* a Küstrin e le sommosse comuniste in Sassonia e ad Amburgo.

La rivolta della *Reichswehr Nera* abortisce da sola. Invece, in Sassonia e ad Amburgo deve intervenire l'esercito.

L'insurrezione è stata minuziosamente preparata. La Sassonia e la Turingia cadono nelle mani del fronte popolare il 13 ottobre vengono ricostituite le centurie rosse: complessivamente l'effettivo di due Divisioni. Le armi sono fornite dalla Cecoslovacchia, i dollari provengono dall'Esercito dell'Internazionale comunista[371]. La decisione di scatenare la rivoluzione in Germania è stata presa da Trotskij nel settembre 1923, fin da quando è finita la resistenza passiva nella Ruhr. In effetti, a Mosca si teme un riavvicinamento fra la Germania e l'Occidente. Si deve dunque far cadere la Germania in campo sovietico.

Riferisce Alexander Barmine:

Nell'ottobre 1923, Mosca era in preda ad una frenetica eccitazione. Ci preparavamo alla rivoluzione in Germania. Radek fece un ciclo di conferenze su

---

[370] Dati riportati da Benoist-Méchin, op. cit., tomo II, p. 280.
[371] Cfr. Victor Serge, op. cit., p. 9 e ss.

questo tema all'accademia di guerra e Zinoviev scrisse su "La Pravda" una serie di articoli dove delineava in anticipo la politica estera che la futura repubblica sovietica tedesca avrebbe dovuto seguire...[372]

Dal momento in cui l'Internazionale prende la decisione, l'apparato dell'Esecutivo si prepara febbrilmente all'insurrezione armata. Dall'oggi al domani, i giornali comunisti cambiano linguaggio. Come nel 1919 e nel 1921, gli emissari del Komintern, Guralski e Rákosi, passano in Germania, seguiti da venti specialisti della guerra civile, fra i quali il Generale Skoblevski, alias Gorev, che farà parlare di sé nel 1925, al momento del processo della Ĉeca tedesca.

Il comitato centrale del partito comunista (K.P.D.) suddivide fra i suoi membri i portafogli del futuro governo dei commissari del popolo. Viene costituito un comitato rivoluzionario di sette membri, incaricato di dirigere l'insurrezione armata. Comprende fra gli altri Felix Neumann per l'armamento, Walter Ulbricht alla testa dell'organizzazione militare e Wilhelm Pieck per la propaganda. Gli ultimi due saranno i capi della Repubblica democratica tedesca dopo il 1945.

L'insurrezione è fissata per il 25 ottobre, anniversario della conquista del potere a Pietroburgo nel 1917. Poco importa se la data del calendario giuliano corrisponde al 7 novembre del calendario gregoriano...

Tutto deve partire dalla Sassonia, per raggiungere il cuore della Germania via Amburgo.

Rákosi[373], delegato dell'Internazionale, pensa di far saltare il ponte ferroviario che unisce Tetschen, in Sassonia, a Bodenbach, in Cecoslovacchia, allo scopo di provocare un intervento militare cecoslovacco in Germania, in aggiunta al disordine.

Il 21 ottobre viene tenuto a Chemnitz un congresso dei consigli operai di Sassonia. Benché in minoranza in seno all'assemblea, i comunisti sono convinti di ottenere il voto favorevole alla proclamazione di uno sciopero generale per opporsi allo stato di emergenza che dà il potere ai militari. Questa decisione sarà il segnale che dovrà incendiare il Reich. Contro ogni loro speranza, rimangono isolati: la maggioranza moderata del congresso respinge la proposta di sciopero generale. Il piano di rivolta crolla. Emissari partono in tutte le direzioni, con l'eccezione di Amburgo, per annullare le consegne insurrezionali.

Mentre le truppe del generale Müller marciano sulla capitale della Sassonia abbandonata dalle centurie comuniste, l'organizzazione

---

[372] Cfr. Margarete Buber-Neumann, op. cit., p. 102
[373] Mátyás Rákosi (1892-1971), stalinista di stretta obbedienza, terrà l'Ungheria sotto un pugno di ferro, dal 1945 al 1956.

clandestina del partito dà il via alle operazioni previste nel grande porto della Hanse.
Nella notte fra il 23 e il 24 ottobre piccoli gruppi armati vanno per la glaciale città carichi di un terribile entusiasmo.

> *Marciamo al passo, camerati*
> *Marciamo al passo arditamente,*
> *Oltre le barricate*
> *Ci aspetta la libertà!*

"Oltre le barricate" troveranno la morte ed il carcere. Guidata da uno studente di venticinque anni, Hans Kippenberger[374], l'insurrezione si estende. I posti di polizia cadono uno ad uno, a prezzo di qualche morto. Le mitragliatrici sorvegliano i ponti, le stazioni e le grandi strade. All'alba, Amburgo è conquistata...
Ma la Germania non si muove. La città stessa resta muta e morta. Allora riappaiono gli *Schupos*. Durante la giornata un cacciatorpediniere entra in porto e sbarca unità della *Reichswehr*. I piccoli gruppi di insorti, senza il sostegno della popolazione, senza rinforzi, non possono resistere dinanzi alle forze unite della polizia e dell'esercito. Trenta ore dopo la rivolta è domata.
Questa volta non è stato necessario fare appello ai *Freikorps*. La Reichswehr e la Schupo sono stati sufficienti di fronte ad insorti isolati. È il segno di un'epoca nuova: è finita l'era delle insurrezioni armate e dei colpi di Stato. Qualche giorno dopo, a Monaco, un altro tentativo di putsch fallisce ugualmente davanti ai *Mauser* della polizia, nell'indifferenza generale. Questo sarà l'ultimo tentativo dei *Freikorps* di impadronirsi del potere con la forza. Ma l'uomo che quel giorno si trova alla loro testa non ha finito di far parlare di sé.
All'inizio del 1923 Hitler, come la maggior parte dei lanzichenecchi, si aspettava una lotta aperta contro gli invasori della Ruhr. Su istigazione del Capitano Röhm, regista dell'agitazione nazionalista e rivoluzionaria in Baviera, Hitler accetta un'alleanza con altre formazioni paramilitari uscite dai *Freikorps* e dagli *Einwohnerwehren*. Così non sarà preso alla sprovvista dall'esplosione di una "guerra di liberazione" che ognuno crede imminente.
A Berlino il ministro della *Reichswehr* incoraggia segretamente questo camuffamento di unità armate. Il Generale von Seeckt riunirà 6.000 uomini nel gennaio 1923, e sei mesi dopo avrà più che raddoppiato i suoi effettivi. Il carattere militare dell'organizzazione viene

---

[374] Si rifugiò a Mosca nel 1924. Vittima di purghe staliniste, sarà fucilato nel 1937.

accentuato. Gli uomini indossano divise *Feldgrau*, portano elmetti di acciaio e hanno le armi.

Per conservare il controllo di questa forza che rischia di sfuggirgli dalle mani, Hitler ne affida il comando ad un uomo in cui ripone tutta la sua fiducia, l'ex comandante della squadriglia *Richthofen*, il Capitano Hermann Göring, il quale, giocando a fondo la carta del partito e del suo Führer, si opporrà a coloro che credono alla rivoluzione per mezzo dell'unico potere della spada, i Röhm, i Rossbach, gli Heines e gli Heydebreck. Questo sordo conflitto finirà solo undici anni dopo, con la purga del 30 giugno 1934 che vedrà il trionfo di Göring sugli altri.

Il 1° maggio 1923 10.000 uomini in armi, appartenenti alle diverse formazioni paramilitari bavaresi, sfilano dinanzi ad Hitler sul campo di aviazione di Oberwiesenfeld, nei pressi di Monaco. Alcuni sperano che questa manifestazione in forze permetta di proclamare una dittatura nazionale con il pretesto di schiacciare le contromanifestazioni dell'estrema sinistra. Il Generale von Lossow, comandante della *Reichswehr* in Baviera, fa sapere che egli si opporrà con le armi ad un simile tentativo. Hitler si piega, rinnegato da alcuni ex *Freikorps* fra cui quello del Capitano Ehrhardt.

Durante l'estate del 1923 la fine della resistenza nella Ruhr ed il fulminante aggravarsi dell'inflazione offrono un clima estremamente favorevole alla propaganda nazista. Contrariamente alle formazioni reazionarie, Hitler si è sempre rifiutato di sostenere il governo. Per lui l'union *sacrée* sarebbe stata un mercato di inganni. Così può intensificare i suoi attacchi: accusa il governo centrale di aver tradito la resistenza contro l'occupazione francese e di aver scientemente provocato l'inflazione. Molti di quel ceto medio rovinato dal crollo del marco gli si affiancano.

Uno slogan risuona ormai costantemente nella propaganda nazionalsocialista: "Solo una dittatura nazionale può ancora salvare la Germania". Ciò che i fascisti e Mussolini hanno fatto un anno prima in Italia, perché non dovrebbero farlo i nazionalsocialisti ed Hitler in Germania? Dopo la "marcia su Roma", non ci sarà una marcia su Berlino?

Tuttavia a quell'epoca Hitler non immagina certo che un giorno diventerà il capo del Reich. Nel 1938 confiderà ad Hans Frank, futuro *Reichskommissar* per la Polonia:

Se avessi pensato di diventare un giorno cancelliere, non avrei mai scritto il *Mein Kampf*. Ma lo ignoravo; mi vedevo solo come il capo di un partito, al più, come il consigliere intimo di un grande del Reich[375].

---

[375] Citato da Werner Maser, op. cit., p. 113. Il *Mein Kampf* venne scritto nella prigione di Landsberg nel 1924

Egli è solo il *Führer* del nazionalsocialismo, e questo appellativo non si generalizzerà che dopo la riorganizzazione del Partito nel 1925. Per il momento Hitler si pone all'ombra di un personaggio altrimenti conosciuto, l'illustre Ludendorff.

Alla fine dell'estate, con il suo fiuto da cospiratore, il Capitano Röhm sente che bisogna affrettare le cose se si vogliono spazzare via i "criminali di novembre". La tempesta che si è di nuovo abbattuta sulla Germania non, durerà molto, senza dubbio; bisogna agire prima che sia cessata. I comunisti fanno esattamente lo stesso ragionamento nello stesso momento, per proprio conto.

Il 2 settembre 1923, in occasione delle manifestazioni della "Giornata tedesca" di Norimberga, Röhm determina la costituzione di un fronte dei più duri movimenti nazionalisti, dove numerosi *Freikorps* hanno trovato rifugio. Questo *Deutscher Kampfbund* comprende il *N.S.D.A.P.* e la S.A. di Hitler, il *Bund Oberland* di Friedrich Weber e la *Reichskriegsflagge* del Capitano Adolf Heiss[376].

Mentre Röhm assume la direzione militare del *Kampfbund* con il Colonnello Kriebel, ex Capo di Stato Maggiore degli *Einwohnerwehren* bavaresi, Hitler è designato dai suoi pari ad assumere la direzione politica. La sua posizione personale si trova considerevolmente rinforzata. Egli può contare, ormai, sui 55.000 membri del suo partito, su 15.000 SA e sulle altre due formazioni del *Kampfbund*.

Hitler svolge un'intensa attività, tenendo discorsi anche più volte al giorno. Nella sola giornata del 24 settembre parla in 14 riunioni organizzate dal suo partito. E mai come in questo periodo meriterà tanto il soprannome di "Re di Monaco".

Il monarchico Gustav von Kahr comprende che Hitler è uscito ormai dal suo gioco. Creatura della Reichswehr, poi *atout* dei separatisti, il capo dei nazisti si è pian piano liberato di entrambe le tutele dopo averne approfittato per costruire la propria forza. Proprio come Röhm e Hitler, von Kahr sa che bisogna agire senza perdere tempo, ma con obiettivi diametralmente opposti. L'alleanza tattica conclusa dopo il 1919 fra i nazionalisti tedeschi – i "prussiani" – ed i separatisti bavaresi, è rotta. I nazionalisti si sentono ormai abbastanza forti per continuare da soli il cammino.

Con Ludendorff e Hitler, i pangermanisti vogliono prendere il potere a Monaco per lanciarsi all'assalto del Reich. Da parte loro, von Kahr ed il capo della *Reichswehr* bavarese, von Lossow, intendono anch'essi garantirsi la Baviera, ma per distaccarla dal Reich e per riportare sul

---

[376] Da non confondere con il *Reichsflagge*, reazionario ed ostile ai nazisti.

trono i Wittelsbach.

Ciascuno dei due campi 'tenta di impadronirsi delle truppe dell'altro. Rossbach ed i rivoluzionari si uniranno ad Hitler, mentre Ehrhardt ed i reazionari raggiungeranno von Kahr. Da una parte e dall'altra ci si prepara allo scontro inevitabile.

Il 26 settembre von Kahr segna a suo favore un punto molto importante. Prendendo lo spunto dalla situazione incerta e dalle minacce di incursioni rosse provenienti dalla Turingia, il gabinetto bavarese lo nomina Commissario generale di Stato per la Baviera e sospende provvisoriamente le garanzie costituzionali. Queste disposizioni fanno di von Kahr un virtuale dittatore, ma lo mettono anche nella situazione del ribelle nei confronti del Reich. Egli prende immediatamente una serie di misure per limitare l'azione del partito nazionalsocialista, molte riunioni del quale saranno proibite.

La Baviera sembra alla vigilia della secessione. Gli ordini del ministro della Reichswehr a Monaco sono ignorati. Berlino risponde con la proclamazione dello stato di emergenza e sospende il Generale von Lossow dal comando. Ma von Lossow rifiuta di piegarsi. Il 22 ottobre, la *Reichswehr* bavarese presta giuramento al governo di Monaco sulla bandiera blu e bianca.

Ma il tempo lavora a favore di Berlino. Negli ultimi giorni di ottobre, il governo centrale riesce a superare il pericolo di una rivolta comunista in Sassonia, in Turingia e ad Amburgo. Ristabilendo l'ordine, la *Reichswehr* toglie a von Kahr, Ludendorff ed Hitler l'alibi per i loro rispettivi colpi di mano. Naturalmente, essi ricavano da ciò una spinta ancora maggiore ad agire.

A partire dal 1º novembre Monaco piomba in una febbre di follia. Le voci più inverosimili corrono per i caffè della città, dove si complotta alla luce del sole.

Hitler ed i suoi si aspettano l'imminente restaurazione della monarchia bavarese. Von Kahr ed il Generale von Lossow temono di essere battuti per poco dai "fascisti tedeschi".

L'8 novembre, verso mezzogiorno, Hitler irrompe negli uffici del suo giornale, il *"Völkischer Beobachter"*. È in uno stato di grande agitazione: il volto pallido, la mano stretta intorno al frustino di pelle di rinoceronte. Trascina da una parte il redattore capo, Alfred Rosenberg, e Ernst Hanfstaengl che si trova ugualmente là.

Giuratemi che non direte nulla a nessuno di quanto vi dirò, dice con voce fremente e contenuta. Questa notte passeremo all'azione. Farete parte entrambi della mia scorta personale. L'appuntamento è davanti al *Bürgerbräu Keller,* alle 7. Prendete le vostre pistole.

La grande sala di questa rispettabile birreria è stata affittata per quella stessa sera da von Kahr, in vista di una riunione che si dice di capitale importanza. Tutte le personalità di Monaco sono presenti. Per Hitler non vi è alcun dubbio: von Kahr annuncerà In restaurazione dei Wittelsbach. D'accordo con Röhm e Ludendorff, decide di batterlo in velocità. In sostanza, si tratta più di una specie di rivoluzione di palazzo che di un putsch. Egli non intende rovesciare von Kahr, ma costringerlo a marciare con lui su Berlino.

L'oscurità avvolge già i dintorni della *Bürgerbräu Keller*, nella parte alta della Rosenheimstrasse. L'inverno è già lì, massiccio e freddo. Dinanzi all'ingresso, un cordone di poliziotti filtra gli invitati. Il barlume di fari di un'automobile risale la via, proveniente dal centro della città. Una *Benz* rossa si ferma di fianco al marciapiede: Hitler salta a terra seguito da Rosenberg, dal suo segretario Amman e dalla sua guardia del corpo Ulrich Graf. A ruota li segue Hanfstaengl. Hitler passa dinanzi ai poliziotti e getta là, perentorio: "Questi signori sono con me".

La grande hall dalla quale si accede nella sala è vuota, a parte le alte uniformi, gli elmetti d'ordinanza e le sciabole che lampeggiano sugli abiti. Tutta *l'élite* di Monaco è riunita: quasi 3.000 persone.
"Una graziosa schiodata", sghignazza Rosenberg.
La riunione si è iniziata. Sul palco hanno preso posto von Kahr, il Generale von Lossow ed il Colonnello von Seisser, comandante della polizia di Stato: i "triumviri" del complotto monarchico.
Avvolto in un impermeabile giallo. Hitler si pone ad una ventina di metri dal palco, dietro una colonna. Di tanto in tanto getta uno sguardo febbrile verso il fondo della sala, mangiandosi le unghie.
Von Kahr si alza ed inizia con voce monotona un discorso senza rilievo. Nella sala, i camerieri servono *Stein* di birra, ad un miliardo di marchi al litro.
Dopo una mezz'oretta, il pubblico ronfa dolcemente. Dopo una breve pausa, salutato da muti applausi von Kahr riprende: "Ed ora affronterò il punto che..."
In quel momento si spalancano i battenti della porta di fondo: appare il Capitano Göring, simile ad una Wallenstein d'operetta, l'atteggiamento terribile, il petto possente coperto di decorazioni, buffetterie alla cintura, una pistola in mano. Lo seguono venticinque miliziani SA che spingono una mitragliatrice.
Hitler balza subito verso la tribuna, scortato dalle sue guardie del corpo. Il Maggiore Mucksel, del servizio di informazioni della Reichswehr, tenta di fermarlo, ma Hitler gli mette la canna della pistola fra le costole e salta sul palco. Più per risvegliare la sala anestizzata

da von Kahr che per ispirare rispetto Hitler spara un colpo di pistola in aria, poi grida: "La rivoluzione nazionale è in marcia. La *Reichswehr* è con noi. La nostra bandiera sventola sui suoi acquartieramenti..."
Senza abbandonare l'arma, invita i "triumviri" a seguirlo in una saletta adiacente per raggiungere un accordo. Il palco si fa deserto. Fra le quinte von Kahr rifiuta ogni accordo. La discussione cade nel nulla. Per uscire dall'impasse, Hitler ricorre al teatro ed al bluff: riappare nella sala ed annuncia la conclusione di un accordo generale.
"Domani marceremo su Berlino!"
Abilmente blandisce il sentimento nazionale dei notabili bavaresi: Monaco diventerà la prima città della Germania. Un lapsus opportuno gli fa chiamare "Sua Maestà" il principe ereditario di Baviera. Il pubblico lo porta in trionfo.
Ritorna dai "triumviri": "I vostri seguaci hanno approvato il nostro piano. Non comprenderebbero un vostro rifiuto".
Ludendorff arriva in quel mentre, accompagnato da Scheubner-Richter. L'ex Gran Quartier Mastro Generale porta il suo aiuto ad Hitler. Non potendone più, Kahr e Lossow si piegano.
Ritornano sul palco. Hitler si è tolto l'impermeabile. Indossa un, frac di brutto taglio, il bracciale con la croce uncinata sulla manica sinistra, la Croce di Ferro sul petto. Prendendo la parola, annuncia la costituzione di un governo nazionale e conclude con vera emozione: "Posso ormai compiere il voto che avevo fatto, cinque anni fa, quando, cieco, giacevo all'ospedale militare: non conoscere né riposo né pace finché non siano abbattuti i criminali di novembre, perché sulle rovine della miserabile Germania di oggi sorga una Germania potente, grande e libera".
I congiurati giurano, poi intonano il *Deutschland über Alles,* seguiti dal pubblico con impressionante fervore.
Nel frattempo, le truppe del *Kampfbund* e della S.A. cominciano ad occupare le posizioni chiave di Monaco. Rossbach si presenta alla Scuola dei Cadetti di Fanteria e riunisce gli allievi ufficiali. La bandiera con la croce uncinata sventola sulla caserma.
Röhm, seguito dagli uomini della *Reichskriegsflagge,* il cui stendardo è portato dall'aspirante Heinrich Himmler, si impadronisce del ministero della Guerra bavarese.
Ma altrove le cose vanno meno bene. Una staffetta arriva alla *Bürgerbräu Keller:* le SA sono state respinte alla caserma del 19° Reggimento di Fanteria. Si temono scontri sanguinosi. Hitler si reca immediatamente sul luogo, affidando la sorveglianza dei "triumviri" a Ludendorff.
Quando, una mezz'ora dopo, ritorna alla *Bürgerbräu Keller,* von

Kahr, von Seisser ed i loro collaboratori sono andati via. Costernato, Hitler rivolge la sua collera contro Ludendorff che ribatte, piccato: "Il generale von Lossow mi ha dato la sua parola d'onore che resterà fedele al patto concluso con noi. Non le permetto di mettere in dubbio la parola di un ufficiale tedesco!"
Ingenuità fatale: appena libero, Lossow ha raggiunto la *Kommandantur* di Monaco. Gli ufficiali presenti lo informano delle iniziative prese per soffocare sul nascere il colpo di forza dei "prussiani" Hitler e Ludendorff. Dimenticando il giuramento, Lossow aderisce immediatamente a queste iniziative.
Nello stesso momento, von Kahr si fa condurre a Ratisbona per avere le mani libere, e provvisoriamente vi installa la sede del governo. Il Commissario generale decide seduta stante lo scioglimento del *N.S.D.A.P.* e delle altre formazioni del *Kampfbund,* poi redige un proclama:

Le dichiarazioni che ci sono state strappate – a me, al generale von Lossow ed al Colonnello von Seisser – sotto la minaccia di una pistola, sono nulle e come non avvenute.

Nella notte le unità della *Reichswehr* bavarese e della polizia stringono d'assedio i punti chiave di Monaco. Rossbach e Röhm si trovano ben presto accerchiati. Le unità della SA e del *Kampfbund* che tentano di impadronirsi degli edifici militari e dei monumenti pubblici sono ovunque respinte brutalmente. Gli emissari che Hitler invia a von Lossow vengono arrestati.
Nella *Bürgerbräu Keller* dove gli uomini della SA vagano inattivi, tremando per il freddo nelle loro camicie di cotone, Hitler comprende di essere stato giocato. Misura le sale a grandi passi, l'occhio torvo, smarrito. Il tentativo insurrezionale, improvvisato, organizzato approssimativamente, rischia di finire nel ridicolo. Si era preparato per una rivoluzione di palazzo, non per una guerra civile. Ora, proprio a questa porta la fellonia dei suoi alleati.
L'unico a non far capire nulla del suo turbamento è Ludendorff: impassibile, sorseggia un bicchiere di vino del Tirolo. Quando Göring propone di ritirarsi fuori Monaco per ricostituire una truppa, egli dice, sprezzante:
"L'insurrezione non può finire nel fossato di qualche sentiero dei dintorni. Bisogna andare fino in fondo. Non si deve nemmeno parlare di capitolazione. La causa nazionale non si risolleverebbe più. La nostra situazione non è poi così disperata come credete. Ed un colpo audace può rivolgerla a nostro vantaggio. Bisogna marciare diritto verso il centro della città, liberare i nostri camerati accerchiati ed imporci".

"Ma la polizia e la Reichswehr spareranno. Sarà una catastrofe".
"Io, Ludendorff, mi metterò in prima fila. Nessun soldato tedesco oserà mai sparare su quello che è stato il suo capo. Quando io apparirò, la Reichswehr si porrà ai miei ordini e la popolazione si unirà a noi. Avanti!"
"Ma..." tenta di obiettare Hitler.
"Avanti!"
La glaciale determinazione del vecchio Quartier Mastro Generale mette fine ad ogni discussione. D'altronde, che altro si può fare?
Il 9 novembre, a cinque anni precisi dalla rivoluzione rossa di Berlino, verso le 11 del mattino, sotto un cielo basso e carico di neve, un corteo composto da 2.000 SA esce dalla *Bürgerbräu Keller* e si dirige verso il centro di Monaco. Göring propone di portare degli ostaggi. Hitler vi si oppone, ed esige anche che le armi siano scariche. Non è una formazione di combattimento che avanza, ma una manifestazione politica.
In testa marciano Ludendorff in abito borghese, Hitler, scortato dal fedele Ulrich Graf, ed al loro fianco Scheubner-Richter, il Capitano Göring, il dottor Weber, il Colonnello Kriebel, Alfred Rosenberg, il Maggiore von Graefe-Goldebee, Andreas Bauriedl che porta lo stendardo con la croce uncinata della SA e Garreis che porta la fiamma del *Freikorps Oberland,* la stessa che il 21 maggio 1921 era stata piantata sulla cima dell'Annaberg.
Scheubner-Richter prende Hitler sottobraccio e gli mormora: "Buon presagio: oggi è l'anniversario del 18 Brumaio"[377].
Un distaccamento di polizia sbarra il ponte Ludwig, sull'Isar. Göring si lancia in avanti e minaccia di mettere a morte gli ostaggi (inesistenti) se sarà sparato un sol colpo. Approfittando dell'incertezza, il corteo forza lo sbarramento. Passando, le SA insultano i poliziotti. Un secondo cordone di polizia viene forzato un po' più lontano. Alcuni passanti si uniscono alla colonna. Sulla Marienplatz una imponente folla acclama Hitler e Ludendorff. Rinasce la speranza.
Poco dopo mezzogiorno i manifestanti arrivano alla Residenzstrasse, una stretta strada che porta alla Odeonplatz attraverso la Feldherrnhalle. Un distaccamento di "polizia verde", appoggiato da una mitragliatrice autotrasportata, blocca la via. Improvvisamente il capo del distaccamento – un aristocratico bavarese: il Sottotenente barone von Godin – ordina di aprire il fuoco. Dopo un istante di esitazione, risuonano i primi colpi. Ulrich Graf si precipita per proteggere Hitler e grida in direzione dei poliziotti: "Non sparate! Il generale Ludendorff è tra noi!"

---

[377] 9 novembre 1799.

Fatica sprecata. La mitragliatrice entra in azione.
Ulrich Graf cade al suolo, gravemente ferito. Hitler continua a marciare fra Ludendorff e Scheubner-Richter. Grida ai poliziotti: "Cessate il fuoco! Arrendetevi!"
Si spara da tutte le parti. Una pallottola colpisce mortalmente Scheubner-Richter, che crolla al suolo trascinando Hitler nella caduta. Cadendo, Hitler si lussa una spalla.
Ludendorff continua la sua marcia, impassibile, supera lo sbarramento dei poliziotti che gli cedono il passo, poi sparisce.
Hitler si solleva penosamente. Il dottor Walter Schultze lo issa nella sua vettura. Racconta Alfred Rosenberg:

Vidi un'auto attraversare lentamente la piazza. Hitler, il volto fisso con indefinibile espressione, era seduto davanti. Dietro era disteso un giovane sanguinante. Lentamente, il *Führer* passò dinanzi alla colonna di SA mentre gli uomini scattavano sull'attenti e lo salutavano con un *Heil* deciso, anche se pronunciato a bassa voce[378].

Le SA rifluiscono nella Residenzstrasse. Qualcuno ha tratto la pistola per rispondere al fuoco dei poliziotti. Il tiro si sfuma. Sui ciottoli di granito giacciono corpi sanguinanti: sedici morti fra le SA e quattro fra i poliziotti. Il portabandiera agonizza: bagna con il suo sangue il drappo dalla croce uncinata. Il vessillo, religiosamente raccolto, diventerà il *Blutfahne,* la Bandiera di Sangue. Affidato alla guardia delle SS, sarà portato fuori solo quando Hitler deve battezzare nuovi stendardi della SA e delle SS.
Dieci anni dopo Hitler diventerà cancelliere, portato al potere non dalla forza delle armi ma da quella della sua propaganda. La nuova Germania si raccoglierà in un canto dedicato ai morti del 9 novembre:

> *A Monaco, molti sono caduti.*
> *Proprio dinanzi alla Feldherrnhalle*
> *Le pallottole li hanno colpiti...*

Ed è proprio dinanzi la Feldherrnhalle che termina l'epopea dei *Freikorps*, quell'epoca aperta dalla disfatta e dalla rivoluzione del novembre 1918. La Germania si rivolgerà ormai ad altri uomini, quegli stessi che hanno affiancato i *Freikorps* durante quest'ultima avventura.

---

[378] Frase riportata da Benoist-Méchin, op. cit., tomo II, p. 310.

Testimonierà uno di questi, Ernst von Salomon:

Nei giorni della più grande crisi del movimento nazionale di quell'epoca, nel novembre del 1923 i primi quadri della rivoluzione piccolo-borghese, in camicia bruna, si accostarono agli ultimi quadri della rivoluzione militare, in divisa grigioverde[379].

Dopo il tempo dei guerrieri, venne quello dei politici.
Dei primi, alcuni avranno in esso un ruolo; ma spesso, anche, vi si perderanno irrimediabilmente.
Il 9 novembre 1933, a dieci anni esatti dal sanguinoso disastro della Feldherrnhalle, i *Freikorps* vengono disciolti per l'ultima volta. Le loro bandiere, portate da anziani volontari dal volto segnato di cicatrici, passano dinanzi al cancelliere Hitler che saluta, il braccio teso. Per un attimo il vento li tende e si distingue la grande croce nera e porpora delle brigate di Marina. Aquile d'oro si aprono sopra le pieghe di neve. Sui neri stendardi di Prussia scintillano l'insegna di Rossbach e gli emblemi di morte della *Divisione di Ferro*. Si riconoscono le fiamme del *Baltikum*, le bandiere azzurre con la croce teutonica che sventolarono sui bastioni di Thorensberg.
Le sete stinte, ricche di gloriose ferite, sono condotte alla tomba. I pifferi ed i tamburi della *Badenweiler* ritmano il passo di parata. Gli stendardi entrano nella Casa Bruna di Monaco "per l'eternità" e sono affidati alla guardia della SA[380].
"La rivoluzione è finita", decreta il cancelliere Hitler. "La rivoluzione nazionalsocialista è ancora da fare", replica il Capo di Stato Maggiore della SA Ernst Röhm.
La SA fa la fronda e non è cosa di oggi. Il suo organizzatore dopo il 1925, il Capitano Pfeffer von Salomon, ex del *Baltikum,* dà le dimissioni nel 1930. Si è circondato di ex capi di *Freikorps* ai quali ha affidato tutti i posti di comando. In una circolare del 1926 definisce il ruolo della SA in opposizione a quello dell'organizzazione politica del partito:

L'uomo della SA è il combattente sacro della libertà. Il militante del partito, è colui che illumina, è il furbo agitatore. La propaganda politica tenta di aprire gli occhi all'avversario, di' stabilire con lui un dialogo, di comprendere il suo punto di vista, di penetrare nei suoi pensieri, di dargli anche ragione, fino ad un certo punto. Ma quando appare la SA, tutto questo finisce. Perché la SA ignora le concessioni. Per la SA, o tutto o niente. La SA conosce una sola parola d'ordine: o io o tu[381].

---

[379] Ernst von Salomon, *Un destino tedesco,* trad. di E. Streicher, Milano 1972, p. 67.
[380] Di queste bandiere si impadroniranno nel 1945 le truppe americane.
[381] Citato da Heinrich Benneke, *Hitler un die S.A.,* Monaco 1962.

Da quel momento, il partito nazionalsocialista si scinde in due blocchi rivali, la SA e la *Politische Organisation*, P.O., che le SA soprannomineranno con disprezzo "*P-Zero*".
Pfeffer von Salomon pensa di poter combattere l'influenza della P.O. che circonda Hitler di cortigiani e sviluppa uno spionaggio poliziesco in tutto il partito e persino nella S.A. I suoi sforzi per soffocare questo "orientalismo" in seno al partito ed instaurarvi la tradizione prussiana falliscono. Decide quindi di dimettersi dalla carica, ma senza nuocere alla coesione del movimento.
Lo stesso conflitto provoca nel 1931 l'eliminazione del Capitano Stennes, *Gruppenführer* SA di Berlino, ex ufficiale dei *Freikorps* e putschista della *Reichswehr Nera*.
Dopo questi gravi segni, Hitler assume il comando supremo della SA e affida la carica di Capo di Stato Maggiore all'ex Capitano Röhm, notevole organizzatore ma impenitente lanzichenecco. Röhm si circonda di rudi compagni selezionati in tutti i combattimenti del dopoguerra. Spariranno con il loro capo nella sanguinosa purga del 30 giugno 1934, con la quale Hitler mette brutalmente fine al conflitto[382].
Il 13 luglio 1934 il cancelliere Hitler giustifica queste esecuzioni dinanzi al Reichstag. Nel suo discorso fustiga il comportamento di quei *Freikorpsführer* che gli hanno permesso di prendere il potere, quei

rivoluzionari che nel 1918 hanno perduto la loro posizione e non hanno trovato altro che fare i rivoluzionari. Sistema nella loro rivoluzione, volevano farne una condizione permanente.

Questi uomini, prosegue Hitler,

avevano l'animo degli eterni cospiratori e, senza confessarselo, erano divenuti dei nichilisti. Incapaci di collaborare, decisi a prendere posizione contro ogni ordine stabilito, odiavano ogni autorità qualunque essa fosse. Molti fra questi avventurieri, cospiratori, un tempo sono stati con noi...[383]

Certo. E numerosi altri avevano lasciato Hitler poco prima della conquista del potere. Non saranno più in vita o liberi per ricordargli i suoi debiti nei loro confronti. Solo Pfeffer von Salomon riuscirà a sputargli addosso il suo disprezzo. Sarà inviato in campo di concentramento qualche anno dopo, al momento della folle impresa di Rudolf Hess. Ma nel marzo 1945, nel Reich distrutto, Hitler rimpiangerà pubblicamente di non aver più intorno a sé uomini di quella tempra.

---

[382] Si ignora il numero esatto delle vittime della "Notte dei lunghi coltelli"; ufficialmente furono dichiarate 85 esecuzioni, ma si stimano furono diverse centinaia.
[383] Citato da Max Gallo, *La nuit des longs couteaux*, cit., pp. 339-340.

La "Notte dei lunghi coltelli" avrà tuttavia una conseguenza imprevista: consacrerà la nuova potenza della SS. È la SS ad essere stata incaricata delle esecuzioni, e questo compito le darà una terrificante reputazione che essa userà per imporsi. Con discrezione e pazienza, la SS edifica un inesorabile Ordine militare e religioso controllato al vertice dai sopravvissuti dei *Freikorps*. Del sogno rivoluzionario nato dal *Baltikum,* la *Waffen-SS* farà una realtà.

Tuttavia la frenetica aspirazione allo sconvolgimento sociale, al rovesciamento dei valori, che caratterizza gli attivisti usciti dai *Freikorps*, non può essere rinchiusa in un sistema di idee. Concetti espressi dai *Freikorpskämpfer* sono prima di tutto il riflesso di un certo tipo di temperamenti rivelati da un tempo eccezionale[384].

La guerra seleziona e promuove un gran numero di "animali da preda", tenuti in una situazione subalterna dalla società mercantile del XIX secolo. Ovunque in Europa, le occupazioni dominanti di una società sempre più sottomessa alla legge economica avevano naturalmente elevato al rango di *élite* dirigente i temperamenti dotati per la speculazione, il compromesso, le combinazioni, la diplomazia. Al contrario, avevano ridotto in una posizione marginale i temperamenti una volta rappresentati dall'aristocrazia guerriera e delle campagne.

Il conflitto rovesciò questa gerarchia. Ritornata la pace e restaurato il vecchio ordine delle cose, più borghese ancora, gli animali feroci, che hanno assaporato l'ebrezza della vera vita, non sono affatto disposti ad occupare un rango inferiore. Per loro fortuna, la situazione di emergenza in cui si dibatte la Germania fino al 1923 richiede le loro qualità dominanti: l'audacia, il carattere, lo spirito di responsabilità, la fede, l'attivismo. Ma quando la situazione economica della Germania e le tensioni politiche si placano, queste qualità non sono più necessarie. Gli eroi di ieri diventano così emarginati e dei proscritti. I tratti del carattere, di cui si celebrava la virtù e che si citavano ad esempio, diventano oggetto di critica e suscitano repulsione. Le donne, eccellenti riflessi delle mode dominanti e cangianti, ieri si tenevano al braccio dei guerrieri dal volto luminoso ed oggi si mostrano in compagnia di trafficanti dalle facce molli. La crisi economica ed i disordini che riprendono nel 1929 determinano un nuovo passaggio dalla repulsione all'attrazione. Il sacro ora è un altro. I lanzichenecchi non preoccupano più l'uomo tranquillo anzi lo rassicurano; non indispongono più la donna di ceto medio, anzi l'affascinano.

---

[384] La migliore analisi sociologica di questo fenomeno, ispirata da Vilfredo Pareto, è quella condotta da Jules Monnerot in *Sociologie de la Révolution,* Ed. Fayard, 1969, sesta parte.

Nelle situazioni di emergenza, quel tipo di uomo che domina nei *Freikorps* gode di una eccezionale preminenza. E lo si vede negli scontri con i bolscevichi.

Gli emuli tedeschi di Lenin, per la maggior parte intellettuali cosmopoliti, avevano come il loro ispiratore meditato le opere di letteratura militare, in attesa di una decisiva resa dei conti con la vecchia Europa. Clausewitz figurava nella loro biblioteca e le riflessioni di Cluserets sui combattimenti della Comune alimentavano le loro discussioni. Fin dai primi giorni della rivoluzione tedesca, nel 1918, diversi specialisti venuti dalla Russia si erano messi all'opera.

Per loro sfortuna, quei rivoluzionari si trovarono di fronte uomini che la guerra non l'avevano appresa sui libri, ma facendola. La superiorità dei professionisti sui dilettanti, benché questi fossero molto più numerosi, fu schiacciante.

Nel caos tedesco, al centro di scontri di classi e di partiti, i *Freikorps* apparvero come l'unica incarnazione dello Stato. Solo loro disponevano della forza. Solo loro erano indifferenti ai conflitti di interessi. Solo loro permettevano alla vita di riprendere. Dello Stato, avevano la primitiva rudezza. Così, erano ricercati da tutti ma non erano i benvenuti in casa di nessuno. Tuttavia il loro passaggio faceva scomparire il disordine, faceva tornare pacifiche le città, rafforzava il Reich. Ed essi continuavano, gli abiti a brandelli. Estremamente poveri, ignoravano le tentazioni di moda della vita borghese, i suoi impacci, la sua calma ed il suo confronto. Essi, che si proibivano di avere idee, fecero ciò che gli altri avevano trascurato di fare nonostante la loro pletora di idee.

Alcuni di loro, con il senno di poi, si rimprovereranno amaramente di aver contribuito a difendere un ordine che non era il loro.

Dio ci perdoni – scriverà von Salomon – quello fu il nostro peccato contro lo spirito. Credevamo di salvare il cittadino e salvammo il borghese[385].

Dopo diversi anni, nel 1939, egli ritrova uno dei suoi ex camerati, Heinrich Plass, implicato con lui nell'assassinio di Rathenau. La Germania sembra al culmine della sua potenza, modellata dal suo Fuhrer, Adolf Hitler.

Von Salomon prepara dialoghi per film e Plass, già della brigata Ehrhardt, è ufficiale dell'*Abwehr*, il servizio di informazioni della Germania. Ricordano i combattimenti di un tempo, "quell'atmosfera estremamente pericolosa di cui non hanno perduto il gusto". Ma la lo-

---

[385] Ernst von Salomon, *I proscritti*, cit., p. 108.

ro gioia si spegne di colpo. Molti dei loro camerati sono morti, altri sono in esilio. E loro, stanno nel campo dei vincitori o in quello dei vinti? Non sono piuttosto nel campo dei rassegnati? Plass dice con difficoltà:

Non hai in fondo, non hai talvolta la sensazione, come me, che tutto questo è indegno? Voglio dire – ma come esprimermi? – voglio dire che la nostra vita, in fondo, non ha senso se noi – proprio così – non traiamo una specie di obbligo da ciò che abbiamo voluto e fatto un tempo[386].

Il fantasma di Rathenau, l'uomo superiore assassinato, è dinanzi a loro. Oggi la Germania dipende di nuovo da un solo uomo, che la incatena al proprio destino. Plass rivela che, insieme ad altri ex della brigata, è stato contattato dall'Ammiraglio Canaris. Il capo dell'*Abwehr* prepara un attentato contro Hitler, per impedire la guerra ed instaurare una dittatura militare. Questa sarà la rivincita della Prussia sulla trivialità, il cinismo e la mania di grandezza del Terzo Reich. Ernst von Salomon grida:
"Plass, vecchio mio, non lo fare!"
"Chi può farlo se non noi? Non posso pretendere che un altro faccia quello che io stesso dovrei fare. Paragonata a ciò che resta da fare, la nostra vita non è che corruzione. Tocca a noi farlo perché l'abbiamo già fatto, perché abbiamo già saltato il muro e continuiamo a saltarlo. Tocca o noi, vecchio mio, tocca a noi. È questo il senso di tutto, e se tu sei sincero con te stesso, dentro di te non puoi non approvare".

Compromesso nell'attentato del 20 luglio 1944 contro Hitler, Heinrich Plass sarà impiccato con l'Ammiraglio Canaris ed il giovane Colonnello Claus von Stauffenberg, discepolo di Stefan George, il poeta ispirato da una nuova nobiltà sacrificata.

---

[386] Ernst von Salomon, *Le Questionnaire,* Ed. Gallimard, p. 124.

Incontro con Ernst von Salomon

21 giugno 1972

Ore 9 del mattino. Sulla strada ad est di Amburgo; i villaggi che attraverso sonnecchiano nella quiete e nell'opulenza. L'immagine beata di questo paese soddisfatto non può insegnarmi nulla. Da mesi, ormai, rincorro fantasmi vecchi di un lustro, esploro un mondo sepolto.
Paragonata a questa Germania grassa e dimentica, quella degli anni Venti, con le sue convulsioni, i suoi ruggiti e la sua miseria sembra appartenere ad un'altra galassia. Allora la storia si faceva tutti i giorni. Oggi non si fa più. L'Europa ha rinunciato al temibile privilegio dei campioni e, stanca, si è messa da parte. Noi che siamo venuti troppo tardi, gettiamo su questo passato sguardi avidi ed insieme spaventati.
Avevo quattordici anni, credo, quando scoprii la avventura del *Baltikum* e l'odissea dei *Freikorps* tedeschi. Dall'armadio in cui mio padre chiudeva a chiave le opere sacrileghe, un giorno rubai la *Storia dell'Esercito tedesco* di Benoist-Méchin, edizione del 1942. Possiedo ancora quei due volumi sciupati, veterani di febbrili letture. Fra una versione latina ed un esercizio di algebra, mi inebriavo di quel racconto inframezzato da folgoranti citazioni di Ernst von Salomon. Queste citazioni mi fecero scoprire quell'ex Cadetto del Kaiser, precipitato a sedici anni in una terribile guerra civile e divenuto a trenta il primo scrittore della sua generazione, Mi aveva insegnato che la Germania di quel tempo era il regno del diavolo. Ma l'inferno, quando lo si conosce, è ricco di seduzione.
Senza dubbio i miei studi, in quell'anno, ebbero a soffrire a causa della mia fame improvvisa e violenta per un argomento che non era compreso nel programma. Feci partecipe della mia scoperta anche qualche compagno ritenuto degno di gustare questa ebrezza. E quando le luci del collegio si spegnevano, noi sognavamo i lunghi mantelli di cuoio, le pistole cariche e le pericolose spedizioni di quei nostri fratelli maggiori. I giovani nichilisti dei *Freikorps* sfidavano il mondo intero, se ne fregavano della polizia, scandalizzavano i borghesi. Divennero i nostri eroi, i nostri modelli. Giurammo di accendere a nostra volta l'incendio che avrebbe bruciato il vecchio mondo, naturalmente identificato con quello dei professori e dei genitori.
La speranza di questo rogo mi ha sostenuto a lungo – vi ho bruciato alcune cartucce e numerosi anni, cullato dalla leggera ebrezza di pericolose congiure e di propositi di distruzione.
Oggi i proscritti del *Baltikum* hanno ancora venti anni ed io non li ho

più. Eccoli divenuti i miei fratelli minori. Quante volte mi sono piegato sulle loro foto ingiallite. Quante volte ho scrutato l'ombra di uno sguardo, la linea di un sorriso, per scoprirvi ciò che non avevo trovato nei resoconti dei loro processi o nella trascrizione delle, loro memorie. Quale era la loro verità? Alla luce della lampada, nella mia vecchia casa silenziosa lontana dalla città, quando solo il sussurro degli alberi turba il silenzio della notte, i loro spettri immobili sembrano riprendere vita.

Ore 9.15. I ricordi mi accompagnano sulla strada che porta al rifugio di Ernst von Salomon. Ma oggi io non cerco di tornare indietro nel tempo. L'eccezionale testimone che incontrerò fra breve non mi dirà ciò che la sua penna mi ha già rivelato. Io non lo interrogherò sulle coorti selvagge e ardenti che si lanciarono per quattro anni alle frontiere abbattute e sulle città in rivolta del Reich. Vado a trovarlo a casa sua con una curiosità senza pudore. Dopo mezzo secolo che cosa rimane in questo scrittore *blasé* dell'ex cadetto prussiano? Voglio vedere con i miei occhi come invecchia il Proscritto.

Questo incontro coincide con il cinquantesimo anniversario dell'assassinio di Rathenau, quel favoloso ebreo la cui personalità dominò i primi anni di Weimar. Implicato nell'attentato, Ernst von Salomon fu gettato in carcere e vi restò sei anni. Questa inesorabile parentesi decise del suo destino. Entrato in carcere con l'*Introduzione all'uso delle armi bianche* quale unico bagaglio letterario, ne uscì scrittore. Forse dovette al suo nome, ereditato da un nobiluccio di provincia francese emigrato, sia questa prova che il suo destino.

Si era nel 1922. Gli organizzatori dell'attentato, ex marinai, lo inviarono ad Amburgo per reclutare un autista, perché questi ufficiali di marina sapevano ben dirigere un incrociatore, ma non guidare un'automobile. Egli si recò in un caffè, luogo di incontro degli attivisti. Riconosciuto da un ex camerata del tempo dell'Accademia, venne salutato con un fragoroso:

"Salomon, vecchio mio!"

Poiché egli si nascondeva sotto falso nome, lanciò contro l'imprudente:

"Sta zitto, imbecille. Mi chiamo Schievelbein".

Dopo l'assassinio la polizia interrogò tutti i frequentatori del caffè. Le domande vertevano su un giovane venuto da Berlino. Uno dei giovani credette di fare il furbo ribattendo:

"Quello? Non ha certo nulla a che fare con l'assassinio di Rathenau. Era ebreo".

I poliziotti gli chiesero come faceva a saperlo, ed egli rispose che uno dei suoi camerati, ex Cadetto di Karlsruhe, lo aveva chiamato Salomon. La polizia indagò per sapere se vi era stato, alla *Kadettenschule* di Karlsruhe, un allievo di nome Salomon. E così fu preso e cambiò il suo *Mauser* con una penna.

Nel suo *Portrait de l'Aventurier* Roger Stéphane presenta Ernst von Salomon come il "primo degli scrittori tedeschi viventi". Lo paragona ad André Malraux. Il parallelo è seducente. Ernst von Salomon ha esercitato, fin dalla pubblicazione dei *Proscritti* in Germania, nel 1931, ed in Francia l'anno seguente, una forte influenza sui giovani intellettuali ed i militanti rivoluzionari di tutti i tipi. Nel 1935, di passaggio a Berlino, Pierre Drieu La Rochelle, amico di Malraux, scrisse:

Ieri ho trascorso la serata con lo scrittore tedesco che amo di più: Ernst von Salomon. Mi ha parlato con molta franchezza e decisione. È bello vedere un uomo al di sopra degli avvenimenti. Egli ha fatto di tutto per creare questo regime e ne rifiuta gli onori: un vero aristocratico. Ci siamo meravigliosamente intesi.

Sia Ernst von Salomon che André Malraux hanno esaltato il romanticismo dell'azione e la solitudine dell'avventuriero, ma non hanno vissuto l'impegno con la stessa intensità. Malraux non ha toccato i limiti delle sue tentazioni. Anche in Spagna, fu più un testimone appassionato che un vero attore. Contrariamente ad Ernst von Salomon, non ha sempre vissuto quanto descrive. È per questo che si concede certe libertà con le situazioni e gli avvenimenti reali. In lui, l'avventura è il pretesto per l'opera letteraria. *I Conquistatori* o *La condizione umana* ci insegnano più su lui stesso e sulla concezione dell'avventura politica fra le due guerre, che sulla mentalità complessa di quel periodo. Gli eroi di Malraux sono ad immagine dell'opera. Sono degli sradicati, senza patria né precise basi culturali. Garine, ne *I Conquistatori*, è nato a Ginevra da padre svizzero e da madre ebrea della Russia. Kyo, personaggio centrale de *La condizione umana,* è un meticcio franco-giapponese, sposato con una giovane tedesca comunista. Finiscono tutti e due in una Cina convenzionale.

Invece l'opera di Ernst von Salomon è inscindibile dall'humus germanico, e costituisce un insostituibile documento sui tedeschi della disfatta. Egli stesso non smetterà di identificarsi con il destino nazionale.

Chi visse gli anni seguenti alla prima guerra mondiale – scrive[387] – e anche quelli dopo la seconda, nella consapevolezza di essere tedesco, ricevette l'impressione che mai, nella storia universale, un popolo fosse ingiuriato così

---

[387] Ernst von Salomon, *Un destino tedesco*, ed. it. cit., p. 65.

smodatamente e alla unanimità, così radicalmente e incessantemente annientato nella sfera morale come il tedesco [...]. Sui tedeschi si accumulava una colpa ad una dimensione tanto grande che ogni tentativo di scusarsi appariva del tutto insensato. Quello che restava da fare ai tedeschi, presi qui nella loro massa come una personalità psicologica, non era altro che parteggiare proprio per la mentalità insultata e inorgoglirsi proprio per questo riconoscimento.

Contrariamente a Malraux, Ernst von Salomon non subì mai il fascino di un "gigante". Nutrì anche una viva repulsione per il *Führer* del Terzo Reich. Senza dubbio il suo era un atteggiamento da aristocratico, per riprendere l'opinione di Drieu. Inoltre, vorrei aggiungere che l'avventura da lui vissuta gli ha procurato soddisfazioni tali, da non fargli sentire il bisogno di riviverla attraverso altri. Mentre André Malraux dà volentieri l'impressione di prendersi sul serio, Ernst von Salomon ironizza su se stesso. Il primo sembra tenere tanto al suo personaggio di avventuriero romantico, benché così fragile. Il secondo non ha bisogno di fare certi sforzi. Ricordando il suo primo incontro con Ernst Jünger, nel 1929, quando quest'ultimo era già un celebre scrittore, von Salomon scrive:

Già allora mi chiedevo perché Ernst Jünger si interessasse a me; era certamente troppo intelligente per credere che per tutta la vita mi sarei sforzato, il volto in estasi, di riempire di pallottole i bravi ministri o di lanciare bombe per piantare ancora, vegliardo ardente, una bandiera qualsiasi su una qualsiasi barricata...[388]

Ore 9.30. Una vaga luce inonda la strada sotto il sole vivo dell'estate. Fino a notte avanzata ho festeggiato ad Amburgo il matrimonio di un mio carissimo amico, ed ora mi lascio avvolgere con delizia dalla fresca aria marina.
Al di là dello Schleswig-Holstein le dune, le lande e le praterie delle rive del Baltico si slanciano senza interruzione fino a Riga. Ernst von Salomon è nato qui. Qui si è battuto a fianco dei contadini ribelli di Klaus Heim, nel 1929, e ne ha fatto la cornice del suo libro *La Città*. Qui ha scelto di vivere, in una casa pluricentenaria le cui mura di palancato e di mattoni sono coperte di stoppia. Se non si guarda la patina del legno e dei muri, la si direbbe costruita ieri.
Dietro lo steccato bianco, lo vedo venire avanti, solido e corto sulle gambe, ilare, il ventre preminente. Tende una mano grassotta. Indossa la tenuta regolamentare dei borghesi di campagna: fazzoletto al

---

[388] Ernst von Salomon, *Le Questionnaire*, Gallimard, p. 239.

collo, abito vecchio e scarpe di daino. La sua cordialità è quella di un buon tedesco, con un fondo di birra e dì salsicce. Che egli non abbia il fisico dei suoi libri è dire poco. Ho dinanzi a me la caricatura del "buon Michele", simbolo della Germania molle tollerante, che Spengler opponeva alla severità ed all'ascetismo prussiani.
La mia sorpresa deve essere evidente. Mi dice celiando:
"Crede di vedere un mostro? L'altro giorno ho messo alla porta certi della vostra televisione. Venivano da Parigi a fare un reportage sull'ultimo 'big nazista'..."
Lo rassicuro. Io non do la caccia ai nazisti a casa dei loro vecchi avversari.
Mi trascina verso il suo studio dove mi avvolge un rassicurante odore di vecchia pipa. Lo scrittoio è rivolto verso il giardino. Una lunga biblioteca ravviva il muro opposto. Discreta e sorridente, una figura femminile scivola fra noi. Dietro di lei restano su un vassoio, a fianco del *canapè,* delle tazze di thè fumante corretto con rhum.
Mentre mi beo degli effluvi delle tazze egli prende un periodico che parla del cinquantesimo anniversario dell'assassinio di Rathenau. Von Salomon ridacchia, con un'ombra professorale:
Poiché lei sta scrivendo su questo soggetto, ecco un buon esempio di ciò che non bisogna fare. Questi idioti non hanno fatto nemmeno lo sforzo di informarsi. Antisemitismo, ecco per loro l'unica spiegazione.
"Lei ha sempre contestato questa interpretazione".
Mi lancia uno sguardo che ha perduto ogni mollezza.
"Rathenau era l'unico uomo in grado di strappare la Germania a se stessa e di ridurla ad una copia delle democrazie mercantili anglosassoni".
"Era dunque in anticipo di trent'anni. La Germania di oggi non è forse come lui la desiderava?"
Elude la domanda:
"Noi rifiutavamo la tirannia delle leggi economiche. Eravamo noi ad essere in anticipo sui tempi".
Ma un gesto d'incuranza contraddice la sicurezza dell'affermazione.
Gli sottopongo la parte del mio manoscritto dedicata al dramma. Egli suggerisce alcune modifiche. Poi sbuffa, come per sfuggire ai ricordi. Parliamo di Parigi, che ha amato e di cui ha tracciato un tenero ritratto nel suo poetico *Boche in Frankreich*[389]. Sospira pensando al suo editore francese. Si fanno dei convenevoli. Poi scateno i miei cani all'attacco: che cosa pensa della Germania di oggi?
"Più che giudicare, preferisco osservare con occhio curioso le cose, gli

---

[389] Racconto incluso nell'edizione francese del *Questionario*.

uomini e gli avvenimenti. Nulla di ciò che è previsto accade. Io fui allevato nel rispetto di un ordine immutabile. Un ordine che è calato a picco prima che diventassi un uomo. Destinato ad essere ufficiale, sono diventato scrittore ed ho anche scritto i dialoghi per un film antimilitarista: *08/15*[390]. In carcere, avevo disegnato sul muro della mia cella una croce uncinata. A quell'epoca nessuno prendeva Hitler sul serio. Più tardi, quando le folle si precipitarono verso di lui, divenni antinazista. Perché mio fratello Bruno, che ha ricevuto una educazione analoga alla mia, è diventato comunista ed io no, malgrado la mia stima per i bolscevichi? Mia moglie era ebrea. Sono riuscito a proteggerla durante tutto il Terzo Reich. Nel 1945 sono stati gli americani a metterla in carcere, e ci hanno messo anche me. Ho avuto la fortuna di vivere un'epoca terribilmente folle ed appassionante, ma non chiedetemi di vedere la vita per altra cosa di quello che è realmente: una farsa".
Beve un sorso di thè al rhum. Ed io:
"Ne *Il Questionario* lei ha scritto: 'Sapevo che nonostante non fossi nato prussiano, lo sarei diventato per elezione'". Era una farsa?
Depone la tazza, divertito.
"Io sono sempre per Enrico il Leone, prussiano *ante litteram,* contro Barbarossa, l'Imperatore cosmopolita che diluì l'energia germanica in un sogno latino. Ho scritto *Il Questionario* per rispondere alla tesi della colpevolezza tedesca. Non mi sentivo colpevole di nulla. Una volta, con Ernst Jünger, abbiamo confrontati i nostri ricordi di guerra. Come me, egli aveva provato una eccitazione sessuale, un vero godimento al momento di sparare con la mitragliatrice sul nemico. Lo ha descritto in diversi libri, meglio di me. La differenza, fra noi, è che io sarei pronto a scriverlo ancora".
"Jünger non ha mai rinnegato se stesso!
"Mentre io, eh?"
Un colpo breve, un colpo lungo: è come il tiro al mortaio, ma io non raggiungo il bersaglio.
Durante le ore che passo in sua compagnia, von Salomon recita, si mostra malizioso, si diverte. Corrosa dalle sue beffe, l'immagine creata dai suoi libri affonda nel ridicolo. Poi uno sguardo, una rimbeccata, un breve monologo cancellano questa impressione. Dietro i suoi paradossi non c'è nessuna amarezza. Si diverte di se stesso e di me. Questo vecchio monello è proprio insopportabile. Piuttosto, ha trovato la ricetta per sopportarsi: fugge con cura il ritratto della propria leggenda.

---

[390] Film tratto dal libro *08/15 La rivolta del Caporale Asch*, primo romanzo della fortunata trilogia di Hans Hellmuth Kirsch (1914-1989).

Prima che me ne vada mi mostra il giardino. Guardo il suo corpo tarchiato, le sue membra corte e solide. La disinvoltura che affetta è una maschera: una protezione alla sua libertà per sfuggire ai curiosi ed agli inquisitori. Mostra il prato verde, gli alberi, lo stagno.
"Tutto questo è stato strappato alle paludi dal Servizio del Lavoro, una creazione dei *Freikorps* ripresa dal Terzo Reich. Tutto ciò che resta della nostra avventura".
Mi spinge nell'auto e mi tende l'edizione dei *Proscritti* come si getta una bottiglia in mare. La sua dedica sarebbe forse un ultimo messaggio? Un gesto della mano. Ed è sparito.
Apro il libro alla prima pagina e leggo:

L'unico confine che conosce la nazione è la forza dei suoi uomini...

Non avrei più rivisto Ernst von Salomon. Il 9 agosto 1972, sei settimane dopo il nostro incontro, la morte, la sua vecchia compagna, l'ebbe vinta su di lui.

Retheuil-Amburgo-Ernemont
maggio 1971 - ottobre 1973

Wilhelmshaven, 6 novembre 1918. Dimostrazione di piazza di marinai ammutinati.

Berlino, 9 novembre 1918. Autocarro dotato di mitragliatrici del Soviet di operai e soldati sotto la porta di Brandeburgo.

"Scontri di piazza a Berlino". Colonna di spartachisti armati.

Berlino, 5 gennaio 1919. Miliziani "rossi" durante l'insurrezione spartachista.

Berlino, presso la Bülowplatz. Truppe governative pronte a entrare in azione durante lo Sciopero generale.

Barricate dei Freikorps e delle truppe governative schierate contro i rivoltosi durante l'insurrezione spartachista a Berlino. Nella foto in alto, il secondo soldato inginocchiato da destra porta un elmetto mimetico, mentre il soldato in piedi alle sue spalle sta puntando un Mauser Kar 98AZ.

Berlino, 1919. Uno dei due Tank Mark IV Beutepanzer (un modello "Female", armato di mitragliatrici Lewis e MG 08) schierati contro i rivoltosi. I Freikorps impiegarono anche un carro medio Whippet Beutepanzer A e tre carri armati improvvisati su telaio di Überlandwagen. Notare sui fianchi del carro armato le doppie croci di ferro e la Totenkopf, simbolo del reparto corazzato dei Freikorps Kommando der Kampfwagen, o Kokampf (prima Tank-Abteilung Körting), e gli elmetti M 18 nella variante prodotta (e non consegnata) per la Turchia indossati da diversi dei volontari ritratti nella foto.

Berlino, 1919. Un reparto di Freikorpskämpfer accanto ad una autoblindo Ehrhardt EV/4 modello 1918, armata solitamente con tre mitragliatrici MG 08, e trasportante da otto a nove membri d'equipaggio.

Berlino, marzo 1919. Una barricata delle truppe governative, con un giovanissimo volontario tra i ranghi (vedi ingrandimento sotto).

Berlino, 1919. Un'edicola data alle fiamme durante l'insurrezione.

Un cannone autoportato dei Freikorps sotto la Sendlingertor a Berlino. Notare anche le mitragliatrici MG 08 e MG 08/15 disposte sul mezzo.

Una sezione lanciafiamme (Wexstoßtrupp) di un Freikorps durante lo Sciopero generale a Berlino.

Berlino, marzo 1919. Miliziani dei Freikorps ben armati di fucili, pistole e granate accanto a un pezzo d'artiglieria ippotrainato e relativo cassone presso i grandi magazzini Tietz sulla Alexanderplatz.

Nella foto sopra e nei successivi ingrandimenti, truppe e civili reagiscono all'improvviso fuoco degli insorti proveniente da un edificio sulla sinistra, fuori dall'inquadratura. Al centro dell'immagine sotto, due soldati armati di lanciafiamme Wex (Wechselapparat).

La caserma degli Ulani della Guardia presidiata da appartenenti dei Soviet di operai e soldati. Sul cartello, lo slogan "Compagni! Non sparate!", appello rivolto ai propri avversari.

Berlino, 13 giugno 1919. I funerali di Rosa Luxemburg.

Rivoluzionari della Guardia operaia a Monaco di Baviera.

I componenti del Soviet di Monaco. Da sinistra a destra, in piedi: sconosciuto, Toni Waibl, Rudolf Hartig, Valentin Hartig, sconosciuto. Seduti: August Hagemeister, Erich Mühsam, Wilhelm Olschewski.

Nella sede della polizia di Monaco di Baviera si cercano di recuperare i documenti ancora leggibili dopo l'incendio da parte degli spartachisti.

Grafing, vicino a Monaco di Baviera, 1919. Volontari di un Freikorps su un pezzo d'artiglieria ippotrainato.

Nell'ingrandimento, l'archetipo del combattente dei Freikorps.

Monaco di Baviera, 2 maggio 1919. Una auto mitragliatrice del Freikorps Görlitz. Notare la Totenkopf sul mezzo e sull'elmetto del guidatore.

Bella foto di volontari bavaresi del Freikorps Werdenfels.

Dettaglio degli abiti tipici dei volontari bavaresi del Freikorps Werdenfels.

I volontari del Freikorps Werdenfels nei loro abiti tradizionali sfilano vittoriosi a Monaco di Baviera nel maggio 1919.

Una casa danneggiata nei duri combattimenti a Giesing in Baviera.

Mitragliatrice MG 08 (in secondo piano sulla sinistra) e cannone campale di un Freikorps a Monaco di Baviera. La "x" in alto a destra sulla facciata del palazzo indica l'impatto (Einschlag) di un proiettile d'artiglieria.

"Mani in alto! Spartachisti prigionieri". Un sorridente membro dei Freikorps scorta degli insorti catturati.

Volontari di un Freikorps del Württemberg con l'operaio metallurgico Johann Lehner, appena catturato. Sospettato di essere un capo comunista, fu passato per le armi il 3 maggio 1919.

"La controrivoluzione a Berlino nel marzo 1920". Un ufficiale e fucilieri dei Freikorps partecipanti al Putsch di Kapp osservano la situazione dall'alto della Halleschen Tor.

Berlino, 13 marzo 1920. Un autocarro del Freikorps Ehrhardt distribuisce dei fogli di propaganda alla popolazione presso la Cancelleria del Reich durante il Putsch di Kapp. Notare sugli elmetti d'acciaio le croci uncinate in vernice bianca, simbolo dei volontari di questo Freikorps.

Gustav Noske.

Friedrich Ebert.

Wolfgang Kapp.

Il Generale Walther Freiherr von Lüttwitz.

Il Generaloberst Johannes Friedrich Leopold von Seeckt.

Il Generale Ludwig Rudolf Maercker.

Il Colonnello (poi Generale) Franz Ritter von Epp.

Il Capitano di Corvetta Hermann Ehrhardt.

Ernst von Salomon.

Rosa Luxemburg,

Karl Liebknecht.

Kurt Eisner.

Walther Rathenau.

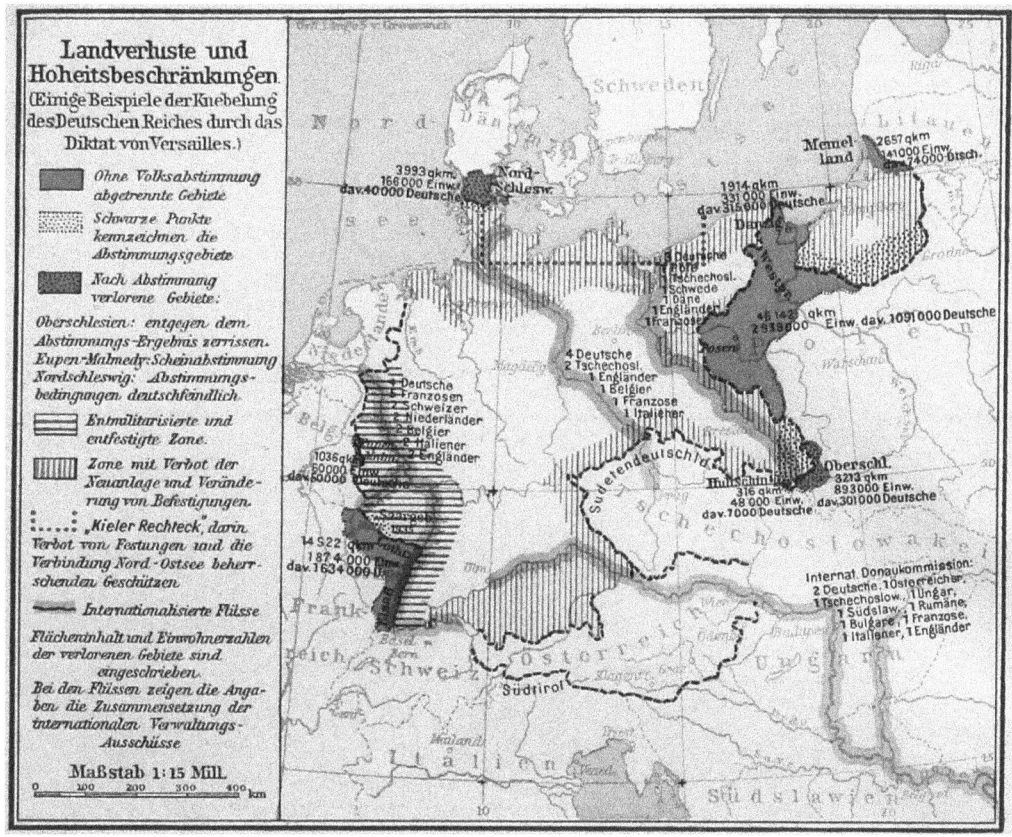

Perdite territoriali della Germania dopo il Diktat di Versailles

Legenda:

☐ *Territori persi senza plebiscito*
☐ *Le aree puntinate rappresentano i territori oggetto di plebiscito*
☐ *Territori persi dopo plebiscito*

☐ *Zona smilitarizzata*
☐ *Zona con divieto di fortificazioni*
˵ *"Rettangolo di Kiel" con divieto di fortificazioni*
- *Fiume internazionalizzato*

Legenda:

□ *alla Polonia*
□ *alla Cecoslovacchia*
□ *alla Entente (in seguito alla Lituania)*
□ *alla Società delle Nazioni (Danzica)*
□ *Territorio oggetto di Plebiscito*
– *Linea di demarcazione al 15/4/1919*
– *Direzione d'attacco polacca*
– *Linea del fronte delle truppe del Baltikum prima dell'inizio dell'offensiva del marzo 1919*
– *Linea del fronte delle truppe del Baltikum*
– *Prima avanzata delle truppe del Baltikum*
– *Seconda avanzata delle truppe del Baltikum*

In blu: successi delle truppe tedesche   In rosso: successi dell'avversario
Gennaio 1934: firma del Patto di non aggressione tra Germania e Polonia

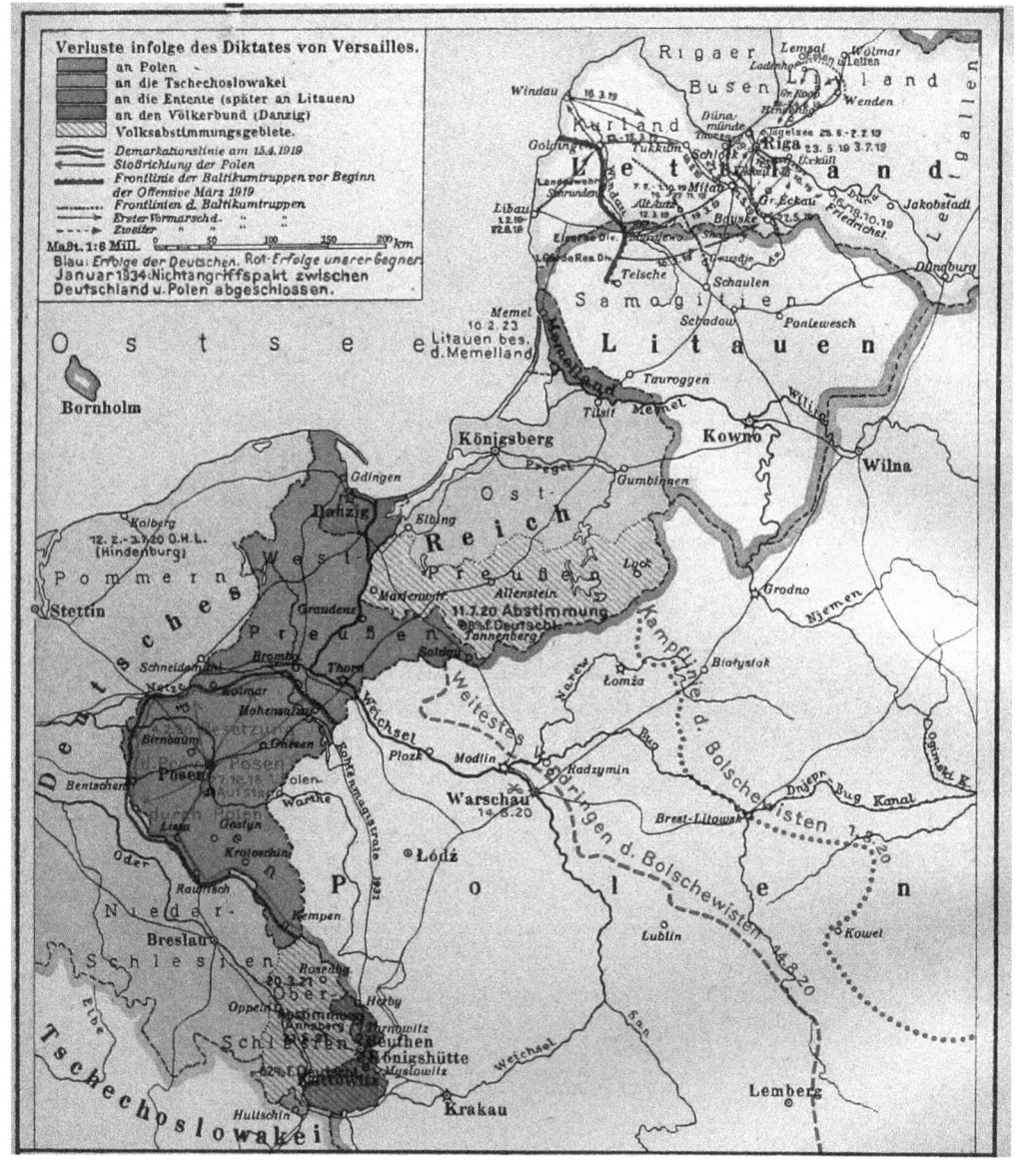

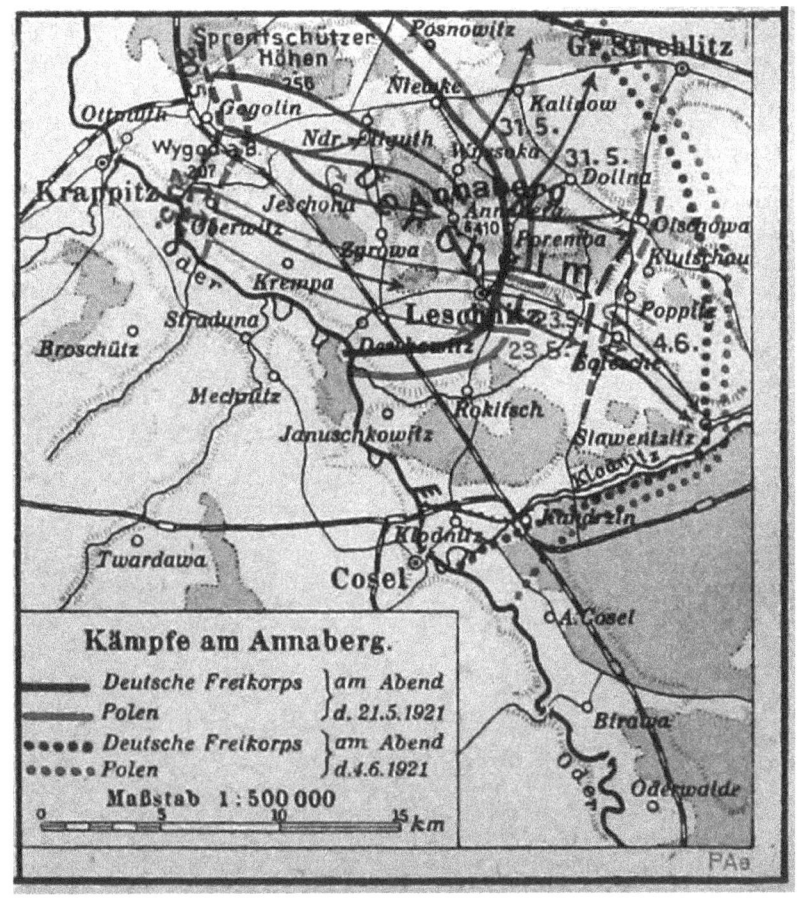

Battaglia di Annaberg

Legenda:

Situazione la sera del 21/5/1921
– Freikorps tedeschi
– Polacchi

Situazione la sera del 4/6/1921
··· Freikorps tedeschi
··· Polacchi

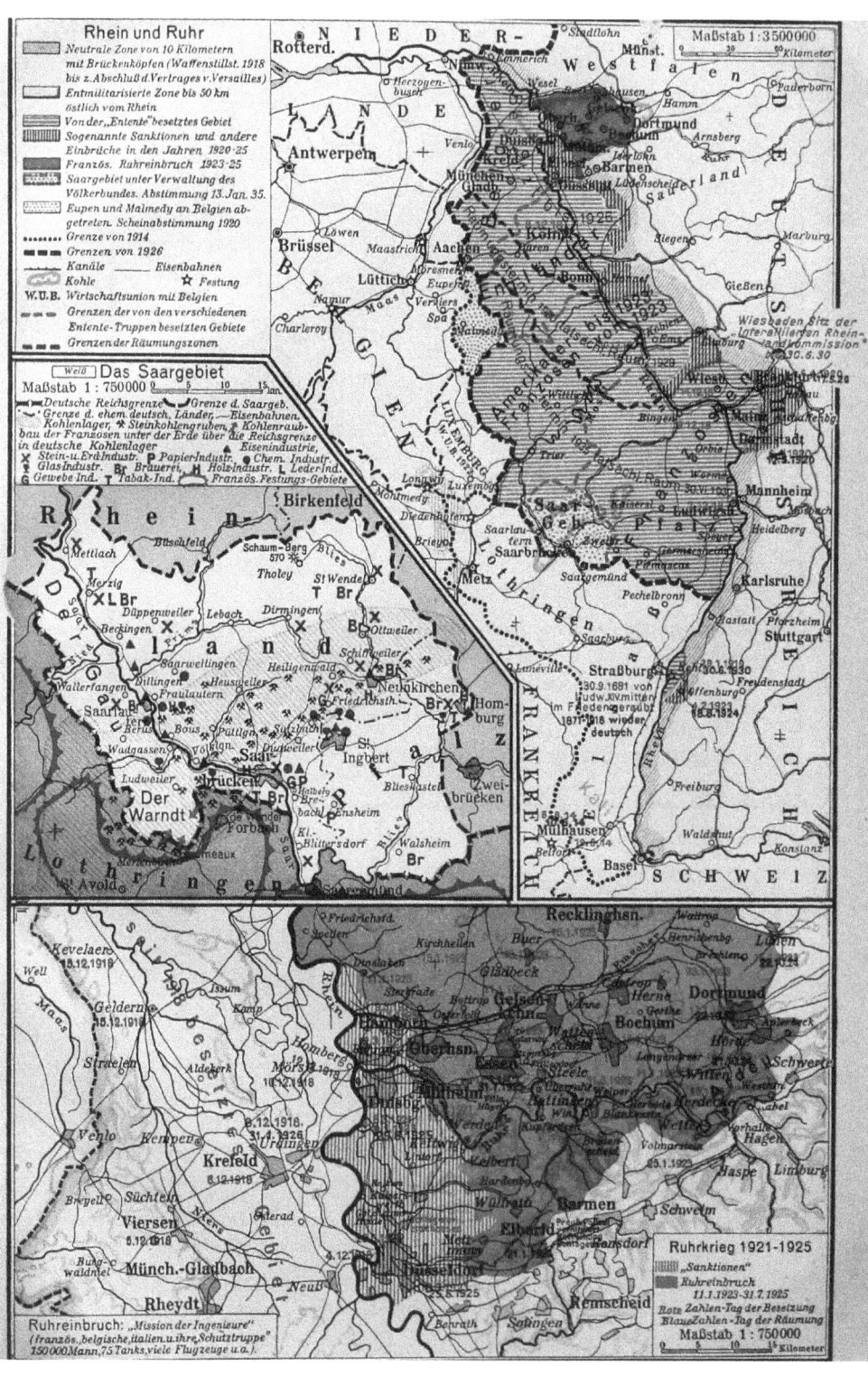

Reno e Ruhr

Legenda:

☐ *Zona neutrale di 10 chilometri (dall'Armistizio del 1918 sino a Versailles)*
☐ *Zona smilitarizzata di 50 km a est del Reno*
☐ *Territori occupati dall'Entente*
☐ *Sanzioni negli anni 1920-1925*
☐ *Occupazione francese della Ruhr 1923-1925*
☐ *Zona della Saar sotto amministrazione della SdN*
☐ *Eupen e Malmedy perse al Belgio*
… *Confine nel 1914*
--- *Confini nel 1926*
- *canali - ferrovie*
- *Carbone - Fortezze*
W.U.B. unione commerciale con il Belgio
--- *Confini dei territori occupati dalle diverse truppe dell'Entente*
--- *Confini delle zone sgomberate dagli occupanti*

Territorio del bacino della Saar

Legenda:

-- *Confini del Reich*   -- *Confini del bacino della Saar*
-- *Confini degli ex territori tedeschi*
☐ *Zona delle fortificazioni francesi*

Combattimenti nella Ruhr 1921-1925

Legenda:

☐ *"Sanzioni"*
☐ *Occupazione della Ruhr*
11/1/1923 – 31/7/1925
Rosso Data dell'occupazione
Blu Data dell'evacuazione

Manifesto d'arruolamento della Marine-Brigade Ehrhardt.

Manifesto d'arruolamento della Garde-Kavallerie-Schützen-Division.

Manifesto d'arruolamento del Freikorps Lützow.

Manifesto d'arruolamento della Reichswehr bavarese.

Manifesto d'arruolamento per la difesa della Slesia.

Le origini dei Freikorps

Nella storia militare tedesca vi fu per la prima volta un Freikorps *durante la guerra di successione austriaca (1740-1748), formato per ordine di Federico il Grande.*

Durante la guerra dei sette anni (1756-1763), i prussiani e gli austriaci istituirono dei Freikorps *irregolari, che operavano lontano dalle loro linee e combattevano in modo indipendente in profondità contro obiettivi vulnerabili lungo le vie di rifornimento e comunicazione dell'avversario.*

Nel quadro di Richard Knötel, volontari del Freikorps Lützow ascoltano il poeta e loro commilitone Theodor Körner declamare una sua opera patriottica.

Nelle guerre di liberazione tedesche nel 1813-1814, formazioni di volontari armati combatterono contro le truppe di Napoleone. Il più noto fu il Freikorps Lützow, *creato dal Maggiore Ludwig Adolf Wilhelm Freiherr von Lützow. Alcuni dei suoi 3.000 effettivi ebbero l'onore di ricevere per primi la Croce di Ferro, ordine creato il 10 marzo 1813 dal re di Prussia Federico Guglielmo III.*

Freikorps *furono quindi creati durante la guerra anglo-boera del 1899-1902. In totale, circa 3.000 volontari dall'Europa, e anche alcuni dall'America, si unirono alle milizie boere in lotta contro l'Impero britannico. Il Kaiser Guglielmo II avendo espresso la sua simpatia per i boeri in varie occasioni, i tedeschi che vivevano nel paese furono i primi stranieri che avevano già pri-*

ma dello scoppio della guerra, con la richiesta al governo della Repubblica sudafricana, di istituire il proprio corpo. I principali promotori nelle prime fasi della guerra furono Adolf Schiel e Richard Albrecht.

Adolf Schiel, nato a Francoforte sul Meno nel 1858, era a capo del sistema carcerario nel Transvaal. Prima dello scoppio della guerra, fu promosso Colonnello e creò il ben organizzato Deutsche Kommando Johannesburg *con una forza di almeno 400 uomini. Richard Albrecht, nato a Berlino, divenne comandante dell'artiglieria dello stato boero e la costruì secondo un modello tedesco. Anche le uniformi erano simili a quelle della Prussia. Sotto il barone A. von Goldeck fu formata un'unità di ricognizione austriaca. Allo stesso modo, i volontari svizzeri, in particolare quelli di madrelingua tedesca, si unirono alle varie formazioni tedesche. Altre unità di volontari tedeschi furono il* Deutsche Korps Pretoria *sotto il Tenente Hans Ulrich von Quitzow con una forza di circa 400 uomini e quelle al comando del conte von Albedyll, Georg Badicke, Fritz Runck, e il Capitano Fritz Brall, quest'ultimo in gioventù un militante anarchico. A causa delle differenze personali tra gli ufficiali tedeschi tra loro, in particolare tra il Colonnello Schiel e il comandante Paul Kranz, non era stato possibile realizzare una forte Grande Unità tedesca – il sogno di Schiel. Come scrisse un corrispondente di guerra inglese: "I soldati tedeschi hanno combattuto come leoni, i loro capi si sono comportati come studentesse".*

Per ultimo, notiamo come se nella prima guerra mondiale del 1914-1918 non fossero stati formati dei Freikorps, è significativo che molti dei primi volontari dei Freikorps del 1918-1923 provenissero dai ranghi dei reparti d'assalto tedeschi, le Stoßtrupp, portando nei Freikorps il loro stile di combattimento e di comando basato sulla flessibilità tattica e sull'iniziativa personale dagli ufficiali sino ai graduati e in alcuni casi alla truppa.

Listato dei principali Freikorps, 1918-1923

– *Marine-Brigade Ehrhardt*
– *Marine-Brigade von Loewenfeld*
– *Marine-Brigade von Roden*
– *Freikorps Bahrenfeld*
– *Freikorps Epp*
– *Freikorps Hacketau*
– *Freikorps Hasse / Reichswehrregiment Hasse*
– *Freikorps Haßfurther*
– *Freikorps Hülsen*
– *Freikorps Landshut*
– *Freischar Lautenbacher*
– *Freikorps Lichtschlag*
– *Freikorps Lüttwitz*
– *Freikorps Lützow*
– *Freikorps Oberland*
– *Freikorps von Petersdorff*
– *Freikorps Schwarze Jäger*
– *Freikorps Schulz*
– *Freiwilliges Landesjägerkorps (Freikorps Maercker)*
– *Freiwilliges Landesschützenkorps (Freikorps Röder)*
– *Garde-Landesschützen-Korps von Neufville*
– *Ostpreußisches Freiwilligenkorps Korps Lettow*
– *Freiwilligen Detachement von Randow*
– *Eiserne Division*
– *Sturmabteilung Roßbach*
– *Regiment Potsdam*
– *Regiment Reichstag*
– *Freiwilligen-Regiment Reinhard*
– *Freikorps Werdenfels*

Le campagne dei Freikorps, 1918-1923

– *Repressione dell'insurrezione spartachista di Berlino, 1919*
– *Liberazione della città di Monaco di Baviera dalla "Repubblica dei soviet", 1919*
– *Difesa del Baltico, 1918-1920*
– *Presa di Riga, Lettonia, 1920*
– *Putsch di Kapp, 13-17 marzo 1920*
– *Combattimenti in Alta Slesia, 1918-1921*
– *Battaglia di Annaberg, Alta Slesia, 1921*
– *Combattimenti nella Ruhr, 1923*
– *Repressione delle rivolte comuniste nel Rheinland e Pfalz, 1923*

Bibliografia di Dominique Venner

Segnaliamo qui i testi principali scritti o curati da Dominique Venner (1935-2013). Uomo dalla cultura enciclopedica, scrisse un notevole numero di volumi di oplologia e di militaria, di erudizione e divulgazione storica e di storia delle idee.

Guide de la contestation: les hommes, les faits, les événements, Robert Laffont, Paris, 1968
Ils sont fous, ces gauchistes! Pensées. Choisies et parfois commentées par Dominique Venner, Éd. de la Pensée moderne, Paris, 1970
Guide de la politique, Balland, Paris, 1972
Pistolets et revolvers, Éd. de la Pensée moderne et Jacques Grancher, coll. *Le Livre des armes* n° 1, Paris, 1972
Les Corps d'élite du passé (cur.), Balland, Paris, 1972, 391 p.
Monsieur Colt, Balland, coll. *Un Homme, une arme*, Paris, 1972
Carabines et fusils de chasse, Éd. de la Pensée moderne et Jacques Grancher, coll. *Le Livre des armes* n° 2, Paris, 1973
Baltikum: dans le Reich de la défaite, le combat des corps-francs, 1918-1923, Robert Laffont, coll. *L'Histoire que nous vivons*, Paris, 1974 (tr. it. *Baltikum, la storia dei Freikorps nella Germania del primo dopoguerra*, Ciarrapico, Roma 1979)
Armes de combat individuelles, Éd. de la Pensée moderne et Jacques Grancher, coll. *Le Livre des armes* n° 3, Paris, 1974
Le Blanc Soleil des vaincus: l'épopée sudiste et la guerre de Sécession, 1607-1865, La Table ronde, Paris, 1975 (tr. it. *Il bianco sole dei vinti*, Akropolis, Napoli 1980, rist. Settimo Sigillo, Roma, 2015)
Les Armes de la Résistance, Éd. de la Pensée moderne et Jacques Grancher, coll. *Le Livre des armes* n° 4, Paris, 1976
Les Armes de cavalerie (cur.), Argout, Paris, 1977
Les Armes blanches du IIIe Reich, Éd. de la Pensée moderne et Jacques Grancher, coll. *Le Livre des armes* n° 5, Paris, 1977
Les Armes américaines, Éd. de la Pensée moderne et Jacques Grancher, coll. *Le Livre des armes* n° 6, Paris, 1978
Les Corps-francs allemands de la Baltique: la naissance du nazisme, Le Livre de poche, n° 5136, Paris, 1978
Grandes énigmes de notre temps, AA.VV., Famot, Genève, 1978
Les Armes à feu françaises, Éd. de la Pensée moderne et Jacques Grancher, coll. *Le Livre des armes* n° 7, Paris, 1979
Les Armes russes et soviétiques, Éd. de la Pensée moderne et Jacques Grancher, coll. *Le Livre des armes* n° 8, Paris, 1980
Le Grand livre des armes, Jacques Grancher, Paris, 1980
Histoire de l'Armée rouge. Tome 1: La Révolution et la guerre civile: 1917-1924, Plon, Paris, 1981

Le Mauser 96, Éd. du Guépard, Paris, 1982

Dagues et couteaux, Éd. de la Pensée moderne et Jacques Grancher, coll. *Le Livre des armes* n° 9, Paris, 1983

Histoire des armes de chasse, Jacques Grancher, Paris, 1984

Les Armes blanches: sabres et épées, Éd. de la Pensée moderne et Jacques Grancher, coll. *Le Livre des armes* n° 10, Paris, 1986

Les Armes de poing: de 1850 à nos jours, Larousse, Paris, 1988

Treize meurtres exemplaires: terreur et crimes politiques au XXe siècle, Plon, Paris, 1988

L'Assassin du président Kennedy, Perrin, coll. *Vérités et légende*, Paris, 1989

L'Arme de chasse aujourd'hui, Jacques Grancher, coll. *Le Livre des armes* n° 11, Paris, 1990,

Les Beaux-arts de la chasse, Jacques Grancher, coll. *Passions*, Paris, 1992

Le Couteau de chasse, Crépin-Leblond, coll. *Saga des armes et de l'armement*, Paris, 1992

Le Cœur rebelle, Les Belles-Lettres, Paris, 1994

Gettysburg, Éd. du Rocher, Monaco et Paris, 1995

Histoire critique de la Résistance, Pygmalion, Paris, 1995

Les armes qui ont fait l'histoire. Tome 1, Crépin-Leblond, coll. *Saga des armes et de l'armement*, Montrouge, 1996

Revolvers et pistolets américains: l'univers des armes (con Philippe Fossat e Rudy Holst), Solar, coll. *L'Univers des armes*, 1996

Histoire d'un fascisme allemand: les corps-francs du Baltikum et la révolution, Pygmalion, Paris, 1996

Les Blancs et les Rouges: histoire de la guerre civile russe, 1917-1921, Pygmalion, Paris, 1997

Encyclopédie des armes de chasse: carabines, fusils, optique, munitions, Maloine, Paris, 1997

Dictionnaire amoureux de la chasse, Plon, coll. *Dictionnaire amoureux*, Paris, 2000

Histoire de la Collaboration (suivi des dictionnaires des acteurs, partis et journaux), Pygmalion, Paris, 2000

Histoire du terrorisme, Pygmalion et Gérard Watelet, Paris, 2002

Histoire et tradition des Européens: 30.000 ans d'identité, Éditions du Rocher, Monaco et Paris, 2002

De Gaulle: la grandeur et le néant, Éditions du Rocher, Monaco et Paris, 2004

Le Siècle de 1914. Utopies, guerres et révolutions en Europe au XXe siècle, Pygmalion, Paris, 2006

Le Choc de l'Histoire: Religion, mémoire, identité, Via Romana, Versailles, 2011

Un samouraï d'Occident: Le Bréviaire des insoumis (postumo), Paris, Pierre-Guillaume de Roux, 2013

Indice

La rivoluzione viene dal mare 5
La fine dell'Esercito Imperiale 16
I primi Freikorps 29
La conquista di Berlino 41
Weimar all'ombra delle spade . . . 54
La settimana di sangue 67
La conquista di Monaco 77
I nuovi teutonici 94
La tragedia del Baltikum 114
La congiura 132
Il putsch di Kapp 151
La rottura con la Reichswehr . . . 165
La politicizzazione dei Freikorps . . . 178
Freikorps illegali e Comunità di Lavoro . . 193
I combattimenti in Alta Slesia . . . 205
La Vehme punisce i traditori . . . 225
La Reichswehr Nera 243
Il re di Monaco 253
L'ultimo folle sogno 267
Incontro con Ernst von Salomon . . . 288

Illustrazioni 297
Le origini dei Freikorps 345
Listato dei principali Freikorps, 1918-1923 . . 347
Le campagne dei Freikorps, 1918-1923 . . 348
Bibliografia di Dominique Venner . . . 349

www.ingramcontent.com/pod-product-compliance
Ingram Content Group UK Ltd.
Pitfield, Milton Keynes, MK11 3LW, UK
UKHW050412240426
12048UKWH00020B/1469